KB217602

고린도전서

ESV 성경 해설 주석

편집자 주

- 성경의 문단과 절 구분은 ESV 성경의 구분을 기준하였습니다.
- 본문의 성경은 《성경전서 개역개정판》과 ESV 역을 주로 사용하였습니다.

ESV Expository Commentary: *1 Corinthians*

Originally published as *ESV Expository Commentary,* Volume 10: *Romans-Galatians*
Published by Crossway
a publishing ministry of Good News Publishers
Wheaton, Illinois 60187, U.S.A.

ESV EXPOSITORY COMMENTARY

고린도전서

ESV 성경 해설 주석

앤드루 나셀리 지음 · 홍병룡 옮김

국제제자훈련원

추천의 글

성경은 하나님의 생명의 맥박이다. 성경은 사망에서 생명으로 옮겨 주는 생명의 책이다. 성경은 하나님의 창조와 구원 디자인에 따라 삶을 풍요롭게 하는 생활의 책이다. 성경을 바로 이해하고 적용해서 그대로 살면 우선 내가 살고 또 남을 살릴 수 있다. '하나님의 생기'가 약동하는 성경을 바로 강해하면 성령을 통한 생명과 생활의 변화가 분출된다. 이번에 〈ESV 성경 해설 주석〉 시리즈가 나왔다. 미국 필라델피아 웨스트민스터신학교의 이언 두기드 교수와 남침례교신학교의 제임스 해밀턴 교수와 커버넌트신학교의 제이 스클라 교수 등이 편집했다. 학문이 뛰어나고 경험이 많은 신세대 목회자/신학자들이 대거 주석 집필에 동참했다. 일단 개혁주의 성경신학 교수들이 편집한 주석으로 신학적으로 건전하다. 〈ESV 성경 해설 주석〉은 또한 목회와 신앙생활 전반에 소중한 자료다. 성경 내용을 총체적으로 이해하고 적용한 주석으로 읽고 사용하기가 쉽게 되어 있다. 성경 각 권의 개요와 주제와 저자와 집필 연대, 문학 형태, 성경 전체와의 관계, 해석적 도전 등을 서론으로 정리한 후 구절마다 충실하게 주석해 두었다. 정금보다 더 값지고 꿀보다 더 달고 태양보다 더 밝은 성경 말씀을 개혁주의 성경 해석의 원리에 따라 탁월하게 해석하고 적용한 〈ESV 성경 해설 주석〉이 지구촌 각 교회 지도자들과 성도들에게 널리 읽혀서 생명과 생활의 변화를 통해 하나님의 영광이 극대화되기 바란다.

권성수 | 대구 동신교회 담임목사

〈ESV 성경 해설 주석〉은 미국의 건전한 개혁주의 전통에 서 있는 젊고 탁월한 학자들을 중심으로 집필된 해설 주석이다. 이 책은 매우 읽기 쉬운 주석임에도 세세한 부분까지 놓치지 않고 해설을 집필해 놓았다. 성경 전체를 아우르는 신학적 큰 그림을 견지하면서도 난제는 간결하고 핵심을 찌르듯 해설한다. 목회자들이나 성경을 연구하는 이들은 이 주석을 통해 성경 기자의 의도를 쉽게 파악하여 설교와 삶의 적용에 적절하게 활용할 수 있을 것이다.

김성수 | 고려신학대학원 구약학 교수

ESV 성경은 복음주의 학자들이 원문에 충실하게 현대 언어로 번역한다는 원칙으로 2001년에 출간된 성경이다. ESV 번역을 기초로 한 이 해설 주석은 성경 본문의 역사적 의미를 밝힘으로써, 독자가 하나님의 영감된 메시지를 발견하도록 도울 목적으로 기획되었다. 각 저자는 본문에 대한 학문적 논의에 근거하여 일반 독자가 이해하고 적용할 수 있도록 충실하게 안내하고 있다. 또한 성경 각 권에 대한 서론은 저자와 본문을 이해하는 데 큰 도움을 준다. 이 주석은 말씀을 사모하는 모든 사람들, 특별히 말씀을 선포하고 가르치는 책임을 맡은 이들에게 신뢰할 만하고 사용하기에 유익한 안내서다.

김영봉 | 와싱톤사귐의교회 담임목사

〈ESV 성경 해설 주석〉은 성경 해석의 정확성, 명료성, 간결성, 통합성을 두루 갖춘 '건실한 주석'이다. 단단한 문법적 분석의 토대 위에 문학적 테크닉을 따라 복음 스토리의 흐름을 잘 따라가며, 구약 본문과의 연관성 속에서 견고한 성경신학적 함의를 제시한다. 성경을 이해하는 데 관심 있는 일반 독자들은 이 책을 통해 최신 해석들을 접할 수 있으며, 설교자들은 영적 묵상과 현대적 적용에 통찰을 얻을 수 있을 것이다.

김정우 | 총신대학교 명예교수, 한국신학정보연구원 원장

〈ESV 성경 해설 주석〉은 단락 개요, 주석 그리고 응답의 구조로 전개되기 때문에 독자는 성경의 말씀들을 독자 자신의 영적 형편에 적합하게 적용할 수 있다. 특히 절 단위의 분절적인 주석이 아니라 각 단락을 하나의 이야기로 묶어 해석하기 때문에 본서는 성경이라는 전체 숲을 파악하는 데 더없이 유익하다. 목회자, 성경 교사, 그리고 성경 애호적인 평신도들에게 추천할 만하다.

김회권 | 숭실대학교 기독교학과 구약신학 교수

성경 주석의 가장 중요한 사명은 하나님의 말씀을 바르게 해석하고 오늘날 청중에게 유익하게 적용할 수 있도록 안내하는 일이다. 〈ESV 성경 해설 주석〉은 목회자와 성도 모두에게 성경에 새겨진 하나님의 마음을 읽게 함으로 진리의 샘물을 마시게 할 뿐 아니라 하나님을 더욱 사랑하는 마음을 불러일으킨다. 성경과 함께 〈ESV 성경 해설 주석〉을 곁에 두라. 목회자는 강단에 생명력 있는 설교에 도움을 얻을 것이고 일반 독자는 말씀을 더 깊이 깨닫는 기쁨을 누릴 것이다.

류응렬 | 와싱톤중앙장로교회 담임목사, 고든콘웰신학교 객원교수

주석들의 주석이 아니라 성경을 섬기는 주석을, 학자들만의 유희의 공간이 아니라 현장을 섬기는 주석을, 역사적 의미만이 아니라 역사 속의 의미와 오늘 여기를 향하는 의미를 고민하는 주석을, 기발함보다는 기본에 충실한 주석을 보고 싶었다. 그래서 책장 속에 진열되는 주석이 아니라 책상 위에 있어 늘 손이 가는 주석을 기다렸다. 학문성을 갖추면서도 말씀의 능력을 믿으며 쓰고, 은혜를 갈망하며 쓰고, 교회를 염두에 두고 쓴 주석을 기대했다. 〈ESV 성경 해설 주석〉은 나를 성경으로 돌아가게 하고 그 성경으로 설교하고 싶게 한다. 내가 가진 다른 주석들을 대체하지 않으면서도 가장 먼저 찾게 할 만큼 탄탄하고 적실하다. 현학과 현란을 내려놓고 수수하고 담백하게 성경 본문을 도드라지게 한다.

박대영 | 광주소명교회 책임목사, 《묵상과 설교》 편집장

또 하나의 주석을 접하며 무엇이 특별한가 하는 질문부터 하게 된다. 먼저 디테일하고 전문적인 주석과 학문적인 논의의 지루함을 면케 해주면서도 성경 본문의 흐름과 의미 그리고 중요한 주제의 핵심을 잘 파악하게 해 준다는 점을 들 수 있다. 그래서 분주한 사역과 삶으로 쫓기는 이들의 시간과 에너지를 절약해 준다는 이점이 있다. 또한 본문에 대한 충실한 해석뿐 아니라 그 적용까지 이끌어낼 수 있도록 돕는다는 점이 유익하다. 더불어 가독성이 뛰어나다는 점에서 설교를 준비하는 이들뿐 아니라 성경을 바로 이해하기 원하는 모든 교인들에게 적합한 주석이다.

박영돈 | 작은목자들교회 담임목사, 고려신학대학원 교의학 명예교수

성경이 질문하고 성경이 답변하게 하는 방법을 찾는 것은 이 시대에 성경을 연구하거나 가르치거나 설교하는 이들의 가장 큰 고민거리라고 할 수 있다. 그동안 접했던 많은 성경 주석서들은 내용이 너무 간략하거나 지나치게 방대했다. 〈ESV 성경 해설 주석〉은 이 시대의 목회자들뿐만 아니라 진리를 갈망하는 모든 신자들, 특히 제자

훈련을 경험하는 모든 동역자들에게 매우 신선하고 깊이 있는 영감을 공급하는 주석이다. 첫째, 해석이 매우 간결하고 담백하면서도 깊이가 있다. 둘째, 영어 성경과 대조해서 본문을 폭넓게 이해할 수 있다. 셋째, 성경 원어 이해를 돕기 위한 세심한 배려는 목회자뿐만 아니라 성경의 깊이를 탐구하는 모든 신앙인들에게도 큰 유익을 준다. 넷째, 이 한 권으로 충분할 수 있다. 성경이 말하기를 갈망하는 목회자의 서재뿐만 아니라 말씀을 사랑하는 모든 신앙인들의 거실과 믿음 안에서 자라나는 다음 세대의 공부방들도 〈ESV 성경 해설 주석〉이 선물하는 그 풍성한 말씀의 보고(寶庫)가 되기를 염원한다.

故 박정식 | 전 은혜의교회 담임목사

〈ESV 성경 해설 주석〉는 성경 본문을 통해 저자가 드러내기 원하는 사고의 흐름을 따라가면서 예수님을 중심으로 하는 구원계시사적 관점에서 친절히 해설한다. 《ESV 스터디 바이블》의 묘미를 맛본 분이라면, 이번 〈ESV 성경 해설 주석〉을 통해 복음에 충실한 개혁주의 해설 주석의 간명하고도 풍성한 진미를 기대해도 좋다. 설교자는 물론 성경을 진지하게 읽음으로 복음의 유익을 얻기 원하는 모든 크리스천에게 독자 친화적이며 목회 적용적인 이 주석 시리즈를 기쁘게 추천한다.

송영목 | 고신대학교 신학과 신약학 교수

일반 성도들이 성경을 읽을 때 곁에 두고 참고할 만한 자료가 의외로 많지 않다. 그런 점에서 〈ESV 성경 해설 주석〉이 한국에 소개되는 것을 매우 기쁘게 생각한다. 학술적이지 않으면서도 깊이가 있는 성경 강해를 명료하게 담아내고 있기 때문이다. 성경을 바르고 분명하게 이해하려는 모든 성도들에게 큰 도움이 되리라 확신하며 추천한다.

송태근 | 삼일교회 담임목사, 미셔널신학연구소 대표

본 시리즈는 장황한 문법적 · 구문론적 논의는 피하고 본문의 흐름을 따라 단락별로 본문의 핵심을 파악할 수 있도록 도와주는 매우 간결하고 효율적인 주석 시리즈다. 본 시리즈는 석의 과정에서 성경신학적으로 건전한 관점을 지향하면서도, 각 책의 고유한 신학적 특성을 드러내 보여주는 것도 소홀히 하지 않는다. 특히 본 시리즈는 목회자들이 설교를 준비할 때 본문 이해의 시발점으로 사용하기에 적절하며, 평신도들이 읽기에도 과히 어렵지 않은 독자 친화적 주석이다. 본 시리즈는 성경을 연구하는 모든 이들에게 매우 요긴한 동반자가 될 것이다.

양용의 | 에스라성경대학원대학교 신약학 교수

메시아적 시각을 평신도의 눈높이로 풀어낸 주석이다. 주석은 그저 어려운 책이라는 편견을 깨뜨리고 성경을 사랑하는 모든 이의 가슴 속으로 살갑게 파고든다. 좋은 책은 평생의 친구처럼 이야기를 듣고 들려주면서 함께 호흡한다는 점에서 〈ESV 성경 해설 주석〉은 가히 독보적이다. 깊이에서는 신학적이요, 통찰에서는 목회적이며, 영감에서는 말씀에 갈급한 모든 이들에게 열린 책이라고 할 수 있다. 서사적 구조와 시의 적절한 비유적 서술은 누구라도 마음의 빗장을 해제하고, 침실의 머리맡에 두면서 읽어도 좋을 만큼 영혼의 위로를 주면서도, 말씀이 주는 은혜로 새벽녘까지 심령을 사로잡을 것으로 믿는다. 비대면의 일상화 속에서 말씀을 가까이하는 모든 이들이 재산을 팔아 진주가 묻힌 밭을 사는 심정으로 사서 평생의 반려자처럼 품어야 할 책이다.

오정현 | 사랑의교회 담임목사, SaRang Global Academy 총장

〈ESV 성경 해설 주석〉 시리즈의 특징은 신학자나 목회자들에게도 도움이 되겠지만 평신도 지도자인 소그룹 인도자들의 성경본문 이해에 대한 통찰력을 제공한다. 건강한 교회의 공통분모인 소그룹 활성화를 위하여 인도자의 영적 양식은 물론 그룹원들의 일상을 새로운 각도에서 조명하는 원리를 찾아주는 데 도움을 준다. 서로 마음이 통하는 반가운 친구처럼 손 가까이 두고 싶은 책으로 추천하고 싶다.

오정호 | 새로남교회 담임목사, 제자훈련 목회자네트워크(CAL-NET) 이사장

〈ESV 성경 해설 주석〉은 내용이 충실하여 활용성이 높고, 문체와 편집이 돋보여 생동감을 주기에 충분하다. 이와 함께 본문의 의미를 최대한 살려내는 심오한 해석은 기존의 우수한 주석들과 어깨를 나란히 할 만큼 정교하다. 또한 본 시리즈는 성경 각 권을 주석함과 동시에 성경 전체를 관통하는 그리스도 중심의 구속사적 관점을 생생하게 적용함으로써 탁월함을 보인다. 설교자와 성경 연구자에게는 본문에 대한 알찬 주석을 제공한다는 차원에서 오아시스와 같고, 실용적인 주석을 기다려온 평신도들에게는 설명이 뛰어나다는 점에서 가장 이상적인 해설서로 적극 추천한다.

윤철원 | 서울신학대학원 신약학 교수, 한국신약학회 회장

설교자들은 늘 신학적으로 탄탄하면서도 성경신학적인 주석서가 목말랐다. 학문적으로 치우쳐 부담되거나 석의가 부실한 가벼운 주석서들과는 달리 〈ESV 성경 해설 주석〉은 깊이 있는 주해와 적용에 이르기까지 여러 면에서 균형을 고루 갖춘 해설 주석서다. 한국 교회 강단을 풍성케 할 역작으로 기대된다.

이규현 | 수영로교회 담임목사

ESV 성경은 원문을 최대한 살려서 가장 최근에 현대 영어로 번역한 성경이다. 100여 명의 대표적인 복음주의 학자와 목회자들로 구성된 팀이 만든 ESV 성경은 '단어의 정확성'과 문학적 우수성뿐만 아니라 그 의미를 깊이 있게 드러내는 영어 성경이다. 2001년에 출간된 이후 교회 지도자들과 수많은 교파와 기독교 단체에서 널리 사용되었고, 현재 전 세계 수백만의 그리스도인들이 사용하고 있다. 〈ESV 성경 해설 주석〉은 무엇보다 개관, 개요, 주석이 명료하고 탁월하다. 포스트모던 시대에도 진지한 강해설교를 고민하는 모든 목회자들과 성경공부 인도자들에게 마음을 다하여 추천하고 싶다. 이 책을 손에 잡은 모든 이들은 손에 하늘의 보물을 잡은 감사를 느끼게 될 것이다.

이동원 | 지구촌교회 원로목사, 지구촌 목회리더십센터 대표

〈ESV 성경 해설 주석〉은 '성경'을 '말씀'으로 대하는 신중함과 경건함이 부드럽지만 강렬하게 느껴지는 저술이다. 본문의 흐름과 배경을 알기 쉽게 보여주면서 본문의 핵심을 명확하게 제시하는 묘한 힘을 가지고 있다. 연구와 통찰을 질서 있고 조화롭게 제공하여 본문을 보는 안목을 깊게 해 주고, 말씀을 받아들이는 마음을 곧추세우게 해 준다. 주석서에서 기대하는 바가 한꺼번에 채워지는 느낌이다. 설교를 준비하는 목회자, 성경을 연구하는 신학생, 말씀으로 하나님을 만나려는 성도 모두에게 단비 같은 주석이다.

이진섭 | 에스라성경대학원대학교 신약학 교수

ESV 성경 간행에 이은 〈ESV 성경 해설 주석〉의 발간은 이 땅을 살아가는 '말씀의 사역자'들은 물론, 모든 '한 책의 백성'들에게 주어진 이중의 선물이다. 본서는 구속사에 대한 거시적 시각과 각 구절에 대한 미시적 통찰, 학자들을 위한 학술적 깊이와 설교자들을 위한 주해적 풀이, 그리고 본문에 대한 탁월한 설명과 현장에 대한 감동적인 적용을 다 아우르고 있는 성경의 '끝장 주석'이라 할 만하다.

전광식 | 고신대학교 신학과 교수, 전 고신대학교 총장

〈ESV 성경 해설 주석〉은 처음부터 그 목적을 분명히 하고 집필되었다. 자기 스스로 경건에 이르도록 성장하기 위해서, 또 다른 사람들을 가르치기 위해서, 성경을 진지하게 연구하는 모든 사람들에게 도움을 주기 위해서라고 밝힌다. 목사들에게는 목회에 유익한 주석이요, 성도들에게는 적용을 돕는 주석이다. 또 누구에게나 따뜻한 감동을 안겨주는, 그리하여 주석도 은혜가 된다는 것을 새삼 확인할 것이다. 학적인

주석을 의도하지 않았지만, 이 주석의 구성도 주목할 만하다. 한글과 영어로 된 본문, 단락 개관, 개요, 주해, 응답으로 구성되어 있다. 만약 신구약 한 질의 주석을 곁에 두길 원하는 성도라면, 〈ESV 성경 해설 주석〉 시리즈는 틀림없이 실망시키지 아니할 것이라고 확신한다.

정근두 | 울산교회 원로목사

말씀을 깊이 연구하는 일부의 사람들에게는 원어 주해가 도움이 되겠지만, 강단에 서는 설교자들에게는 오히려 해설 주석이 더 요긴하다. 〈ESV 성경 해설 주석〉은 본문 해설에 있어 정통 신학, 폭넓은 정보, 목회적 활용성, 그리고 적용에 초점을 두었다. 이 책은 한마디로 설교자를 위한 책이다. 헬라어나 히브리어에 능숙하지 않아도 친숙하게 성경 본문을 연구할 수 있다는 점에서 주변 목회자들에게 적극적으로 추천하고 싶다. 목회자가 아닌 일반 성도들도 깊고 풍성한 말씀에 대한 갈증이 있다면, 본 주석 시리즈를 참고할 것을 강력하게 권하고 싶다.

정성욱 | 덴버신학교 조직신학 교수

입고 있는 옷이 있어도 새 옷이 필요할 때가 있다. 기존의 것이 낡아서라기보다는 신상품의 맞춤식 매력이 탁월하기 때문이다. 〈ESV 성경 해설 주석〉 시리즈는 분주한 오늘의 목회자와 신학생뿐 아니라 성경교사 및 일반 그리스도인의 허기지고 목마른 영성의 시냇가에 심길 각종 푸르른 실과나무이자 물 댄 동산과도 같다. 실력으로 검증받은 젊은 저자들은 개혁/복음주의 신학과 신앙의 깊은 닻을 내리고, 성경 각 권의 구조와 문맥의 틀 안에서 저자의 의도를 핵심적으로 포착하여 침침했던 본문에 빛을 던져준다. 아울러 구속사적 관점 아래 그리스도 중심적 의미와 교회-설교-실천적 적용의 돛을 바라보게 함으로써 본문의 지평을 한 층 더 활짝 열어준다. 한글/영어 대역으로 성경 본문이 제공된다는 점은 한국인 독자만이 누리는 보너스이리라. "좋은 주석은 두껍고 어렵지 않을까"라는 우려를 씻어주듯 이 시리즈 주석서는 적절한 분량으로 구성된 '착한 성경 해설서'라 불리는 데 손색이 없다. 한국 교회 성도의 말씀 묵상, 신학생의 성경 경외, 목회자의 바른 설교를 향상시키는 데 〈ESV 성경 해설 주석〉 시리즈만큼 각 사람에게 골고루 영향을 끼칠 주석은 찾기 어려울 듯싶다. 기쁨과 확신 가운데 추천할 수 있는 이유다.

허주 | 아세아연합신학대학교 신약학 교수, 한국복음주의신약학회 회장

〈ESV 성경 해설 주석〉은 정확무오한 하나님의 말씀을 전하는 설교자와 전도자들에게 훌륭한 참고서다. 성경적으로 건전하고 신학적으로 충실할 뿐 아니라 목회 현장에 실질적인 도움이 된다. 나 또한 나의 설교와 가르침의 사역에 활용할 수 있기를 고대한다.

대니얼 에이킨(Daniel L. Akin) | 사우스이스턴침례신학교 총장

하나님은 그의 아들에 대해 아는 것으로 모든 열방을 축복하시려는 영원하고 세계적인 계획을 그의 말씀을 통해 드러내신다. 이 주석이 출간되어 교회들이 활용할 수 있게 된 것만으로 행복하고, 성경에 대한 명확한 해설로 말미암아 충실하게 이해할 수 있게 해 준 것은 열방에 대한 축복이다. 물이 바다를 덮음같이 하나님의 영광에 대한 지식이 온 땅에 충만해지는데 이 주석이 사용되길 바란다.

이언 추(Ian Chew) | 목사, 싱가포르 케이포로드침례교회

〈ESV 성경 해설 주석〉은 탁월한 성경 해설과 깊이 있는 성경신학에 바탕한 보물 같은 주석이다. 수준 높은 학구적 자료를 찾는 독자들뿐만 아니라 읽기 쉽고 이해하기 쉽도록 잘 정리된 주석을 원하는 사람들에게도 적합하다. 목회자, 성경교사, 신학생들에게 이 귀한 주석이 큰 도움이 되고 믿을 수 있는 길잡이가 되리라 확신한다.

데이비드 도커리(David S. Dockery) | 사우스이스턴침례신학교 석좌교수

대단한 주석! 성경을 배우는 모든 학생들에게 도움이 될 수 있도록 최고 수준의 학자들이 성경의 정수를 정리하여 접근성을 높여서 빠르게 참고하기에 이상적인 주석이다. 나 또한 설교 준비와 성경 연구에 자주 참고하고 있다.

아지스 페르난도(Ajith Fernando) | 스리랑카 YFC 교육이사, *Discipling in a Multicultural World* 저자

〈ESV 성경 해설 주석〉은 성경교사들의 기초 자료로서 활용성 높은 최고의 주석 중 하나다. 일반 독자들도 쉽게 이해할 수 있는 동시에 강해설교가들에게 충분한 배움을 제공한다. 이 주석 시리즈는 성경을 제대로 배우고자 하는 전 세계 신학생들에게도 표준 참고서가 될 것이다.

필립 라이켄(Philip Graham Ryken) | 휘튼칼리지 총장

〈ESV 성경 해설 주석〉에 대하여

성경은 생명으로 맥동한다. 성령은 믿음으로 성경을 읽고 소화해서 말씀대로 살아가는 사람들에게 맥동하는 생명력을 전해 준다. 하나님께서 성경 안에 자신을 계시하셨기 때문에 성경은 꿀보다 달고 금보다 귀하며, 모든 부(富)보다 가치 있다. 주님은 온 세상을 위해 생명의 말씀인 성경을 자신의 교회에 맡기셨다.

또한 주님은 교회에 교사들을 세우셔서 하나님의 말씀이 무엇을 의미하는지를 설명해 주고 각 세대에 어떻게 적용해야 하는지를 분명하게 보여주도록 하셨다. 우리는 이 주석이 하나님의 말씀을 진지하게 공부하는 모든 사람들, 즉 다른 사람들에게 가르치기 위해 성경을 연구하는 사람들과 스스로 경건에 이르도록 성장하기 위해 성경을 공부하는 사람들에게 큰 유익을 주길 기도한다. 우리의 목표는 성경 본문을 그리스도 중심적으로 명료하고 뚜렷하게 설명하는 것이다. 모든 성경은 그리스도에 대해 말하고 있으며(눅 24:27), 우리는 성경의 각 책이 우리가 "예수 그리스도의 얼굴에 있는 하나님의 영광을 아는 빛"(고후 4:6)을 보도록 어떻게 돕고 있는지 알려주길 원한다. 그런 목표를 이루고자 이 주석 시리즈를 집필하는 저자들에게 다음과 같은 원칙을 제시했다.

- 올바른 석의를 토대로 한 주석 성경 본문에 나타나 있는 사고의 흐름과 추론 방식을 충실하게 따를 것.
- 철저하게 성경신학적인 주석 성경은 다양한 내용들을 다루지만, 그리스도 안에서 완성된 구속이라는 단일한 주제를 말하고 있다는 점에서 성경 전체를 하나의 통일된 관점으로 볼 수 있게 할 것.
- 전 세계를 대상으로 한 주석 성경과 신학적으로 신뢰할 만한 자료들을 가능한 한 많은 사람들에게 공급하겠다는 크로스웨이(Crossway)의 선교 목적에 맞게 전 세계 독자들이 공감하고 필요로 하는 주석으로 집필할 것.
- 폭넓은 개혁주의 주석 종교개혁의 역사적 흐름 안에서 오직 은혜와 오직 믿음으로 말미암아 오직 그리스도 안에서 오직 성경의 가르침을 따라 오직 하나님의 영광을 위한 구원을 천명하고, 큰 죄인에게 큰 은혜를 베푸신 크신 하나님을 높일 것.
- 교리 친화적인 주석 신학적 담론도 중요하므로 역사적 또는 오늘날 신학적으로 중요한 문제들과 성경 본문에 대한 주석을 서로 연결하여 적절하고 함축성 있게 다룰 것.
- 목회에 유익한 주석 문법적이거나 구문론적인 긴 논쟁을 피하고, 하나님을 경외하는 마음으로 '성경 본문 아래 앉아' 경청하게 할 것.
- 적용을 염두에 둔 주석 오늘날 서구권은 물론이고 그 밖의 다른 세계에서 살아가는 사람들이 처한 상황과 성경 본문이 어떻게 연결되는지를 간결하면서도 일관되게 제시할 것(이 주석은 전 세계 다양한 상황 가운데 살아가는 사람들을 대상으로 하기 때문에).
- 간결하면서도 핵심을 찌르는 주석 성경에 나오는 단어들을 일일이 분석하는 대신, 본문의 흐름을 짚어내서 간결한 언어로 생동감 있게 강해할 것.

이 주석서에서 기본적으로 사용한 영역 성경은 ESV이지만, 집필자들에게 원어 성경을 참조해서 강해와 주석을 집필하도록 요청했다. 또한 무조건 ESV 성경 번역자들의 결해(結解)를 따르라고 요구하지도 않았다.

인간이 세운 문명은 시간이 흐르면 무너져서 폐허가 되지만, 하나님의 말씀은 영원히 서 있다. 우리 또한 바로 그 말씀 위에 서 있다. 성경의 위대한 진리들은 시간과 공간을 뛰어넘어 말하고, 우리의 목표는 전 세계적으로 적용될 수 있는 방식으로 그 진리들을 전하는 것이다.

하나님께서 자신의 말씀을 연구하는 일에 복을 주시고, 그 말씀을 강해하고 설명하려는 이 시도에 흡족해 하시기를 기도한다.

차례

추천의 글 — 4

〈ESV 성경 해설 주석〉에 대하여 — 12

약어표 — 16

고린도전서 서론 — 19

고린도전서 해설 주석 — 43

고린도전서 참고문헌 — 380

성경구절 찾아보기 — 382

약어표

참고 자료 |

BDAG Bauer, W., F. W. Danker, W. F. Arndt, and F. W. Gingrich. *A Greek English Lexicon of the New Testament and Other Early Christian Literature.* 3rd ed. Chicago: University of Chicago Press, 1999.

BECNT Baker Exegetical Commentary on the New Testament

BKnS Bible Knowledge Series

BSac *Bibliotheca Sacra*

DBSJ Detroit Baptist Seminary Journal

IBC Interpretation: A Bible commentary of Teaching and Preaching

JETS *Journal of Evangelical Theological Society*

LNTS The Library of New Testament Studies

MacNTC MacArthur New Testament Commentary

MSJ *The Master's Seminary Journal*

NICNT New International Commentary on the New Testament

NIVAC NIV Application Commentary

NovTSup Supplements to Novum Testamentum

NSBT New Studies in Biblical Theology

PNTC Pillar New Testament Commentary

SBJT *Southern Baptist Journal of Theology*

TNTC Tyndale New Testament Commentaries

TynBul *Tyndale Bulletin*

WTJ *Westminster Theological Journal*

WUNT Wissenschaftliche Untersuchungen zum Neuen Testament

성경 |

구약 ▶

- 창 창세기
- 출 출애굽기
- 레 레위기
- 민 민수기
- 신 신명기
- 수 여호수아
- 삿 사사기
- 룻 룻기
- 삼상 사무엘상
- 삼하 사무엘하
- 왕상 열왕기상
- 왕하 열왕기하
- 대상 역대상
- 대하 역대하
- 스 에스라
- 느 느헤미야
- 에 에스더
- 욥 욥기
- 시 시편
- 잠 잠언
- 전 전도서
- 아 아가
- 사 이사야
- 렘 예레미야
- 애 예레미야애가
- 겔 에스겔
- 단 다니엘
- 호 호세아
- 욜 요엘
- 암 아모스
- 옵 오바댜
- 욘 요나
- 미 미가
- 나 나훔
- 합 하박국
- 습 스바냐
- 학 학개
- 슥 스가랴
- 말 말라기

신약 ▶

- 마 마태복음
- 막 마가복음
- 눅 누가복음
- 요 요한복음
- 행 사도행전
- 롬 로마서
- 고전 고린도전서
- 고후 고린도후서
- 갈 갈라디아서
- 엡 에베소서
- 빌 빌립보서
- 골 골로새서
- 살전 데살로니가전서
- 살후 데살로니가후서
- 딤전 디모데전서
- 딤후 디모데후서
- 딛 디도서
- 몬 빌레몬서
- 히 히브리서
- 약 야고보서
- 벧전 베드로전서
- 벧후 베드로후서
- 요일 요한일서
- 요이 요한이서
- 요삼 요한삼서
- 유 유다서
- 계 요한계시록

ESV Expository Commentary

1 Corinthians

고린도전서 서론

개관

고린도전서는 교회 내의 열 가지 논쟁적인 주제들을 연달아 다룬다.

(1) 교회가 교회 지도자들을 중심으로 분열되는 것이 왜 죄인가?

(2) 교회가 신앙을 고백하는 신자를 출교시켜야 하는 때와 이유는 무엇인가?

(3) 신자가 동료 신자를 상대로 소송을 제기하는 것은 왜 잘못인가?

(4) 그리스도인이 성적 부도덕을 저질러도 되는가?

(5) 남편과 아내는 규칙적으로 성관계를 즐겨야 하는가? 이혼은 무조건 잘못인가? 독신은 독신으로 머물러야 하는가?

(6) 우상에게 바친 음식을 먹는 것은 잘못인가?

(7) 교회가 예배하려고 모일 때 여성은 머릿수건을 써야 하는가?

(8) 우리는 주님의 만찬을 어떻게 거행해야 하는가?

(9) 우리는 방언과 예언을 사모해야 하는가? 어떤 영적 은사들은 다른 것들보다 우월한가? 우리의 은사를 어떻게 사용해야 하는가?

(10) 하나님은 신자들의 죽은 몸을 부활시키실 것인가?

이 모든 쟁점들은 오늘날에도 여전히 매우 적실하다. 우상에게 바친 음식을 먹는 것과 머릿수건을 쓰는 것도 포함해서 그렇다. 그러나 책임감 있는 해석자들은 고린도전서를 오늘날의 교회에서 일어나는 일들에 적용하기에 앞서, 먼저 저자가 2천 년 전의 특정한 청중에게 무엇을 전달하려 했는지를 이해하려고 애쓸 것이다.

제목

바울은 고린도 교회에 고린도전서와 고린도후서를 썼을 뿐만 아니라, 적어도 또 다른 두 편의 편지를 다음 순서로 썼다.

(1) 바울이 고린도전서 이전에 한 편지를 썼다. "내가 너희에게 쓴 편지에 음행하는 자들을 사귀지 말라 하였거니와"(5:9).
(2) 바울이 고린도전서를 썼다.
(3) 일이 잘 해결되지 않은 '고통스러운 방문'(고후 2:1)을 한 뒤에 바울이 이른바 '눈물 젖은 편지' 내지는 '가혹한 편지'를 썼다. "내가 마음에 큰 눌림과 걱정이 있어 많은 눈물로 너희에게 썼노니 이는 너희로 근심하게 하려 한 것이 아니요 오직 내가 너희를 향하여 넘치는 사랑이 있음을 너희로 알게 하려 함이라"(고후 2:4). "그러므로 내가 편지로 너희를 근심하게 한 것을 후회하였으나 지금은 후회하지 아니함은 그 편지가 너희로 잠시만 근심하게 한 줄을 앎이라"(고후 7:8).
(4) 바울이 고린도후서를 썼다.

그러므로 우리가 고린도전서라고 부르는 편지는 사실상 바울이 고린도 교인에게 보낸 두 번째 편지고, 우리가 고린도후서라고 부르는 편지는 사실상 네 번째 편지다. '고린도전서'라는 호칭은 이 편지가 바울이 고린도 교회에 쓴 두 편의 정경 서신 중 첫 번째 것임을 가리킨다. 이는 이 편지가 '정경', 즉 우리가 성경이라 부르는 하나님의 영감을 받은 책들의 모음집에 속한다는 뜻이다.

저자

이 편지의 첫 줄이 저자를 밝힌다. "하나님의 뜻을 따라 그리스도 예수의 사도로 부르심을 받은 바울"(1:1). 바울이 고린도전서를 썼다는 것에 거의 모든 사람이 의문을 제기하지 않는다.

저작 연대와 배경

바울은 이 편지를 "고린도에 있는 하나님의 교회"(1:2)에 썼다. 그는 이 편지를 에베소에서 기록했는데(참고. 16:8), 기록 시기는 아마 그곳에서의 사역이 끝날 무렵인 주후 55년 초반일 것이다(참고. 16:5-9; 행 19:21-22).

글로에의 집안이 고린도 교회에 관한 소식을 전했고(1:11), 바울은 이 소식 및 고린도 교회가 바울에게 쓴 편지(7:1)에 대한 응답으로 이 서신을 쓴다. 이 서신의 가장 기본적인 목적은 고린도 교회로 하여금 "성도", 곧 하나님의 거룩한 백성이라는 그들의 신분에 걸맞게 살도록 권면하는 것이다(1:2).

바울이 바로잡는 죄악들은 고린도에서 일반적인 것이었다. 1세기 중반의 고린도는 "고대 세계에서 뉴욕과 로스앤젤레스와 라스베이거스를 다

합친 도시였기 때문이다."[1] 고린도는 인상적인 연설가, 지위, 탐욕, 부도덕한 성관계, 개인의 권리, 우상숭배 등을 중시했다. 고린도 교회의 교인들은 이런 이교적 환경에서 성장했으며 최근에야 그리스도인이 되었다. 그렇기 때문에 그들이 고린도의 세상적인 가치관을 여전히 어느 정도 수용하고 있었다는 것은 놀랍지 않다.

장르와 문학적 구조

고린도전서는 다른 고대의 그리스-로마 편지들과 구성상 유사하다. 바울의 편지는 그런 편지들의 전형적인 3단 구성을 따라 (1) 서론 (2) 본론 (3) 결론으로 되어 있다. (참고. 이 세 구성을 따르는 개요).

고린도전서를 하나의 편지로 읽을 때 두 가지 원리를 염두에 두는 것이 중요하다.

(1) 바울은 특정한 계기로 특정한 1세기 교회에 편지를 썼다. 특정한 상황에 관한 한 시간 분량의 편지가 포괄적인 조직신학이기를 기대하는 것은 합당하지 않다. 고린도전서는 주후 55년경 고린도에 있던 교회에 가장 직접적으로 적용된다. 그들의 역사-문화적 맥락이 중요하다는 말이다. 특히 바울이 머릿수건에 관해 쓰는 내용(11:2-16)과 "거룩하게 입맞춤으로 서로 문안하라"(16:20)는 명령을 해석할 때 그렇다. 우리가 대답해야 할 가장 중요한 첫 질문은 "바울은 이 본문을 무슨 의미로 쓴 것인가?"이다.

(2) 바울은 논증한다. 그는 청중을 설득하려고 일관성 있게 그들과 추론한다. 그래서 바울이 어떻게 논증하는지를 신중하게 추적하는 한편

1 Gordon D. Fee, *The First Epistle to the Corintians*, 2nd ed. NICNT (Grand Rapids, MI: Eerdmans, 2014), 3.

문학적 맥락과 중요한 단어들의 뜻에 주의를 기울일 필요가 있다.[2]

신학[3]

고린도전서의 신학적 메시지를 요약하는 일이 지극히 어려운 이유는, 이 편지가 적어도 열 가지 쟁점들(참고. 서론의 '개관')에 대해 응답하기 때문이다. 바울이 고린도전서에서 단일 쟁점들에 할애하는 지면은 그가 쓴 다른 편지들의 길이 전체에 필적한다(참고. 표1).

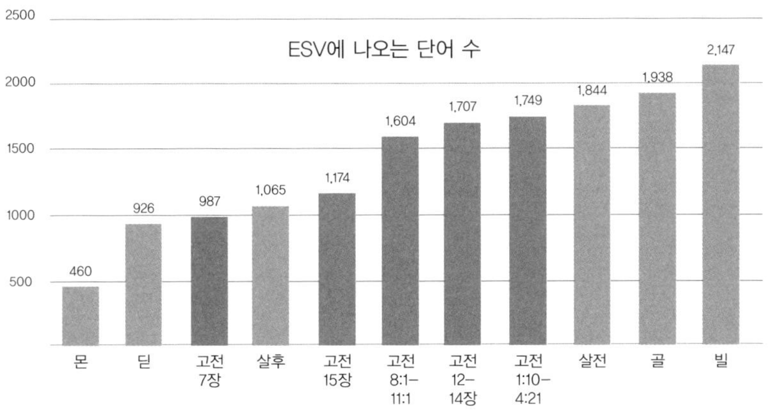

표1. 고린도전서 단락들과 다른 편지들의 길이 비교

한 책의 신학적 메시지는 저자의 전반적인 취지, 즉 그 책의 주된 주제 내지는 요지다. 그 메시지가 그 책의 내용(저자가 무엇에 관해 쓰는가) 또는 목

2 논증 도표, 역사-문화적 맥락 그리고 문학적 맥락에 관해서는 다음 책을 참고하라. chapters 5-7 in Andrew David Naselli, *How to Understand and Apply the New Testament: Twelve Steps from Exegesis to Theology* (Phillipsburg, NJ: P&R, 2017), 121-205.

3 이 부분은 다음 글의 일부를 가볍게 요약한 것이다. Andrew David Naselli, "The Structure and Theological Message of 1 Corinthians," *Presbyterion* 44/1 (2018): 98-114.

적(저자가 왜 그것을 쓰는가)과 항상 동일하지는 않다. 고린도전서의 신학적 메시지를 한 문장으로 다음과 같이 말할 수 있다. '복음은 하나님의 거룩한 백성에게 순결함과 연합의 측면에서 성숙하도록 요구한다.' 다음 내용은 이 문장을 세 단계로 풀어놓은 것이다.

"복음은…요구한다"

바울이 고린도전서에서 쓰는 모든 내용을 이끄는 한 주제는 바로 복음이다. 복음을 한 문장으로 정의하면, '예수님이 죄인들을 위해 살고 죽고 다시 살아나셨고, 하나님께서 자기 죄에서 돌이켜 예수님을 믿는 사람은 누구나 구원하실 것이라는 소식' 이라고 말할 수 있다. 이것은 단지 비그리스도인을 위한 좋은 소식이 아니다. 이는 그리스도인을 위한 여전히 좋은 소식이고, 그리스도인으로서 영위하는 삶의 모든 영역에 영향을 미친다.

바울은 이 편지에서 '복음'을 뜻하는 명사[유앙겔리온(*euangelion*)]를 여덟 번, 그리고 '복음을 전하다'라는 뜻의 동사[유앙겔리조(*euangelizō*)]를 여섯 번 사용한다.

- 1:17 "그리스도께서 나를 보내심은 세례를 베풀게 하려 하심이 아니요 오직 '복음을 전하게'[유앙겔리조]하려 하심이로되 말의 지혜로 하지 아니함은 그리스도의 십자가가 헛되지 않게 하려 함이라."
- 4:15b "그리스도 예수 안에서 내가 '복음'[유앙겔리온]으로써 너희를 낳았음이라."
- 9:12b "우리가 이 권리를 쓰지 아니하고 범사에 참는 것은 그리스도의 '복음'[유앙겔리온]에 아무 장애가 없게 하려 함이로다."
- 9:14 "이와 같이 주께서도 '복음'[유앙겔리온] 전하는 자들이 '복음'[유앙겔리온]으로 말미암아 살리라 명하셨느니라."
- 9:16 "내가 '복음을 전할지라도'[유앙겔리조] 자랑할 것이 없음은 내가 부득불 할 일임이라 만일 '복음을 전하지'[유앙겔리조] 아니하면 내게 화가 있을 것이로다."

- 9:18 "그런즉 내 상이 무엇이냐 내가 '복음을 전할'[유앙겔리조] 때에 값없이 전하고 '복음'[유앙겔리온]으로 말미암아 내게 있는 권리를 다 쓰지 아니하는 이것이로다."
- 9:23 "내가 '복음'[유앙겔리온]을 위하여 모든 것을 행함은 '복음'[유앙겔리온]에 참여하고자 함이라.
- 15:1-2 "형제들아 내가 너희에게 '전한'[유앙겔리조] '복음'[유앙겔리온]을 너희에게 알게 하노니 이는 너희가 받은 것이요 또 그 가운데 선 것이라 너희가 만일 내가 '전한'[유앙겔리조] 그 말을 굳게 지키고 헛되이 믿지 아니하였으면 그로 말미암아 구원을 받으리라."

'복음'을 뜻하는 명사와 동사가 14번밖에 나오지 않지만 그 개념은 편지 전체에 배어 있다. "십자가에 못 박힌 그리스도"(1:23)와 부활하신 그리스도(15장)가 그 중심이다. 이 복음이 바울이 고린도전서에서 다루는 모든 문제를 해결하는데, 왜냐하면 복음(그리고 복음의 전제와 결과)이 그리스도인의 생활 방식과 관련된 모든 쟁점을 판단하기 때문이다. 어떤 이들은 복음이 바울이 머릿수건(11:2-16)이나 영적 은사(12:1-14:40)를 다루는 방식과 관련이 없다고 주장하지만, 복음은 모든 쟁점에 어떤 식으로든 관련이 있다. 고린도 교회의 문제들과 복음적 해결책은 보통 '직접적인' 연관성이 있으나(예. 1:10-4:21; 8:1-11:1; 15:1-58), 때로는 해결책이 복음을 '전제하거나'(예. 11:2-16) 복음에서 '흘러나오기도'(예. 7장; 12-14장) 한다. 다음 목록은 복음이 어떻게 열 가지 문제들을 해결하는지 보여준다.

<쟁점 1> 1:10-4:21

문제: 일부 고린도 교인들이 교회 선생들을 둘러싸고 분열되어 있다. 그들은 인종(예. 유대인 대 이방인)과 사회적 계급(지혜로운 자 대 어리석은 자, 힘 있는 자 대 연약한 자, 귀족 출신 대 천민 출신)에 따라 사람을 나누는 로마 사회의 가치관을 수용한다. 로마 문화는 세련된 웅변을 중시하고 십자가에 못 박힌 메시아의 메시지를 어리석은 것으로 간주한다.

복음적 해결책: “십자가에 못 박힌 그리스도”는 하나님의 능력과 지혜다 (그리고 로마의 가치관을 혼란에 빠뜨린다). 하나님은 교회를 심고 물 주기 위해 교회 선생들을 사용하지만 오직 하나님께서 교회를 성장시키신다. 그러므로 특정한 교회 선생들을 자랑하지 말라. 그들은 그리스도의 종일 뿐이다. 주님을 자랑하라.

<쟁점 2> 5:1-13

문제: 일부 고린도 교인들이 근친상간을 용인하고 있다.

복음적 해결책: 우리의 유월절 양이신 그리스도가 희생되셨으므로 너희 가운데서 악한 사람을 내쫓으라.

<쟁점 3> 6:1-11

문제: 일부 고린도 교인들이 서로에 대해 소송을 제기하고 있다.

복음적 해결책: 너희의 형제에게 불의를 행하거나 그들을 속이지 말라. 불의한 사람은 하나님 나라를 유업으로 받지 못하기 때문이다. 이전에는 회개하지 않은 죄가 너희 생활을 이끌었지만, 하나님께서 주 예수 그리스도의 이름과 하나님의 영으로 너희를 씻어 거룩하고 의롭게 하셨다.

<쟁점 4> 6:12-20

문제: 일부 고린도 교인들이 성적 부도덕에 대해 몸 밖에서 일어난다는 이유로 그것을 변명하고 있다.

복음적 해결책: 너희의 몸은 중요하다. 하나님께서 주님을 일으켰듯이 그 몸도 일으키실 것이기 때문이다. 너희 몸은 그리스도의 지체이므로 너희가 그것을 창녀의 지체로 만들면 안 된다. 너희에게는 너희 몸이 원하는 대로 행할 권리가 없다. 하나님께서 아들의 목숨을 대가로 너희를 구속하셨으며, 그로써 너희 몸을 소유하시기 때문이다. 그러므로 너희 몸으로 성적 부도덕을 저지르지 않음으로써 하나님께 영광을 돌리라.

<쟁점 5> 7:1-40

문제: 일부 고린도 교인들에게는 결혼과 독신에 관한 가르침과 지혜가 필요하다.

복음적 해결책: 하나님은 자비롭게 일부에게는 독신을, 다른 이들에게는 결혼을 허락하신다. 주님이 너희에게 정하신 삶을 영위하라. [그리고 하나님께서 너희를 값(십자가에 못 박힌 그리스도)으로 사셨으니 사람의 종이 되지 말라.] 너희가 결혼을 한다면 "주 안에서만"(7:39) 결혼하라.

<쟁점 6> 8:1-11:1

문제: 일부 고린도 교인들은 이웃의 덕을 세우지 않거나 귀신에 참여하는 방식으로 우상에게 바친 음식을 먹고 있다.

복음적 해결책: 너희 형제를 걸려 넘어지게 하지 말라. 그리스도께서 그 형제를 위해 죽으셨기 때문이다. 복음을 위해 기꺼이 너희 권리를 포기하라. 너희는 (a) 그리스도의 피와 몸에, 그리고 (b) 귀신에게 동시에 참여할 수 없다.

<쟁점 7> 11:2-16

문제: 고린도 교인들은 남편과 아내를 위한 하나님의 아름다운 설계를 비웃듯이 머릿수건을 쓰거나 쓰지 않아도 좋다고 한다.

복음적 해결책: 남편과 아내의 관계는 권위와 순종과 관련하여 하나님 아버지와 아들의 관계를 반영한다.

<쟁점 8> 11:17-34

문제: 어떤 풍요로운 고린도 교인들이 가난한 교인들을 소외시킴으로써 주님의 만찬을 오용하고 있다.

복음적 해결책: 예수님이 교회를 위해 몸과 피를 주셨으니 그것을 멸시하지 말라. 너희가 주님의 만찬을 기념할 때는 그분이 오실 때까지 그분의 죽음을 선포하는 것이다. 그러므로 예수님이 너희를 위해 목숨을 희

생하신 것을 기념할 때에 희생하는 자세로 서로 음식을 나누어라.

<쟁점 9> 12:1-14:40

문제: 일부 고린도 교인들이 덕을 덜 세우는 영적 은사들을 우선시하며, 그들의 은사를 사랑으로 그리스도의 몸을 세우는 일에 사용하지 못하고 있다.

복음적 해결책: 성령 세례를 받은 그리스도의 몸을 세우는 영적 은사들을 사모하고 사용함으로써 (복음이 구현하는) 사랑을 추구하라.

<쟁점 10> 15:1-58

문제: 일부 고린도 교인들이 장차 하나님께서 신자들의 죽은 몸을 부활시키실 것을 부인하고 있다.

복음적 해결책: 그리스도가 우리의 죄를 위해 죽으셨고 하나님께서 그리스도의 죽은 몸을 부활시키셨다. 만일 하나님께서 신자들의 죽은 몸을 부활시키지 않으실 것이라면, 그분은 그리스도의 죽은 몸을 부활시키지 않으신 것이다. 그러나 그분은 그리스도의 죽은 몸을 부활시키셨고 따라서 장차 신자들의 죽은 몸도 부활시키실 것이다.

"하나님의 거룩한 백성에게…성숙하도록"

고린도 교회를 묘사할 때 '거룩한'은 우리가 맨 처음 떠올릴 만한 수식어 중 하나가 아니다. 적어도 일부 고린도 교인은 교회 선생들을 놓고 분열했고, 근친상간을 용인했고, 서로 고소했다. 창녀와의 성관계를 변명했고, 자기 배우자와 성관계를 하지 않는 게 좋다고 주장했다. 특별한 지식을 갖고 있다고 자랑했고, 동료 신자들의 덕을 세우지 않는 방식으로 자기 권리를 고수했고, 주님의 만찬을 기념할 때 동료 신자들을 모욕했다. 영적 은사들을 잘못 평가하며 오용했고, 하나님께서 신자들의 죽은 몸을 부활시키실 것을 부인했다.

이러한 온갖 죄를 짓고 있던 사람들을 가리켜 바울은 "그리스도 예수 안에서 거룩하여지고 성도라 부르심을 받은 자들"(1:2)이라고 부른다. 물론 모든 그리스도인이 '성도' 내지는 하나님의 거룩한 사람이지만, 그렇다고 그들이 죄가 없다는 뜻은 아니다. 하나님의 거룩한 사람들은 점차 이미 그들이 존재하는 상태(거룩한 사람)가 되어간다. 그들은 마치 어린이가 성인으로 성장하듯이(3:1-4; 13:11), 또는 씨앗이 싹터서 식물로 성장하듯이(3:6-8) 성숙해야 한다. 하나님의 거룩한 사람들은 반드시 이미 그들이 존재하는 상태(5:7; 6:11, 15-20)가 되어야 한다.

"순결함과 연합의 측면에서"

고린도 교회는 순결함과 연합이라는 두 영역에서 성숙해야 한다. 순결함에서 성숙해야 함은 사회의 세상적인 가치관에 대응하기 위함이며, 연합에서 성숙해야 함은 교회 내의 갈등을 해결하기 위함이다. 이 편지의 주제를 두고 일부 해석자들은 순결함이라고, 더 많은 해석자들은 연합이라고 주장한다.

주된 쟁점들 각각을 순결함(그리스-로마 사회의 비기독교적이고 쾌락주의적인 가치관과의 타협)이나 연합(고린도 교회 내의 갈등) 중 어느 하나에 말끔하게 배치하는 것은 인위적이다. 왜냐하면 (1) 바울이 고린도전서에서 다루는 모든 문제가 로마 사회의 불결한 가치관을 수용하는 데서 비롯되었으며, (2) 그런 불결한 가치관을 수용한 것이 교회 내의 불화를 낳았기 때문이다. 그래서 불결함(타협)을 바로잡는 일이 불화(갈등)를 해소하는 길이다.

(1) 교회 선생들을 둘러싸고 분열하지 말라(1:10-4:21).
(2) 교회 내의 터무니없는 죄를 용인하지 말라(5:1-13).
(3) 서로 소송을 제기하지 말라(6:1-11).
(4) 성적 부도덕에 빠지지 말라(6:12-20).
(5) 결혼이나 독신과 관련하여 주님이 당신에게 할당하신 삶을 영위하

라(7:1-40).

(6) 복음을 위해 기꺼이 당신의 권리를 포기하라. 이웃의 덕을 세워줌으로써 하나님께 영광을 돌리는 방식(먹는 것, 마시는 것 등)으로 살라. 우상에게 바친 음식이 당신으로 귀신과 교제하는 자가 되게 한다면 그것을 먹지 말라.

(7) 교회가 예배하려고 모일 때 남자는 머릿수건을 쓰지 말고 여자는 써야 한다(11:2-16).

(8) 신자들을 가진 자와 못 가진 자로 나누는 방식으로 주님의 만찬을 기념하지 말라(11:17-34).

(9) 덕을 가장 많이 세우는 영적 은사를 사모하고, 성령이 사랑 안에서 그리스도의 몸을 세우도록 주시는 은사를 사용하라(12:1-14:40).

(10) 하나님께서 신자들의 죽은 몸을 부활시키실 것을 고백하라(15:1-58).

하나님의 거룩한 백성이 '순결함과 연합의 측면에서' 성숙해야 한다는 것을 달리 말하면 그들이 '사랑 안에서' 성숙해야 한다는 것이다. 바울의 결론은 16:13-14에 나오는 다섯 가지 권면을 포함하는데, 이는 마지막 권면("너희 모든 일을 사랑으로 행하라")에서 절정에 이른다.

성경 다른 본문 및 그리스도와의 관련성

성경신학은 성경 전체가 어떻게 그리스도 안에서 진척되고 통합되고 절정에 도달하는지를 연구한다. 이는 정경 자체 내에서, 특히 구약과 신약이 어떻게 그리스도 안에서 통합되고 절정에 이르는지와 관련해 유기적이고 구원사적인 연관성을 맺는 방식으로 성경을 분석한다.

고린도전서에는 성경신학이 풍성히 담겨 있다. 이 편지는 십자가에 못 박히고 부활하신 메시아와 그런 구원 사건들이, 어떻게 하나님의 거룩한 백성에게 순결함과 연합의 측면에서(참고. 서론의 '신학') 성숙하도록 요구하는지에 관해 다룬다. 이 편지와 성경의 다른 부분 사이의 연관성은, 구약을 뒤돌아보고 완성의 날을 내다보는 것과 이것이 구원 역사의 '이미, 그러나 아직'(already-but-not-yet)의 단계에 사는 오늘날의 그리스도인에게 어떤 의미인지를 설명하는 것으로 표현된다.[4]

이 편지와 구약의 연관성을 연구하는 가장 자명한 방식은 구약을 인용하거나 언급하는 구절들을 분석하는 것이다. 구약을 직접 인용하는 구절이 적어도 17번 나온다(1:19, 31; 2:9, 16; 3:19, 20; 5:13; 6:16; 9:9; 10:7, 26; 14:21; 15:27, 32, 45, 54, 55).

성경신학적 연관성을 연구하는 또 하나의 방식은, 구원 역사에서 창세기로부터 고린도전서를 거쳐 요한계시록까지 전개되는 중요한 주제들을 추적하는 것이다. 그런 주제들의 궤적을 추적할 때는 연속성과 불연속성, 약속과 성취, 원형(type)과 예표(antitype) 등의 범주를 여러 주제에 적용하는 것이 유익하다. 그러한 주제들로 거룩함(1:2), 성전(6:19-20), 결혼과 독신(7:7-9, 참고. 7:1-40의 '응답'), 모세의 법(7:18-19), 하나님의 백성(10:1-22), 유월절(11:25), 그리스도의 죽음과 부활(15:3-4, 25-27, 54-55) 등이 있다.[5]

고린도전서 설교하기

복음을 적용하라

고린도전서를 처음부터 끝까지 설교할 때 빠질 수 있는 위험은, 복음이 어떻게 모든 쟁점에 대한 해답이 되는지(참고. 서론의 '신학')를 보여주지 않은

4 참고. Roy E. Ciampa and Brian S. Rosner, *The First Letter to the Corinthians*, PNTC (Grand Rapids, MI: Eerdmans, 2010), 28-35.

5 각 주제 뒤의 참고 구절은, 이 주석이 어디에서 성경신학적인 연관성을 풀어놓을지를 알려준다.

채 오로지 논쟁적인 쟁점들에 초점을 맞추는 것이다. 만일 목사가 고린도전서의 쟁점들에 관해 설교하면서 십자가에 못 박히고 부활한 메시아가 우리의 바람직한 반응을 어떻게 결정하시는지를 보여주지 않는다면, 실상 고린도전서를 제대로 설교하지 않은 것이다.

세계관을 바로잡으라

한 문화의 지배적인 세계관은 사람들의 생활 방식에 큰 영향을 미친다. 불행하게도 그것은 하나님의 거룩한 백성의 생활 방식에도 영향을 미칠 수 있다. 예컨대 혼외정사가 반드시 죄악된 것일까? 바울이 이 편지를 쓰는 이유는, 교회로 하여금 그들의 세계관을 주 예수 그리스도에게 맞추도록 지도하기 위해서다. 따라서 이 편지를 설교하는 이들은 오늘날 하나님의 백성 가운데서 세계관을 교정하는 바울의 사역을 계속 이어가야 한다.

순차적으로 설교하라

성경의 어떤 부분들(잠언 10-31장과 같은)은 순차적이기보다는 주제별로 설교하는 편이 더 쉽다. 그러나 고린도전서는 바울이 편지를 쓰는 순서대로 한 대목씩 설교하는 것이 이상적이다.

이 편지를 언제 설교할지 판단하라

바울이 다루는 쟁점들 중 다수는 오늘날에도 논란이 되는 주제들이다. 그러므로 설교자는 이 편지를 처음부터 끝까지 설교하기에 앞서, 이 책이 과연 교회가 다음에 공부할 책인지 여부를 판단하기 위해 하나님께 지혜를 구해야 한다. 해당 교회가 반드시 성숙한 교회일 필요는 없다. 이 편지의 본래 수령자들이 영적으로 미성숙했기 때문이다. 물론 설교자는 영적으로 성숙해야 하고, 바울이 말하는 뜻을 오늘날의 청중에게 적용하기 전에 정확하게 이해해야 한다. 고린도전서의 일부 쟁점들은 오늘날 설교하기에 너무 도전적이므로, 설교자는 이 편지 전체를 설교하기 전에 그 쟁점들을 더 깊이 연구하는 것이 바람직하다. 다음 3개의 주제들이 특히 도전적이다.

(1) 이혼과 재혼(7장): 이혼은 언제나 타당한 선택 사안인가? 재혼은 어떠한가? 목사는 이런 질문들을 피할 수 없는데, 고린도전서 7장은 이에 답하는 데 중요한 본문이다.

(2) 머릿수건(11:2-16): 여기서 가장 해결하기 힘든 문제는 역사-문화적 맥락을 이해하는 것이다. 설교자들이 만일 그 역사-문화적 맥락을 오해한다면, 그들이 어떻게 이 대목을 정확하고도 통찰력 있게 적용할 수 있겠는가?

(3) 영적 은사(12-14장): 성령은 방언과 예언 같은 영적 은사들을 오늘날에도 베푸시는가, 아니면 1세기에 있던 그런 은사들의 수여를 그치셨는가? 고린도전서 12-14장은 이 쟁점에 관해 가장 길고 자세하게 다룬 성경 대목이다.

해석상 과제

바울이 고린도전서에서 다루는 모든 쟁점은 해석상 과제를 갖고 있다. 무엇보다도 이 주석은 다음 질문들(개요에 나온 열 가지 쟁점에 상응하는 열 가지)에 답변하려고 한다.

(1) 웅변(1-4장)과 관련된 역사-문화적 맥락은 무엇인가? '육에 속한 그리스도인'이라는 범주는 성립될 수 있는가(2:12-3:4)? 하나님의 종들이 받을 상급의 성격은 무엇이며, "불 가운데서"(3:14-15) 구원을 받는다는 것은 무슨 뜻인가?

(2) 한 사람을 "사탄에게 내주[어]…육신은 멸하고 영은 주 예수의 날에 구원을 받게 하려 함이라"(5:5)는 말은 무슨 뜻인가? 5장에 나오는 교회 징계(church discipline)는 마태복음 18:15-20과 어떻게 조화를 이루는가?

(3) 고린도전서 6:1-8은 오늘날 신자가 동료 신자를 절대로 고소하면

안 된다는 뜻인가? "우리가 천사를 판단할 것"(6:3)이라는 말은 무슨 뜻인가? "동성애를 하는 사람들"(6:9, 새번역)은 헌신된 동성관계를 맺은 성인들과 다른 부류인가?

(4) 6:12-20의 몇몇 부분은 바울이 고린도 교인들의 말을 인용하고 논박한다는 것을 보여주기 위해 인용부호를 표기해야 하는가? 만일 그렇다면 어느 부분인가?

(5) 7장은 주님으로부터 직접 받지 않은 바울의 충고일 뿐인가(참고. 7:10, 덧붙여서 7:12, 25-26, 40)? 이혼과 재혼에 대한 하나님의 규율은 무엇인가? 한 배우자가 신자일 때 믿지 않는 배우자와 그 자녀들이 거룩하다는 말은 무슨 뜻인가(7:14)? "임박한 환난"은 무엇인가(7:26)? 독신이 결혼보다 더 나은가?

(6) 우상에게 바친 음식을 먹는 것과 관련된 역사-문화적 맥락은 무엇인가(8-10장)? 양심은 무엇이고, 어떻게 작동하는가(8:7, 10, 12; 10:25, 27-29)? 형제를 걸려 넘어지게 한다는 것(8:9, 13)은 무슨 뜻인가? 그리스도인은 율법 아래 있는가(9:20-21)? 어떤 의미에서 그리스도는 광야에서 이스라엘을 "따르는 신령한 반석"이었는가(10:4)?

(7) 한 사람이 다른 사람의 "머리"가 된다는 것(11:3)은 무슨 뜻인가? 머릿수건을 쓰는 것과 관련된 역사-문화적 맥락은 무엇인가(11:4-16)? 오늘날 모든 문화에서도 교회가 예배하려고 모일 때 그리스도인 여성은 머릿수건을 써야 하는가? "천사들로 말미암아"(ESV는 "because of the angels", 11:10)는 무슨 뜻인가?

(8) 일부 고린도 교인들이 주님의 만찬을 오용하는 것과 관련된 역사-문화적 맥락은 무엇인가(11:17-34)? "사람이 자기를 살피고"(11:28)라는 말은 무슨 뜻인가?

(9) 방언을 하고 예언을 한다는 것은 무슨 뜻인가(12-14장)? 성령은 이런 은사들 주기를 그치셨는가, 아니면 오늘날에도 계속 주시는가? "온전한 것"은 무엇인가(13:10)? "여자는 교회에서 잠잠하라"(14:34)는 말은 무슨 뜻인가?

(10) 일부 고린도 교인들이 하나님께서 신자들을 부활시키시리라는 것을 부인한 일과 관련된 역사-문화적 맥락은 무엇인가(15:12)? "죽은 자들을 위하여 세례를 받는[다]"는 것은 무슨 뜻인가(15:29)?

개요

이 편지의 본론에는 하나의 표제(II. 고린도 교인들에 관한 소식과 그들의 편지에 기초해 바울이 응답하는 쟁점들)가 붙으며, 바울이 다루는 모든 쟁점은 그 표제 아래서 서로 병렬되는 관계에 있다. 하지만 대다수 주석가들은 이 편지의 본론을 여러 개의 부분들로 나누는데, 보통은 다음 두 가지 방식 중 하나로 나눈다.

일부는 편지를 절반으로 나눈다. 바울이 1:10-6:20에서는 고린도 교인들에 관한 소식에 대해 응답한 후, 7:1-15:58에서는 고린도 교회가 보낸 편지에 응답한다는 것이다. 그러나 이 구분이 타당하지 않은 이유는, 11장과 15장이 고린도 교인들에 관한 소식에 응답한 내용일 가능성이 높기 때문이다.

다른 이들은 이 편지를 주제에 따라 몇 단락으로 나눈다. 예를 들어보자. (1) 5-7장은 우리의 몸으로 하나님께 영광을 돌리는 법을 다루는 한편, 8-14장은 예배를 통해 하나님께 영광을 돌리는 법을 다룬다. 또는 (2) 5-6장은 윤리적인 혼동에 대해, 7-10장은 생활 방식에 관한 쟁점들을, 그리고 11-14장은 교회 모임에서 행동하는 법에 대해 다룬다. 이렇게 주제별로 쟁점들을 묶는 것이 도움은 될 수 있지만, 바울이 과연 의도적으로 주제에 따라 쟁점들을 묶고 있는지는 명백하지 않다. 그래서 다음 개요는 쟁점들을 하나의 긴 목록 안에 연달아 나열한다.[6]

6 더 자세한 논증에 관해서는 Naselli, "Structure and Theological Message," 99-107을 참고하라.

I. 서론(1:1-9)
  A. 서두(1:1-3)
    1. 저자(1:1)
    2. 수신인(1:2)
    3. 인사(1:3)
  B. 감사(1:4-9)

II. 고린도 교인들에 관한 소식과 그들의 편지에 기초해 바울이 응답하는 쟁점들(1:10-15:58)
  A. 교회 선생들을 둘러싼 분열(1:10-4:21)
    1. 복음은 교회가 하나 될 것을 요구한다. 선생들을 둘러싸고 분열하지 말라(1:10-17)
    2. 하나님의 지혜는 세상적인 지혜와 상반된다(1:18-2:16)
      a. 그것의 메시지는 십자가에 못 박힌 메시아다(1:18-25)
      b. 그것을 따르는 자들은 신분이 낮은 사람들이다(1:26-31)
      c. 그것의 전파자(바울)는 그 메시지를 평범하게 선포했다(2:1-5)
      d. 이제 하나님은 성령을 지닌 사람들에게만 그분의 지혜를 계시하셨다(2:6-16)
    3. 성령을 지닌 사람들은 교회 선생들을 자랑하면 안 된다(3:1-4:21)
      a. 책망: 교회 선생들을 놓고 분열하는 신자들은 하나님의 영이 없는 이들처럼 미성숙하게 행하고 있다(3:1-4)
      b. 이유: 교회 선생들은 단지 하나님의 종일뿐이다(3:5-9)
      c. 경고: 교회 선생들은 어떻게 하나님의 교회를 세울지에 주의를 기울여야 한다(3:10-15)

d. 경고: 하나님은 그분의 성전을 파괴하는 자를 멸하실 것이다(3:16-17)

e. 권면: 교회 선생들을 자랑하지 말라(3:18-23)

f. 책망: 주제넘게 교회 선생들을 판단하지 말라(4:1-5)

g. 책망: 사도들이(고린도 교인들이 아니라) 하나님의 지혜의 모범이다(4:6-13)

h. 아버지로서의 호소와 경고: 돌아오기를 계획하고 있는 바울을 본받으라(4:14-21)

B. 근친상간을 용인하는 문제(5:1-13)

1. 문제점: 고린도 교인들이 교만하게 근친상간을 용인한다(5:1-2a)

2. 책망과 명령: 자랑하지 말라, 묵은 누룩을 내버리라(5:2b-8)

3. 분명히 할 점: 이 가르침은 모든 불신자가 아닌 신앙을 고백하는 신자들에게 적용된다(5:9-13)

C. 서로 소송을 제기하는 문제(6:1-11)

1. 주된 책망: 불신자 앞에서 서로를 고발하지 말라(6:1)

2. 이유: 더 큰 것에서 더 작은 것으로의 두 논증이 이 지시를 지지한다(6:2-3)

3. 이유에서의 추론: 바울이 주된 책망을 재진술한다(6:4)

4. 책망: 바울이 신랄하게 불신하는 태도로 고린도 교인들을 부끄럽게 한다(6:5-8)

5. 주된 책망을 뒷받침하기 위한 경고: 불의한 자는 하나님의 나라를 유업으로 받지 못할 것이다(6:9-10)

6. 내재된 권면: 너희의 진정한 모습대로 되라(6:11)

D. 성적 부도덕을 변명하는 문제(6:12-20)

1. 표어 1에 대한 반론: 부도덕한 성관계는 타인이나 너희

자신에게 유익하지 않다(6:12)

2. 표어 2에 대한 반론: 부도덕한 성관계는 너희의 몸을 창녀와 결합시키지만, 너희의 몸은 주님을 위한 것이다(6:13-17)
3. 표어 3에 대한 반론: 부도덕한 성관계는 너희의 몸에 죄를 짓는 것이다(6:18-20)

E. 부부관계에서 성관계를 즐기고, 독신으로 남고, 이혼을 하고, 결혼하는 문제(7:1-40)

1. 부부관계에서 성관계를 즐기는 것(7:1-6)
2. 독신으로 남는 것(7:7-9)
3. 이혼하는 것(7:10-16)
4. 일반 원리: 하나님께서 부르신 곳에 머물라(7:17-24)
5. 결혼하는 것(7:25-40)

F. 우상에게 바친 음식을 먹는 문제(8:1-11:1)

1. 원리: 형제와 자매를 사랑하는 것이 너희의 권리를 누리는 것보다 더 중요하다(8:1-13)
2. 예화: 바울은 복음을 위해 자기 권리를 포기했다(9:1-23)
3. 권면: 우상숭배를 피하라(9:24-10:22)
4. 결론: 이웃의 유익을 구함으로써 하나님의 영광을 위해 모든 것을 전략적으로 행하라(10:23-11:1)

G. 머릿수건을 쓰는 문제(11:2-16)

1. 서론: 바울이 고린도 교인을 칭찬하다(11:2)
2. 주된 주장의 이유 1: 권위와 순종과 관련하여 남편과 아내의 관계는 성부와 성자 하나님의 관계를 반영해야 한다(11:3)
3. 주된 주장: 교회 모임에서 기도하거나 예언할 때 머리를

가리는 남자는 그리스도를 모욕하고, 머리를 가리지 않는 여자는 남편을 모욕한다(11:4-5a)

4. 이유 2: 머리를 가리지 않는 아내는 문화적으로 부끄럽다(11:5b-6)
5. 이유 3: 아내가 머리를 가리는 대신 남자가 머리를 가리는 것은 창조주 하나님께서 남자와 여자를 지으신 방식과 상충된다(11:7-9)
6. 이유 4: 그것은 천사나 전달자들에게 나쁜 증언이다(11:10)
7. 11:3-10의 조건: 남자와 여자는 상호의존적이다(11:11-12)
8. 이유 5: 그것은 문화적으로 부적절하다(11:13-15)
9. 이유 6: 그것은 바울과 다른 교회들의 행습과 어긋난다(11:16)

H. 주님의 만찬을 오용하는 문제(11:17-34)

1. 문제점: '가진 자들'이 '갖지 못한 자들'과 음식을 나누지 않고 있다(11:17-22)
2. 교리: 바울이 첫 번째 주님의 만찬에서 내려온 전례를 되풀이한다(11:23-26)
3. 적용: 주님의 만찬을 기념하기 전에 너희 자신을 살피라(11:27-32)
4. 해결책: 서로 나누라(11:33-34)

I. 영적 은사를 사모하고 사용하는 문제(12:1-14:40)

1. 통일성 속의 다양성: 성령은 한 교회의 몸 안에서 개개인에게 다양한 영적 은사를 주신다(12:1-31)
2. 최선의 길: 사랑이 영적 은사의 사용에 필수적이다(13:1-13)
3. 이해 가능한 은사: 교회 모임에서 타인을 세우는 데에 방언보다 더 가치 있는 은사인 예언을 진지하게 사모함으

로써 사랑을 추구하라. 왜냐하면 예언이 이해될 수 있는 은사이기 때문이다(14:1-25)

4. 질서정연함: 교회가 함께 모일 때 영적 은사들을 질서정연하게 사용함으로써 서로를 세우라(14:26-40)

J. 하나님께서 신자들의 죽은 몸을 부활시키시리라는 것을 부인하는 문제(15:1-58)

1. 토대: 그리스도의 부활은 복음에 필수적이다(15:1-11)
2. 사실: 하나님은 확실히 신자들의 죽은 몸을 부활시키실 것이다(15:12-34)
   a. 만일 하나님께서 죽은 자를 일으키지 않으신다면 그리스도가 일으킴을 받지 못했을 것이고, 만일 그리스도가 일으킴을 받지 못했다면 끔찍한 결과가 뒤따른다(15:12-19)
   b. 그러나 그리스도가 일으킴을 받았으므로, 하나님은 그리스도께 속한 이들을 일으키실 것이고 그로써 사망을 멸하실 것이다(15:20-28)
   c. 만일 하나님께서 죽은 자를 일으키지 않으신다면 어떤 사람들이 행하는 일은 터무니없는 것이겠지만, 그분이 죽은 자를 분명히 일으키시므로 일부 고린도 교인들의 주장이 터무니없는 것이다(15:29-34)
3. 자연: 하늘에 속한 몸은 이치에 맞고 확실하며 필연적이다(15:35-58)
   a. 자연에서 끌어온 두 가지 비유(씨와 서로 다른 종류의 몸)는 신자들의 죽은 몸을 부활시키는 것이 이치에 맞음을 입증한다(15:35-44)
   b. 아담과 그리스도의 유비는 신자들의 죽은 몸을 부활

시키는 것이 확실함을 입증한다(15:45-49)

c. 사망을 무찌르고 승리하기 위해 하나님은 죽은 신자와 살아 있는 신자들의 썩는 죽을 몸을 썩지 않고 죽지 않는 몸으로 변화시키셔야 한다(15:50-58)

III. 결론(16:1-24)[7]

A. 예루살렘의 신자들을 위해 돈을 모으는 일에 관한 지시(16:1-4)

B. 바울, 디모데, 아볼로의 여행 계획(16:5-12)

C. 마지막 권면(16:13-18)

D. 마지막 인사(16:19-24)

7 이 편지의 결론부가 16:1과 함께 시작하는지, 아니면 16장의 중간에서 시작하는지는 명백하지 않다. "~에 대하여는"은 네 번(7:1, 25; 8:1; 12:1)에 걸쳐 쟁점들을 소개하는 문구인데, 16:1과 16:12도 이와 동일한 문구로 시작한다. 바울이 16:1과 16:12에서 고린도 교인들에게 응답하고 있을 가능성이 높지만, 그가 다루는 그 쟁점들은 중대성이라는 측면에서 이 편지의 다른 쟁점들과 대등하지 않다. 그래서 16장에 나오는 이런 집안 관련 쟁점들을 결론의 일부로 포함시키는 것이 타당하다.

ESV Expository Commentary

1 Corinthians

1 하나님의 뜻을 따라 그리스도 예수의 사도로 부르심을 받은 바울과
형제 소스데네는
2 고린도에 있는 하나님의 교회 곧 그리스도 예수 안에서 거룩하여지
고 성도라 부르심을 받은 자들과 또 각처에서 우리의 주 곧 그들과 우
리의 주 되신 예수 그리스도의 이름을 부르는 모든 자들에게
3 하나님 우리 아버지와 주 예수 그리스도로부터 은혜와 평강이 있기
를 원하노라

1 Paul, called by the will of God to be an apostle of Christ Jesus, and
our brother Sosthenes,
2 To the church of God that is in Corinth, to those sanctified in Christ
Jesus, called to be saints together with all those who in every place call
upon the name of our Lord Jesus Christ, both their Lord and ours:
3 Grace to you and peace from God our Father and the Lord Jesus
Christ.

4 그리스도 예수 안에서 너희에게 주신 하나님의 은혜로 말미암아 내

가 너희를 위하여 항상 하나님께 감사하노니 5 이는 너희가 그 안에서
모든 일 곧 모든 언변과 모든 지식에 풍족하므로 6 그리스도의 증거가
너희 중에 견고하게 되어 7 너희가 모든 은사에 부족함이 없이 우리
주 예수 그리스도의 나타나심을 기다림이라 8 주께서 너희를 우리 주
예수 그리스도의 날에 책망할 것이 없는 자로 끝까지 견고하게 하시
리라 9 너희를 불러 그의 아들 예수 그리스도 우리 주와 더불어 교제
하게 하시는 하나님은 미쁘시도다

4 I give thanks to my God always for you because of the grace of
God that was given you in Christ Jesus, 5 that in every way you were
enriched in him in all speech and all knowledge— 6 even as the
testimony about Christ was confirmed among you— 7 so that you are
not lacking in any gift, as you wait for the revealing of our Lord Jesus
Christ, 8 who will sustain you to the end, guiltless in the day of our
Lord Jesus Christ. 9 God is faithful, by whom you were called into the
fellowship of his Son, Jesus Christ our Lord.

단락 개관

바울은 고린도에 있는 교회에게 문안하고 그들로 인해 하나님께 감사하면서 편지를 시작한다. 바울은 편지의 서두에서 하나님께 감사할 때에 보통 그 편지의 주제를 씨앗의 형태로 포함시키곤 한다. 고린도전서의 신학적 메시지를 진술하는 하나의 방식은 '복음이 하나님의 거룩한 백성에게 순결함과 연합의 측면에서 성숙하도록 요구한다'는 것이다(참고. 서론의 '신학'). "그리스도의 증거"(6절)는 바울이 고린도 교인들에게 선포한 복음이며, 하나님께서 그들을 신실하게 끝까지 지키시리라는 것이다. 고린도에 있는 교회가 많은 문제를 안고 있으나 복음이 그것들을 해결한다.

단락 개요

Ⅰ. 서론(1:1-9)

A. 서두(1:1-3)

1. 저자(1:1)
2. 수신인(1:2)
3. 인사(1:3)

B. 감사(1:4-9)

주석

1:1 이 편지는 전형적인 그리스-로마 편지와 같이 '(저자)로부터 (수신인)에게 하는 인사'로 시작한다. 바울은 스스로를 하나님께서 친히 부르신 "그리스도 예수의 사도"로 묘사한다. 이는 고린도 교회를 목양하는 바울의 권위를 지지한다. 이것이 중요한 이유는 이 편지에서 바울의 목양이 많은 훈계를 포함하기 때문이다.

소스데네는 바울의 공저자가 아니라 동역자일 것이며, 바울이 이 편지를 쓸 때 함께 있었을 것이다. 이 편지의 나머지 부분에서 바울은 소스데네를 언급하지 않고 줄곧 1인칭을 사용한다.

1:2 신학자들은 전통적으로 적어도 "교회"의 네 가지 의미를 구별한다. (1) '보편적' 교회는 인류 역사 전체(과거, 현재, 미래)에 걸친 하나님의 백성이다. (2) '비가시적' 교회는 현재 지구상에 살아 있는 모든 진정한 신자들이다. (3) '가시적' 교회는 현재 지구상에 살아 있는, 신앙을 고백하는 신자들이다(우리는 하나님께서 비가시적인 교회를 보시듯이 정확하게 보지 못하는데, 이는 필

연적으로 우리 눈에 비치는 교회가 스스로 신자라고 잘못 주장하는 사람들을 포함하기 때문이다). (4) '지역' 교회는 "고린도에 있는 하나님의 교회"처럼 가시적 교회의 일부다. 신약에 나오는 "교회"는 보통 지역 교회를 가리킨다. 그리고 이 용어는 항상 다함께 모이는 사람들을 가리키지 교회 건물을 가리키지 않는다. 성경은 신자들이 교회에 '간다'고 말하지 않는다. 대신 그들이 교회로 '함께 모인다'. 교회는 성경을 설교하고, 세례를 거행하고, 주님의 만찬을 기념하고, 교회 징계를 실행하는 것을 통해 하나님을 예배하고 서로 덕을 세우기 위해 정기적으로 모인다.

신약 서신들은 성화의 세 가지 시제를 묘사한다.

(1) 과거: 신자는 '성화되었다'(거룩해졌다, 예. 히 2:11). 이는 하나님께서 맨 처음 신자들에게 영적 생명을 주시는 순간 그 자신을 위해 그들을 따로 구별하실 때 일어난다. 일부 신학자들은 이를 '결정적인' 내지는 '지위 상의' 성화라고 부른다. 이것이 바로 바울이 고린도 교회를 "그리스도 예수 안에서 거룩하여[진]" 교회로 묘사할 때의 의미다. 하나님께서 예수님의 십자가 사역을 통해 그들을 거룩하게 하셨다. 하나님의 교회에 속한 모든 진정한 교인들은 이런 의미에서 거룩하다. 신약이 신자들을 '거룩하다' 또는 '거룩해졌다'고 언급할 때는 보통 결정적인 성화를 지칭한다.[8]

(2) 현재: 신자는 '성화되는 중'이다(예. 고후 7:1). 아마도 이것이 오늘날 대다수 그리스도인이 생각하는 성화일 것이다. 이는 그리스도인이 점차 더 거룩해지는, 점진적이고 불완전하며 평생에 걸쳐 성숙해지는 과정이다. 이런 의미에서 성화는 칭의(하나님께서 믿는 죄인을 의롭다고 한순간에 선언하실 때)와 영화(하나님께서 그분의 백성에게 썩지 않고 죽지 않을 몸을 주실 때)와 구별된다. 이런 조직신학적인 범주들은 타당하고

8 David Peterson, *Possessed by God: A New Testament Theology of Sanctification and Holiness*, NSBT 1 (Downers Grove, IL: IVP Academic, 1995).

중요하다. 그러나 성경에 나오는 성화가 항상 '점진적인' 성화를 가리키는 것은 아니다. 신약의 서신들에서 성화는 대개 '결정적인' 성화를 지칭한다.

(3) 미래: 신자는 '성화될' 것이다(예. 살전 3:13). 이 궁극적 성화는 영화와 일치하며, 하나님께서 그분의 백성을 죄의 현존과 가능성에서 떼어 놓으실 때 일어난다.

바울은 고린도 교회를 "그리스도 예수 안에서 거룩하여지고" 또한 "성도로 부르심을 받은 자들"로 묘사한다. 그들은 이미 거룩하고, 하나님은 그들을 거룩하게 되도록 부르신다. 성도는 성도처럼 살아야 한다. 그들은 실제로도 그들이 지위 상으로 존재하는 상태가 되어야 한다. 이는 구약에 나오는 하나님 백성의 패턴을 따르는 것이다. 이스라엘은 거룩했고(예. 신 7:6), 하나님은 이스라엘에게 거룩하게 되라고 요구하셨다(예. 출 22:31; 레 11:44-45). 그러나 이스라엘과 마찬가지로, 그리스도인은 거룩함을 몸소 구현하고 성취하셨던 그 한 분이 없이는 거룩해질 수 없다. 예수님이 거룩하시고 또한 그분의 백성을 거룩하게 만드신다는 말이다. 하나님께서 그분의 백성을 거룩하게 만들려는 계획을 성취하실 때까지 하나님의 백성이 현재(아무리 불완전하나마) 힘을 쏟아야 할 본분은 거룩하게 되는 것이다.

하나님은 고린도 교회를 다른 모든 신자들과 함께 성도가 되도록 부르셨다. 그분은 고린도 교회에게 다른 어느 곳의 어느 신자에게 요구하는 것보다 더 많이 요구하지 않으신다. 하나님의 백성은 동일한 주인을 따르기 때문이다.

1:3 바울이 수신자들을 축복하고 은혜와 평강을 주시는 분을 명시한다. 편지의 서두에 해당하는 이 부분에서 고대 그리스-로마 편지들은 전형적으로 카이레인(*chairein*, '안녕')으로 인사했다. 바울은 이 단어를 소리가 비슷한 카리스(*charis*, "은혜", 하나님의 '은총'이라는 뜻)로 살짝 바꾼다. 또한 고대 편지들은 건강을 위한 기원으로 말문을 열었는데, 여기서 바울은 고린도 교

인들을 위한 축복(3절)과 하나님께 감사하는 말(4절)로 그 기원을 대신하는 듯하다(4-9절).

1:4-8 바울은 자기가 왜 고린도 교인들로 인해 하나님께 늘 감사하는지 한 가지 이유를 제시한다. 바로 하나님께서 그리스도 예수 안에서 그들을 지탱시키는 은혜를 주셨다는 것이다. 5-8절이 그 말의 함의를 설명한다. 하나님은 통찰(영적 은사에 관한, 참고. 12:1-14:40 주석)을 전달하고 갖는 데 필요한 은혜의 선물들로 고린도 교인들을 풍요롭게 하셨다. 이런 식으로 하나님은 바울이 고린도 교인들에게 그리스도에 관해 증언한 것, 이른바 복음을 확증하셨다. 하나님께서 고린도 교인들을 풍요롭게 하신 결과는 그들이 예수님의 재림을 기다리는 동안 지금도 믿음 안에서 참고 견디는 것이다. 예수님은 그들을 죄 없는 자가 되게 하려고 친히 끝까지 계속 붙드실 것이다.

1:9 바울이 여기서 지르는 탄성은 특히 8절을 뒷받침함으로써 4-9절을 마무리한다. 하나님, 곧 고린도 교인들을 그분의 아들과 교제하도록 부르시고 또한 그리스도 예수 안에서 지탱하시는 은혜로 풍요롭게 하신 그분이 끝까지 그들을 신실하게 지탱하실 것이다.

응답

1. 성도여, 그대의 존재 그 자체가 되어라.

모든 그리스도인은 '이미 거룩하다'(결정적 성화)는 의미에서 성도들이지만, 하나님의 거룩한 백성은 또한 '거룩하게 되어야'(점진적 성화)한다. 예수님을 최고의 주권자요, 구원자요, 만족케 하시는 분으로 보고 맛보아라. 우상숭배, 배신, 어리석음 등 죄(특히 문화의 나쁜 부분이 가치를 두는)를 있는 그대로 보아라. 죄는 궁극적으로 만족을 주지 못하며 오직 예수님만 만족을 주실 수 있다. 그러므로 우리는 성경 공부, 기도, 예배, 복음 전도, 섬김, 청지기 직

분과 같은 은혜의 수단에서 유익을 얻으면서 예수님을 따라가야 한다.[9]

2. 우리를 지탱하시는 하나님의 은혜에 감사하라.

우리는 모두 죄인이다. 예수님이 재림하실 때까지 우리는 죄 없는 자로서 그분을 따를 수 없다. 그러나 하나님께서 우리에게 "그리스도 예수 안에서" 은혜를 주셨기에(4절) 예수님이 친히 우리를 "책망할 것이 없는 자로 끝까지" 지탱하실 것이다(8절). 우리가 이를 의지할 수 있는 이유는 "하나님은 미쁘시[기]" 때문이다(9절). 바울은 하나님께서 고린도 교인을 지탱하시는 은혜 때문에 하나님께 감사했고, 우리 역시 우리를 지탱하시는 은혜 때문에 그분께 감사하게 된다. 이 구절을 더욱 직접적으로 적용하면, 우리 주변의 그리스도인을 지탱하시는 하나님의 은혜로 인해 그분께 감사하게 된다. 바울이 근본적으로 고린도 교인들을 훈계하는 편지에서 그들을 그토록 강하게 인정하는 것은 참으로 놀랍다. 그렇다면 우리는 하나님을 찬양하는 가운데 동료 그리스도인을 얼마나 더 인정해야 하겠는가?[10]

9 Donald S. Whitney, *Spiritual Disciplines for the Christian Life*, 2nd ed. (Colorado Springs: NavPress, 2014).

10 Sam Crabtree, *Practicing Affirmation: God-Centered Praise of Those Who Are Not God* (Wheaton, IL: Crossway, 2011).

1:10 형제들아 내가 우리 주 예수 그리스도의 이름으로 너희를 권하노
니 모두가 같은 말을 하고 너희 가운데 분쟁이 없이 같은 마음과 같은
뜻으로 온전히 합하라 11 내 형제들아 글로에의 집 편으로 너희에 대
한 말이 내게 들리니 곧 너희 가운데 분쟁이 있다는 것이라 12 내가 이
것을 말하거니와 너희가 각각 이르되 나는 바울에게, 나는 아볼로에
게, 나는 게바에게, 나는 그리스도에게 속한 자라 한다는 것이니 13 그
리스도께서 어찌 나뉘었느냐 바울이 너희를 위하여 십자가에 못 박혔
으며 바울의 이름으로 너희가 [1]세례를 받았느냐 14 나는 그리스보와
가이오 외에는 너희 중 아무에게도 내가 [1]세례를 베풀지 아니한 것을
감사하노니 15 이는 아무도 나의 이름으로 [1]세례를 받았다 말하지 못
하게 하려 함이라 16 내가 또한 스데바나 집 사람에게 [1]세례를 베풀었
고 그 외에는 다른 누구에게 [1]세례를 베풀었는지 알지 못하노라 17 그
리스도께서 나를 보내심은 [1]세례를 베풀게 하려 하심이 아니요 오직
복음을 전하게 하려 하심이로되 말의 지혜로 하지 아니함은 그리스도
의 십자가가 헛되지 않게 하려 함이라

1:10 I appeal to you, brothers,[1] by the name of our Lord Jesus Christ,

that all of you agree, and that there be no divisions among you, but that
you be united in the same mind and the same judgment. 11 For it has
been reported to me by Chloe's people that there is quarreling among
you, my brothers. 12 What I mean is that each one of you says, "I follow
Paul," or "I follow Apollos," or "I follow Cephas," or "I follow Christ."
13 Is Christ divided? Was Paul crucified for you? Or were you baptized
in the name of Paul? 14 I thank God that I baptized none of you except
Crispus and Gaius, 15 so that no one may say that you were baptized
in my name. 16 (I did baptize also the household of Stephanas. Beyond
that, I do not know whether I baptized anyone else.) 17 For Christ did
not send me to baptize but to preach the gospel, and not with words of
eloquent wisdom, lest the cross of Christ be emptied of its power.

18 십자가의 도가 멸망하는 자들에게는 미련한 것이요 구원을 받는
우리에게는 하나님의 능력이라 19 기록된 바 내가 지혜 있는 자들의
지혜를 멸하고 총명한 자들의 총명을 폐하리라 하였으니 20 지혜 있는
자가 어디 있느냐 선비가 어디 있느냐 이 세대에 변론가가 어디 있느
냐 하나님께서 이 세상의 지혜를 미련하게 하신 것이 아니냐 21 하나
님의 지혜에 있어서는 이 세상이 자기 지혜로 하나님을 알지 못하므
로 하나님께서 전도의 미련한 것으로 믿는 자들을 구원하시기를 기뻐
하셨도다 22 유대인은 [2)]표적을 구하고 헬라인은 지혜를 찾으나 23 우
리는 십자가에 못 박힌 그리스도를 전하니 유대인에게는 거리끼는 것
이요 이방인에게는 미련한 것이로되 24 오직 부르심을 받은 자들에게
는 유대인이나 헬라인이나 그리스도는 하나님의 능력이요 하나님의
지혜니라 25 하나님의 어리석음이 사람보다 지혜롭고 하나님의 약하
심이 사람보다 강하니라

18 For the word of the cross is folly to those who are perishing, but to us

who are being saved it is the power of God. 19 For it is written,

"I will destroy the wisdom of the wise,
and the discernment of the discerning I will thwart."

20 Where is the one who is wise? Where is the scribe? Where is the
debater of this age? Has not God made foolish the wisdom of the
world? 21 For since, in the wisdom of God, the world did not know God
through wisdom, it pleased God through the folly of what we preach[2]
to save those who believe. 22 For Jews demand signs and Greeks seek
wisdom, 23 but we preach Christ crucified, a stumbling block to Jews
and folly to Gentiles, 24 but to those who are called, both Jews and
Greeks, Christ the power of God and the wisdom of God. 25 For the
foolishness of God is wiser than men, and the weakness of God is
stronger than men.

26 형제들아 너희를 부르심을 보라 육체를 따라 지혜로운 자가 많지
아니하며 능한 자가 많지 아니하며 문벌 좋은 자가 많지 아니하도다
27 그러나 하나님께서 세상의 미련한 것들을 택하사 지혜 있는 자들
을 부끄럽게 하려 하시고 세상의 약한 것들을 택하사 강한 것들을 부
끄럽게 하려 하시며 28 하나님께서 세상의 천한 것들과 멸시 받는 것
들과 없는 것들을 택하사 있는 것들을 폐하려 하시나니 29 이는 아무
육체도 하나님 앞에서 자랑하지 못하게 하려 하심이라 30 너희는 하나
님으로부터 나서 그리스도 예수 안에 있고 예수는 하나님으로부터 나
와서 우리에게 지혜와 의로움과 거룩함과 구원함이 되셨으니 31 기록
된 바 자랑하는 자는 주 안에서 자랑하라 함과 같게 하려 함이라

26 For consider your calling, brothers: not many of you were wise
according to worldly standards,[3] not many were powerful, not many
were of noble birth. 27 But God chose what is foolish in the world to

shame the wise; God chose what is weak in the world to shame the
strong; 28 God chose what is low and despised in the world, even things
that are not, to bring to nothing things that are, 29 so that no human
being[4] might boast in the presence of God. 30 And because of him[5] you
are in Christ Jesus, who became to us wisdom from God, righteousness
and sanctification and redemption, 31 so that, as it is written, "Let the
one who boasts, boast in the Lord."

2:1 형제들아 내가 너희에게 나아가 하나님의 3)증거를 전할 때에 말과
지혜의 아름다운 것으로 아니하였나니 2 내가 너희 중에서 예수 그리
스도와 그가 십자가에 못 박히신 것 외에는 아무것도 알지 아니하기
로 작정하였음이라 3 내가 너희 가운데 거할 때에 약하고 두려워하고
심히 떨었노라 4 내 말과 내 전도함이 설득력 있는 지혜의 말로 하지
아니하고 다만 성령의 나타나심과 능력으로 하여 5 너희 믿음이 사람
의 지혜에 있지 아니하고 다만 하나님의 능력에 있게 하려 하였노라
2:1 And I, when I came to you, brothers,[6] did not come proclaiming to
you the testimony[7] of God with lofty speech or wisdom. 2 For I decided
to know nothing among you except Jesus Christ and him crucified.
3 And I was with you in weakness and in fear and much trembling,
4 and my speech and my message were not in plausible words of
wisdom, but in demonstration of the Spirit and of power, 5 so that your
faith might not rest in the wisdom of men[8] but in the power of God.

6 그러나 우리가 4)온전한 자들 중에서는 지혜를 말하노니 이는 이 세
상의 지혜가 아니요 또 이 세상에서 없어질 통치자들의 지혜도 아
니요 7 오직 5)은밀한 가운데 있는 하나님의 지혜를 말하는 것으로
서 곧 감추어졌던 것인데 하나님이 우리의 영광을 위하여 만세 전

에 미리 정하신 것이라 8 이 지혜는 이 세대의 통치자들이 한 사람
도 알지 못하였나니 만일 알았더라면 영광의 주를 십자가에 못 박
지 아니하였으리라 9 기록된 바 하나님이 자기를 사랑하는 자들을 위
하여 예비하신 모든 것은 눈으로 보지 못하고 귀로 듣지 못하고 사
람의 마음으로 생각하지도 못하였다 함과 같으니라 10 오직 하나님
이 성령으로 이것을 우리에게 보이셨으니 성령은 모든 것 곧 하나
님의 깊은 것까지도 통달하시느니라 11 사람의 일을 사람의 속에 있
는 영 외에 누가 알리요 이와 같이 하나님의 일도 하나님의 영 외
에는 아무도 알지 못하느니라 12 우리가 세상의 영을 받지 아니하
고 오직 하나님으로부터 온 영을 받았으니 이는 우리로 하여금 하
나님께서 우리에게 은혜로 주신 것들을 알게 하려 하심이라 13 우
리가 이것을 말하거니와 사람의 지혜가 가르친 말로 아니하고 오
직 성령께서 가르치신 것으로 하니 영적인 일은 영적인 것으로 분
별하느니라 14 육에 속한 사람은 하나님의 성령의 일들을 받지 아
니하나니 이는 그것들이 그에게는 어리석게 보임이요, 또 그는 그
것들을 알 수도 없나니 그러한 일은 영적으로 분별되기 때문이라
15 신령한 자는 모든 것을 판단하나 자기는 아무에게도 판단을 받지
아니하느니라 16 누가 주의 마음을 알아서 주를 가르치겠느냐 그러나
우리가 그리스도의 마음을 가졌느니라

6 Yet among the mature we do impart wisdom, although it is not a
wisdom of this age or of the rulers of this age, who are doomed to pass
away. 7 But we impart a secret and hidden wisdom of God, which God
decreed before the ages for our glory. 8 None of the rulers of this age
understood this, for if they had, they would not have crucified the Lord
of glory. 9 But, as it is written,

"What no eye has seen, nor ear heard,

nor the heart of man imagined,

what God has prepared for those who love him"—
10 these things God has revealed to us through the Spirit. For the Spirit
searches everything, even the depths of God. 11 For who knows a
person's thoughts except the spirit of that person, which is in him?
So also no one comprehends the thoughts of God except the Spirit of
God. 12 Now we have received not the spirit of the world, but the Spirit
who is from God, that we might understand the things freely given us
by God. 13 And we impart this in words not taught by human wisdom
but taught by the Spirit, interpreting spiritual truths to those who are
spiritual.[9] 14 The natural person does not accept the things of the Spirit
of God, for they are folly to him, and he is not able to understand them
because they are spiritually discerned. 15 The spiritual person judges
all things, but is himself to be judged by no one. 16 "For who has
understood the mind of the Lord so as to instruct him?" But we have
the mind of Christ.

3:1 형제들아 내가 신령한 자들을 대함과 같이 너희에게 말할 수 없어
서 육신에 속한 자 곧 그리스도 안에서 어린아이들을 대함과 같이 하
노라 2 내가 너희를 젖으로 먹이고 밥으로 아니하였노니 이는 너희가
감당하지 못하였음이거니와 지금도 못하리라 3 너희는 아직도 육신에
속한 자로다 너희 가운데 시기와 분쟁이 있으니 어찌 육신에 속하여
사람을 따라 행함이 아니리요 4 어떤 이는 말하되 나는 바울에게라 하
고 다른 이는 나는 아볼로에게라 하니 너희가 육의 사람이 아니리요
3:1 But I, brothers,[10] could not address you as spiritual people, but as
people of the flesh, as infants in Christ. 2 I fed you with milk, not solid
food, for you were not ready for it. And even now you are not yet
ready, 3 for you are still of the flesh. For while there is jealousy and

strife among you, are you not of the flesh and behaving only in a human
way? 4 For when one says, "I follow Paul," and another, "I follow
Apollos," are you not being merely human?

5 그런즉 아볼로는 무엇이며 바울은 무엇이냐 그들은 주께서 각각 주
신 대로 너희로 하여금 믿게 한 [6]사역자들이니라 6 나는 심었고 아볼
로는 물을 주었으되 오직 하나님께서 자라나게 하셨나니 7 그런즉 심
는 이나 물 주는 이는 아무것도 아니로되 오직 자라게 하시는 이는 하
나님뿐이니라 8 심는 이와 물 주는 이는 한가지이나 각각 자기가 일한
대로 자기의 상을 받으리라 9 우리는 하나님의 동역자들이요 너희는
하나님의 밭이요 하나님의 집이니라
5 What then is Apollos? What is Paul? Servants through whom you
believed, as the Lord assigned to each. 6 I planted, Apollos watered, but
God gave the growth. 7 So neither he who plants nor he who waters is
anything, but only God who gives the growth. 8 He who plants and he
who waters are one, and each will receive his wages according to his
labor. 9 For we are God's fellow workers. You are God's field, God's
building.

10 내게 주신 하나님의 은혜를 따라 내가 지혜로운 건축자와 같이 터
를 닦아 두매 다른 이가 그 위에 세우나 그러나 각각 어떻게 그 위에
세울까를 조심할지니라 11 이 닦아 둔 것 외에 능히 다른 터를 닦아 둘
자가 없으니 이 터는 곧 예수 그리스도라 12 만일 누구든지 금이나 은
이나 보석이나 나무나 풀이나 짚으로 이 터 위에 세우면 13 각 사람의
공적이 나타날 터인데 그날이 공적을 밝히리니 이는 불로 나타내고
그 불이 각 사람의 공적이 어떠한 것을 시험할 것임이라 14 만일 누구
든지 그 위에 세운 공적이 그대로 있으면 상을 받고 15 누구든지 그 공

적이 불타면 해를 받으리니 그러나 자신은 구원을 받되 불 가운데서
받은 것 같으리라
10 According to the grace of God given to me, like a skilled[11] master
builder I laid a foundation, and someone else is building upon it. Let
each one take care how he builds upon it. 11 For no one can lay a
foundation other than that which is laid, which is Jesus Christ. 12 Now
if anyone builds on the foundation with gold, silver, precious stones,
wood, hay, straw— 13 each one's work will become manifest, for the
Day will disclose it, because it will be revealed by fire, and the fire will
test what sort of work each one has done. 14 If the work that anyone has
built on the foundation survives, he will receive a reward. 15 If anyone's
work is burned up, he will suffer loss, though he himself will be saved,
but only as through fire.

16 너희는 너희가 하나님의 성전인 것과 하나님의 성령이 너희 안에
계시는 것을 알지 못하느냐 17 누구든지 하나님의 성전을 [7]더럽히면
하나님이 그 사람을 멸하시리라 하나님의 성전은 거룩하니 너희도 그
러하니라
16 Do you not know that you[12] are God's temple and that God's Spirit
dwells in you? 17 If anyone destroys God's temple, God will destroy
him. For God's temple is holy, and you are that temple.

18 아무도 자신을 속이지 말라 너희 중에 누구든지 이 세상에서 지혜
있는 줄로 생각하거든 어리석은 자가 되라 그리하여야 지혜로운 자가
되리라 19 이 세상 지혜는 하나님께 어리석은 것이니 기록된 바 하나
님은 지혜 있는 자들로 하여금 자기 꾀에 빠지게 하시는 이라 하였고
20 또 주께서 지혜 있는 자들의 생각을 헛것으로 아신다 하셨느니라

21 그런즉 누구든지 사람을 자랑하지 말라 만물이 다 너희 것임이라
22 바울이나 아볼로나 게바나 세계나 생명이나 사망이나 지금 것이나
장래 것이나 다 너희의 것이요 23 너희는 그리스도의 것이요 그리스도
는 하나님의 것이니라
18 Let no one deceive himself. If anyone among you thinks that he
is wise in this age, let him become a fool that he may become wise.
19 For the wisdom of this world is folly with God. For it is written, "He
catches the wise in their craftiness," 20 and again, "The Lord knows the
thoughts of the wise, that they are futile." 21 So let no one boast in men.
For all things are yours, 22 whether Paul or Apollos or Cephas or the
world or life or death or the present or the future—all are yours, 23 and
you are Christ's, and Christ is God's.

4:1 사람이 마땅히 우리를 그리스도의 일꾼이요 하나님의 비밀을 맡은
자로 여길지어다 2 그리고 맡은 자들에게 구할 것은 충성이니라 3 너
희에게나 [8)]다른 사람에게나 판단 받는 것이 내게는 매우 작은 일이라
나도 나를 판단하지 아니하노니 4 내가 자책할 아무것도 깨닫지 못하
나 이로 말미암아 의롭다 함을 얻지 못하노라 다만 나를 심판하실 이
는 주시니라 5 그러므로 때가 이르기 전 곧 주께서 오시기까지 아무것
도 판단하지 말라 그가 어둠에 감추인 것들을 드러내고 마음의 뜻을
나타내시리니 그때에 각 사람에게 하나님으로부터 칭찬이 있으리라
4:1 This is how one should regard us, as servants of Christ and stewards
of the mysteries of God. 2 Moreover, it is required of stewards that they
be found faithful. 3 But with me it is a very small thing that I should
be judged by you or by any human court. In fact, I do not even judge
myself. 4 For I am not aware of anything against myself, but I am not
thereby acquitted. It is the Lord who judges me. 5 Therefore do not

pronounce judgment before the time, before the Lord comes, who will bring to light the things now hidden in darkness and will disclose the purposes of the heart. Then each one will receive his commendation from God.

6 형제들아 내가 너희를 위하여 이 일에 나와 아볼로를 들어서 본을
보였으니 이는 너희로 하여금 기록된 말씀 밖으로 넘어가지 말라 한
것을 우리에게서 배워 서로 대적하여 교만한 마음을 가지지 말게 하
려 함이라 7 누가 너를 남달리 구별하였느냐 네게 있는 것 중에 받지
아니한 것이 무엇이냐 네가 받았은즉 어찌하여 받지 아니한 것 같이
자랑하느냐 8 너희가 이미 배부르며 이미 풍성하며 우리 없이도 왕이
되었도다 우리가 너희와 함께 왕 노릇 하기 위하여 참으로 너희가 왕
이 되기를 원하노라 9 내가 생각하건대 하나님이 사도인 우리를 죽이
기로 작정된 자같이 끄트머리에 두셨으매 우리는 세계 곧 천사와 사
람에게 구경거리가 되었노라 10 우리는 그리스도 때문에 어리석으나
너희는 그리스도 안에서 지혜롭고 우리는 약하나 너희는 강하고 너희
는 존귀하나 우리는 비천하여 11 바로 이 시각까지 우리가 주리고 목
마르며 헐벗고 매맞으며 정처가 없고 12 또 수고하여 친히 손으로 일
을 하며 모욕을 당한즉 축복하고 박해를 받은즉 참고 13 비방을 받은
즉 권면하니 우리가 지금까지 세상의 더러운 것과 만물의 찌꺼기같이
되었도다

6 I have applied all these things to myself and Apollos for your benefit,
brothers,[13] that you may learn by us not to go beyond what is written,
that none of you may be puffed up in favor of one against another.
7 For who sees anything different in you? What do you have that you
did not receive? If then you received it, why do you boast as if you
did not receive it? 8 Already you have all you want! Already you have

become rich! Without us you have become kings! And would that
you did reign, so that we might share the rule with you! 9 For I think
that God has exhibited us apostles as last of all, like men sentenced to
death, because we have become a spectacle to the world, to angels, and
to men. 10 We are fools for Christ's sake, but you are wise in Christ.
We are weak, but you are strong. You are held in honor, but we in
disrepute. 11 To the present hour we hunger and thirst, we are poorly
dressed and buffeted and homeless, 12 and we labor, working with
our own hands. When reviled, we bless; when persecuted, we endure;
13 when slandered, we entreat. We have become, and are still, like the
scum of the world, the refuse of all things.

14 내가 너희를 부끄럽게 하려고 이것을 쓰는 것이 아니라 오직 너희
를 내 사랑하는 자녀같이 권하려 하는 것이라 15 그리스도 안에서 일
만 스승이 있으되 아버지는 많지 아니하니 그리스도 예수 안에서 내가
복음으로써 너희를 낳았음이라 16 그러므로 내가 너희에게 권하노니
너희는 나를 본받는 자가 되라 17 이로 말미암아 내가 주 안에서 내 사
랑하고 신실한 아들 디모데를 너희에게 보내었으니 그가 너희로 하여
금 그리스도 예수 안에서 나의 행사 곧 내가 각처 각 교회에서 가르치
는 것을 생각나게 하리라 18 어떤 이들은 내가 너희에게 나아가지 아
니할 것같이 스스로 교만하여졌으나 19 주께서 [9]허락하시면 내가 너
희에게 속히 나아가서 교만한 자들의 말이 아니라 오직 그 능력을 알
아보겠으니 20 하나님의 나라는 말에 있지 아니하고 오직 능력에 있음
이라 21 너희가 무엇을 원하느냐 내가 매를 가지고 너희에게 나아가랴
사랑과 온유한 [10]마음으로 나아가랴

14 I do not write these things to make you ashamed, but to admonish
you as my beloved children. 15 For though you have countless[14] guides

in Christ, you do not have many fathers. For I became your father in
Christ Jesus through the gospel. 16 I urge you, then, be imitators of
me. 17 That is why I sent[15] you Timothy, my beloved and faithful child
in the Lord, to remind you of my ways in Christ,[16] as I teach them
everywhere in every church. 18 Some are arrogant, as though I were not
coming to you. 19 But I will come to you soon, if the Lord wills, and
I will find out not the talk of these arrogant people but their power.
20 For the kingdom of God does not consist in talk but in power. 21 What
do you wish? Shall I come to you with a rod, or with love in a spirit of
gentleness?

1) 헬, 또는 침례 2) 또는 이적 3) 어떤 사본에, 비밀을 4) 또는 장성한 5) 하나님의 지혜를 비밀한 것으로 6) 또는 집사들 7) 또는 멸하면 8) 헬, 사람의 날에게나 9) 또는 원하시면 10) 헬, 영

1 Or *brothers and sisters*. In New Testament usage, depending on the context, the plural Greek word *adelphoi* (translated "brothers") may refer either to *brothers* or to *brothers and sisters*; also verses 11, 26 *2* Or *the folly of preaching* *3* Greek *according to the flesh* *4* Greek *no flesh* *5* Greek *And from him* *6* Or *brothers and sisters* *7* Some manuscripts *mystery* (or *secret*) *8* The Greek word *anthropoi* can refer to both men and women *9* Or *interpreting spiritual truths in spiritual language*, or *comparing spiritual things with spiritual* *10* Or *brothers and sisters* *11* Or *wise* *12* The Greek for *you* is plural in verses 16 and 17 *13* Or *brothers and sisters* *14* Greek *you have ten thousand* *15* Or *am sending* *16* Some manuscripts add *Jesus*

단락 개관

고린도전서 1:10은 이 편지의 본론(1:10-15:58)을 시작한다. 이 단락(1:10-4:21)은 열 가지 쟁점들 중 첫 번째 것인 교회 선생들을 둘러싼 분열을 다룬다. 설교자와 주석가들은 흔히 이 단락을 여러 부분으로 나누곤 한다. 그

런 구분이 틀린 것은 아니지만, 그럴 경우에는 이것이 하나의 큰 쟁점에 반응하는 단일한 단위라는 것을 기억하기 어렵다. 바울은 이 쟁점에 관해 다른 어떤 쟁점보다 더 많은 말을 적는다(참고. 서론의 '신학', 23쪽 표1). 그래서 이 단락을 여러 부분으로 나누지 않고 함께 다루는 편이 유익하다.

바울은 고린도 교인들이 교회 선생들을 둘러싸고 분열하면 안 되는 세 가지 이유를 제시한다.

(1) 복음은 교회가 선생들을 둘러싸고 분열하지 않고 하나 될 것을 요구한다(1:10-17).

(2) 하나님의 지혜는 세상적인 지혜와 상반된다(1:18-2:16). 분열을 일으키는 고린도 교인들은 십자가에 못 박힌 메시아가 무엇을 일으키시는지를 충분히 이해하지 못한다. 이 소단락이 '왜냐하면'("for", 개역개정에는 없음, 1:18)으로 시작하는 이유는 1:18-2:5이 1:17의 목적을, 다시 말해, 유창한 지혜의 말로 복음을 전하는 것이 왜 그리스도의 십자가에게서 그 능력을 빼앗는 것인지를 설명하기 때문이다. 그 이유는 하나님의 지혜가 세상적인 지혜와 상반된다는 것이다. 그 메시지는 십자가에 못 박힌 메시아고(1:18-25), 그분을 따르는 자들은 신분이 낮은 사람들이며(1:26-31), 바울은 그 메시지를 평범하게 선포했다(2:1-5). 그러므로 복음의 내용과 수신인들과 전파자가 세상에서는 어리석은 것들이다. 지혜(대 어리석음)와 능력(대 약함)이라는 주제가 1:18-2:5 전체에서 부각된다. 바울은 참된 지혜와 능력을 세상이 지혜와 능력으로 생각하는 것과 대비시킨다. 그런 다음 나서 하나님께서 이제는 성령을 지닌 사람들에게만 그분의 지혜를 계시하셨다고 설명한다(2:6-16).

(3) 성령을 지닌 사람들은 교회 선생들을 자랑하지 않는다(3:1-4:21). 교만하고 분열을 일으키는 고린도 교인들이 교회 선생들의 역할을 충분히 이해하지 못했기 때문에 바울이 선생들에 관해 가르친다.

단락 개요

Ⅱ. 고린도 교인들에 관한 소식과 그들의 편지에 기초해 바울이 응답하는 쟁점들(1:10-15:58)

A. 교회 선생들을 둘러싼 분열(1:10-4:21)

1. 복음은 교회가 하나 될 것을 요구한다. 선생들을 둘러싸고 분열하지 말라(1:10-17)
2. 하나님의 지혜는 세상적인 지혜와 상반된다(1:18-2:16)
   a. 그것의 메시지는 십자가에 못 박힌 메시아다(1:18-25)
   b. 그것을 따르는 자들은 신분이 낮은 사람들이다(1:26-31)
   c. 그것의 전파자(바울)는 그 메시지를 평범하게 선포했다(2:1-5)
   d. 이제 하나님은 성령을 지닌 사람들에게만 그분의 지혜를 계시하셨다(2:6-16)
3. 성령을 지닌 사람들은 교회 선생들을 자랑하면 안 된다(3:1-4:21)
   a. 책망: 교회 선생들을 놓고 분열하는 그리스도인은 하나님의 영이 없는 이들처럼 미성숙하게 행하고 있다(3:1-4)
   b. 이유: 교회 선생들은 단지 하나님의 종일뿐이다(3:5-9)
   c. 경고: 교회 선생들은 어떻게 하나님의 교회를 세울지에 주의를 기울여야 한다(3:10-15)
   d. 경고: 하나님은 그분의 성전을 파괴하는 자를 멸하실 것이다(3:16-17)
   e. 권면: 교회 선생들을 자랑하지 말라(3:18-23)
   f. 책망: 주제넘게 교회 선생들을 판단하지 말라(4:1-5)
   g. 책망: 사도들이(고린도 교인들이 아니라) 하나님의 지혜의 모범이다(4:6-13)
   h. 아버지로서의 호소와 경고: 돌아오기를 계획하고 있는 바울을 본받으라(4:14-21)

주석

1:10-17 개요

바울은 고린도 교회에게 하나 되며 선생들을 둘러싸고 분열하지 말라고 호소한다(10절). 그렇게 호소하는 이유는 글로에의 사람들이 그에게 고린도 교인들이 어느 선생을 따를지를 놓고 서로 다투고 있다고 알려주었기 때문이다(11-12절). 그런 다툼은 어리석다(13절). 바울이 그토록 적은 사람에게만 세례를 베푼 것을 감사하는 이유는, 그들 중 극소수만이 그들에게 세례를 베푼 바울을 분파적인 태도로 따를 수 있기 때문이다(14-16절). 그리스도가 바울을 보내신 목적은 세례를 베풀게 하는 것이 아니라, 세상적인 지혜와 상반되게 그리스도를 높이는 방식으로 복음을 전하게 하는 것이다(17절).

1:10 이 문장은 1:10-4:21에 담긴 바울의 주된 주장을 표현한다. 바울은 앞 단락에서 고린도 교인들을 인정하던 어조에서 부드럽게 도전하는 어조로 바꾼다. 호소의 근거는 그들이 동일한 "주 예수 그리스도"를 함께 가진다는 것인데, 이는 앞 단락(참고. 1:2, 3, 7, 8 및 특히 9절)과 연결시킨다. 이 "이름"이 궁극적인 것이다. 바울은 "바울의 이름"이나 다른 사람의 이름으로 호소하지 않는다(참고. 12-13, 15절).

그는 동일한 호소를 교차대구법(chiasm)을 사용해 세 가지 방식으로 표현한다.

(A) 긍정적으로: "모두가 같은 말을 하고"
 (B) 부정적으로: "너희 가운데 분쟁이 없이"
(A′) 긍정적으로: "온전히 합하라"

"모두가 같은 말을 하고" "같은 마음과 같은 뜻"을 품는다는 것이 곧 그리스도인이 예외 없이 모든 것에 동의해야 한다는 뜻은 아니다. 전체적인 문맥은 이 말을 교회 선생들을 둘러싸고 분파적으로 경쟁적인 의견을 취하지 않는 것에 국한시킨다(11-15절). "너희 가운데 분쟁이 없[어야]" 한다. 교회는 복음이 무엇인지와 복음이 수반하는 것에 대해 반드시 하나가 되어야 한다.

1:11 이 문장은 바울이 고린도 교회에 호소하는 이유를 진술한다. 바울은 고린도에서 일어나고 있는 일에 관한 음울한 소식을 들었다. 교회가 어느 선생을 따를지와 관련하여 서로 다른 입장을 취해 경쟁을 벌이고 있다는 소식이다. "분쟁"[에리스(*eris*)]은 육체의 일이다(참고. 갈 5:20, 여기서도 똑같은 단어가 "분쟁"으로 번역된다). 바울은 고린도전서 3:3, 고린도후서 12:20, 로마서 1:29, 13:13, 빌립보서 1:15, 디모데전서 6:4, 디도서 3:9에서도 에리스를 악덕으로 언급한다.

글로에는 고린도 교회가 알고 있는 여성이겠지만 반드시 그리스도인이라고 할 수는 없다. 그녀의 종이나 피고용인들 중 바울에게 소식을 전한 사람들은 그리스도인이었음이 거의 확실하며, 그들이 또한 바울이 언급하는 다른 소식의 출처일 수도 있다(예. 5:1; 11:18).

바울은 고린도 교인을 "내 형제들"이라 부르면서 부드럽게 이 쟁점을 계속 끄집어낸다. 그는 그들을 하나님의 가족, 곧 교회에 속한 형제와 자매로서 애틋하게 돌보며(참고. 10절), 이 편지에서 줄곧 그들을 '형제'라고 부른다.

1:12 바울이 그를 염려케 하는 경쟁에 관해 구체적으로 말한다. 교인들은 제각기 다른 선생들보다 한 선생을 따른다고 주장한다. 첫 세 집단은 그들에게 사역한 교회 선생들(참고. 9:5에 나오는 베드로의 아람어 이름을 음역한 게바, 16:12에 나오는 아볼로)을 따르는 한편, 넷째 집단은 경건한 체하면서 메시아를 따른다고 주장한다. "나는 그리스도에게 속한 자라"(참고. 13절에 나오는 첫 질문, "그리스도께서 어찌 나뉘었느냐").

이 고린도 교인들은 선생들을 둘러싸고 분열함으로써 세상의 문화를 모방하고 있다.[11] 전문적인 선생을 따랐던 세속적인 고린도 사람들은 오직 그 선생에게만 충성했으며, 다른 선생들을 따르는 이들과 말다툼을 하면서 자신의 선생이 우월하다고 주장했다.[12] 그 문화는 사회적으로 계층화되었고 파당들을 낳았으며, 특히 후견인-피보호인 관계를 형성했다.[13]

1:13 바울이 12절에 나온 파당들을 책망하는 세 가지 수사적 질문을 던짐으로써 10절에서 시작한 호소를 이어간다. 각 질문에 대한 답변은 단연코 "아니다"이다.[14] 복음 자체가 교회 선생들을 둘러싸고 분열하는 것이 왜 잘못인지를 보여준다(참고. 서론의 '신학'). 바울의 각 질문에서 한 단어를 강조하면 그의 회의적인 태도가 잘 드러난다. "그리스도께서 어찌 '나뉘었느냐'?" "'바울'이 너희를 위하여 십자가에 못 박혔[느냐]?" "'바울'의 이름으로 너희가 세례를 받았느냐?" 이 단락의 나머지 부분은 이 셋째 질문에 대해 상술한다.

1:14-16 바울은 소수의 고린도 교인에게 세례를 주었다. 그는 "아무에게도"라고 말하다가 몇몇 예외를 떠올리는데(역자), 이는 세례를 베푼 사람을 밝히는 것이 비교적 중요하지 않다는 것을 보여준다. 그는 많은 사람에게 세례를 베풀지 않은 것을 기뻐한다. 그러지 않았다면 바울의 이름으로 세례를 받았다며 '나는 바울을 따른다'고 주장하는 분파에 기여한 셈이 될 뻔

11 Andrew D. Clarke, *Secular and Christian Leadership in Corinth: A Socio-Historical and Exegetical Study of 1 Corinthians 1-6*, 2nd ed., PBM (Milton Keynes, UK: Paternoster, 2006), esp. 89-108.

12 Bruce W. Winter, *After Paul Left Corinth: The Influence of Secular Ethics and Social Change* (Grand Rapids, MI: Eerdmans, 2001), 31-43.

13 David A. deSilva, Honor, *Patronage, Kingship & Purity: Unlocking New Testament Culture* (Downers Grove, IL: IVP Academic, 2000).

14 문법적이고 논리적으로 첫째 질문에 대한 답변은 "그렇다"일 수 있다. 다시 말해, 고린도 교인들이 실제로 그들의 행동 양식으로 그리스도의 몸을 나누고 있기 때문이다. 그러나 어느 답변이든 바울은 1:12에 나온 파당들을 책망하고 있다.

했기 때문이다.

1:17 여기서 바울은 14-15절의 진술에 대한 이유를 제시한다. 그리스도가 친히 바울에게 사명을 맡기셨다. 그의 사명은 사람들에게 세례를 주는 일과 복음을 전하는 일을 다 포함한다(참고. 마 28:19-20). 하지만 바울이 이 활동들을 대비시키는 이유는("세례를 베풀게 하려 하심이 아니요 오직 복음을 전하게 하려 하심이로되") 복음 전파가 그의 주된 소명임을 강조하기 위해서다.[15]

바울이 17b절에서 말하는 내용은 18-25절로 전환된다. 그리스도는 바울을 특정한 '목적'(그리스도의 십자가를 쓸모없게 만들지 않도록)을 위해 특정한 '방식'(세상적인 말재주가 없이)으로 복음을 전파하도록 보내셨다.

'유창한 지혜의 말로'("words of eloquent wisdom", ESV)는 형식상으로는 "말[로고스(*logos*)]의 지혜[소피아(*sophia*)]로"다. 이처럼 영리하고 세련되고 인상적이며 지위를 드높이는(status-boosting) 웅변은 특히 1-4장을 이해하는 데 매우 중요하다(참고. 2:1-5 주석).

1:18-25 개요

십자가에 못 박힌 메시아는 신자들이 지혜로 선포하는 것이지만, 불신자들이 어리석음으로 배격하는 것이다. 첫 문장(18절)이 18-25절의 논지다.

1:18 '왜냐하면'("for", 개역개정에는 없음)에 대해서는 1:10-4:21의 단락 개요를 보라. 이 문장은 대조되는 두 부분으로 되어 있다. "십자가의 도[말씀]"(일차적으로 그 메시지의 내용, 부차적으로 그것을 신실하게 전파하는 행위)가 (1) 영원히 멸망에 이르는 길을 걷는 자들에게는 어리석음이지만, (2) 하나님께

15 덧붙이자면, 바울이 여기서 물 세례에 관해 말하는 내용은 신약의 다른 부분이 그것에 관해 말하는 내용을 지지해 준다. 사람들은 세례를 통해 그리스도인이 되는 것이 아니다. 그들이 그리스도인이 되는 때는, 하나님의 영이 그들에게 새로운 생명을 주시고 그들이 죄로부터 회개하고 예수님을 믿는 순간이다. 자기 주인에게 순종하는 그리스도인은 세례를 받을 테지만(신약에는 '세례 받지 않은 그리스도인'이라는 범주 자체가 없다), 세례 자체는 하나님께서 사람들을 그 죄에서 구원하기 위해 요구하시는 행동이 아니다.

서 구원하시는 이들에게는 하나님의 능력이다. 대체로 불신자들은 십자가에 못 박힌 메시아를 멍청하고 미련하고 터무니없다고 생각하지만, 신자들은 민중이 조롱했던 예수님이 십자가로부터 다스리신다는 좋은 소식을 소중히 여긴다.[16]

1:19 이 구절은 이사야 29:14을 인용해서 18절을 지지하는데, 거기서 이스라엘은 하나님을 공경한다고 주장하나 전심으로 그분을 사랑하지 않는다(참고. 사 29:13). 죄 많은 인간들은 자신이 하나님보다 더 똑똑하며 하나님께서 스스로를 설명하고 정당화해야 한다고 생각할 수 있겠지만, 하나님은 그런 어리석음을 무너뜨리신다.[17]

1:20 바울은 4개의 수사적 질문을 던진다. 첫 세 질문은 비꼬는 말(하나님께서 이 시대의 지성적 전문가들, 그리스-로마의 철학자들, 유대교의 율법 선생들, 뛰어난 웅변가들을 당황케 하셨다)로 19절을 지지한다. 한편, 넷째 질문은 첫 세 질문에서 추론한 것이다(하나님께서 세상의 지혜를 어리석어 보이게 하셨다).

1:21 20절의 마지막 수사적 질문을 설명하기 위해, 바울은 하나님께서 자신과 다른 이들이 전파한 것을 통해 어떻게 세상의 지혜를 어리석어 보이게 하셨는지를 강조한다. 그것은 십자가에 못 박힌 메시아다. 이것이 하나님을 기쁘시게 한 이유는, '지혜로운' 세상이 어리석음으로 간주한 것을 통해 신자들을 구원하기로 그분이 지혜롭게 계획하셨기 때문이다.[18]

16 D. A. Carson, *Scandalous: The Cross and Resurrection of Jesus*, Re:Lit (wheaton, IL: Crossway, 2010), 16-20.

17 이사야 29:14은 하나님께 충고하지 말라고 인간들에게 경고하는, 이사야 40:12-14과 욥기 38-41장(바울이 롬 11:34-35에서 인용) 같은 다른 구약 본문들과 관련이 있다.

18 John Piper, *Think: The Life of the Mind and the Love of God, in The Collected Works of John Piper*, ed. David Mathis and Justin Taylor (Wheaton, IL: Crossway, 2017), 8:207-212를 보라.

1:22-24 21절을 설명하기 위해 바울은 세상적인 지혜가 추구하는 두 유형의 우상숭배를 부각시킨다. (1) 유대인은 메시아가 강력한 힘으로 그들을 속박에서 구출해주길 기대했고, 십자가 죽음을 하나님께 저주 받은 것으로 생각했기 때문에 십자가에 못 박힌 메시아를 반역자로 배척했다. (2) 헬라인은 이성적이고 아름답다고 인지한 것을 추구했고, 십자가의 죽음을 죄수의 패배라는 의미로 생각했기 때문에 십자가에 못 박힌 메시아를 불합리하고 불쾌한 인물로 배척했다. 십자가에 못 박힌 메시아는 '정중한 전쟁'이나 '공개된 비밀'과 같이 모순되는 말처럼 들린다. '십자가에 못 박힌'은 수치, 연약함, 실패, 상실, 추잡한 악을 의미하는 반면, '메시아'는 장엄함, 강함, 성공, 승리, 최고의 영예를 의미한다.[19] 그러나 '십자가에 못 박힌 메시아'는 하나님의 능력과 지혜를 표현한다.

바울은 신자들을 "부르심을 받은 자들"로 부른다(24절, 또한 1-2, 9절도 보라). 하나님은 이런 의미에서(마 22:14과는 달리) 사람들을 부를 때에, 그들에게 응답할 능력을 주시고 그들이 응답할 것을 보증하신다. 이 부르심은 실효성이 있다.[20]

1:25 사도는 교차대구법을 이용해서 24절의 후반부(23절에 나온 "십자가에 못 박힌 그리스도"에 새로운 이름을 붙인)를 설명한다.

(A) 그리스도는 하나님의 능력이요(24c절)

  (B) 하나님의 지혜니라(24d절)

  (B′) [왜냐하면] 하나님의 어리석음이 사람보다 지혜롭고(25a절)

(A′) 하나님의 약하심이 사람보다 강하니라(25b절)

19 Martin Hengel, *Crucifixion in the Ancient World and the Folly of the Message of the Cross* (Philadelphia: Fortress, 1977)를 보라.

20 Stephen J. Chester, *Conversion at Corinth: Perspectives on Conversion in Paul's Theology and the Corinthian Church*, SNTW (London: T&T Clark, 2003), 59-112를 보라.

요컨대 하나님의 "어리석음"이 세상이 제공할 수 있는 어떤 지혜보다 우월하고, 이는 그분의 "약하심"이 사람들의 강함을 훨씬 능가하는 것과 같다.

1:26-31 개요

하나님은 대체로 엘리트가 아니라 신분이 낮은 사람들을 선택하셨다.

1:26 바울은 25절을 예증하기 위해 살아 있는 증거를 제시한다. 당시에 하나님은 주권적으로 고린도 신자들을 부르셨는데, 그들 대다수가 인간적 기준으로 보면 지혜롭지도 영향력이 있지도 않고 명문가 출신도 아니었다. "많지 아니하며"(이는 '하나도 없다'와 다르다)는 고린도 교인 중 일부가 높은 신분이었음을 시사한다.[21]

1:27-28 26절과 대조를 이루며 25절에 대한 증거로서, 하나님은 지혜롭게도 세상적으로 지혜로운 사람들이 예상할 이들과 정반대되는 사람들을 선택하셨다. 바로 교육을 못 받고, 영향력이 없고, 멸시를 받는 사람들이며, 하나님은 그러한 사람들을 선택해서 지혜롭고 영향력 있고 명문가 출신인 엘리트를 부끄럽게 하고 당황케 하고 무력화하셨다. 하나님은 역사 전체에서 이러한 방식으로 그분의 백성을 선택하셨는데, 족장들의 장남을 건너뛴 경우와 이스라엘을 선택하신 사례를 들 수 있다(신 7:6-8; 9:4-6).
바울은 세 번씩이나 "하나님께서…택하사"라고 말한다. 하나님은 주권적으로 사람들을 선택하시는데, 그들에게 믿을 능력을 주고 그들이 믿도록 보증하는 방식으로 행하셨다.[22]

1:29 다음으로 바울은 27-28절에서 묘사한 선택의 목적을 진술한다. 만일 하나님께서 일차적으로 지혜롭거나 영향력이 있거나 명문가 출신인 사

21 Clarke, *Secular and Christian Leadership in Corinth*, esp. 41-57.

람들을 선택하셨다면, 그들은 주제넘게도 자신들이 엘리트 신분 때문에 선택 받았다고 여길 것이다. 그렇기 때문에 하나님은 대체로 신분이 낮은 사람들을 선택하신 것이다. 이들은 스스로를 자랑할 수 없다.

1:30 이 선택의 결과로(27-28절) 신자들은 그들 자신이 아니라 하나님 때문에 그리스도 예수와 연합되었다.[23]

신자들에게는 십자가에 못 박힌 그리스도가 "하나님으로부터 나[온]… 지혜"다. 우리는 우리의 지혜나 영향력이나 가문을 자랑하는 대신 참된 지혜이신 예수님을 자랑한다. 그분이 바로 우리의 "의와 거룩함과 구원"이다. 이 세 가지 실재는 신자들이 십자가에 못 박힌 메시아로부터 얻는 유익의 여러 측면을 강조한다.

(1) '의'는 하나님께서 죄인들에게 의로운 신분을 부여하는 그분의 선물이다. 그 이미지는 법정에서 비롯된 것이다. 이 선물은 변혁적 성격(하나님께서 그들에게 점차 의로움을 주입시켜서 그들을 도덕적으로 의롭게 '만드시는' 것)이 아니라 사법적 성격(그들이 예수 안에 있기 때문에 하나님께서 그들을 의롭다고 법적으로 '선언하시는' 것)을 띤다. 하나님께서 예수님의 의로움을 신자에게 전가하신다.[24]

(2) '거룩함'은 결정적 성화다(참고. 2절 주석).

(3) '구원'(구속)은 상업계와 노예 제도에서 끌어온 개념이다. 구속은 그리스-로마의 맥락과 유대인의 맥락에서 흔히 노예 상태에서 자유롭

22 개개인을 구원하시려는 하나님의 선택에 관해서는 다음 자료를 보라. Thomas R. Schreiner and Bruce A. Ware, eds., *Still Sovereign: Contemporary Perspectives on Election, Foreknowledge, and Grace* (Grand Rapids, MI: Baker Academic, 2000); Robert A. Peterson, *Election and Free Will: God's Gracious Choice and Our Responsibility*, EBT (Phillipsburg, NJ: P&R, 2007); Sam Storms, *Chosen for Life: The Case for Divine Election* (Wheaton, IL: Crossway, 2007).

23 Constantine R. Campbell, *Paul and Union with Christ: An Exegetical and Theological Study* (Grand Rapids, MI: Zondervan, 2012), esp. 131-132, 426.

24 Brian Vickers, *Jesus's Blood and Righteousness: Paul's Theology of Imputation* (Wheaton, IL: Crossway, 2006), 200-205을 보라.

게 됨(누군가가 몸값을 치른 후에)을 가리킨다. 우리는 죄의 노예였으며, 예수님이 우리를 그 노예 상태에서 해방시키시는(그분의 죽음으로 그 값을 치름으로써) 것이다.

1:31 신자들은 그리스도 예수 안에 있다(30절). 예레미야 9:23-24을 빌리자면, 그러므로 자랑하는 자들은 반드시 주님을(즉, 메시아 예수를) 자랑해야 하며 다른 무엇이나 사람을 자랑해서는 안 된다.

2:1-5 개요

바울은 복음을 평범하게 전했다. 이 단락은 많은 질문을 제기한다.[25] 예컨대, 고린도 교인들은 왜 바울이 "말과 지혜의 아름다운 것"과 "설득력 있는 지혜의 말"을 통해 인상적으로 설파하기를 기대했을까? 바울은 왜 유창함이나 인간의 지혜 또는 지혜롭고 설득력 있는 말로 전파하지 않았을까? 이것은 설득력 있고도 강력하게 전파하려는 것이 잘못임을 의미하는가?

이 단락을 이해하려면 당시 그리스-로마 세계의 역사적-문화적 맥락을 이해하는 것이 도움이 된다. 오늘날 많은 문화에서 웅변술이 탁월한 사람들은 영화배우, 가장 성공한 음악인, 슈퍼스타로 각광받는 축구나 야구 선수만큼의 인기를 얻지 못한다. 그러나 바울 당시의 그리스-로마 세계에서는 웅변술과 철학에 뛰어난 인물들이 인기가 많았다. 그들은 소피스트(sophist)라고 불렸다. 다른 이들과 논쟁하고 번쩍이는 연설을 하는 것은 과학인 동시에 예술이었고, 정치, 법률, 종교, 또는 비즈니스 등 그 어떤 주제에 관해서든 날카로운 재치, 심오한 지식, 완벽한 논리, 현란한 언어 구사, 뜨거운 열정 등이 필요한 세련된 기술이었다. 가장 성공적인 수사학자는

25 역사-문화적 맥락에 관해서는 다음 자료를 참고하라. Bruce W. Winter, *Philo and Paul among the Sophists: Alexandrian and Corinthian Responses to a Judio-Claudian Movement*, 2nd ed. (Grand Rapid, MI: Eerdmans, 2002); Duane Litfin, *Paul's Theology of Preaching: The Apostle's Challenge to the Art of Persuasion in Ancient Corinth* (Downers Grove, IL: IVP Academic, 2015).

헌신된 추종자들, 즉 제자로 훈련받기 위해 상당한 돈을 지불할 의향이 있는 충성된 학생들을 거느렸다. 본인의 웅변이 설득력 있고 감동을 주면 줄수록 수업료를 내려는 학생들이 더 많아졌다. 그리고 웅변가가 스스로를 표현하는 '방식'이 적어도 그가 말한 '내용'만큼 중요했다. 말하는 방식과 내용 둘 다 굉장히 중요했던 것이다.

소피스트들은 대체로 여기저기 여행하면서 수업료를 내려는 추종자들을 얻었다. 그리고 그들은 어느 도시에 들어가면 사회적 지위를 얻고 학생들을 끌어들이기 위해 자신의 수사적 능력을 과시하곤 했다. 바울은 고린도에 들어갈 때 고린도 사람들이 그런 것을 기대한다는 것을 알았다. 만일 바울이 당시의 번쩍이고 설득력 있는 수사적 방식을 모방한다면, 그는 사람들에게 복음 메시지를 강력하게 전달하기보다 그가 말하는 방식으로 깊은 인상을 남길 위험이 있었을 것이다.

바울은 분명 사람들을 '설득하는 일'에 반대하지 않는다. 그의 전반적인 사역이 때로는 매력적인 지성으로(행 17:22-31에서 보듯이) 사람들을 설득하는 일이었다. (이 대목이 미처 준비가 안 된 게으른 설교자를 격려하면 안 된다!) 그러나 바울은 연설가로서의 신뢰도를 확보하려고 결과를 지향하는 조작적인 수사적 방식에 의존해서 세속 문화를 좇기를 거부한다. 그 대신 사람들을 설득하고 복음을 통해 그들을 변화시키기 위해 오로지 성령의 능력에(그의 웅변술이 아닌) 의존하여 복음 메시지를 신실하게 전달하는 데 초점을 둔다.

1:17-2:5에 나온 바울의 설교를 묘사하는 말은, 영향력 있는 연설가들이 자기네 수사를 묘사하기 위해 사용할 만한 표현이 아니다. 바울은 그의 복음 전파를 '전파자'(herald)의 은유로 묘사한다. 좋은 전파자는 자신의 메시지를 통해 사람들을 창의적으로 설득하는 대신, 또 다른 사람의 메시지를 신실하게 알리는 전달자다. 바울은 "내가 세상 죄를 지고 가는 하나님의 어린양을 보라고 여러분을 뛰어나게 설득하므로 '나'를 보라"(참고. 요 1:29)고 말하기는커녕 그렇게 생각하는 것을 거부한다.

2:1 이 구절은 1:18-31에 비추어 1:17에 나온 "말의 지혜"에 대한 바울의

부인과 연관된다. 이 텍스트를 '증언'이나 '비밀' 중 어느 것으로 읽을지는 판단하기가 어렵다(개역개정은 "증거"). 어느 쪽이든, 바울의 요점은 그가 하나님의 메시지를 유창함이나 인간적 지혜로 선포하지 않았다는 것이다.

2:2-4 바울이 1절에 나온 그의 진술을 지지하는 세 가지 증거를 제시한다. 첫째, 바울의 유일한 메시지는 (소피스트의 그것과 달리) 십자가에 못 박힌 메시아다. 둘째, 바울의 신체적 풍모는 (소피스트의 그것과 달리) 무척 평범했다. 그는 허풍을 떨지 않았다. "약하고"는 아마 바울이 4:11-13에서 이야기하는 역경들 또는 신체적 질병(참고. 고후 4:10; 10:10; 12:7; 갈 4:13-14)을 가리킬 것이다. 셋째, 바울의 연설 방식과 내용은 (소피스트의 그것과 달리) 평범했다. 소피스트의 능력은 그들 자신 안에 있었으나 바울의 설교 능력은 성령 안에 있었다. 바울의 방식과 내용은 성령의 능력을 입증했다.[26] 이에 대한 증거가 바로 회심한 고린도 교인들이었다.

2:5 여기서 바울은 4절에서 묘사하는 유형으로 말한 이유를 설명하며, 또한 1:17-18에 대한 문학적 북엔드를 제공한다.

2:6-16 개요

하나님은 이제 오직 성령을 지닌 사람들에게만 그분의 지혜를 나타내셨다. 바울은 자기가 고린도에 들어갔을 때 고린도 사람들에게 "지혜"를 말하지 않은 이유를 설명한 뒤(1-5절), 실제로 특정한 사람들에게 다른 종류

26 "성령의 나타나심과 능력으로"는 아마 중언법일 것이다. 이는 단일한 개념 대신 두 개의 동등한 용어를 사용하되 한 용어가 다른 용어를 수식하는 비유적 표현이다.

27 D. A. Carson, "Mystery and Fulfillment: Toward a More Comprehensive Paradigm of Paul's Understanding of the Old and New," in *The Paradoxes of Paul, vol.2, Justification and Variegated Nomism*, ed. D. A. Carson, Peter T. O'Brien, and Mark A. Seifrid, WUNT 2.181 (Grand Rapids, MI: Baker Academic, 2004), 393-436; G. K. Beale and Benjamin L. Gladd, *Hidden but Now Revealed: A Biblical Theology of Mystery* (Downers Grove, IL: IVP Academic, 2014).

의 지혜를 부여한다는 단서를 붙인다.

2:6-7 참된 지혜의 성격과 그것을 받는 사람들은 1-5절에 나온 지혜와 다르다.

- 받는 사람들: 바울은 아무에게가 아니라 "온전한 자들"(ESV는 "the mature")에게 지혜를 알려준다. 엘리트 연설가들은 이 용어를 그들 자신에게 적용했으나 바울은 십자가에 못 박힌 메시아를 따르는 모든 신자를 가리키는 데 사용한다.
- 성격: 바울이 알려주는 지혜는 유명한 연설가들이 알려주는 것인 "이 세상의 지혜"가 아니다. 그는 권력과 특권을 움켜쥐는 세상적인 지혜를 알려주지 않는데, 그 지혜는 이 세상의 곧 잊힐 지도자들이 중시하는 것이다. ("이 세상…통치자들"은 본디오 빌라도 같은 정치 관료들뿐만 아니라, 바울이 1:18-2:5에서 논박하는 유명한 연설가들 같은 세상 문화의 사회적 지도자들도 지칭할 것이다.) 그 대신 바울은 하나님의 지혜, 즉 "은밀한 가운데 있는…감추어졌던" 지혜를, 또는 더욱 형식적으로 표현하자면 '비밀로 감춰졌던'("hidden in a mystery", NET) 지혜를 알려준다. 하나님의 지혜는 그동안 감춰졌으나 이제는 나타나고 있는 하나의 '비밀'이다.

바울이 말하는 '비밀'(mystery)의 뜻은 우리가 보통 이 용어로 의미하는 바와 다르다. 우리의 경우, '비밀'은 이해하기 불가능해 보이지만 셜록 홈즈 같은 천재가 해결할 수 있는(범죄 소설을 예로 들자면) 그런 것을 가리킨다. 반면 바울의 경우에 '비밀'은 우리가 결코 스스로 파악할 수 없지만 하나님께서 나타내시는 어떤 것을 말한다. 우리가 그 비밀의 내용을 알 수 있는 유일한 길은 하나님께서 그것을 계시하시는 것이다. 비밀은 하나님께서 이제껏 감춰놓았다가 이제야 계시하신 어떤 것이다. 하나님께서 계시하실 때에만 우리가 그것에 관해 알게 된다.[27]

바울이 7절에서 언급하는 특정한 비밀은, 1:17-2:5에 나온 인간의 지혜와 대조를 이루는 하나님의 지혜다. 이른바 십자가에 못 박힌 메시아에 관한 지혜다. 하나님께서 이제는 그 비밀을 신자들에게 나타내셨으나 불신자들에게는 여전히 '감춰져' 있다. 고린도후서 4:3과 비교해보라. "만일 우리의 복음이 가리었으면 망하는 자들에게 가리어진 것이라."

바울은 하나님께서 그 비밀을 정하신 시기와 목적을 명시한다.

그 시기는 "만세 전"이다. 예수님 당시의 지도자들은 그들이 예수님을 처형하는 것이 영리하다고 생각했으나, 그들은 사실상 "하나님이…이루려고 예정하신" 일을 수행한 것이다(참고. 행 2:22-23; 4:27-28).

그 목적은 "우리의 영광을 위하여"다. 하나님은 그분의 백성을 구원하셨고(과거), 그분의 백성을 구원하고 계시고(현재), 그분의 백성을 구원하실 것이다(미래). "우리의 영광을 위하여"는 하나님께서 그분의 백성을 영화롭게 하실 미래의 구원을 가리킨다. 이는 "없어질"(6절) 자들과 대조를 이룬다. 바울은 로마서 8:17에서 하나님의 백성은 "하나님의 상속자요 그리스도와 함께 한 상속자니 우리가 그와 함께 영광을 받기 위하여 고난도 함께 받아야 할 것이니라"고 말한다.

2:8 '이 세대의 통치자들'(참고. 6절)은 7절에 언급된 지혜를 알지 못했다. 그렇지 않았다면 그들이 다르게 행동했을 것이다(참고. 행 13:27).

2:9-10a 하나님은 그분의 지혜를 이 세대의 통치자들(참고. 8절)에게는 계시하지 않았으나 그분의 백성에게는 계시하셨다.

9절은 7절에 나온 비밀을 가리키기 위해 일차적으로 이사야 64:4을 비롯해 구약의 여러 텍스트들을 인용한다. 그 비밀이란 하나님께서 과거에는 감춰두셨다가(그리고 여전히 일부 사람들에게 감추고 있는) 이제는 그분의 백성에게 나타내신 것을 가리킨다. 이는 하나님께서 장차 그분의 백성을 위해 예비한 영원한 집을 나타내실(마 25:34에 나오듯이) 미래의 어느 시점을 가리키지 않는다. 첫 세 줄("눈으로 보지 못하고, 귀로 듣지 못하고, 사람의 마음으로 생각하지도 못하였다")이 말하는 것이 바로 하나님께서 예비하신 것(넷째 줄)이다.

하나님께서 그분의 지혜를 그분의 백성에게 나타내시는 방식은 "성령으로"다(영리한 인간의 웅변이 아니라). 바울은 이것을 10b-16절에서 설명한다.

2:10b 하나님께서 성령을 통해 그분의 지혜를 그분의 백성에게 계시하신 것(10a절)은, 성령이 하나님의 가장 깊은 비밀(참고. 롬 11:33)까지 포함한 모든 것을 살피시기 때문이다.

2:11 바울은 성령이 어째서 "하나님의 깊은 것"(10절)을 탐지하시는지를 수사적 질문과 결론적 진술을 통해 설명한다. 한 사람의 생각을 알 수 있는 유일한 존재는 그 사람 자신, 즉 그의 영이다. 마찬가지로 하나님의 생각을 알 수 있는 유일한 존재는 하나님 자신, 즉 그분의 영이다.

2:12 바울이 10-11절에 언급한 성령이라는 주제를 계속 진전시킨다. 하나님의 백성에게는 성령이 있다. 성령은 세상적인 지혜의 영이 아니라 하나님에게서 오는 참된 지혜의 영이다. 하나님은 특정한 목적을 위해 그분의 영을 그분의 백성에게 주셨다. 그들로 하여금 하나님께서 나타내는 것을 깨닫게 하시기 위해서다. 사람들은 오직 성령을 통해 하나님께서 계시하시는 것을 깨달을 수 있다. 이는 그들 자신의 지능이나 지혜와 아무런 관계가 없다.

2:13 이제 바울은 그 자신이 "하나님께서 우리에게 은혜로 주신 것들"(12절)에 관해 말하는 방식을 묘사한다. 이것은 이 본문에서 바울이 지혜를 알려준다고(참고. 6-7절) 말하는 세 번째 경우로, 이번이 가장 구체적이다. 여기서 바울은 그가 지혜를 알려주는 방식에 대해 설명하는데, 그것은 인간의 지혜가 아니라 성령의 지혜로부터 오는 그의 말과 글을 통하는 것이다.

마지막 부분은 바울이 이런 지혜의 말을 전해주는 수단이다. 이 절은 다음 두 가지 방식으로 이해할 수 있다. (1) '영적인 진리를 영적인 사람들에게 해석하는 것'(ESV) 또는 (2) '영적인 진리를 영적인 언어로 해석하는 것'(ESV 각주)이다.

- 13a절: 바울은 "하나님께서 우리에게 은혜로 주신 것들"(12절)을 성령이 가르치시는 지혜의 말로 전한다.
- 13b절: 어떻게?
  선택 1. 그것들을 성령을 지닌 사람들에게 설명해서
  선택 2. 그것들을 성령이 가르치시는 지혜의 말로 설명해서

여기서 바울이 어느 것을 의도하고 있는지는 알기 어렵다. 둘 다 그 문맥에서 의미가 잘 통한다. 첫째 해석은 14-15절을 내다보는 한편, 둘째 해석은 13b절을 설명해준다. 둘 다 헬라어 문법으로 허용되며, 그 문맥에서 동일한 개념을 전달한다. 그 내용은 '바울이 하나님께서 은혜로 주신 것들에 관해 성령이 가르치시는 말로 그들에게 설명함으로써 성령으로 말한다는 것'이다.

'영적인 사람들'(13절, ESV), "신령한 자"(15절), "신령한 자들"(3:1)이라는 번역은 일부 독자들을 오도하여, 바울이 영적으로 미성숙한 신자와 상반되는 영적으로 성숙한 신자를 언급하는 것으로 생각하게 만들 수 있다. 그러나 6-16절은 세상의 지혜와 하나님의 지혜, 세상의 영과 하나님의 영, 그리고 성령을 지닌 사람들과 성령이 없는 사람들이라는 서로 대조되는 사항들로 가득 차 있다. "신령한[영적인] 자"란 성령이 있으며 따라서 십자가에 못 박힌 메시아의 메시지를 받아들이는 자를 말한다. "육에 속한 사람"(14절)은 성령이 없고(참고. 유 1:19) 따라서 십자가에 못 박힌 메시아의 메시지를 배격하는 자다(참고. 3:1 주석).

2:14 이 문장은 4개의 절을 담고 있다. 첫째와 셋째 절은 13절의 마지막 절과 대조를 이루고, 둘째와 넷째 절은 각각 첫째와 셋째 절에 대한 이유를 제시한다.

- 성령이 없는 사람(즉, 불신자)은 하나님의 영이 계시하는 진리를 받아들이지 않는다.
  이유: 그 사람은 그런 진리를 어리석다고 생각하기 때문이다.
- 성령이 없는 사람은 하나님의 영이 계시하는 진리를 이해하지 '못한다.'
  이유: 사람은 그런 진리를 오직 성령을 통해서만 이해할 수 있기 때문이다.

2:15 14절에 나온 성령이 없는 사람과 대조적으로, 성령을 지닌 사람(즉, 신자)은 하나님의 영이 계시하시는 진리를 판단하고 이해할 수 있다. 그러나 후각이 없는 사람이 향기를 판단할 수 없듯이, 성령이 없는 이들은 하나님의 영이 계시하시는 진리와 관련해 성령을 지닌 사람을 판단하거나 이해하지 못한다.

2:16 바울이 14-15절을 지지하고자 이사야 40:13을 인용한다. 하나님께서 그분의 지혜를 계시하지 않으신다면 그 지혜를 이해할 수 없으므로, 우리가 하나님께 충고할 수 있다고 생각하는 것은 우스운 일이다. 반면에 성령을 지닌 이들은 "그리스도의 마음"을 갖고 있기 때문에 하나님의 지혜를 이해할 수 있다. 이 때문에 그리스도인이 세상의 지혜를 하나님의 지혜보다 더 존중하는 것이 그토록 슬프고 어리석은 것이다. 일부 고린도 교인들이 그러하듯이 말이다(이는 다음 단락에서 다룬다).

3:1-4 개요

바울이 그들을 책망한다. 교회 선생들을 둘러싸고 분열을 일으키는 신자들은 하나님의 영이 없는 사람들처럼 미성숙하게 행동하고 있다.

3:1 바울은 교회 선생들을 둘러싸고 분열을 일삼는 고린도 교회의 형제와 자매들이 성령을 지닌 사람들처럼 행동하고 있지 않다고 한탄한다. 오히

려 그들은 성령이 없는 사람들처럼 세상적인 방식으로 미성숙하게 행동하고 있다.

'고귀한 삶의 신학'(higher life theology)이라고 불리는 견해는 이 구절에 기초해 모든 인간을 (1) 비그리스도인 (2) "육신[적]"인 그리스도인 (3) "신령한" 그리스도인이라는 세 부류로 나눈다. 그런 신학에 따르면 그리스도인은 두 범주가 있는 셈이다. 육신적인 그리스도인은 비그리스도인처럼 살고 있으며, 따라서 영적인 그리스도인이 되기 위해 '자기를 내려놓고 하나님께 의탁하는'(let-go-and-let-God) 위기를 경험할 필요가 있다.

그런 틀(paradigm)에 걸리는 문제는, 이 본문에서 "신령한" 사람들이 영적으로 성숙한 자들(즉, 엘리트 그리스도인)뿐만 아니라 성령을 지닌 모든 사람(참고. 2:13 주석)을 가리킨다는 점이다. 이 견해는 의도는 좋지만 해석학적으로나 신학적으로 잘못된 것이다.[28]

3:2 고린도 교인들은 성인처럼 행동해야 하는데도 아기처럼 행동하고 있다. 고린도 교인들이 처음 회심했을 때에 바울은 그들이 그리스도 안에서 갓 태어난 아기라는 이유로 성인이 아니라 아기처럼 그들을 먹였다. 그래서 복음과 복음이 수반하는 것("밥", '단단한 음식')을 더욱 온전히 설명하기보다는 기본적인 복음 메시지("젖")에 초점을 맞추었다. 그것이 얼마 전에 회심한 자들에게는 적절했다. 하지만 이 시점에는 그들이 성숙했어야 했다.[29]

28 Andrew David Naselli, *No Quick fix: Where Higher Life Theology Came From, What It Is, and Why It's Harmful* (Bellingham, WA: Lexham, 2017), esp. 55-60.

29 복음을 젖으로 보고 다른 무언가(예. 복음과 무관한 더욱 진보된 가르침)를 단단한 음식으로 보는 것은 잘못이다. 복음은 젖과 단단한 음식 둘 다의 핵심이다. 복음은 불신자와 신자 모두에게 좋은 소식이다. 신자들은 결코 복음으로부터 졸업해서 더 깊은 개념들로 나아가는 사람들이 아니다. 일부 그리스도인(고린도 교인들과 같은)은 그렇게 하려 한다. 그들은 복음을 당연한 것으로 여기고 그 대신 비교적 주변적인 문제들(복음 전도의 기술, 영적 은사, 교회 성장 방법, 결혼과 가정, 빈곤과 사회정의, 정치, 기독교 교육)에 초점을 맞춘다. 그러나 복음은 결코 부차적인 것이 아니다. 복음은 언제나 '가장 중요한 것'("first importance", ESV, 15:3)이다. 십자가에 못 박힌 메시아의 메시지가 언제나 그리스도인의 생활 방식을 좌우해야 한다.

3:3 교회 선생들을 둘러싼 분열과 관련하여, 고린도 교인들은 성령이 없는 사람들처럼 행동하고 있다. 그 증거는 그들 가운데 있는 질투와 분쟁이다. "육신에 속[한]"은 '(한낱) 인간적인, 행실이나 특징의 실망스러운 수준에 머무는 인간됨에 관련하여'[30]라는 뜻의 단어를 번역한 것이다. "사람을 따라 행함"은 성령이 없는 타락한 사람처럼 살아간다는 뜻이다.

3:4 바울이 3절의 질투와 분쟁을 예증한다. 성령을 지닌 사람들은 교회 선생들을 둘러싸고 분열해서는 안 된다.

3:5-9 개요

사도가 1-4절의 책망에 대한 뚜렷한 이유를 제시한다. 교회 선생들은 단지 하나님의 종들이라는 것이다.

3:5 이 구절은 4절의 추론에 이어진다. 바울과 아볼로는 메시아가 구체적인 과업을 배정하신 그분의 종에 불과하다(참고. 4:1). 그들은 고린도 교인들이 복음을 믿게 되도록 중재한 인간적 도구들이었다. 고린도 교인들이 하나님께서 종들에게 주신 역할에 따라 그들의 등급을 나누거나 어느 한 종에게 충성을 바치는 것은 어리석은 일이다.

3:6 이 진리(5절)를 예증하기 위해 바울은 밭에서 곡물을 키우는 은유를 사용한다. 은유는 세 요소로 이루어진 있는 일종의 비교다. 그 요소로는 (1) 이미지, (2) 그 이미지가 보여주는 주제나 항목, (3) 유사점이나 비교할 점이 있다. 때로는 세 요소 중 하나 또는 둘이 명시적이지 않고 암묵적일 수 있다. 5-9절에 나오는 농사의 은유는 7개의 이미지를 담고 있다(표2).

30 BDAG, s.v. σαρκικός.

3:7 이는 6절에서 이어지는 것으로, 씨를 심은 종과 물을 주는 종은 별로 중요하지 않다고 말한다. 그들은 그저 일꾼일 뿐이다. 오직 한 분만 실제로 그 씨가 자라게 하신다. 바로 하나님이다(참고. 시 127:1; 고후 3:5).

	이미지	주제
1	밭(9b절)	고린도 교회
2	농부가 한 종에게 씨를 심는 일을 배정한다(5-6a절).	하나님께서 바울에게 고린도 교회를 설립하는 일을 맡기셨다.
3	농부가 다른 종에게 곡물에 물을 주는 일을 배정한다(5,6b절).	하나님께서 나중에 아볼로에게 고린도 교회를 가르치는 일을 맡기셨다.
4	오직 하나님만 밭이 곡물을 생산하도록 만드실 수 있다(6c-7절).	오직 하나님만 교회가 성장하도록 만드실 수 있다.
5	씨를 심는 종과 물을 주는 종은 똑같은 목적을 품고 함께 일한다. 그 목적은 밭이 풍성한 수확을 하도록 도움으로써 농부가 원하는 바를 이루는 것이다(8a,9a절).	하나님의 종들은 똑같은 목적을 품고 다함께 일한다. 그 목적은 그들의 주인(Master)의 교회가 성장하도록 도움으로써 주인이 원하는 바를 이루는 것이다.
6	농부는 각 종에게 밭에서 각자가 열심히 일한 것에 대해 보상할 것이다(8b절).	하나님께서 각 종에게 교회에서 각자가 열심히 일한 것에 대해 보상하실 것이다.
7	종들과 밭은 모두 하나님께 속해 있다(9절).	교회 선생들과 교회는 모두 하나님께 속해 있다.

표2. 고린도전서 3:5-9에 나오는 농사 은유

3:8 요컨대, 씨를 심는 종과 물을 주는 종은 똑같은 목적을 품고 하나의 팀으로 일한다. 그들은 서로 경쟁하는 사이가 아니다. 하나님은 각 종이 배정받은 일을 어떻게 신실하게 완수했는지에 따라 보상하신다.

3:9 바울이 앞 절의 진술에 대한 이유를 제시한다. 바울과 아볼로와 같은 교회 지도자들은 하나님의 동역자라는 것이다. 이는 그들이 베드로와 동역자라는 것과 똑같은 의미에서 하나님과 함께 일하는(또는 나란히 일하는) 자라는 뜻이 아니다. 그들은 하나님의 감독과 복 아래에서 그분을 위해 일한다.

만일 교회 선생들이 밭의 일꾼들이라면, 교회의 나머지 사람은 하나님의 밭이다. ('교회'는 장소가 아니라 사람들을 가리킨다. 그리고 그것은 개별적이 아닌 집합적인 사람들을 지칭한다. 1:2 주석을 보라.) 바울은 이제 3:10-17로 전환하기 위해, 은유를 농사(교회=밭)로부터 건축(교회=건물)으로 바꾼다. 9-15절에 나오는 건물이 16-17절에서 하나님의 성전이 되기 때문에, 5-17절에 나오는 은유들은 하나님의 동산-성전으로 서로 연결된다.[31]

3:10-15 개요

사도는 경고한다. 교회 선생들은 자기가 어떻게 하나님의 교회를 세우는지 주의해야 한다는 경고다.[32] 바울은 10절의 경고를 두 가지 이유(11, 12-15절)로 뒷받침한다.

3:10 바울은 교회가 "하나님의 집[건물]"(9절)이라는 은유를 발전시키기 시작한다. 농사의 은유(5-9절)에서처럼 바울은 교회 선생들을 교회의 나머지 교인들과 구별한다. 이 건축 은유에서 교회 선생들은 건축가들이고 나머지 교인들은 건물이다. 9-15절에 나오는 건축 은유는 10개의 이미지를 담고 있다(참고. 표3).

31 G. K. Beale, *The Temple and the Church's Mission: A Biblical Theology of the Dwelling Place of God*, NSBT 17 (Downers Grove, IL: IVP Academic, 2004), 245-252.

32 일부 그리스도인은 좋은 의도로 그리스도인 개개인에게 삶을 예수 그리스도 위에 세우도록 권면함으로써 이 구절을 각 그리스도인에게 적용하지만, 이는 바울이 주장하는 바가 아니다.

	이미지	주제
1	건물(9c절)	고린도 교회
2	건물은 하나님께 속한다(9c절).	고린도 교회는 하나님께 속한다.
3	노련한 건축가가 기초를 놓는다(10a절).	바울은 십자가에 못 박힌 메시아의 복음 위에 지혜롭게 고린도 교회의 터를 닦았다(11절).
4	훗날 건축가들이 그 기초 위에 건물을 세운다(10b절).	훗날 다른 이들이 고린도 교회를 가르쳤다.
5	각 건축가는 자기가 그 기초 위에 어떻게 세울지 조심해야 한다(10c절).	교회 선생들은 자기가 교회의 복음적 기초 위에 어떻게 세울지 조심해야 한다.
6	훗날 건축가들은 양질의 불연성 재료로 세울 수 있다(12a절).	교회 선생들은 십자가에 못 박힌 메시아라는 기초와 일치하게 하나님의 교회를 세울 수 있다.
7	훗날 건축가들은 저질의 가연성 재료로 세울 수 있다(12b절).	교회 선생들은 십자가에 못 박힌 메시아라는 기초와 일치하지 않게, 즉 이 세대의 세상적인 지혜를 반영하는 방식으로 하나님의 교회를 세울 수 있다.
8	불이 건물의 질을 시험하고 나타낼 것이다(13절).	하나님은 교회 선생들이 어떻게 교회들을 세웠는지 그 질을 드러내실 것이다.
9	불에 견디는 건물을 세운 건축가는 상을 받을 것이다(14절).	하나님은 올바른 재료로 교회를 세운 교회 선생들에게 상을 주실 것이다.
10	불을 견디지 못하는 건물을 세운 건축가는 손실을 입겠으나, 그 자신은 불길을 가까스로 피한 자로 살아남을 것이다(15절).	하나님은 나쁜 재료로 교회를 세운 교회 선생들에게는 상을 주지 않으실 것이지만, 그들을 영원한 심판에서는 구원하실 것이다.

표3. 고린도전서 3:9-15에 나오는 건축 은유

바울은 하나님의 종으로서, 하나님의 도움을 받아 노련하게 또는 지혜롭게 기초를 놓는 일을 완수했다(즉, 그는 고린도 교회를 설립했다). 다른 이들은 그 기초 위에 건물을 세울 수 있다(예. 훗날 아볼로가 고린도 교회를 가르친다). 오늘날에는 사람들이 비교적 빨리 건물을 세울 수 있지만 고대 세계에서 장대한 건물을 세우는 데에는 몇십 년 내지는 심지어 몇세기가 걸릴 수 있었다. 그러므로 다양한 건축가들이 오랜 기간에 걸쳐 건축 계획의 다양한 측면에 기여하게 될 것이다.

마지막 문장은 앞의 문장을 발전시키는 하나의 경고이자 10-15절의 주된 개념이다. 각 건축가(즉, 교회 선생)는 바울이 놓은 기초 위에 자기가 '어떻게' 건물을 세울지 조심해야 한다. 이어지는 내용은 이를 뒷받침하는 두 가지 이유들이다.

3:11 각 건축가가 어떻게 하나님의 교회를 세울지 조심해야 하는 첫째 이유는, 일단 교회가 세워지면 기초를 다시 놓을 수 없기 때문이다. 그 기초는 바로 메시아 예수, 곧 "예수 그리스도와 그가 십자가에 못 박히신 것"(2:2)이다. 교회 선생들은 복음이라는 기초 위에 상부 구조를 세운다. 그러므로 그 복음을 따라 곧바르게 세우도록 조심해야 하며, 그로부터 벗어나면 안 된다. 그렇지 않을 경우 상부 구조가 불안정해질 것이다.

3:12-15 개요

각 건축가가 어떻게 하나님의 교회를 세울지 조심해야 하는 둘째 이유는, 심판의 날(참고. 1:8; 4:5; 고후 5:10)에 하나님께서 각 건축가가 행한 작업의 질을 드러내고 그에 따라 심판하실 것이기 때문이다.

3:12-13 불이 각 건물의 질을 시험하고 나타내기 때문에, 건축가들은 낮은 질의 가연성 재료("나무나 풀이나 짚")가 아니라 좋은 질의 불연성 재료("금이나 은이나 보석")로 세워야 한다. 여섯 가지 건축 재료 각각이 상징하는 바를 알아내려는 것은 그 은유를 지나치게 해석하는 일이다. 바울의 요점은

건축 재료의 질이 십자가에 못 박힌 메시아라는 건물의 기초와 일치해야 한다는 것이다. 그러므로 사라질 재료로 세운다는 것은, 교회를 복음 중심적이 아니라 이 시대의 세상적인 지혜를 반영하는 동기와 방법으로 세우는 것이다.

3:14 하나님은 올바른 재료로 세우는 종들에게 상을 주실 것이다. 각각의 신실한 종에게는 "하나님으로부터 칭찬이 있[을]" 것이다(4:5).

3:15 하나님은 나쁜 재료로 세운 종들에게는 상을 주지 않으실 테지만, 그들이 영원한 심판에서 "불 속을 헤치고 나오듯"(새번역)[33] 그들을 구원하실 것이다. 손실을 입는다는 것은 하나님께서 그들을 칭찬하지 않으시는 것을 포함한다.[34]

3:16-17 개요

바울이 또 다른 경고를 한다. 하나님은 그분의 성전을 파괴하는 자를 파멸시키실 것이다.

3:16 한 집단으로서 교회는 하나님의 성전이다. 성전은 하나님께서 사시는 곳이고, 하나님의 영이 교회 안에 거하신다. (성전에 관한 간략한 성경신학에 대해서는 6:19-20 주석을 보라.)

3:17 첫 문장은 엄중한 일반적인 경고다. 만일 누구든지 하나님의 성전(교

33 John R. W. Stott, *Calling Christian Leaders: Rediscovering Radical Servant Ministry* (Leicester, UK: Inter-Varsity, 2002), 100. "로마 가톨릭 주석가들이 주장하는 것과 달리, 여기에는 연옥에 대한 암시가 없다. 왜냐하면 여기서 언급되는 대상은 모든 신자들이 아니라 특히 선생들이며, 불의 목적은 정화시키는 것이(연옥에서처럼) 아니라 시험하고 심판하는 것이기 때문이다."

34 참고. 마태복음 25:21, 23에 나오는 "잘하였도다 착하고 충성된 종아." 하지만 예수님의 달란트 비유에서 하나님의 칭찬을 듣지 못하는 종은 영원한 심판을 경험한다.

회)을 파괴한다면, 하나님께서 그 사람을 파멸시키실 것이다. 바울은 "누구든지"라고 경고하지, "만일 어느 '건축가'가 하나님의 성전을 파괴한다면"이라고는 말하지 않는다. 그렇지만 그가 말하는 내용은 여전히 건축 은유와 잘 들어맞는다. 건물을 세우는 일은 건축가들(즉, 교회 선생들)만이 할 수 있는 반면 건물을 파괴하는 일은 누구든지(교회 선생이든 아니든) 할 수 있기 때문이다.

한 사람이 교회를 파괴하는 것은 교회 선생이 기초 위에 가연성 재료로 세우는 것과 다르다. 그러므로 하나님께서 건축가를 구원하신다는 15절의 단서가 여기에는 적용되지 않는다. 하나님은 모든 사람(교회 선생, 교인 그리고 누구나)에게 하나님의 교회를 파괴하면 영원한 심판을 경험할 것이라고 경고하신다. 하나님께서 그런 사람을 파멸시키시는 이유는 그분의 성전이 거룩하기 때문이다.[35]

문맥에 따르면 교회를 파괴하는 방법은 복음이 아니라 세상적인 지혜에 초점을 맞추는 것이다. 그래서 교회를 파괴하는 방법은 선생들을 둘러싸고 분열하는 것, 복음 대신에 덜 중요한 사안들에 초점을 두는 것, 거짓된 교리를 가르치는 것 등을 포함한다. 바울의 경고는 특히 고린도 교회에서 분열을 일삼는 사람들에게 적용된다.

3:18-23 개요

이제 사도는 교회 선생들을 자랑하지 말라고 권면한다. 핵심 개념은 21절의 첫째 문장이다.

35 고린도전서에는 줄곧 위로하는 것과 두렵게 하는 것 사이의 긴장이 있다. (1) 바울은 진정한 신자들에게, 하나님께서 그들을 끝까지 보존하실 것을 확신시킨다(예. 1:8). (2) 바울은 신앙을 고백하는 신자들에게, 만일 그들이 믿음과 선행으로 인내하지 않는다면 하나님께서 마지막에 그들을 구원하지 않으실 것이라고 경고한다(예. 3:17). 경고를 발하는 구절들은 하나님께서 정하신 목적에 이르는 그분이 정하신 수단이다. 다시 말해 그 구절들은 모든 진정한 신자들이 인내할 것을 하나님께서 보증하시는 한 가지 방식이다. 떨어져 나가는 자들은 그들이 결코 진정한 신자들이 아니었음을 입증한다. Andrew Wilson, *The Warning-Assurance Relationship in 1 Corinthians*, WUNT 2, 452 (Tübingen, Mohr Siebeck, 2017)을 보라.

3:18 이 대목은 1:18-2:16에 나오는 지혜라는 주제로 되돌아간다. 세상적인 기준에 따라 지혜로운 사람은 참으로 지혜롭게 되기 위해 세상적인 기준에 따라 어리석은 자가 되어야 한다. 만일 누군가 다르게 생각한다면, 그는 스스로를 속이고 있는 것이다.

3:19a 바울이 1:18-2:16에 나오는 지혜라는 주제를 반복함으로써 앞의 진술(18절)을 뒷받침한다.

3:19b-20 또 다른 뒷받침이 구약의 두 구절(욥 5:13; 시 94:11)로부터 나오는데, 그 두 구절 모두 하나님의 지혜가 인간의 지혜보다 우월하다고 선언한다.

3:21a 18-20절(그리고 더욱 넓게 보면 1:10-3:20)의 추론은 명백하다. 교회가 어느 선생이 최고냐를 둘러싸고 분열하는 일은 어리석은 짓이다(참고. 1:12; 3:4-7; 4:6).

3:21b-23 "만물이 다 너희 것임이라"(21b절)와 "다 너희의 것이요"(22절의 마지막 줄)는 21a절의 이유를 설명한다. 그 두 줄 사이에서 바울은 고린도 교인들에게 속해 있는 "만물"(참고. 롬 8:32에 나오는 "만물")의 여덟 가지 예를 열거한다. 처음 세 가지는 교회 선생들(바울, 아볼로, 게바, 이는 '모든' 교회 선생들이 하나님께서 그리스도인에게 주신 선물임을 의미한다)이고, 마지막 다섯 가지는 메시아가 그것들을 다스리시는 주권자이므로 그분의 백성이 두려워할 필요가 없는 실재들이다(마지막 두 쌍에 관해서는 롬 8:38을 참고하라).

이 모든 종류의 항목들이 고린도 교인들에게 속하는 이유는, 그리스도인이 메시아에게 속해 있고 메시아가 만물을 소유하시기 때문이다(참고. 15:23-28). 그리고 메시아는 하나님께 속해 있다.[36] 그러므로 그리스도인은 하나님께 속해 있는 셈이다.

바울은 1:12에 언급한 고린도 교인의 표어를 거꾸로 뒤집는다. 그리스도인이여, 너희가 '나는 바울을 따른다' 또는 누구든지 따른다고 말하는 것은 어리석다(1:12). "너희는 그리스도의 것이[다]"(3:23). 이는 1:12절의 경건한 체하는 의미에서 하는 말이 아니다. 너희가 바울에게 속한 것이 아니라 바울이 '너희'에게 속해 있다! 너희는 그리스도에게, 따라서 하나님께 속해 있다.

4:1-5 개요

바울이 주제넘게 교회 선생들을 판단하지 말라고 책망한다.

4:1 이 구절은 바울이 이제껏 말한 모든 내용에서 나오는 추론이다. 고린도 교인들은 바울 같은 교회 선생들을 고린도 사람들이 소피스트를 보는 것처럼 보지 말고 그리스도의 일꾼(3:5를 보라)[37]과 "하나님의 비밀을 맡은 자"(비밀에 대해서는 참고. 2:6-7 주석)로 간주해야 한다는 것이다. 오늘날 많은 사람에게는 청지기(steward)가 항공기나 선박이나 열차에서 승객을 시중드는(예. 그들에게 음식을 갖다 주는) 사람이지만, 바울이 사용하는 그 단어는 주인이 사적인 상업 지역을 적극적으로 관리하도록 권한을 부여하는 종을 가리킨다.[38]

4:2 주인이 위탁한 것을 신실하게 관리하는 것이 청지기의 일이라면, 바울에게 성공의 기준은 세상이 말하는 지혜에 있지 않고 주인이 맡긴 일을 신실하게 수행하는지 여부에 있다.

36 Fee, *First Epistle to the Corinthians*, 168. "신약의 나머지 부분과 일맥상통하게, 그런 구원론적 진술 대부분이 아버지와 아들에 관한 글을 포함할 때는 종속을 표현한다(참고. 8:6; 15:27-28). 그러나 그것은 기능적 종속이지 존재적 종속이 아니다. 말하자면, 한참 뒤에 말할 것처럼(15:23-28), 그것은 그리스도가 구원자라는 기능과 관련이 있지 그분이 하나님이심과 관련이 있는 것이 아니다."

37 여기서 "일꾼"은 휘페레타스(*hypēretas*)를 번역한 것이고, 3:5에 나오는 일꾼들("사역자들")은 디아코노이(*diakonoi*)를 번역한 것이다. 이 헬라어 단어들은 동의어다. 따라서 휘페레타스의 어원에 근거해 이 단어가 로마의 전투 갤리선(war galley)의 더 낮은 층에서 노를 젓던 노예들을 가리킨다고 결론짓는 것은 잘못이다. D. A. Carson, *Exegetical Fallacies*, 2nd ed. (Grand Rapids, MI: Baker Academic, 1996), 29를 보라.

4:3-4 바울에게 중요한 것은 '하나님'께서 그를 신실하게 보시는지 여부다(참고. 2절). 고린도 교인들이나 다른 사람들이 어떻게 생각하는지는 바울에게 "매우 작은 일"이다. 그리고 이는 그 자신도 포함한다. 바울도 자신을 부정확하게 평가할 수 있기 때문이다(참고. 고후 10:18). 바울은 그의 양심이 결백하다고 말할 수 있지만, 그렇기에 깨끗한 양심을 가진 것이 무죄하다는 뜻은 아니다.[39]

4:5 3-4절에 담긴 바울의 주장에서 자연스레 이어지는 사실이 있다. 그리스도의 재림 이후에 하나님께서 그분의 일꾼들에게 내리실 정확한 판단만이 궁극적 중요성을 지닌 판단이므로(참고. 3:8), 고린도 교인들은 너무 성급하게 바울을 판단하면 안 된다.

하지만 이는 사람이 절대로 스스로를 판단하면 안 된다거나(참고. 고후 13:5), 교회가 절대로 교회 선생을 판단하면 안 된다는(참고. 딤전 5:19-20) 뜻이 아니다. 마태복음 7:1에 나오는 "비판하지 말라"는 말이 '어떤 이유로든 절대로 판단하지 말라'는 뜻이 아니라 '일방적인 판단을 하지 말라'[40]는 뜻인 것과 비슷하게, 여기서 "아무것도 판단하지 말라"는 '어떤 이유로든 절대로 판단하지 말라'(참고. 5:12; 6:5)는 뜻이 아니라 '주제넘게 판단하지 말라'는 뜻이다. 잘못은 판단하는 것 자체가 아니라 하나님의 기준이 아닌 세상적인 기준에 따라 독선적으로 판단하는 데 있다.

바울은 3:5-9에서 종들이 똑같은 목적을 품고 다함께 일한다는 것을 가르치려고 종의 이미지를 사용한다. 그 목적은 성장 과정을 도와서 주인이 원하는 바를 이루는 것이다. 바울은 4:1-5에서도 종의 이미지를 사용해서,

38 John K. Goodrich, *Paul as an Administrator of God in 1 Corinthians*, SNTSMS 152 (Cambridge: Cambridge University Press, 2012)를 보라.

39 Andrew David Naselli and J. D. Crowley, *Conscience: What It Is, How to Train It, and Loving Those Who Differ* (Wheaton, IL: Crossway, 2016)를 보라.

40 D. A. Carson, *Jesus' Sermon on the Mount and His Confrontation with the World: An Exposition of Matthew 5-10* (Grand Rapids, MI: Baker Academic, 1987), 104-107을 보라.

하나님을 섬기는 자들은 궁극적으로 오직 하나님에 대해 책임이 있지 그들이 섬기는 대상인 사람들에게 있지 않다는 것을 가르친다.

마지막 줄은 최후의 심판석에서 각 사람이 하나님으로부터 칭찬을 받을 것이라고 말한다. 이는 하나님께서 그분의 신실한 종들에게 그들을 주제넘게 판단하는 인간들보다 더욱 긍정적 판단을 내리시리라는 것을 알도록 격려해준다.

4:6-13 개요

이어서 사도는 책망을 표출한다. 사도들은(고린도 교인들이 아니라) 하나님의 지혜의 본보기가 된다. 바울은 여기서 개인적인 이야기를 하는데, 이는 일부 고린도 교인들이 교만하게 그의 사도적 가르침과 권위를 거부하고 있기 때문이다.

4:6 바울이 앞에서 쓴 내용(1:10-4:5)에 비추어 다음과 같이 설명한다. 그가 앞에서 자신과 아볼로 사이의 그릇된 경쟁에 그의 주장을 적용하면서 쓴 것은 고린도의 형제와 자매들에게 유익을 주기 위한 것이다. 그들은 기록된 말씀의 범위를 벗어나지 않는 법을 배움으로써 유익을 얻을 수 있다. "기록된 말씀"은 바울이 이미 여러 번 인용한 바 있는 구약에 기록된 것을 가리키는 듯하다(1:19, 31; 2:9, 16; 3:19-20). 기록된 말씀의 범위를 벗어나지 않는다는 것은 인간의 지혜를 자랑하지 않는 것, 특히 다른 교회 선생들과 대비시켜 어느 선생의 추종자로서 우쭐대지 않는 것을 의미한다.

4:7 이 구절에서 바울이 제기하는 3개의 수사적 질문 중 처음 2개는, 어느 교회 선생의 추종자라고 우쭐대서는 안 되는(6절의 목적) 두 가지 이유다.

- 이유 1: 너희는 그런 판단을 내릴 권한이 없다.
- 이유 2: 너희가 가진 모든 것이 하나님으로부터 온 선물이다.

세 번째 수사적 질문은 두 번째 질문에서 추론된 것이다. 고린도 교인들이 가지고 있는 것을 마치 자기네가 얻어냈다는 식으로 자랑하는 것이 잘못인 이유는 그들이 가진 모든 것이 하나님께서 주신 선물이기 때문이다. 그들은 우쭐대기보다는 겸손해야 마땅하다.

4:8 이 구절에 나오는 4개의 감탄사는 통렬한 풍자다. 처음 3개는 고린도 교인들이 어떻게 자랑하는 죄를 지었는지를 보여주는 예들인 반면, 네 번째 것은 세 번째 것에 대한 풍자적 곁다리다.

바울은 고린도 교인들이 하나님 나라의 '이미'와 '아직'의 측면들에 관한 균형을 오해했다고 책망하는 듯이 보인다.[41] 그들은 고린도 문화의 세상적인 가치관에 부정적 영향을 받은 나머지, 이미 왕 노릇하기 시작했다고 생각함으로써 교만하게도 '이미'의 측면을 지나치게 강조한다.

4:9 바울이 이어서 8절의 마지막 감탄사를 설명한다. 세상적인 지혜에 따르면, 고린도의 신자들은 지금 당장 왕으로 통치해야 마땅하다. 그리고 만일 이것이 사실이라면, 바울과 다른 사도들은 정반대의 경우다. 그들은 승리의 행진에 끌려나온 정죄 받은 포로들처럼 전시되고, 사형 집행자나 야생 동물의 처분에 맡겨진 투기장의 죄수들처럼 사형 판결을 받은 사람들이다. 그들은 "구경거리"다. 이는 테아트론(*theatron*)을 번역한 것으로 "우리가 극장에서 보는 것, '연극'"이라는 뜻이다.[42] 이는 마치 세상이 그들의 무대고

41 하나님 나라(참고. 4:20)는 하나님의 백성과 온 피조 질서에 대한 하나님의 통치다. 제2성전기 동안 유대의 묵시적 운동은 죄가 군림하는 현 시대를 다가올 시대, 즉 메시아가 죄를 정복하고 그 존재를 근절할 시대와 뚜렷이 구분했다. 달리 말하면, 하나님 나라에 대한 대중적인 유대의 견해는 하나님께서 왕이 되어서 유대의 원수들을 정복함으로써 유대인들을 옹호하시리라는 것이었다. 그러나 예수님은 그 나라에 대해 매우 다르게 말씀하신다. 그 나라는 예수님의 인격과 가르침을 통해 이미 여기에 있다. 그렇지만 그 나라가 아직 '완전히' 여기에 있지 않은 이유는, 예수님이 아직 그분의 통치를 완전히 성취하지 않으셨기 때문이다. 그 나라는 이미 있으나 아직은 아니다. 예수님의 오심은 다가올 시대를 열지만 아직 죄의 존재를 근절하지는 않았다. 죄의 근절은 장차 그분이 재림하실 때 일어날 것이다.

42 BDAG, s.v. θέατρον.

원형 극장 속의 천사들과 인간들이 그들을 흥미롭게 응시하는 것과 같다.

4:10 세 가지 풍자적 대조점이 7-9절을 예증한다. 각 대조 사항에 따르면, 고린도 교인들이 생각하듯이 바울과 사도들은 신분이 낮은 "구경거리"(9절)인 반면, 고린도 교인들은 그들 자신에 대해 생각하듯이 신분이 높은 "왕"(8절)이다.

4:11-13 바울이 사도들이 어리석고 약하고 비천하다는 것을 예를 들어 설명한다(10절). 그들은 "풍성한 것"(참고. 8절)과 정반대다. 그들은 손수 고되게 일해야 한다(참고. 9:4-18; 고후 11:9; 12:13-17; 행 18:3). [역사-문화적 맥락에서 보면, 오직 신분이 낮은 사람들이(존경받는 선생들이 아닌) 육체적 노동을 했다.] "비천[해도]"(ESV는 "in disrepute", 10절) 욕하는 대신 축복하고, 박해를 받아도 복수하는 대신 견디고, 비방하는 대신 친절하게 말하는 것으로 반응한다. 세상의 눈에는 그들이 쓰레기와 같다.

4:14-21 개요

이제 바울은 그를 본받으라고 아버지로서 호소와 경고를 하며(14-17절), 되돌아가기를 계획한다(18-21절). 바울은 1-13절에서 책망한 것을 목회자의 심정으로 수습하는데, 이때 명민하게 그의 사도적 권위를 거듭 주장한다. (이는 또한 바울이 5장의 심각한 문제를 권위 있게 다룰 수 있도록 그를 세워준다.)

4:14 바울이 방금 고린도 교인들을 책망한 것은 그들을 부끄럽게 하기 위해서가 아니라 경고하거나 바로잡기 위해서다. 마치 지혜롭고 친절한 아버지가 사랑하는 자녀들로 원한이나 분노를 느끼게 하지 않으면서 그들을 이끌 듯이 말이다.

4:15 바울은 고린도 교회를 개척한 사람이므로 그들의 영적인 아버지다. 그들이 "일만 스승[보호자]"을 갖고 있을지라도 아버지는 한 분뿐이다. 보호

자는 아버지의 자녀들을 돌봄으로써 그 아버지를 위해 일하는 종이다.

4:16 이 구절의 논리는 15절에서 추론한 것이다. 개인주의가 팽배한 현대의 맥락에서는 이해하기 어렵지만, 산업혁명 이전에는 아들이 아버지의 직업을 따랐다. 그래서 바울은 고린도 교인들에게, 세상적인 지혜가 아니라 십자가에 못 박힌 메시아라는 하나님의 지혜에 비추어 삶으로써 그 자신을 그들의 모범(role model)으로 본받도록 격려한다. 특히 고린도 교인들은 교회 지도자들을 둘러싸고 분열하지 말고 더욱 성숙해야 한다. 그들은 또한 복음 안에서 다른 이들에게 아버지가 됨으로써 마땅히 바울을 본받아야 한다.[43]

4:17 설명의 한 방법으로(참고. 16:10), 바울은 회심한 지 3년밖에 안 된 고린도 교인들에게 그들이 알고 있는 것을 그들의 생활로 연결하는 데 도움이 필요하다는 것을 지적한다. 올바른 믿음(정통 교리)과 올바른 행실(정통 행습) 둘 다 중요하다(참고. 딤전 4:16).

4:18-19 일부 교만한 고린도 교인들은 바울이 다시 그들을 방문하지 않을 것으로 생각하지만, 바울은 되돌아가서(하나님의 뜻이면, 참고. 약 4:15) 그들과 맞서겠다고 약속한다.

바울은 그들의 "말"과 "능력"을 대비한다. 그들은 메시아의 십자가에서 그 "능력"을 빼앗는 유창한 지혜의 "말"에 매혹되어 있다(참고. 1:17). 복음의 능력보다 소피스트식 웅변이라는 세상적인 지혜를 중시한다. 그들은 허풍을 치지만 큰 사냥개를 보고 미친 듯이 짖어대는 치와와와 비슷하다.

4:20 하나님의 통치의 기초는 말이 아니라 진정한 능력이다(19절의 끝부분

43 Peter John Dybvad, "Imitation and Gospel in First Corinthians" (PhD diss., Trinity Evangelical Divinity School, 2000)을 보라.

을 설명하는). 그리고 바울이 1-4장에서 거듭 강조하듯이, 하나님의 지혜와 능력은 세상적인 지혜와 능력과 상반된다. 하나님은 인간의 약함을 통해 그분의 능력을 보이신다(참고. 고후 12:9).

4:21 바울은 교회에게 아버지가 행실이 나쁜 자녀들에게 애정이 깃든 호소를 하듯이 말한다. 아버지의 회초리보다 부드러운 포옹을 더 좋아하지 않는 자녀가 있겠는가?

응답

1. 교회 선생들을 둘러싸고 분열하지 말라. 복음이 교회의 하나 됨을 요구하기 때문이다.

이것이 1-4장에 대한 일차적인 응답이다. 복음에 관한 올바른 사고는 복음 안에서의 올바른 삶을 낳는다.[44]

조급하고 이기적인 아버지는 어린 자녀들의 다툼에 심판 노릇할 시간을 빼앗기기 싫어서 서로를 짜증나게 하지 말라고 호소할 것이다. (나는 물론 이론적으로 말하는 중이다.) 이것은 바울이 고린도 교인들에게 호소하는 방식이 아니다. 바울이 고린도 교인들을 책망하는 것은 그들이 그를 귀찮게 하기 때문이 아니라, 그들이 복음에 걸맞게 살지 않기 때문이다. 교회의 하나 됨이 그토록 중요한 이유는 편의주의 때문이 아니다. 복음이 요구하는 조건이기 때문이다. 하나님은 교회를 "그의 아들 예수 그리스도 우리 주와 더불어 교제하게" 부르셨다(1:9). 이 때문에 바울이 고린도 교인들에게 "우리 주 예수 그리스도의 이름으로"(1:10) 호소하는 것이다. 십자가에 못 박힌 메시아가 교회의 하나 됨을 위한 유일한 기초다.

44 Michael P.V. Barret, *Complete in Him: A Guide to Understanding and Enjoying the Gospel*, 2nd ed. (Grand Rapids, MI: Reformation Heritage, 2017)을 보라.

교회 선생들을 둘러싼 분열은 성령을 지닌 사람들이 행동하는 방식이 아니다(3:1-4). 우리는 비그리스도인이 다양한 집단들(정부 지도자들, 어떤 조직의 직원들 또는 학교의 선생들과 같은)에서 다함께 일할 때에 그들 가운데 질투와 분쟁이 있더라도 놀라지 않는다. 비그리스도인의 집단에는 흔히 그들 나름의 정치 놀이가 있다. 그러나 교회는 그래서는 안 된다. 성령을 지닌 사람들은 달라야 한다.

어떤 선생들의 성격이 좀 더 매력적으로 보이거나 어떤 이들이 더 나은 의사소통자로 다가오는 것은 자연스럽다. 그러나 그들이 만일 하나님께서 부여하신 일을 신실하게 수행하는 자격 있는 장로들이라면(참고. 딤전 3:1-7; 딛 1:5-9), 교회는 누가 최고인지를 놓고 다투지 말고 그들 모두를 기쁘게 따라야 한다. 우리가 어느 선생을 다른 선생들보다 높여서 분열을 조장하는 일은 어리석다. 교회 선생들은 단지 하나님의 일꾼일 뿐이다(고전 3:5-9, 18-23). 그것이 전부다. 그들로 인해 하나님께 감사하라. 그들은 우리에게 주신 하나님의 선물이다. 중요한 것은 '하나님'께서 그들을 우리에게 주셨고, '하나님'께서 교회를 성장시키는 장본인이라는 사실이다. 그러므로 우리는 어느 한 선생에게 집착하지 말고 다수의 교회 선생들이 가지는 강점에서 유익을 얻어야 한다. 건강한 교회에는 여러 명의 교회 선생들이 있고, 교인들은 어느 한 명을 다른 이들보다 선호해서 여러 집단으로 나눠지기보다 각 선생의 강점으로부터 유익을 얻어야 한다.

고린도전서 1:10-4:21을 가장 직접적으로 적용하는 방식은 지역 교회를 섬기는 교회의 선생들에게 적용하는 것이다. 그러나 오늘날은 기술 문명 덕분에 미디어를 통해 쉽게 기독교의 이른바 유명 인사들이 성경을 가르치는 모습을 보거나 듣고, 그들의 책과 글을 읽고, 그들을 따를 수 있다. 여기에도 동일한 원리가 적용된다. 우리가 어느 한 선생에게 집착하지 않고 많은 교회 선생들의 강점으로부터 유익을 얻을 수 있다는 것이다. 우리는 존 파이퍼(John Piper)나 팀 켈러(Tim Keller) 또는 어느 선생의 추종자가 되어서는 안 된다. 우리가 뛰어난 성경 선생들로부터 유익을 얻을 수는 있지만, 서로 경쟁하는 집단들로 나뉘어서는 안 된다. 우리는 분파적으로 어느 한 선생만 따를 수는 없다.

2. 십자가에 못 박힌 메시아라는 수치스러운 메시지를 선포하라(1:18-25).
오늘날 많은 사람은 십자가를 그들 자신에(예. 보석, 문신), 또는 집이나 종교적 건물 안에(예. 그림, 판화, 스테인드글라스, 조각) 전시한다. 일부 사람은 십자가에 너무 친숙하고 십자가에 못 박힌 메시아에 너무도 익숙해진 나머지, 십자가가 1세기에 불명예스러운 것이었음을 이해하지 못한다. 십자가는 혐오스럽고 수치스러운 것이었으며, 십자가에 못 박힌 메시아라는 메시지는 세상이 보기에 어리석고 증오스러운 것이었다. 그 "미련한" 메시지를 선포하는 일이야말로 하나님께서 사람들을 구원하려고 선택하신 수단이다. 우리는 우리에게 가장 필요한 것이 우리를 피상적으로 위로하거나 응원하거나 조언하는 인간 중심적 메시지라고 생각할지 모른다. 그러나 우리 죄인들에게 가장 필요한 것은 날카롭게 도전하고 십자가를 가리키는 하나님 중심적인 메시지다.

3. 주님을 자랑하라(1:26-31; 3:18-23).
'하나님'께서 대체로 신분이 낮은 사람들을 선택하셨기에 우리는 '그분'을 자랑한다. 우리는 우리가 누군지 또는 우리가 가진 것이나 좋아하는 기독교 선생을 자랑하지 않는다. 하나님은 우리의 뛰어난 기술, 지능, 돈, 권력, 명성, 강점, 미모 또는 업적에 기초해 우리를 선택하지 않으셨다. 그런데 우리는 어째서 우리 자신을 자랑하고 싶어하는가? 그리고 모든 교회 선생들은 우리에게 주신 하나님의 선물인데, 우리는 왜 그들 중 하나를 자랑하고 싶어하는가? 스튜어트 타운엔드(Stuart Townend)의 찬양 "우리를 향한 아버지의 사랑 얼마나 깊은가"의 두 줄 가사가 이를 잘 표현한다. "나는 아무것도 자랑하지 않겠네, 어떤 은사도, 어떤 능력도, 어떤 지혜도. 나는 예수 그리스도, 그의 죽음과 부활을 자랑하겠네." 칼 헨리(Carl Henry)가 묻듯이 "도대체 누가 십자가 곁에 설 때 교만해질 수 있겠는가?"[45]

4. 십자가에 못 박힌 메시아를 선포할 때 오직 성령의 능력만 의지하라(2:1-5).

카리스마나 매력 또는 영리함에 의존하는 것은 어리석다. 이는 사람들을 구원하는 것이 아니다. 마찬가지로, 사람들을 설득하려고 문화적으로 가장 매력적인 방식으로 의사소통하는 것은 현명하지 못하다. 특히 그 방법들이 연설가의 명망은 높이지만 십자가에 못 박힌 메시아의 메시지를 하찮게 여길 때는 더욱 그렇다. 사람들을 구원하는 것은 설득력 있는 화법이나 시장 중심적인 전략이 아니다. 성령의 능력 곧 하나님의 일꾼이 연약한 가운데 십자가에 못 박힌 그리스도의 메시지를 선포할 때 경험하는 그 능력이다. "이는 힘으로 되지 아니하며 능력으로 되지 아니하고 오직 나의 영으로 되느니라"(슥 4:6). 아무도 자기 자신을 높이는 동시에 그리스도를 높일 수 없다. "아무도 자기 자신이 영리하다는 인상과 그리스도가 구원할 능력이 있다는 인상을 동시에 줄 수 없다."[46]

5. 하나님께서 당신에게 그분의 영을 통해 그분의 지혜를 깨달을 수 있는 능력을 주신 것을 찬송하라(2:6-16).

그리스도인과 비그리스도인 간의 차이는 전자가 후자보다 더 똑똑하다는 것이 아니다. 그리스도인에게는 성령이 있다는 것이다. 우리가 만일 성령을 믿지 않았다면 비그리스도인처럼 십자가에 못 박힌 메시아라는 하나님의 지혜를 거부했을 것이다. 우리가 그 지혜를 깨닫고 기뻐할 수 있는 유일한 길은, 하나님의 영이 우리 마음을 조명해서 참된 진리를 믿게 하고

45 D. A. Carson, *Basics for Believers: An Exposition of Philippians* (Grand Rapids, MI: Baker Academic, 1996), 58에서 인용.

46 James Denney의 말로 John R. W. Stott, *Between Two Worlds: The Art of Preaching in the Twentieth Century* (Grand Rapid, MI: Eerdmans, 1982), 325에 인용됨. John Piper, "Is There Christian Eloquence?" Clear Words and the Wonder of the Cross, in *The Collected Works of John Piper*, ed. David Mathis and Justin Taylor (Wheaton, IL: Crossway, 2017), 13:343-357; Steven J. Lawson, *The Kind of Preaching God Blesses* (Eugene, OR: Harvest House, 2013)도 보라.

참으로 사랑스러운 것을 사랑할 능력을 주시는 것이다. 우리가 우리 자신의 지혜를 기뻐할 이유는 전혀 없으며, 하나님을 찬송할 이유는 끝이 없다.

6. 교회 선생들이여, 하나님의 교회를 어떻게 세울지 조심하라(3:10-15). 카슨(D. A. Carson)은 3:10-15을 이렇게 명민하게 적용한다.

"이는 직업적 사역에 종사하는 모든 사람이 정신을 번쩍 차리게 하는 것이어야만 한다. 그런 조잡한 재료로 '교회를 세워서' 마지막 날에 당신의 노동에 대해 아무것도 보여주지 못할 수 있다. 사람들이 와서 '도움을 받았다'고 느끼고, 공동 예배에 합류하고, 위원회에서 섬기고, 주일학교를 가르치고, 친구들을 데려오고, '교제'를 즐기고, 기금을 마련하고, 상담 프로그램과 자조 모임(self-help group)에 참여하지만 여전히 주님을 제대로 알지 못할 수 있다. 만일 교회의 상당 부분이 매력, 인물, 쉬운 언변, 적극적 사고방식, 경영 기술, 강력한 감정적인 경험, 약삭빠른 인간관계로 세워지면서도, 성령의 기름 부음을 받아 '예수 그리스도와 그분이 십자가에 못 박히신 것'을 거듭해서 열정적으로 선포하지 않는다면, 우리는 회심자보다 신봉자를 더 많이 얻고 있을지 모른다. 그렇다고해서 내가 단 한 순간도 경영 기술이 불필요하다거나 기본적인 인간관계 기술이 선택 사항일 뿐이라고 말하는 것은 아니다. 그러나 타협이 불가능한 기본 진리, 그것이 없으면 교회가 더 이상 교회가 아니게 되는 그 진리는 바로 복음, 하나님의 '어리석음', 예수 그리스도와 그분이 십자가에 못 박히신 것이다."[47]

신실한 종은 중요한 것(십자가에 못 박힌 메시아)을 중요한 것으로 지킨다.[48]

47 D. A. Carson, *The Cross and Christian Ministry: Leadership Lessons from 1 Corinthians* (Grand Rapids, MI: Baker, 1993), 80.

48 C. J. Mahaney, *Living the Cross Centered Life: Keeping the Gospel the Main Thing* (Sisters, OR: Multnomah, 2006)을 보라.

1-4장에 비추어 볼 때, 하나님의 교회를 신중하게 세우는 방법 중 하나는 파당을 부추기지 않는 것이다. 우리가 교회를 '나의 교회'로 목양해서는 안 되는 이유는 교회가 하나님께 속해 있기 때문이다(3:9, 16-17). 우리는 (교체 가능한) 종일 뿐이다. 바울이 아무에게도 세례 베풀기를 원치 않을 만한 경우는, 그들이 '나는 바울을 따른다'는 파당을 형성할 가능성이 있을 때다(1:14-15). 우리는 사람들을 오로지 우리에게 충성시키려고 애쓰는 대신 복음을 선포하는 데 초점을 맞춰야 한다. 사람들은 메신저가 아니라 메시지에 몰입해야 한다. 교회 선생들은 그리스도를 '높여야지' 그분을 대신해서는 안 된다.

7. 신실한 교회 선생들로 인해 하나님께 감사하라(4:1-21).

우리는 어떤 교회 선생이든 맹목적으로 충성해서는 안 되지만, 그들이 그리스도를 따르는 것처럼 그들을 따라야 한다(참고. 1:11). 우리는 우리의 관점이 우월하고 그들의 동기를 안다고 교만하게 생각하면서 주제넘게 그들을 판단해서는 안 된다. 아울러 그들을 궁극적으로 우리에 대해 책임이 있는 피고용인들로 생각해서도 안 된다. 신실한 교회 선생들은 우리에게 주신 하나님의 선물이며, 우리는 우리를 섬김으로써 하나님을 섬기는 그들로 인해 하나님께 감사해야 한다(참고. 히 13:17).

[1] 너희 중에 심지어 음행이 있다 함을 들으니 그런 음행은 이방인 중
에서도 없는 것이라 누가 그 아버지의 아내를 취하였다 하는도다
[2a] 그리하고도 너희가 오히려 교만하여져서 어찌하여 통한히 여기지
아니하고

[1] It is actually reported that there is sexual immorality among you, and
of a kind that is not tolerated even among pagans, for a man has his
father's wife. [2a] And you are arrogant! Ought you not rather to mourn?

[2b] 그 일 행한 자를 너희 중에서 쫓아내지 아니하였느냐 [3] 내가 실로
몸으로는 떠나 있으나 영으로는 함께 있어서 거기 있는 것같이 이런
일 행한 자를 이미 판단하였노라 [4] 주 예수의 이름으로 너희가 내 영
과 함께 모여서 우리 주 예수의 능력으로 [5] 이런 자를 사탄에게 내주
었으니 이는 육신은 멸하고 영은 [1)]주 예수의 날에 구원을 받게 하려
함이라 [6] 너희가 자랑하는 것이 옳지 아니하도다 적은 누룩이 온 덩어
리에 퍼지는 것을 알지 못하느냐 [7] 너희는 누룩 없는 자인데 새 덩어
리가 되기 위하여 묵은 누룩을 내버리라 우리의 유월절 양 곧 그리스

도께서 희생되셨느니라 8 이러므로 우리가 명절을 지키되 묵은 누룩
으로도 말고 악하고 악의에 찬 누룩으로도 말고 누룩이 없이 오직 순
전함과 진실함의 떡으로 하자
2b Let him who has done this be removed from among you. 3 For
though absent in body, I am present in spirit; and as if present, I have
already pronounced judgment on the one who did such a thing. 4 When
you are assembled in the name of the Lord Jesus and my spirit is
present, with the power of our Lord Jesus, 5 you are to deliver this man
to Satan for the destruction of the flesh, so that his spirit may be saved
in the day of the Lord.[1] 6 Your boasting is not good. Do you not know
that a little leaven leavens the whole lump? 7 Cleanse out the old leaven
that you may be a new lump, as you really are unleavened. For Christ,
our Passover lamb, has been sacrificed. 8 Let us therefore celebrate the
festival, not with the old leaven, the leaven of malice and evil, but with
the unleavened bread of sincerity and truth.

9 내가 너희에게 쓴 편지에 음행하는 자들을 사귀지 말라 하였거니와
10 이 말은 이 세상의 음행하는 자들이나 탐하는 자들이나 속여 빼앗
는 자들이나 우상숭배하는 자들을 도무지 사귀지 말라 하는 것이 아
니니 만일 그리하려면 너희가 세상 밖으로 나가야 할 것이라 11 이제
내가 너희에게 쓴 것은 만일 어떤 형제라 일컫는 자가 음행하거나 탐
욕을 부리거나 우상숭배를 하거나 모욕하거나 술 취하거나 속여 빼앗
거든 사귀지도 말고 그런 자와는 함께 먹지도 말라 함이라 12 밖에 있
는 사람들을 판단하는 것이야 내게 무슨 상관이 있으리요마는 교회
안에 있는 사람들이야 너희가 판단하지 아니하랴 13 밖에 있는 사람들
은 하나님이 심판하시려니와 이 악한 사람은 너희 중에서 내쫓으라
9 I wrote to you in my letter not to associate with sexually immoral

people— 10 not at all meaning the sexually immoral of this world, or
the greedy and swindlers, or idolaters, since then you would need to
go out of the world. 11 But now I am writing to you not to associate
with anyone who bears the name of brother if he is guilty of sexual
immorality or greed, or is an idolater, reviler, drunkard, or swindler—
not even to eat with such a one. 12 For what have I to do with judging
outsiders? Is it not those inside the church[2] whom you are to judge?
13 God judges[3] those outside. "Purge the evil person from among you."

1) 어떤 사본에는 주의 날에

1 Some manuscripts add *Jesus* *2* Greek *those inside* *3* Or *will judge*

5장

단락 개관

이 단락은 열 가지 쟁점 중 두 번째 것인 근친상간을 용인하는 문제를 다룬다. 바울은 그 문제를 묘사한 후(1-2a절), 고린도 교인들을 책망하고 그들이 할 일을 말해준다(2b-8절). 특히 바울의 이전 편지(그들 중 적어도 몇 명은 오해한 것이 분명한)에 비추어 고린도 교인들에게 문제를 제기한다. 그래서 바울은 1-8절에서 교회에게 그들 가운데서 누룩을 제거하라고 말한 것이 무슨 뜻인지를 명백히 하고, 9-13절에서 자기가 의도하지 않은 것을 분명히 밝힌다.

단락 개요

II. 고린도 교인들에 관한 소식과 그들의 편지에 기초해 바울이 응답하는 쟁점들(1:10-15:58)

B. 근친상간을 용인하는 문제(5:1-13)

1. 문제점: 고린도 교인들이 교만하게 근친상간을 용인한다(5:1-2a)
2. 책망과 명령: 자랑하지 말라, 묵은 누룩을 내버리라(5:2b-8)
3. 분명히 할 점: 이 가르침은 모든 불신자에게 적용되지 않고 신앙을 고백하는 신자들에게 적용된다(5:9-13)

주석

5:1-2a 바울이 들은 소식은 두 부분으로 되어 있다. (1) "너희 중에…음행[성적 부도덕]이 있다"는 것과 (2) "너희가…교만하[다]"(참고. 6a절)는 것이다.

성적 부도덕의 구체적인 종류는 근친상간이다. 한 남자가 그 아버지의 아내와 성적 관계를 지속하고 있다는 것이다. "그 아버지의 아내를 취하였다"는 어구에서 '취하다'는 지속적인 성적 관계를 가리키지만 두 사람이 결혼했는지 아니면 동거하는지 여부는 명시하지 않는다.[49] 바울이 "그 아버지의 아내"('그의 어머니'가 아니라)로 쓰기 때문에 이 남자의 계모를 가리키는 듯하다. 당시에는 남자들이 종종 훨씬 어린 여자들과 결혼했으므로, 그녀가 근친상간의 죄를 범한 남자와 비슷한(어쩌면 더 젊은) 나이일 수도 있다.

49 BDAG, s.v. ἔχω 2a.

바울이 이 편지에서 내내 바로잡는 죄들은 고린도에서 흔한 행습이었다. 고린도 교회는 성관계를 유대인이나 그리스도인과 무척 다르게 보는 이방 문화에서 성장했다. 그리고 고린도 교인들은 최근에 회심해서(바울이 이 편지를 쓰기 겨우 3년 전에) 그들 문화에 여러 세대의 신자들이 없기 때문에, 성관계와 관련해 고린도의 세상적인 가치관을 계속 공유하던 것은 놀랍지 않다. 물론 유대인은 아버지와 아들이 동일한 여자와 동침하는 것을 금했다(레 18:7-8; 20:11; 신 22:30; 27:20). 고대의 이방인인 로마인들도 유대인과 마찬가지였다. 그래서 바울이 이런 성적 부도덕은 "이방인 중에서도 없는 것"이라고 말하는 것이다.[50]

그렇다면 어째서 고린도 교회는 그들 문화조차 거부하는 죄를 용인하는 것인가? 본문이 이 질문에 답하지 않고 있기에 우리는 추측만 할 수 있다. 그 문제는 몸과 부활에 대한 그들의 견해와 관련이 있을 수 있다(참고. 6:12-20 주석; 15:1-58 주석). 그러나 근친상간이 유대 문화와 로마 문화 모두에서 불쾌한 일로 취급되었음을 감안하면 고린도 교인들이 근친상간을 용인한 것을 자랑했을 가능성은 별로 없다. 오히려 고린도 교인들이 근친상간을 무시하고, 그런 사회적 지위가 높은 남자가 그 교회의 일원이라는 것을 자랑했을 가능성이 높다. 근친상간의 죄를 범한 남자는 사회적인 힘이 있었을 것이며, 교회는 (1) 그런 명성 있는 사람이 그들 회중의 일부라는 사실을 명예롭게 생각했고 (2) 그가 범한 근친상간에 대해 그와 맞서기를 꺼렸다. 그는 교회에 관대하게 기부하는 사람이자 교회 안에 있는 피보호자들의 후견인이었을 것이다. 그리하여 교회는 당시 문화가 사회적 명성이 있는 사람들에게 행하곤 했던 그대로 행한다. 그 사람의 호의를 잃고 그의 적이 될 위험을 감수하기보다는 그의 죄를 눈감아주는 것이다.[51]

50 유대와 로마의 문헌에 나오는 유사한 사례에 대해서는 다음 글을 보라. Paul Hartog, "'Not Even Among the Pagans' (1 Cor 5:1): Paul and Seneca on Incest," in *The New Testament and Early Christian Literature in Greco-Roman Context: Studies in Honor of David E. Aune*, ed. John Fotopoulos, NovTSup 122 (Leiden: Brill, 2006), 51-64.

51 Clarke, *Secular and Christian Leadership in Corinth*, 73-88.

5:2b-8 개요

바울이 고린도 교인들을 책망하고 그 오류를 바로잡으라고 명령한다.

5:2bc 바울은 먼저 수사적 질문으로 고린도 교인들을 책망한다. 그들은 지금의 교만한 모습과 정반대로 그 남자의 공적인 추문과 회개하지 않는 특징적인 죄에 대해 통탄해야 했다. 그들이 근친상간의 죄를 짓는 사람을 교회로부터 제거해야 한다는 뜻이다.

이 구절 내내 바울은 고린도 교회에게 스스로 그리스도 안에서 형제라고 주장하는 이 남자 교인을 출교시키도록 권고한다.[52] 결과적으로 5장은 출교, 교회 구성원의 자격, 회중제 교회 정치라는 서로 연관된 세 가지 신학적 논점들에 대한 가장 중요한 신약의 대목들 중 하나다(필자는 이 세 논점을 성경에서 가장 명시적인 것에서 덜 명시적인 순서로 열거한다).[53]

출교: 지역 교회가 한 사람을 그 구성원에서 제거하고 주님의 만찬에 참여하지 못하게 한다. 교회는 신앙을 고백하는 어떤 신자가 더 이상 진정한 신자라고 인정할 수 없을 때 이 조치를 취한다. 이것은 교정적(corrective) 교회 징계의 마지막 단계다.[54] 마태복음 18:15-17은 교정용 징계의 네 단계를 제시한다. (1) 한 동료 교인이 신앙을 고백하는 신자와 사적으로 마주한다.

52 참고. "너희 중에[서]"(5:1, 2, 13), "묵은 누룩"(5:7, 8), "어떤 형제라 일컫는 자"(5:11), 그리고 "교회 안에 있는 사람들"(5:12, 문자적으로는 '안에 있는 이들', 개역개정과 ESV는 명료성을 위해 "교회"를 추가했다). 바울이 그 여자는 책망하지 않기 때문에 그녀는 아마 "밖에 있는 사람", 즉 교회 구성원이 아닌 사람에 속할 것이다.

53 다음 자료들을 보라. Jonathan Leeman, *Church Discipline: How the Church Protect the Name of Jesus*, 9Marks (Wheaton, IL: Crossway, 2012); Johathan Leeman, *Church Membership: How the World Knows Who Represents Jesus*, 9Marks (Wheaton, IL: Crossway, 2012); Jonathan Leeman, *Don't Fire Your Church Members: The Case for Congregationalism* (Nashville: B&H Academic, 2016); John S. Hammett and Benjamin L. Merkle, eds., *Those Who Must Give an Account: A Study of Church Membership and Church Discipline* (Nashville: B&H Academic, 2012); Mark Dever and Jonathan Leeman, eds., *Baptist Foundations: Church Government for an Anti-Institutional Age* (Nashville: B&H Academic, 2015); Jeremy M. Kimble, *40 Questions about Church Membership and Discipline*, 40 Questions (Grand Rapids, MI: Kregel Academic, 2017).

54 '교정적' 교회 징계는 죄를 짓는 교인들에게 도전한다. '형성적'(formative) 교회 징계는 그들을 가르치고 권고한다. 교정용은 소극적이고, 형성용은 적극적이다. 둘 다 제자 만들기의 일부다.

(2) 적은 무리가 신앙을 고백하는 신자와 사적으로 마주한다. (3) 한 교회 구성원이 교회에 그 상황에 대해 알린다. (4) 교회가 회개하지 않는 그 신자를 출교시킨다. 고린도전서 5장이 마태복음 18장의 마지막 단계로 시작하는 이유는 다음과 같다. (1) 교회가 이미 근친상간을 저지르는 남자의 죄를 알고 있고, (2) 그 사람이 회개하지 않고 있으며, (3) 그의 죄가 너무도 큰 추문이라서 형제라는 그의 주장을 무너뜨리기 때문이다(즉, 교회는 그 사람이 진정한 신자라고 공개적으로 인정할 수 없다).[55]

교회 구성원 됨: 지역 교회는 다음 세 가지를 공개적으로 (최선을 다해 분별하여) 선언한다. 어떤 사람이 진정한 신자라는 것, 교회가 그 사람의 제자도를 감독하기로 약속한다는 것, 그 사람이 그 지역 교회의 일부로서 신실하게 예수님을 따르기로 약속한다는 것(이는 교회의 장로들에게 순종하는 것을 포함한다)이다. 이 세 관점은 교회 구성원 됨이 중요한 이유를 제시한다. (1) 이는 '교회 장로들'이 누구에 대해 하나님께 해명해야 할지를 알도록 도와준다. (2) 이는 '교회의 구성원'이 그리스도인으로서 성숙하도록 돕고, 동료 교인들에게 교회 징계를 실행할 능력을 부여한다(고린도전서 5장이 교회 구성원 됨을 전제로 삼는 이유는, 그것이 없으면 교회가 징계를 실행할 수 없기 때문이다). (3) 이는 '세상'이 누가 신앙을 고백하는 그리스도인인지를 알도록 도와준다. 교회에 순종하는 것은 어떤 모임에 가입하는 것과는 다르다. 그것은 다른 나라에 자리한 대사관이 어떤 사람을 그 본국의 시민이라고 선언하는 것과 더 비슷하다. 교회는 어떤 사람을 가리켜 하나님 나라의 시민이라고 선언한다.[56]

회중제 교회 정치: 교회를 다스리는 법에 대한 다양한 견해들은 누가 최종 권위를 보유하느냐에 대한 결정에 따라 구별된다. 주교단(감독제), 장로

55 참고. Leeman, *Church Discipline*, 63. "어떤 죄가 매우 고의적이고 역겨우며 마음이 심각하게 이중적임을 나타내기에 회중이 도무지 회개의 고백을 믿을 수 없을 때는(적어도 시간이 흘러 신뢰를 되찾기까지는) 교회가 출교를 감행하고 그 사실 후에 회개를 시험하기로 결정해야 한다."

56 대사관의 비유에 대해서는 Leeman, *Church Discipline*, 40-41; Leeman, *Don't Fire Your Church Members*, 168-169를 보라.

회(presbytery, 장로교), 장로들(elders, 장로-통치제) 또는 회중(회중제) 등이다. 어느 형태가 가장 성경적인지에 대해 경건하고 성숙한 그리스도인들은 의견을 달리하는데, 필자는 '장로가 이끌고 회중이 지배하는' 구조가 가장 성경적인 정치 형태라고 생각한다.[57] 이 형태는 현대 민주주의와 매우 다르다. 현대 민주주의에서 지도자들은 국민을 대표하고, 국민은 지도자들에게 투표를 통해 그들을 그 직무에서 내쫓겠다고 위협하면서 요구를 제시한다. 필자가 생각하는 정치 형태는 군주제(예수님이 왕이다), 상원(장로들이 지도한다), 민주제(교인들이 어떤 중요한 문제들에 대해 투표한다)를 합쳐놓은 것과 비슷하다.[58] 필자가 고린도전서 5장이 회중제 교회 정치를 지지한다고 생각하는 이유는, 바울이 그 근친상간한 남자를 출교시키라고 교회 지도자들이 아닌 '온 교회'에게 호소하기 때문이다. 어떤 이들은 5장에서 교회가 단지 바울이 이미 결정한 바(3절)를 수행하게끔 되어 있다고 반박할 수도 있을 것이다. 그러나 바울은 그의 주장을 한 원리로 뒷받침한다. "교회 안에 있는 사람들이야 너희가 판단하지 아니하랴"(12b절). 교회 징계를 실행할 책임은 교회 전체에(지도자들만이 아니라) 있다. 바울은 근친상간의 죄를 짓는 사례를 이용해서 교회가 스스로 책임 있게 행동하는 법에 대해 훈련시키고 있다.

5:3-5 고린도 교인들은 근친상간한 남자를 왜 그들 중에서 제거해야 하는가(2c절)? 바울이 이미 그를 심판했기 때문이다. 바울은 마치 그의 몸이 고린도에 있는 것처럼(실제로는 그렇지 않지만) 심판했다. 따라서 고린도 교인

57 필자가 제시하는 조건은 다음과 같다. 교회는 교회 정치의 이런 형태들 중 어느 것 아래서든 매우 건강할 수도 있고 가련할 정도로 병들 수도 있다. 결정적인 것은 교회의 정치 형태가 아니라 경건하고 겸손하며 자격을 갖춘 남성들이 교회를 지도하고 있는지 여부다.

58 참고. Leeman, *Don't Fire Your Church Members*, 10-12.

59 참고. Fee, *First Epistle to the Corinthians*, 230.

60 참고. Derek R. Brown, *The God of This Age: Satan in the Churches and Letters of the Apostle Paul*, WUNT 2, 409 (Tübingen: Mohr Siebeck, 2015), 140-151.

들은 다함께 모일 때 이 심판을 수행해야 한다.

3-5절은 헬라어로는 한 문장이다. 형태에 기초해서 다음과 같이 번역할 수도 있는데, 여기서는 3절의 끝부분으로 시작한다.

> 내가 이런 일 행한 자를 이미 판단(심판)했다
> 너희가 주 예수의 이름으로 모였을 때
> 내 영이…있고
> 우리 주 예수의 능력으로 (함께)
> 너희는 이런 자를 사탄에게 (반드시) 내주어야 한다
> 이는 육신은 멸하고
> 그의 영은 주 예수의 날에 구원을 받게 (하기 위함이다).

"이런 자를 사탄에게 내주[어야]" 이후에 나오는 두 문장은 두 가지 목적을 가리키는 것일 수 있는데, 첫째 것은 결과를 가리키고 둘째 것은 목적을 가리킬 가능성이 높다. 말하자면 그들은 이 남자를 사탄에게 내주어야 하는데, '그 결과' 그의 육신이 파멸될 것이나 '그 목적'은 그의 영이 구원을 받게 하려는 것이다.[59]

지역 교회가 신앙고백을 하되 회개하지 않는 신자를 교회로부터 출교시킬 때는 그를 사탄에게 내주게 된다. 교회는 하나님께서 성령으로 거주하시는 장소로서(3:16-17; 엡 2:22) 그 교인들을 사탄의 영역으로부터 보호한다. 그렇지만 교회가 신앙을 고백하는 어느 신자를 진정한 신자라고 더 이상 인정할 수 없을 때는 그 사람을 사탄의 영역, 곧 다른 모든 불신자를 포함하는 영역으로 되돌려주어야 한다. 사탄은 "이 세상의 신"이다(고후 4:4, 참고. 눅 4:5-6; 요 12:31; 딤전 1:20; 엡 2:2; 요일 5:19).[60]

5절에 나오는 "육신"과 "영" 간의 대조점은 한 사람의 죄악된 성향과 그 죄악된 성향에서 동떨어진 인격 사이에 있다(참고. 3:1). 이상적으로 말하면, 회개하지 않는 신자를 출교시키는 일은 궁극적으로 치료에 해당한다. 이는 구체적인 결과[그 사람의 죄악된 본성을 파멸시켜(갈 5:24과 비슷하게) 그가 성적 부

도덕을 회개하는 것]와 구체적인 목적(하나님께서 그를 구원하실 수 있게 하는 것)을 가져온다.

5:6 바울이 다시 고린도 교인들을 책망한다(참고. 2b절). 이후 그들의 자랑이 좋지 않은 이유를 말한다. "적은 누룩이 온 덩어리에 퍼[진다]."[61]

누룩은 효모(yeast)와 다르다. 효모는 '고대의 빵 굽기와 관계가 없었기' 때문이다.[62] 그러나 누룩은 오늘날의 효모와 비슷한 효과를 냈다. 작은 누룩(즉, 이전에 구워낸 것에서 떼어낸 작은 발효된 덩어리)을 새로운 반죽 덩어리에 더하면 온 덩어리를 발효시키고 부풀어 오르게 한다.

여기서 누룩은 교회 내의 악을 상징하며 특히 근친상간의 죄를 짓는 남자(1절)를 가리킨다. 하나님의 교회는 누룩 없이 순결해야 한다. 회개하지 않는 성적 부도덕을 그냥 관용하면 온 교회의 순결함이 손상된다. 제어되지 않은 죄는 콜레라와 에볼라처럼 순식간에 퍼져나간다.

5:7a "적은 누룩이 온 덩어리에 퍼[진다]."(6절). 그러므로 교회는 "묵은 누룩을 내버[려야]" 한다(즉, 회개하지 않는 남자를 그들의 구성원에서 제거해야 한다). 이처럼 깨끗이 하는 목적은 교회를 "새 덩어리가 되[게]"(즉, 거룩하게) 하기 위해서다.

바울은 교회가 마땅히 되어야 할 상태를 그들이 이미 존재하는 상태에 비유한다. "너희는 누룩 없는 자"들이다. 교회는 이미 누룩이 없는 상태고 그들이 이미 존재하는 상태(누룩 없는 상태, 즉 거룩한 상태, 참고. 1:2 주석과 1:1-9의 '응답 1')가 되기 위해 애써야 한다. 이는 바울이 추론하는 방식을 보여준다. '이것을 행해서 너희가 그것이 될 수 있게 하라'가 아니라 '너희가 이미 그것이기에 이것을 행하라'이다. 달리 말하면 이렇다. '너희는 그것이다. 그

61 바울이 갈라디아서 5:9에서도 사용하는 잠언이다.

62 BDAG, s.v. ζύμη.

렇기 때문에 너희가 그 상태가 되어라.' 일부 신학자들은 이런 방식의 논증을 직설법('너희는 그것이다')에서 명령법('너희의 그 상태가 되어라')로 움직이는 것으로 묘사한다.

5:7b 바울이 '너희는 누룩 없는 자들이다'라는 진술에 대한 이유를 덧붙인다. 7절의 첫째 줄("묵은 누룩을 내버리라")은 출애굽기 12:15을 암시하는데, 이 구절은 하나님께서 이스라엘에게 "그 양을 잡[도록]"(출 12:6) 명령하시는 대목의 일부다. 여기서 바울은 교회가 이미 누룩이 없는 것은 "우리의 유월절 양 곧 그리스도께서 희생되셨[기]" 때문이라고 한다. "유월절 양"은 파스카(*pascha*)를 번역한 것으로 '그리스도와 그의 유혈의 죽음'(BDAG)을 가리킨다. 예수님은 십자가에서 유월절 양(참고. 요 19:31, 42)으로 죽은 "하나님의 어린양"(요 1:29, 33)이다.[63]

5:8 "우리의 유월절 양, 곧 그리스도께서 희생되셨[기]"(7b절) 때문에 우리는 마땅히 "그 명절을 지[켜야]" 한다. 어떤 방식으로 지켜야 하는가? 소극적으로는 "묵은 누룩"으로(즉, "악의와 악독"으로, 새번역) 지키지 않아야 하며, 적극적으로는 "누룩이 없이"(즉, "성실과 진실"로, 새번역) 지켜야 한다.

옛 언약 아래서 이스라엘은 유월절과 누룩 없는 떡의 명절(무교절)을 함께 지켰다. 유월절은 단 하루 동안 지킨 명절이었던 데 비해 무교절은 일주일 동안 지속되었다(출 12:14-15). 새 언약 아래서는 예수님이 유월절을

63 Paul M. Hoskins, "Deliverance from Death by the True Passover Lamb: A Significant Aspect of the Fulfillment of the Passover in the Gospel of John," *JETS* 52(2009): 285-299. 참고. Eugene H. Merrill, *Kingdom of Priests: A History of Old Testament Israel*, 2nd ed. (Grand Rapids, MI: Baker Academic, 2008), 73-74. "출애굽은 구약의 가장 중요한 역사적 및 신학적 사건이다. 왜냐하면 그 사건은 그분의 백성을 위한 하나님의 가장 막강한 행위고 그들을 노예 상태에서 자유로, 파편화된 상태에서 결속된 상태로, 약속의 백성(히브리인)에서 성취된 나라(이스라엘)로 이끌어준 사건이기 때문이다. 출애굽에 대해 창세기는 서론과 정당성을 제공하고, 출애굽으로부터 이후의 모든 구약 계시가 흘러나오며, 이는 출애굽에 대해 영감 받은 주석과 상세한 해설의 역할을 하는 기록이다. 결국 출애굽은 훗날 예수 그리스도가 믿음의 사람들을 위해 성취하신 일종의 출애굽이 되었다. 따라서 이것은 이스라엘뿐만 아니라 교회를 위해서도 의미심장한 사건이다."

성취하시고, 하나님의 백성이 무교절을 성취한다. 그러나 이제 하나님의 백성은 (매년 한 주간만이 아니라) 날마다 거룩하게 생활함으로써 무교절을 연속적으로 지켜야 한다. 교회가 교만하게 성적 부도덕 같은 누룩을 관용할 때는 그 신성한 명절을 "성실과 진실"이 아니라 "악의와 악독"으로 지키는 셈이다.

5:9-13 개요

바울은 2b-8절에 담긴 그의 가르침이, 모든 불신자가 아니라 구체적으로 신앙고백을 하는 신자들에게 적용된다는 점을 분명히 밝힌다.

5:9-11 일부 고린도 교인들은 (의도적으로?) 바울의 이전 편지(참고. 서론의 '제목')를 오해했다. 바울은 신자들이 불신자들과 어울리면 안 된다는 뜻으로 말한 것이 아니다. 그렇게 하려면 사실상 이 땅에서 사는 것이 불가능해질 것이기 때문이다("너희가 세상 밖으로 나가야 할 것이라"). 그래서 바울은 신자들이 신자라고 공언하되(즉, "어떤 형제라 일컫는 자") 회개하지 않는 사람들과 친밀하게 어울리면 안 된다는 것을 분명히 한다. 교회 안에서 그런 사람들을 그리스도인의 교제 속으로 용납하는 것은 악의와 악독의 묵은 누룩을 관용하는 것이다(참고. 6-8절).

바울은 11절에서 여섯 가지 죄를 지적한다(그중에 넷은 10절에서 지적했다). 회개하지 않는 성적 부도덕만이 교회의 징계를 받아야 마땅한 유일한 죄는 아니다. 그것은 5장이 초점을 맞추는 죄지만 바울은 10-11절에서 사례로 다른 다섯 가지 죄를 포함한다.

(1-2) '탐욕을 부리는 자'들과 '속여 빼앗는 자들'은 함께 간다(그리고 바울이 6:1-11에서 다루는 내용을 예시한다). 그들은 너무나 탐욕이 많아서 다른 이들에게 사기를 친다.

(3) '우상을 숭배하는 자들'은 유일하신 참 하나님이 아닌 형상이나 어떤 것을 숭배한다.

(4) '모욕하는 자들'은 비방하거나 분노로 들볶아서 말로 다른 사람을 학대한다.

(5) '술 취한 자들'은 자주 술에 취해 흥청거린다. 그들은 자제력이 없고 통제 불능이다.

이 '악덕 목록'이 모든 악덕을 포괄하는 것은 아니다(참고. 6:9-10; 롬 1:26-31; 갈 5:19-21 등). 바울의 요점은 이것이다. 만일 어떤 죄가 신앙고백을 하는 어느 신자의 삶을 지배하여 그 사람이 회개를 거부하고 다른 이들이 그에게 죄의 딱지를 붙일 수 있다면(예. "사라는 성적으로 문란해" 또는 "존은 술고래야"), 교회가 그 사람을 그들 가운데서 제거해야 한다는 것이다(고전 5:2c).

11절의 마지막 줄은 그런 사람과 '사귀지 말라'는 말이 무슨 뜻인지를 설명한다. "그런 자와는 함께 먹지도 말라." 최소한으로 말하면, 이는 교회가 그런 사람을 주님의 만찬에 참여시켜서는 안 된다는 뜻이다(참고. 11:17-34 주석). 더 나아가 바울이 금하는 것은 모든 식사에 적용되는데, 당시의 문화에서는 그런 사람과 사적인 식사를 나누는 것이 본인과 다른 사람들에게 그 사람이 진정한 신자라고 알려주기 때문이다(참고. 갈 2:11-14). 한 교인이 아직도 회개하지 않은 이전 교인과 관계를 맺을 경우에는, 그의 모든 것이 괜찮다는 인상을 주면 안 되고 그 사람이 회개하도록 사랑으로 타일러야 마땅하다.

5:12-13 이 4개의 진술은 9-11절에 상응하는 이유들이다. 이는 A-B-A′-B′의 형식으로 나온다.

(A) 밖에 있는 사람들을 판단하는 것이야 내게 무슨 상관이 있으리요?

(B) 교회 안에 있는 사람들이야 너희가 판단하지 아니하랴?

(A′) 밖에 있는 사람들은 하나님께서 심판하신다.

(B′) "이 악한 사람은 너희 중에서 내쫓으라."

첫째와 셋째 줄은 9-10절을 지지한다. 교회가 아니라 하나님께서 불신자들을 심판하는 일을 책임지신다는 것(즉, 구속의 역사상 이 시점에서, 참고. 6:2)이다. 둘째와 넷째 줄은 11절을 지지한다. 교회가 그들 가운데 있는 신앙을 고백하는 신자들을 판단할 책임이 있다는 것이다.

넷째 줄은 신명기(70인역)에 나오는 여섯 구절들을 거의 글자 그대로 인용하고(신 17:7; 19:19; 21:21; 22:21, 24; 24:7), 다른 세 구절과도 매우 비슷하다(신 13:5; 17:12; 22:22). 신명기의 이 맥락들에서는 하나님께서 사형을 명하신다. 바울이 교회가 그들 중에서 제거하는 사람들을 '처형하기'를 옹호하는 것은 분명히 아니다! 옛 언약 아래 있던 하나님의 백성은 신정 정치의 일부였고, 하나님께서 죄수들을 처형할 권한을 허락하셨던 하나의 지정학적 나라였다. 새 언약 아래 있는 하나님의 백성은 신정 정치의 백성이 아니다. 바울이 신명기를 인용하는 이유는 신명기에 나오는 하나님의 명령 저변에 있는 '원리'가 새 언약 아래의 교회 징계에 적용되기 때문이다. 이 원리는, 하나님과 그분의 백성이 거룩하기 때문에 그 거룩한 백성은 하나님께서 명령하시는 바에 고의적으로 불순종하고 회개하지 않는 자들을 공동체로부터 제거해야 한다는 것이다(고전 5:2c). 그들은 그 묵은 누룩을 깨끗이 치우고(7절) 누룩 없이 명절을 지켜야 한다.[64]

응답

1. 지역 교회여, 그대의 교인들을 신실하게 징계하라.

바울이 이 단락의 처음부터 끝까지 교인들을 한 덩어리로 다루는 것은 그들에게 동료 교인들을 징계할 책임이 있기 때문이다. 교회 징계를 제대로 행하려면 우리는 하나님의 영광스러운 거룩함을 침해하는 죄를 가증스럽

64 참고. Edwin G. Perona, "The Presence and Function of Deuteronomy in the Paraenesis of Paul in 1 Corinthians 5:1-11:1" (PhD diss., Trinity Evangelical Divinity School, 2005), 59-117.

게 보아야 하고, 복음을 전하는 정통 교회의 일원이 되어야 한다. 교회의 목사들과 교인들이 성경의 가르침을 따르기로 헌신해야 하는 것은 교회 징계를 수행하는 일이 쉽지 않기 때문이다. 그것은 대단히 괴로운 일일 수 있다. 그리고 징계는 오늘날 '관용'을 최고로 여기고 약간의 '불관용'도 불의하게 간주하는 세상의 지배적인 문화에 거슬리는 것이다.[65] 교회가 신실하게 교회 징계를 실행해야 하는 궁극적 이유는 그것이 거룩한 하나님의 명령이기 때문이다. 그런 징계는 신실한 그리스도인에게 선택 사안이 아니다. 그러나 5장에서 하나님은 교회 징계를 실행해야 할 이유를 제공하신다. 그런 징계는 세 집단을 유익하게 한다.

(1) 교회 징계는 스스로 '신자라고 주장하며 회개하지 않는 사람들'을 유익하게 한다. 그 목적은 하나님께서 궁극적으로 그들을 구원하시게 하는 것이다(5절). 출교는 신앙을 고백하는 신자가 회개하도록 권고하며 또 경고하기 위한 최후의 수단이다. 교회는 "악한 사람은 너희 중에서" 추방함으로써(13절) 회개하지 않는 신자들을 부추기길 거부한다.

(2) 교회 징계는 '교회'를 유익하게 한다. 그 목적은 교회가 순결해지게 하는 것이다(6-8절). 교회 징계는 죄가 암처럼 몸 전체에 퍼지는 것으로부터 교회를 보호하고, 교회가 인내하도록 경고하고 권면한다(참고. 5:1-13의 '응답 3')

(3) 교회 징계는 '세상'을 유익하게 한다. 그 목적은 비그리스도인이 하나님을 가증스러운 죄를 승인하시는 분으로 생각하지 않게 하는 것이다(1, 11절). 교회 징계는 교회가 세상과는 다른 매력적인 공동체가 되도록(아직도 짠 맛을 잃지 않은 소금처럼, 마 5:13) 돕는다.

2. 교인들을 지혜롭게 목양하라.

우리의 유일한 도구가 망치일 때는 모든 문제가 못처럼 보인다. 모든 죄의

65 물론 관용에 대한 이런 문화적 견해와 의견을 달리하는 사람에 대해서는 관용하지 않는다. D. A. Carson, *The Intolerance of Tolerance* (Grand Rapids, MI: Eerdmans, 2012).

문제에 대한 해답이 출교(즉, 교회 징계의 마지막 단계)는 아니다. 하지만 출교가 어떤 문제들에 대한 해답은 될 수 있다. 표4는 목자의 도구 상자에 담긴 다양한 도구를 보여준다.

교인의 상태	영적인 위험	적절한 반응	성경의 뒷받침
신실하게 살기	지속하지 못하는 것	격려, 찬송	빌 2:29; 살전 4:1
정보 부족	교리에 대한 무지	가르침, 교훈	행 18:26; 고전 12:1; 살전 4:13
움직일 필요성	게으름, 소홀함	권면, 자극, 촉구	고후 9:4-5; 히 5:11-12; 6:12; 10:24
시련을 겪고 있음	낙담	위로, 위안	고후 1:4; 7:6
탈선하기 시작함	새로운 죄의 패턴	경고, 교정, 훈계	마 16:23; 눅 9:54-55; 고전 4:14; 딛 3:10
방황하기로 결정함	상습적인 죄	책망	갈 2:11; 딛 1:12-13; 계 3:18-19
회개하지 않기로 고집함	배교	출교	마 18:17; 고전 5:5

표4. 능숙한 목양을 위한 도구 상자[66]

3. 당신의 죄를 계속 회개하라.

출교의 목적은 회개하지 않는 그리스도인에게 회개해야 한다고 경고하여 하나님께서 궁극적으로 그들을 구원하시게 하는 것이다. 거기에는 그들이 올바른 교리와 올바른 삶으로 인내하도록 권면하는 일이 포함된다.[67] 누구나 죄인이지만 모든 사람이 다 '회개하는' 죄인은 아니다. 회개하는 죄인은 계속해서 자기 죄를 하나님께 고백하고 그로부터 돌아선다. 특정한 죄가 회개하는 죄인을 특징지을 수는 없다. 예컨대 누구든지 그런 사람에게 성적으로 문란한 자, 탐욕스러운 자, 모욕하는 자 또는 술고래라는 딱지를 붙일 수 없다는 뜻이다. 그리스도인은 회개하는 죄인이다. 우리는 계속해서 우리의 죄를 회개해야 한다. 회개하는 일을 결코 멈출 수 없다는 말이다. 그리고 우리는 언제나 회개의 닻을 그리스도, 곧 희생되신 우리의 유월절 양 안에 내려야 한다(7절, 참고. 요일 1:6-2:2).

66 Andrew M. Davis, "The Practical Issues of Church Discipline," in Hammett and Merkle, *Those Who Must Give an Account*, 172.

67 Jeremy M. Kimble, *That His Spirit May Be Saved: Church Discipline as a Means to Repentance and Perseverance* (Eugene, OR: Wipf & Stock, 2013).

[1] 너희 중에 누가 다른 이와 더불어 다툼이 있는데 구태여 불의한 자들
앞에서 고발하고 성도 앞에서 하지 아니하느냐 [2] 성도가 세상을 판단
할 것을 너희가 알지 못하느냐 세상도 너희에게 판단을 받겠거든 지
극히 작은 일 판단하기를 감당하지 못하겠느냐 [3] 우리가 천사를 판단
할 것을 너희가 알지 못하느냐 그러하거든 하물며 세상일이랴 [4] 그런
즉 너희가 세상 사건이 있을 때에 교회에서 경히 여김을 받는 자들을
세우느냐 [5] 내가 너희를 부끄럽게 하려 하여 이 말을 하노니 너희 가운
데 그 형제간의 일을 판단할 만한 지혜 있는 자가 이같이 하나도 없느
냐 [6] 형제가 형제와 더불어 고발할 뿐더러 믿지 아니하는 자들 앞에서
하느냐 [7] 너희가 피차 고발함으로 너희 가운데 이미 뚜렷한 허물이 있
나니 차라리 불의를 당하는 것이 낫지 아니하며 차라리 속는 것이 낫
지 아니하냐 [8] 너희는 불의를 행하고 속이는구나 그는 너희 형제로다
[1] When one of you has a grievance against another, does he dare go to
law before the unrighteous instead of the saints? [2] Or do you not know
that the saints will judge the world? And if the world is to be judged
by you, are you incompetent to try trivial cases? [3] Do you not know

that we are to judge angels? How much more, then, matters pertaining
to this life! 4 So if you have such cases, why do you lay them before
those who have no standing in the church? 5 I say this to your shame.
Can it be that there is no one among you wise enough to settle a dispute
between the brothers, 6 but brother goes to law against brother, and that
before unbelievers? 7 To have lawsuits at all with one another is already
a defeat for you. Why not rather suffer wrong? Why not rather be
defrauded? 8 But you yourselves wrong and defraud—even your own
brothers![1]

9 불의한 자가 하나님의 나라를 유업으로 받지 못할 줄을 알지 못하느
냐 미혹을 받지 말라 음행하는 자나 우상숭배하는 자나 간음하는 자
나 탐색하는 자나 남색하는 자나 10 도적이나 탐욕을 부리는 자나 술
취하는 자나 모욕하는 자나 속여 빼앗는 자들은 하나님의 나라를 유
업으로 받지 못하리라 11 너희 중에 이와 같은 자들이 있더니 주 예수
그리스도의 이름과 우리 하나님의 성령 안에서 씻음과 거룩함과 의롭
다 하심을 받았느니라

9 Or do you not know that the unrighteous[2] will not inherit the kingdom
of God? Do not be deceived: neither the sexually immoral, nor
idolaters, nor adulterers, nor men who practice homosexuality,[3] 10 nor
thieves, nor the greedy, nor drunkards, nor revilers, nor swindlers will
inherit the kingdom of God. 11 And such were some of you. But you
were washed, you were sanctified, you were justified in the name of the
Lord Jesus Christ and by the Spirit of our God.

1 Or *brothers and sisters* *2* Or *wrongdoers* *3* The two Greek terms translated by this phrase refer to the passive and active partners in consensual homosexual acts

단락 개관

이 단락은 열 가지 쟁점 중 세 번째 것인 서로를 법정에 고발하는 문제를 다룬다. 바울이 책망하는 대상은, 고린도 교인들 사이에 다툼이 있다는 것이 아니라 그런 문제를 해결하려는 방식이다. 일반적인 원리(참고. 6:1-11의 '응답 2')는 그리스도인이 법정에서 비그리스도인 앞에서 서로를 고발하면 안 된다는 것이다. 이것이 이 대목의 주된 사상이다(1, 4절). 소송은 최근에 회심한 고린도 교인들이 여전히 이방 문화의 세상적인 가치관을 수용하는 또 하나의 영역이다. 이 단락은 5장의 마지막 부분에서 곧바로 흘러나온다. 교회가 교인들을 판단하고(5:12) 특히 탐욕을 부리는 자와 사취하는 자(5:10-11)를 판단할 책임이 있다는 것이다.

단락 개요

II. 고린도 교인들에 관한 소식과 그들의 편지에 기초해 바울이 응답하는 쟁점들(1:10-15:58)
  C. 서로 소송을 제기하는 문제(6:1-11)
    1. 주된 책망: 불신자 앞에서 서로를 고발하지 말라(6:1)
    2. 이유: 더 큰 것에서 더 작은 것으로의 두 논증이 이 지시를 지지한다(6:2-3)
    3. 이유에서의 추론: 바울이 주된 책망을 재진술한다(6:4)
    4. 책망: 바울이 신랄하게 불신하는 태도로 고린도 교인들을 부끄럽게 한다(6:5-8)
    5. 주된 책망을 뒷받침하기 위한 경고: 불의한 자는 하나님의 나라를 유업으로 받지 못할 것이다(6:9-10)
    6. 내재된 권면: 너희의 진정한 모습대로 되라(6:11)

주석

6:1 "다툼"은 '싸움', '말다툼', '소송의 문제'를 뜻하는 헬라어를 번역한 것이다.[68] 바울의 주된 명령은, 동료 신자들과 법적 다툼이 있는 신자들은 그 문제를 법정의 불신자들 앞에 가져가면 안 되고 신자들 앞에서 해결해야 한다는 것이다.

바울은 이 대목에서 특정한 사례를 염두에 두고 있는지, 아니면 다수의 사례에 반응하고 있는지에 대해 명백히 밝히지 않는다. 바울이 특정한 사례를 염두에 두고 있을지 모른다는 힌트는 "너희 중에 누가"가 '너희 중에 어떤 사람'을 의미할 수 있다는 점이다. 그러나 이 대목 내내 바울이 직접 온 교회에 말하는 이유는, 그 책임이 교회에 있기 때문이다. 그는 신자들과 불신자들을 여러 방식으로 언급한다(참고. 표5).

신자들	불신자들
• "너희 중에 누가"(1절) • "성도"(1, 2절) • "형제"(5, 6, 8절) • "씻음과 거룩함과 의롭다 하심을 받[은]" 자들(11절)	• "불의한 자[들]"(1, 9절) • "세상"(2절) • "교회에서 경히 여김을 받는 자들"(4절) • "믿지 아니하는 자들"(6절) • "음행하는 자나 우상숭배하는 자나 간음하는 자나 탐색하는 자나 남색하는 자나 도적이나 탐욕을 부리는 자나 술 취하는 자나 모욕하는 자나 속여 빼앗는 자들"(9-10절)

표5. 고린도전서 6:1-11에 나오는 신자들과 불신자들

바울은 신자들이 동료 교인들을 불신자들 앞에서 법정으로 데려가는 것을 도무지 상상할 수 없었다. 1-11절을 고린도의 역사-문화적 상황에 비

68 BDAG, s.v. πρᾶγμα.

추어 읽으면 그의 추론을 더 잘 이해할 수 있다.[69]

(1) 바울이 나무라는 분쟁은 형법이 아니라 민법과 관련이 있다. 왜냐하면 바울이 그것들을 "다툼"(1절), "지극히 작은 일"(2절), "세상 일"(3절), "형제 간의 일"(5절)이라 부르기 때문이고, 그 분쟁들이 불의를 행하는 것과 속이는 것을 포함하기 때문이다(7, 8절). 일반적으로 형법은 사회를 해롭게 하는 범죄(예. 1세기 고린도에서는 폭행죄, 반역죄, 횡령을 포함할 것이다)를 저지르는 사람들을 처벌하기 위한 것인 반면, 민법은 돈과 소유물에 관한 사적 분쟁(예. 유산, 사업관계, 재산)을 해결하기 위한 것이다. 보통 한 사람이 다른 사람을 민사 사건으로 고소할 때는, 법정이 피고로 하여금 원고에게 돈이나 소유물을 지불하도록 요구하기를 바란다. 하나님은 정부 당국이 형법을 집행하도록 그들을 임명하셨다(참고. 롬 13:1-5; 벧전 2:13-14). 바울이 이 대목에서 줄곧 나무라는 것은 한 신자가 다른 신자를 민사 법정에 데려가는 모습이다.

(2) 1세기 로마 사회의 상황에서 다른 이들을 법정에 데려간 사람들은 사회적 지위가 높았다. 사회적 신분 면에서 아랫사람은 윗사람을 고소할 수 없었고(예. 노예 대 주인, 피보호자 대 후견인, 시민 대 치안판사), 한 형제가 다른 형제(혈연적으로 형제관계든, 입양으로 형제가 되었든)를 고소하는 것은 하나의 스캔들이었다. 그 대신, 한 사람은 사회적으로 동등한 자나 아랫사람을 고소했다. 여기서는 부유한 고린도 교인이 가난한 교인을 이용하는 모습을 상상하는 편이 더 쉽다. 바울이 11:17-34에서 부유한 신자들이 가난한 이들을 부끄럽게 하는 모습을 책망하기 때문이다(참고. 약 2:6).

(3) 1세기 로마의 민사소송을 취급했던 세속적 치안판사와 변호사는 타락한 인물들로 악명이 높았다. 그들은 뇌물을 받고 친구들과 사회적 신분이 높은 자들에게 유리하게 판결했다. 바울도 몸소 이런 불의를 경험했다. 벨릭스 총독이 바울을 2년 동안 감금한 것은 바울에게 뇌물 받기를 바랐기 때문이다(행 24:26-27). 사법 제도 전체가 엘리트층, 곧 권력과 영향력과

69 Winter, *After Paul Left Corinth*, 58-75; Clark, *Secular and Christian Leadership in Corinth*, 59-71.

재물이 많은 자들에게 유리했다. 한 사람의 사회적 신분이 높으면 높을수록 법적인 특권도 더 높았다. 그래서 바울이 세속적 치안판사를 "불의한 자"(고전 6:1)라고 부를 때는 언어유희를 하는 것이다. 그들은 불의하게 법을 집행하고 하나님께서 보시기에 악한 자들이었다(참고. 9-10절).

(4) 민사소송은 연합이 아니라 파벌주의와 경쟁을 초래했다. 반대 측은 철천지원수다. 흔히 민사소송을 유발하는 것은 공의가 아니라 응징하는 우월의식이다. 즉 상대에게 굴욕을 주고 스스로가 사회적으로 우월한 존재임을 입증하는 것이다. 피보호자들은 후견인이 소송에 걸려 있으면 그의 편에 설 의무가 있었을 것이다. 그래서 만일 동료 교인을 피보호자로 둔 어느 그리스도인 후견인이 다른 동료 교인을 고소했다면, 그 피보호자는 다른 동료 교인에 '맞서' 후견인의 편에 설 의무감을 느낄 것이다. 다음의 경우에는 문제가 더 심각해질 터이다. 만일 한 후견인이 다른 후견인 교인을 고소했고 두 후견인 모두 교회 안에 피보호자들이 있었다면, 피보호자들은 다른 후견인과 더불어 '그 후견인의 피보호자들에 맞서' 자신의 후견인 편에 설 의무감을 느낄 것이다.

6:2 바울은 더 큰 것에서 더 작은 것으로의 논증을 통해 1절에 대한 이유를 제시한다. 예컨대, 톰이 40킬로그램짜리 탁자를 들 수 있다면 작은 컵을 충분히 들 만큼 강하다. 이와 비슷하게, 신자들이 장차 "세상을 판단할" 것이므로 (바울이 추론하건대) 그들은 현재 신자들 간의 비교적 하찮은 문제를 판단할 만큼 유능해야 한다.

바울은 앞 단락을 끝낼 때 신자들이 '세상이 아니라' 동료 교인들을 판단해야 한다고 주장했다(5:9-13). 여기서는 신자들이 '장차' 세상을 판단할 것이라고 말한다. 따라서 이것은 마지막 심판석에서 그리스도와 나란히 심판하는 것을 가리킴이 틀림없다(참고. 단 7:22; 마 19:28; 계 20:4).

6:3 바울이 다시금 더 큰 것에서 더 작은 것으로의 논증을 통해 1절에 대한 또 하나의 이유를 제시한다. 신자들이 내세와 관련된 문제들을 판단할

것이므로 그들은 이생과 관련된 문제들을 판단할 만큼 유능해야 한다.

바울의 논리는 충분히 명료하지만, "우리가 천사를 판단할 것"이라는 말이 무슨 뜻인지는 분명치 않다. 하나님은 이미 타락한 천사들을 심판하셨고(벧후 2:4; 유 1:6) "마귀와 그 사자들을 위하여 영원한 불"을 예비하셨다(마 25:41). 이 구절은 하나님의 백성이 마지막 심판석에서 그리스도와 나란히 타락한 천사들을 심판할 것이라고 시사한다(고전 6:2이 그들이 장차 세상을 심판할 것이라고 말하는 것과 비슷하게).

6:4 이제 바울은 2-3절의 추론의 뒤를 이어가는데, 이는 본질적으로 1절의 주된 명령을 재진술한다. 신자들은 이생과 관련된 문제들에 대한 비교적 하찮은 법률 사건을 불신자들 앞에 내놓아서는 안 된다.

"교회에서 경히 여김을 받는 자들"(ESV는 "Those who have no standing")로 번역된 헬라어를 더욱 형식적으로 번역하면 '멸시받는 자들'이다.[70] 신자들은 불신자들의 세상적인 가치관을 멸시하는데, 어째서 신자들이 교회 안에서 설 자리가 없는 사람들 앞에서 서로를 상대로 삼아 법률 사건을 내놓는 것인가?

6:5-6 5a절은 4절에 대한 이유를 제공한다. 동료 교인을 법정으로 데려가서 어느 불신자 앞에 세우는 것은 부끄러운 일이다. 앞에서 바울은 자신이 고린도 교인들과 마주하려는 것은 그들을 부끄럽게 함이 아니라 아버지가 사랑하는 자녀들에게 하듯 훈계하기 위함이라고 말했다(4:14). 이번에는 그렇지 않다. 그들은 서로를 고소하는 일을 부끄럽게 여겨야 마땅하다. 바울은 명예/수치의 문화에서 지극히 강한 언어를 사용한다.[71]

70 BDAG, s.v. ἐξουθενέω.

71 참고. Mark T. Finney, *Honour and Conflict in the Ancient World: 1 Corinthians in Its Greco-Roman Social Setting*, LNTS 460 (London: T&T Clark, 2012), 17-48, 121-126.

둘째 문장(5b-6절)은 1:10-4:21(특히 1:18-2:16; 3:18-23; 4:6-13)에 줄곧 나오는 지혜 모티브를 암시함으로써 불신자들 앞에 소송을 제기하는 것(4절)을 도무지 믿지 못하겠다고 풍자적으로 말한다. 그는 사실상 이렇게 말하는 셈이다. "아니, 스스로 그토록 '지혜롭다'고 생각하는(참고. 3:18) 사람들이 교회 가족에 속한 두 형제들 간의 시시한 말다툼을 다룰 만한 '지혜'도 없다는 것이 말이 되는 일인가?"

6:7-8 바울은 날카로운 수사적 질문들을 던짐으로써 그의 논증을 최대한 활용하지만 7절을 직접적인 책망으로 시작한다. 기본적으로 이렇게 말하는 셈이다. "너희가 민사소송으로 동료 교인을 법정에 데려갈 때 너희 목표는 이기는 것이다. 하지만 너희가 승소를 하든 패소를 하든 상관없이 교회가 언제나 지는 것인 이유는, 교회가 직접 그 사건을 해결하지 않았기 때문이다. 민사소송을 제기하는 대신 너희가 속임을 당하는 편이 더 나을 뻔했는데, 너희는 탐욕스럽고도 짓궂게 다른 이들을 속이고 있다. 그것도 다른 사람이 아닌 너희 형제들을 말이다!"

'너희가 불의를 행한다'는 말은 헬라어 단어 아디케오(*adikeō*)를 번역한 것이다. 이는 형용사 아디코스(*adikos*)와 관련된 단어로서 1절과 9절에서도 "불의"로 번역되었다. 이는 하나님께서 이미 고린도 교인들을 의로운 자들로 선언하셨음[디카이오오(*dikaioō*), 즉, 의롭게 되었음, 11절]에도 불구하고 그들이 불의한 자들처럼 행동하고 있다는 뜻이다.

6:9-10 바울은 고린도 교인들에게 사실상 다음과 같이 경고함으로써[72] 1절의 명령(4절에서 재진술한다)과 1-8절 전체를 뒷받침한다. "너희가 회개하지 않은 채 죄악된 생활 방식을 영위하고도 처벌을 모면할 것으로 생각하지 말라. 너희는 불의한 자들처럼 행동하고 있다. 너희가 그런 방식으로 살

72 Wilson, *Warning-Assurance*, 66-75.

면서도 하나님 나라의 시민이 될 수 있을 것으로 생각하지 말라. 회개하지 않은 채 죄악된 생활 방식을 영위하는 것은 하나님 나라 시민의 모습이 아니다."[73] 이 경고는 또한 '불의를 행하고 속이는' 것보다는 '불의를 당하고 속는' 편을 택하는 신자들을 격려한다.

이 악덕 목록은 예시로 제시한 것이며 악덕을 총망라한 것이 아니다. 이 목록은 바울이 5:9-11에서 언급하지 않은 4개의 헬라어 용어를 포함한다. (1) "간음하는 자", (2) "탐색하는 자"(새번역은 "여성 노릇을 하는 사람들"), (3) "남색하는 자"(새번역은 "동성애를 하는 사람들"), (4) "도적"이다. 오늘날 많은 문화적 상황에서 가장 논란이 되는 두 용어는 (2)와(3)에 해당하는 말라코이(*malakoi*)와 아르세노코이타이(*arsenokoitai*)로, '동성애 행위를 하는 남자들'을 가리킨다. ESV(참고. NIV)는 그것의 번역에 관해 각주에서 "이런 어구로 번역한 두 헬라어 용어들은 합의에 의해 동성애 행위를 하는 수동적 파트너와 능동적 파트너를 가리킨다"로 해설한다. 갈랜드(Garland)는 두 단어를 "남자에 의해 성적으로 (자발적으로) 삽입당하는 남자"와 ""남자를 성적으로 삽입하는 남자"로 명시적으로 번역한다.[74]

'말라코이'는 '부드러운'이라는 뜻으로 여성적인 남자를 비유적으로 일컫는다. 이 맥락에서는 성교에서 삽입하기보다는 삽입을 당함으로써 여자의 역할을 맡는 남자들을 가리킨다.[75]

73 이렇게 추측할 수 있다. 만일 바울이 고린도 교회에서 '유산'(민사소송의 흔한 쟁점)과 관련해 일어난 어떤 법적 분쟁에 반응하고 있다면(그랬다면 고린도 교인들이 알고 있을 터이다), "하나님 나라를 유업으로 받는다"는 말이 지상의 소유물을 물려받는 문제를 둘러싼 사소한 분쟁과 대조를 이룰 것이다.

74 David E. Garland, *1 Corinthians*, BECNT (Grand Rapids, MI: Baker Academic, 2003), 194. 여기에 덧붙인 단어인 "자발적으로"는 바울이 단순한 남색(즉, 성인 남자와 소년 간의 성관계) 이상의 것을 정죄하고 있음을 분명히 밝힌다. (1) 그는 남색을 가리키는 단어[파이데라스테스(*paiderastēs*)]를 사용할 수도 있었다. (2) 로마서 1:26-27에서 그는 좁게 남색을 정죄하지 않고 모든 동성 간의 교섭, 곧 두 남자가 "부끄러운 욕심"을 품고 "서로를 향하여 음욕이 불일 듯 하[는]" 그런 교섭을 정죄하고 있다. (3) 로마서 1:26-27의 동일한 문장에서 바울은 남색과의 유사성(즉, 성인 여자와 아이 간의 성관계)이 없는 여자들 간의 동성 교섭을 정죄한다. 그리고 (4) 고린도전서 6:9을 남색에 국한시키는 많은 해석자들은 바울이 사회적으로 대등한 남자들이 헌신된 관계 내에서 행하는 동성 간의 교섭은 승인할 것이라고 주장하지만, 바울 당시의 로마 사회조차 그런 관계를 부끄러운 것으로 정죄했다. Garland, 213, 217-218을 보라.

'아르세노코이타이'는 분명 바울이 고안해 낸 추잡한 복합어다. '아르센'(*arsēn*)은 '남성'(BDAG)을 의미한다. '코이테'(*koitē*)는 '침대'를 가리키는데 비유적으로 '성관계에 관여하는 것'을 의미하며, 구체적으로는 '성적 교접'이라는 뜻이다(BDAG). 이 두 단어는 구약의 헬라어 번역판(70인역)에서 두 번 나란히 나오는데, 그 지점은 구약이 가장 분명하게 두 남성 간의 성관계를 정죄하는 대목이다.

(1) 레위기 18:22

- 70인역: *kai meta 'arsenos' ou koimēthēsē 'koitēn' gynaikos, bdelygma gar estin.*
- ESV: "You shall not lie with a male as with a woman [implied: for engagement in sexual intercourse]; it is an abomination."
- 개역개정: "너는 여자와 동침함 같이 남자와 동침하지 말라 이는 가증한 일이니라."
- 필자의 번역: "그리고 너는 절대로 여자와 성관계를 맺는 것과 같이 남자와 관계하려고 누워서는 안 된다. 왜냐하면 그것이 가증한 것이기 때문이다."

(2) 레위기 20:13a

- 70인역: *kai hos an koimēthē meta 'arsenos koitēn' gynaikos, bdelygma epoiesan amphoteroi.*
- ESV: "If a man lies with a male as with a woman [implied: for engagement in sexual intercourse], both of them have committed an abomination."
- 개역개정: "누구든지 여인과 동침하듯 남자와 동침하면 둘 다 가증한

75 NLT와 NIV(1984)는 '말라코이'를 "남창"으로 번역하지만 이는 두 가지 이유로 엉성한 번역이다. (1) 이는 '동성' 간의 교접을 명시하지 않는다(남창은 여자들과도 동침한다). (2) 이는 합의에 의한 동성 간의 '관계'를 배제한다.

일을 행함인즉"

- 필자의 번역: "누구든지 여자와 성관계를 맺는 것처럼 남자와 관계를 맺기 위해 누우면 둘 다 가증한 일을 행한 것이다."

그런즉 '아르세노코이타이'(특히 '말라코이'와 나란히 나올 때)는 구체적으로 다른 남자들에게 성적으로 삽입하는 남자들을 가리킨다.[76]

6:11 첫째 문장은 신자들이 본래 불신자들보다 더 나은 존재가 아님을 상기시킴으로써 9-10절을 뒷받침한다. 불신자를 특징짓는 죄들은 신자들의 예전 모습을 특징지었던 것이다. 9-10절에 나오는 그 죄인들은 바로 신자들의 옛 모습이다(과거 시제). 유일한 차이점은 하나님께서 개입하셨다는 것이다. 그분이 그들을 더러운 생활 방식으로부터 깨끗이 "씻[고]" 그들을 용서하셨다. 그들을 하나님의 거룩한 백성으로 "거룩[하게]" 하셨다(참고. 1:2 주석). 그래서 이제 그들은 성령의 전(殿)이다(3:16-17). 하나님께서 그들을 "의롭[게]" 하셔서 법적으로 의로운 자들로 선언하셨다. 아버지 하나님은 이런 일을 예수님을 통해(즉, 예수님이 이루신 일에 기초해), 그리고 성령을 통해(즉, 성령이 하나님께서 계획하신 일과 예수님이 이루신 일을 적용하신다) 행하셨다.

이 단락에서 바울은 5:7-8에 나온 것(주석을 참고하라)과 동일한 패턴을 따른다. 고린도 교인들에게 처신하는 법을 일러준(6:1-10) 뒤에 그 행위의 근거를 신자들에게 이미 신학적으로 해당되는 것(11절)에 둔다. 여기에 내재된 권면을 풀어서 쓰면 이렇다. "너희는 씻겼고, 거룩하게 되었고, 의롭게 되었으니 그렇게 살아라. 너희의 진정한 존재가 되어라. 더러워지지 말고 깨끗해라. 속되지 말고 거룩해라. 불의하지 말고 의로워라."

76 '*malakoi*'와 '*arsenokoitai*'의 역사-문화적 맥락에 관해서는 다음 자료를 참고하라. Winter, *After Paul Left Corinth*, 110-120; Robert A. J. Gagnon, *The Bible and Homosexual Practice: Texts and Hermeneutics* (Nashville: Abingdon, 2001), 303-339; Kevin DeYoung, *What Does the Bible Really Teach About Homosexuality?* (Wheaton, IL: Crossway, 2015), 59-67.

응답

1. 지역 교회여, 그대는 교인들 간의 사적인 법적 분쟁을 다룰 책임이 있다.

이 단락 내내 (5장과 같이) 바울은 교회를 집합적으로 다룬다. 그는 교회가 동료 교인들로 하여금 연합을 무너뜨리는 사소한 민사소송을 불의한 재판관 앞에 제기함으로써 세상 앞에서 그리스도의 이름을 모욕하도록 허용하는 것에 책임을 묻는다. 각 신자 개개인이 법적 분쟁을 취급할 준비를 갖추어야 한다는 뜻이 아니라 교회가 그런 문제들을 다룰 수 있어야 한다는 것이다(6:5).

만일 한 교인이 동료 교인과 사적인 법적 분쟁이 있다면, 먼저 그 문제를 사적으로 해결하려고 해야 한다. 필요하다면 경건하고 성숙한 교인들을 중재자로 삼아 해결해도 좋다(참고. 마 18:15-20).[77] 그 목표는 단지 공의를 실현해서 분쟁을 해결하는 것만이 아니라 깨어진 관계를 화해시키는 것이다.

2. 동료 교인들이 사적인 법적 분쟁을 해결하는 것을 일반 원리로 삼아야 한다.

이것이 '일반 원리'인 이유는 어느 문화의 법적 제도든 고린도에 있었던 로마의 법적 제도와 다를 수 있기 때문이다(참고. 6:1 주석). 그리스도인은 이 단락을 2천 년 후의 다른 문화에 적용하기 전에 당시의 역사-문화적 맥락을 이해하는 것이 중요하다. 바울은 구체적으로 (1) 사회적 엘리트가 타락한 치안판사 앞에 소송을 제기하는 1세기 로마의 맥락에서 (2) 동일한 교회의 교인들인 동료 신자들 간의 (3) 돈이나 재산에 관한 사적 분쟁을 다루고 있다. 바울이 다루는 문제가 오늘날의 상황에서 멀리 떨어져 있을수록, 이 단락의 모든 세부 사항을 다 직접적으로 적용할 수 없다.[78]

따라서 이 단락은 교회에게 교인들이 서로에게 저지를 수 있는 살인 또

77 교회는 교인들이 합류할 때 그들로 하여금 구체적인 관계상의 공약에 동의하도록 요구하는 것도 현명한 방법일 것이다. 일부 중재인 사역들은 교회가 채택할 수 있는 관계상의 공약을 준비한 바 있다. https://peacemaker.training.

는 아동의 성적 학대와 같은 범죄들을 내부적으로 다루라고 요구하는 것이 아니다. 오히려 미국과 같은 환경에서는 교회가 즉시 정부 당국에 알려야 한다.[79]

3. 당신이 회개하지 않는 죄악된 생활 방식에 대한 처벌을 모면할 수 있는 것처럼 스스로를 속이지 말라.

9-10절에 나오는 죄 많은 사람들은 하나님 나라의 시민이 아닌 유형의 사람들을 대표한다. 만일 이런 죄들 중 어느 하나가 누군가의 삶을 특징짓는다면, 그런 사람은 자기가 그리스도인이라는 확신을 품을 수 없다. 물론 그리스도인도 죄를 짓는다. 그러나 그리스도인은 '회개하는' 죄인들이다(참고. 5:1-13의 '응답 3'). 9절에 나오는 바울의 명령은 우리가 계속해서 우리 자신을 점검해야 한다는 뜻이다. '속지 말라'(개역개정은 "미혹을 받지 말라").[80]

4. 겸손하게 당신의 진정한 존재가 되어라.

그리스도인 간에 민사소송을 제기하는 죄를 짓게 하는 것은 교만과 탐욕이다. 해독제는 복음 중심적인 겸손이다. 모든 그리스도인은 11절을 읽을 때 감사의 물결이 자기에게 쏟아지는 것을 느껴야 한다. 그리스도인이 9-10절이 묘사하는 모습이 아닌 것은 오직 하나님의 은혜 덕분이다. 그는 너무도 쉽게 그런 죄에 빠질 수 있었다. 그러나 하나님께서 그를 씻기셨고

78 예. 어떤 개인이 그리스도인인지 여부가 불분명할 수 있다. 어떤 아내가 자신과 자녀들을 보호하기 위해 가정폭력 내지는 괴롭힘 금지명령을 신청할 수 있다. 한 배우자가 이혼을 요청할 수 있다(성경적 근거로. 참고. 7:10-16 주석). 그 문제가 그리스도인이 이끄는 사업체와 관련된 것일 수 있다.

79 Ken Sandle, *The Peacemaker: A Biblical Guide to Resolving Personal Conflict*, 3rd ed. (Grand Rapids, MI: Baker, 2004), esp. 53-56, 279-286.

80 Donald S. Whitney, *How Can I Be Sure I'am a Christian? What the Bible Says about Assurance of Salvation* (Colorado Springs: NavPress, 1994); D. A. Carson, "Reflections on Assurance," in Schreiner and Ware, *Still Sovereign,* 247-276; Sam Storms, *Kept for Jesus: What the New Testament Really Teaches about Assurance of Salvation and Eternal Security* (Wheaton IL: Crossway, 2015); Wayne Grudem, *"Free Grace" Theology: 5 Ways It Diminishes the Gospel* (Wheaton, IL: Crossway, 2016).

거룩하게 하셨고 의롭게 하셨다. 그는 그리스도인인데 그의 친척이나 이웃이나 동료는 어째서 그리스도인이 아닌가? 그가 더 지혜롭기 때문이 아니다. 그가 남보다 훨씬 더 많이 알았기 때문이 아니다. 그가 더 사랑스럽고 매력적이기 때문이 아니다. 누구든지 그리스도인이 된 것은 하나님께서 개입하셨기 때문이다. 이제 우리는 우리의 진정한 존재가 되어야 한다. 깨끗하고 거룩하고 의로운 존재가 되어야 하는 것이다.

12 모든 것이 내게 가하나 다 유익한 것이 아니요 모든 것이 내게 가하
나 내가 무엇에든지 얽매이지 아니하리라 13 음식은 배를 위하여 있고
배는 음식을 위하여 있으나 하나님은 이것저것을 다 폐하시리라 몸은
음란을 위하여 있지 않고 오직 주를 위하여 있으며 주는 몸을 위하여
계시느니라 14 하나님이 주를 다시 살리셨고 또한 그의 권능으로 우리
를 다시 살리시리라 15 너희 몸이 그리스도의 지체인 줄을 알지 못하
느냐 내가 그리스도의 지체를 가지고 창녀의 지체를 만들겠느냐 결코
그럴 수 없느니라 16 창녀와 합하는 자는 그와 한 몸인 줄을 알지 못하
느냐 일렀으되 둘이 한 육체가 된다 하셨나니 17 주와 합하는 자는 한
영이니라 18 음행을 피하라 사람이 범하는 죄마다 몸 밖에 있거니와
음행하는 자는 자기 몸에 죄를 범하느니라 19 너희 몸은 너희가 하나
님께로부터 받은 바 너희 가운데 계신 성령의 전인 줄을 알지 못하느
냐 너희는 너희 자신의 것이 아니라 20 값으로 산 것이 되었으니 그런
즉 너희 몸으로 하나님께 영광을 돌리라

12 "All things are lawful for me," but not all things are helpful. "All
things are lawful for me," but I will not be dominated by anything.

13 "Food is meant for the stomach and the stomach for food"—and God
will destroy both one and the other. The body is not meant for sexual
immorality, but for the Lord, and the Lord for the body. 14 And God
raised the Lord and will also raise us up by his power. 15 Do you not
know that your bodies are members of Christ? Shall I then take the
members of Christ and make them members of a prostitute? Never!
16 Or do you not know that he who is joined[1] to a prostitute becomes
one body with her? For, as it is written, "The two will become one
flesh." 17 But he who is joined to the Lord becomes one spirit with him.
18 Flee from sexual immorality. Every other sin[2] a person commits is
outside the body, but the sexually immoral person sins against his own
body. 19 Or do you not know that your body is a temple of the Holy
Spirit within you, whom you have from God? You are not your own,
20 for you were bought with a price. So glorify God in your body.

1 Or *who holds fast* (compare Genesis 2:24 and Deuteronomy 10:20); also verse 17
2 Or *Every sin*

단락 개관

이 단락은 열 가지 쟁점 중 네 번째 것인 성적 부도덕을 변명하는 문제를 다룬다. 이것은 고린도 교인들이 이방 문화의 세상적인 가치관을 채택한 또 하나의 영역이다.

바로 앞 대목(9-11절)은 그 악덕 목록이 "음행하는 자"와 "간음하는 자"(9절)로 시작하는 만큼 1:11과 12:20의 이음새 역할을 한다. 5장 역시 성적 부도덕을 다루고 있지만 이 두 대목은 서로 다르다. 5장에 나온 문제는 교회가 근친상간의 죄를 범하는 교인을 출교시키지 않았다는 것인 데 비해, 6:12-20에 나온 문제는 교인들이 창녀와의 성관계는 죄가 아니라고 주장하는 것이다.

그리스도인이라 고백하는 고린도의 남자들이 사적인 잔치가 끝날 때 창녀와 동침했던 듯이 보인다.[81] 이런 부도덕한 성관계는 이방 도시인 고린도에서 문화적으로 용납될 수 있는 정상적인 관행이었다. 그리고 그리스도인 남성들은 자신들 역시 그렇게 할 권리가 있다고 주장했다. 이 대목의 구조는 일부 고린도 교인들이 창녀를 이용할 수 있다는 자기네 권리 변호를 요약하려고 바울이 인용하는 표어들 위에 세워져 있다.[82] 바울은 12절에서 동일한 표어를 두 번 인용하고, 13절에서 또 하나의 표어를 인용하며, 18절에서 세 번째 표어를 인용한다. 각 표어를 인용한 직후에 고린도 교인들의 주장을 반박한다. 마지막 명령은 이 단락의 주요 메시지를 진술한다. "너희 몸으로 하나님께 영광을 돌리라"(20절). 바울이 이 단락에서 쓰는 모든 내용은 그 명령을 뒷받침한다. '부도덕한 성관계를 하지 않음으로써 너희 몸으로 하나님께 영광을 돌리라.'

81 Winter, *After Paul Left Corinth*, 86-93. 바울이 6:12-20에서 한 유형의 성적 부도덕(즉, 창녀와의 성관계)과 싸우고 있으나, 그가 말하는 바는 모든 종류의 부도덕한 성관계에 적용된다.

82 Jay E. Smith, "Slogans in 1 Corinthians," *BSac* 167 (2010): 68-88.

단락 개요

II. 고린도 교인들에 관한 소식과 그들의 편지에 기초해 바울이 응답하는 쟁점들(1:10-15:58)
   D. 성적 부도덕을 변명하는 문제(6:12-20)
      1. 표어 1에 대한 반론: 부도덕한 성관계는 타인이나 너희 자신에게 유익하지 않다(6:12)
      2. 표어 2에 대한 반론: 부도덕한 성관계는 너희의 몸을 창녀와 결합시키지만, 너희의 몸은 주님을 위한 것이다(6:13-17)
      3. 표어 3에 대한 반론: 부도덕한 성관계는 너희의 몸에 죄를 짓는 것이다(6:18-20)

주석

6:12 ESV가 두 번 모두 "모든 것이 나에게 허용되어 있습니다"(새번역)에 인용 표시를 붙인 것을 볼 때, 바울이 고린도 교인의 말을 인용하거나 요약하고 있음이 거의 확실하다. 각 진술 뒤에 바울은 강하게 반대하는 반응을 보인다. "너희는 x를 말하지만 사실은 y가 옳다."

바울이 두 문장 뒤에서 하는 말을 우리가 몰랐다면, 그가 창녀(15-16절이 "창녀"라는 단어를 사용한다)와 동침할 권리가 있다는 고린도 교인들의 주장에 반론을 펴고 있다는 사실을 추측하기 어려울 것이다. 그러나 그 주장이 바로 이 구절을 다음 구절들과 연결시키는 고리다. 일부 고린도 교인들은 그리스도 안에서 많은 것을 할 수 있는 자유가 그들에게 있다고 주장한다. 그들이 원칙적으로는 옳지만 그것을 적용하는 방법에서 틀렸다. 그들의 자유에 죄 짓는 자유는 포함되지 않기 때문이다. 바울이 여기서 그 표어를 온유하게 반박하는 것은, 그리스도인이 "모든 것이 나에게 허용되어 있다"고 말하는 것에 일리가 있기 때문이다. 이는 그 사람이 '모든 것'을 무슨 뜻으로 사용하는지에 달려 있다. 만일 '모든 것'이 비본질적인 양심의 문제(참고. 로마서 14장)를 가리킨다면 그 진술이 옳지만, 부도덕한 성행위와 같은 죄를 가리킨다면 그것은 타당하지 않다. 본질적으로 죄와 무관한 어떤 활동들은 그리스도인에게 유익하지 않거나 부정적으로 그를 지배할 수 있다. 창녀와의 성관계 또는 남자를 예속시킬 만한 어떤 것을 "유익한 것이 아니[다]"라고 말하는 것은 참으로 절제된 표현이다.

바울이 친히 "모든 것이 나에게 허용되어 있다"고 말했을지도 모른다. 만일 그랬다면, 고린도 교인들이 다음과 같은 식으로 말하면서 성적인 죄를 정당화하기 위해 그의 진술을 왜곡하고 있는 셈이다. "혼인관계 밖의 성관계가 허용될 수 있는 것은 그것이 몸 안에서 일어나기 때문이다. 몸 안에서 그리고 몸을 통해 일어나는 모든 것이 허용될 수 있다"(참고. 6:13-18). 그러나 바울은 절제된 표현으로, 부도덕한 성관계는 다른 사람(그것은 유익한 것이 아니다)과 당신 자신(그것은 당신을 얽매거나 예속시킬 수 있다) 모두에게 도움이 되지 않는다고 응답한다.

6:13-14 대다수의 석의학자들은 13절이 또 하나의 고린도 표어로 시작한다는 점에는 동의하지만, 인용이 어디서 끝나는지에 관해서는 의견을 달리한다. ESV는 인용을 "배는 음식을 위하여 있[다]"는 말 뒤에서 끝내지만, 13-14절에 나오는 문법적이고 논리적인 병행 관계에 비춰보면 인용문이 한 어구를 더 포함하는 듯하다. 바울은 고린도 교인들의 말을 인용한 후 한 어구씩 반박한다(참고. 표6).

83 이 단락에 관한 Jay E. Smith의 뛰어난 논문의 마지막 대목을 참고하라. "고전 6:12-20은 바울의 성윤리에 어떤 기여를 하는가? 최소한으로 줄이면 이것이다. 몸, 그것은 '주님을 위한' 것이고, 우리가 몸으로 하는 일이 중요하다는 것이다." "The Interpretation of 1 Corinthians 6:12-20 and Its Contribution to Paul's Sexual Ethics," (PhD diss., Trinity Evangelical Divinity School, 1996), 305.

고린도 교인의 표어(6:13a)	바울의 반론(6:13b-14)
(A) 음식은 배를 위하여 있고	(A′) 몸은 음란을 위하여 있지 않고 오직 주를 위하여 있으며
배는 음식을 위하여 있으나	주는 몸을 위하여 계시느니라
(B) 하나님은…폐하시리라	(B′) 하나님이…다시 살리셨고
이것	주를
저것을 다	또한 그의 권능으로 우리를 다시 살리시리라

표6. 고린도 교인의 표어에 대한 바울의 반론

이 표어의 첫째 부분은 '성관계는 몸을 위하여 있고 몸은 성관계를 위하여 있다'는 뜻의 완곡 어구다. 일부 고린도 교인들은 창녀와 관계를 맺는 것이 허용될 수 있는 이유는, 하나님께서 결국에 성관계와 몸을 다 없애실 것이기 때문이라고 잘못된 주장을 편다. 그러나 바울은 이에 대해 한 조목씩 응답한다. "아니다. 몸은 부도덕한 성관계를 위하여 있지 않고 주님을 위해 있고, 주님은 몸을 위해 계신다. 너희의 물리적 몸이 중요한 것은 하나님께서 권능으로 예수님의 몸을 부활시키셨고 장차 너희 몸도 부활시키실 것이기 때문이다"(필자의 번역).

물리적 몸은 하나님께 중요하다.[83] 영혼은 중요하되 몸은 중요하지 않다는 생각은 이방적인 관념이다. 그리스도인은 사도신경에서 "나는 몸이 다시 사는 것을 믿습니다"라고 고백한다(바울은 15장에서 이 쟁점을 다룬다).

6:15-17 이 문장들은 바울이 13b-14절에서 13a절을 반박하는 방식을 뒷받침한다. 바울은 교차대구법의 구조를 이용해서 즉, A-B-B′-A′ 패턴의 반전된 병행 관계를 이용해서 반론을 편다.

(A) 너희 몸이 그리스도의 지체인 줄을 알지 못하느냐?

(B) 내가 그리스도의 지체를 가지고 창녀의 지체를 만들겠느냐?

결코 그럴 수 없느니라!

(B′) 창녀와 합하는 자는 그와 한 몸인 줄을 알지 못하느냐?

일렀으되 "둘이 한 육체가 된다" 하셨나니

(A′) 주와 합하는 자는 한 영이니라.

이를 풀어서 표현하면 이렇다.

(A) 너희는 너희 몸이 그리스도와 연합되어 있다는 것을 알지 못하는가?

(B) 그런즉 너희가 어떻게 그리스도의 몸을 창녀와 동침하는 데 사용할 수 있는가?

(B′) 창녀를 신체적으로 이용하는 것은 그 사람을 그녀와 연합시킨다.

(A′) 그러나 너희는 이미 영적으로 그리스도와 연합되어 있다.

여기에 담긴 뜻은 분명하다. 두 가지 합일은 서로 배타적이기 때문에 당신의 진정한 존재가 되어야 한다. 당신은 그리스도에게 연합되어 있으므로 그렇게 살아야 한다.[84]

6:18a 바울은 방금 말한 내용(13b-17절)에서 나오는 추론으로 글을 잇는다. 몸은 부도덕한 성관계가 아니라 주님을 위해 있기 때문에 물리적인 몸은 하나님께 중요하고, 신자의 몸은 그리스도에게 속해 있다. 신자의 몸은 이미 그리스도와 연합해 있는데 창녀와 동침하면 몸이 그녀와 연합하는 것이므로, 신자들은 부도덕한 성관계로부터 도망쳐야(그리고 계속 도망쳐야)

84 바울이 고린도전서 6:16b에서 창세기 2:24을 인용한다고 해서 성관계가 '혼인관계'를 만든다고 주장하는 것이 아니라, 그리스도인이 창녀와 관계를 맺으면 거룩한 것(즉, 그리스도의 몸)을 속된 것과 묶는 것이기에 부도덕하고 부정한 합일을 창조한다는 것이다. 이와 비슷하게, 바울은 (1) 한 사람이 그리스도와 연합하는 일과 (2) 남편과 아내 간의 관계가 서로 배타적이라고 말하는 것이 아니다. 그의 요점은 한 사람의 그리스도와의 합일이 '부도덕한' 성관계와 양립할 수 없다는 것이다.

한다! 필요하다면 요셉처럼 실제로 몸을 피하는 일을 해서라도, 무슨 수를 쓰든 그런 음행에서 도망쳐야 마땅하다(창 39:12, 참고. 딤후 2:22).

6:18bc 18절은 3개의 명제들로 이루어져 있다. 형식에 기초해 다음과 같이 번역할 수도 있다. "(1) 성적 부도덕에서 도망치라. (2) 사람이 짓는 죄가 무엇이든 모두 몸 밖에 있다. (3) 성적으로 부도덕한 사람은 그 자신의 몸에 죄를 짓는다." 번역가들은 중간 명제를 다음 둘 중 하나로 이해하려고 노력해왔다.

6장

(1) 일부 번역가들은 이 문장을 매끄럽게 하려고 18b절에 "다른"을 덧붙여서 "사람이 짓는 '다른' 모든 죄는 자기 몸 밖에 있[다]"라고 번역한다(ESV, 새번역). '다른'이라는 단어가 헬라어 본문에는 없다. 만일 '다른'이라는 단어를 더하는 것이 정확한 독법이라면, 바울은 죄를 두 범주로 나누는 셈이다. 몸 밖에서 일어나는 비(非)성적인 죄들과 자기 몸에 짓는 성적인 죄들이다.

(2) 일부 번역가들(예. NET)은 18b절에 인용부호를 붙여서 이 말을 바울의 것이 아니라 고린도 교인들의 것으로 돌린다. 그러면 고린도 교인들이 "사람이 짓는 모든 죄는 몸 밖에 있다"고 주장하고, 바울은 그 말에 반박하는 것이다. 이것이 정확한 독법이라면, 고린도 교인들은 부도덕한 성관계를 정당화하려고 이 표어를 이용하고 있는 셈이다. 그들의 주장인즉 죄는 몸 밖에서만 일어나므로 누구나 자기 몸 안에서 또는 몸을 통해 죄를 지을 수 없는 법이라는 것이다.

증거에 따르면 18b절이 고린도 교인의 표어라는 견해가 유력하다.[85] 바울의 역사-문화적 상황과 우리의 상황은 거리가 너무 멀어서 어느 정도 의심의 여지를 남겨두는 것이 좋지만, 18b절은 바울이 반박하는 고린도 교인의 표어일 개연성이 더 크다. 적어도 열 가지 이유가 이 견해를 지지

85 필자는 이 견해에 대해 100퍼센트 확신하지는 않지만 90퍼센트 이상 확신한다.

한다.[86] (1) 표어로 읽는 편이 더 자연스럽다. (2) 다른 견해는 헷갈리고 불분명하다. 어째서 부도덕한 성관계만 당신이 짓는 죄고 자살이나 과식이나 술 취함과 같은 다른 죄들은 그렇지 않은가? (3) 문법 자체는 '다른'이라는 단어를 더하는 것을 지지하지 않는다. (4) 이 단락(12-20절)은 바울이 고린도 교인의 표어를 인용하기에 이상적인 맥락이다. (5) 바울이 죄에 대해 사용하는 헬라어 단어가 이 편지의 나머지 부분에서 사용하는 하마르티아(*harmartia*)가 아니라 하마르테마(*hamartēma*)다. (6) 13-18a절과 18b-20절이 병행 관계다. (7) 13-20절에 나오는 몸은 한 사람의 물리적 몸이지 그 사람 전체를 가리키지 않는다. (8) 이 진술은 바울이 6장과 15장에서 몸의 부활에 관해 말하는 내용과 잘 들어맞는다. (9) 이 진술은 고린도의 사회적, 문화적 그리고 종교적 상황과 잘 어울린다. (10) 이 진술이 만일 고린도 교인의 표어라면, 그것이 우리에게 뜬금없이 보여도 상관없다. 그래서 바울은 본질적으로 이렇게 주장하는 것이다. "너희는 모든 죄가 물리적 몸 밖에 있다고 주장하며 따라서 창녀와의 성관계는 죄가 아니라고 주장한다. 그러나 부도덕한 죄는 너희의 물리적 몸에 짓는 죄다."

6:19-20 이 대목은 부도덕한 죄를 범하는 것이 왜 자기 몸에 짓는 죄인지를 설명하면서 18c절을 지지한다. 이를 풀어서 쓰면 다음과 같다. "그리스도인이여, 당신의 개별적인 물리적 몸[87]은 하나님께서 당신에게 주신 성령의 전이다. 따라서 당신이 아니라 하나님께서 당신의 몸을 소유하신다. 왜

86 Andrew David Naselli, "Is Every Sin Outside the Body except Immoral Sex? Weighing Whether 1 Corinthians 6:18b Is Paul's Statement or a Corinthian Slogan," *JBL* 136 (2017), 969-987.

87 6:19에 나오는 전(殿)은 적어도 두 가지 이유 때문에 (그리스도인의 개별적인 물리적 몸이 아니라) 교회 전체를 가리킬 수 있다. (1) 6:19-20에 나오는 2인칭 동사들과 인칭대명사들은 복수형이고 "몸"은 단수형이다. (2) "전"이 이 편지의 앞부분(3:16-17)과 신약의 다른 부분들(고후 6:14-7:1; 엡 2:21-22; 벧전 2:4-10)에서 집합적인 만큼, 이 구절이 신약에서 명시적으로 그리스도의 개별적인 물리적 몸을 "전"으로 부르는 유일한 곳이 될 것이다. 그러나 여기서 "전"은 적어도 일곱 가지 이유 때문에 개별 그리스도인의 몸을 가리키는 것이 거의 확실하다. (1) 직접적인 문맥(6:12-20)이 개별적인 그리스도인이 그의 개별적 몸으로 어떻게 처신해야 하는지를 다루고 있다. (2) 이 대목의 다른 모든 곳에서 "몸"이 개인의 물리적 몸을 가리킨다. 6:13b(2번), 15, 16, 18(2

냐하면 그 몸을 위해 아들의 죽음을 대가로 치르셨기 때문이다." 마지막 줄은 (12-20a절과 더불어) 18c-20절의 추론이다. "너희 몸으로 하나님께 영광을 돌리라."

바울은 "너희 몸이 성전이다"라고 주장한다. 성전은 성경신학의 중요한 주제다.[88] 이 주제가 성경의 줄거리에 어떻게 들어맞는지를 추적하면 19-20절을 이해하는 데 큰 도움이 된다. 성경의 줄거리에서 성전 궤도를 죽 따라가면 적어도 11개의 중요한 지점이 있다.

(1) 에덴동산. 창세기 1-3장과 요한계시록 21-22장 사이의 병행 관계는 참으로 놀랍다. 성경은 찬란한 북엔드들을 갖고 있는, 그 북엔드 중 일부가 성전이라는 주제다. 하나님께서 창세기 1-2장에서 하늘과 땅을 창조하실 때 땅은 그분이 거주하시는 장소다. 타락 이전에는 하나님께서 정기적으로 아담과 하와와 교제를 갖곤 하셨다. 타락 이후에는 하나님의 거처가 하늘과 연관이 있고 그분이 땅으로 '내려오신다.' 에덴동산은 첫 번째 성전이다. 그곳은 인간이 하나님을 만나는 장소다. (a) 에덴동산과 (b) 성막 및 성전 사이에는 많은 유사점이 있다.

(2) 성막. 성막은 길이가 13.7미터, 폭이 4.6미터 가량 되는 큰 직사각형 텐트였다. 방이 2개 있었는데, 첫째 방의 크기가 둘째 방의 2배였다. 둘째 방은 각 모서리가 4.6미터인 정육면체였다. 첫째 방은 성소라 불렸다.

번), 20b. 바울은 6:19에서 자기가 "몸"을 누군가의 개별적인 물리적 몸이 아닌 어떤 것을 가리킨다고 암시하지 않는다. (3) 6:19이 6:18bc를 지지하기 때문에 "몸"이 6:18bc와 6:19에서 동일한 것을 가리킨다면 바울의 논리를 가장 잘 이해할 수 있다. (4) 6:19에 나오는 "너희"(헬라어에는 복수형)는 집합 단수형일 수 있다. 바울은 다른 곳에서 복수형 인칭대명사와 단일한 "몸"을 합칠 때 그렇게 한다. "너희[복수형] 죽을 몸"(롬 6:12), "우리[복수형] 몸[헬라어에는 단수형]의 속량"(롬 8:23), "우리[복수형] 몸[헬라어에는 단수형]에 나타나게 하려 함이라"(고후 4:10), "우리[복수형]의 낮은 몸을…변하게 하시리라"(빌 3:21). (5) 고린도전서 6:15과 19에 나오는 첫 질문들의 표현이 비슷한 것은 "몸"이 동일한 것을 가리키고 있음을 시사한다. (6) 다른 곳에서 바울이 교회를 몸으로 언급할 때는 그것을 그리스도의 몸이라고 부르지 결코 '너희 몸' 또는 '우리 몸'으로 부르지 않는다(10:16; 12:27; 엡 1:23; 4:12; 5:30; 골 1:24). (7) 예수님의 개별적인 물리적 몸이 성전(요 2:18-19)이기 때문에 한 개인의 몸이 전이라는 개념은 전례가 없지 않다.

88 Beale, *The Temple and the Church's Mission*. 이보다 접근하기 쉬운 판으로는 다음 책이 있다. G. K. Beale and Mitchell Kim, *God Dwells among Us: Expanding Eden to the Earth* (Downers Grove, IL: InterVarsity Press, 2014).

외부의 큰 휘장을 거쳐서 성소에 들어간 후 정면을 바라보면 방 저쪽 끝에 분향제단이 보일 것이다. 그 뒤에 있는 둘째 방은 지성소였다. 그곳은 땅 위에 하나님의 보좌가 있는 방이었고, 오직 대제사장만 백성을 속죄하기 위해 1년에 한 번 들어갔다. 제사장들이 성소에서 섬길 때는 내부의 휘장이 그들로 지성소를 들여다보지 못하게 막았다. 그래서 완전히 거룩한 하나님께서 부정한 사람들 사이에 거주하실 수 있었다. 하나님은 이스라엘 백성에게 그룹들[케루빔(*cherubim*)]을 이 커튼에 정교하게 수놓도록 지시하셨는데(출 26:31; 36:35), 이는 지성소가 에덴동산과 병행하는 것임을 상징했다(참고. 창 3:24).

(3) 솔로몬의 성전. 이것은 예루살렘에 있던 최초의 장엄한 성전이다. 규모가 성막의 2배라서 지성소는 각 모서리가 9.1미터인 정육면체였다. 예루살렘에 간다는 것은 하나님께서 사시는 곳으로 가는 것이었다. 그렇기 때문에 바벨론이 주전 586년에 이 성전을 파괴했을 때 이스라엘은 망연자실하고 말았다.

(4) 에스겔서 40-48장에 나오는 새로운 성전. 이 새로운 성전은 하나님께서 장래에 그분의 백성과 함께하실 것임을 상징한다.

(5) 스룹바벨의 성전. 바벨론 포로 시대 이후 일부 유대인들이 성전을 천천히 재건하는 데 약 20년이 걸렸다. 이것이 제2성전기 유대교라 불리는 시기(주전 516년-주후 70년)의 시발점이다.

(6) 헤롯의 성전. 이 웅대한 성전은 예수님의 지상 사역 동안 예루살렘에 있었다.

(7) 예수님과 성전. 예수님 생애에 적어도 여섯 번의 중요한 사건이 성전과 관련이 있다. (a) 하나님이신 예수님이 인간들 가운데 거주하셨다(또는 "장막을 치셨다", 요 1:14). (b) 예수님이 소년 시절에 성전을 방문하셨다. (c) 예수님이 지상 사역의 초기와 말기에 성전을 심판하셨다. (d) 사탄이 예수님에게 성전 꼭대기에서 뛰어내리라고 시험했다. (e) 예수님은 자기 몸이 성전이라고 주장하셨다(요 2:18-22). (f) 예수님이 십자가에서 죽으셨을 때 성소와 지성소 사이의 휘장이 "위로부터 아래까지 찢어져 둘

이 되[었다]"(마 27:51). 하나님께 접근하는 것을 막는 그 거대한 휘장은 '모형'(type) 내지는 그림자였고, 그리스도의 몸은 그 그림자가 내다보았던 '원형'(antitype) 또는 실체였다(참고. 히 6:19-20; 10:19-22). 예수님이 하나님께 이르는 유일한 길이다. 성전 의례와 모세의 언약은 이제 쓸모를 잃었다.

(8) 하나님의 성전으로서의 교회. 교회는 하나님의 성전이기 때문에 하나로 연합되고 순결해야 한다(고전 3:16-17; 고후 6:14-7:1; 엡 2:21-22; 벧전 2:4-10).

(9) 성령의 전으로서의 개별 그리스도인. 이것이 19-20절이 들어맞는 곳이다.

(10) 하늘의 성전. 이는 히브리서 8-10장에 두드러지게 나타나고 요한계시록 4-20장에서 펼쳐지는 드라마의 배경이다.

(11) 새 예루살렘. 요한계시록 21장은 이렇게 시작한다. "또 내가 새 하늘과 새 땅을 보니 처음 하늘과 처음 땅이 없어졌고 바다도 다시 있지 않더라 또 내가 보매 거룩한 성 새 예루살렘이 하나님께로부터 하늘에서 내려오니"(계 21:1-2a). 이 도시는 정육면체다(계 21:16). 성경에 나오는 다른 정육면체는 이스라엘의 성막과 성전에 있던 지성소뿐이고 둘 다 정금으로 입혀 있다(참고. 왕상 6:20; 계 21:18). 그래서 이 땅에는 더 이상 지성소에 해당하는 지상의 작은 구획이 없다. '새 땅 전체'가 지성소다. 도시 전체가 하나님의 성전이다. 성전이라는 주제는 요한계시록 21:22에서 절정에 이른다. "성[도시] 안에서 내가 성전을 보지 못하였으니 이는 주 하나님 곧 전능하신 이와 및 어린 양이 그 성전이심이라."

19-20절에서 바울은 그리스도인의 개별적인 몸이 성령의 전이라고 말한다. 이는 옛 언약 아래에서 하나님의 백성이 성전과 관계를 맺었던 방식과 비교하면 참으로 놀라운 일이다. 그리고 헤롯이 세운 웅대한 성전이 버젓이 예루살렘에 서 있는 동안에 바울이 이 글을 썼다는 것을 생각하면 실로 충격적이다. 이 신학은 늘 실제적이다. 지성소에서 부도덕한 성관계를 추구하는 것은 도무지 생각할 수 없다. 그런데 지금은 당신의 물리적인 몸이 지성소라고 바울이 주장한다. 그러므로 그리스도인은 몸을 더럽히면 안 된다. 당신의 몸은 신성한 공간이므로 순결하게 지켜야 한다.

다시 한 번 바울은 '우리가 누구인가'로부터 '우리가 어떻게 살아야 하는지'로 추론한다(참고. 1:2; 5:7; 6:11). 이 논리적 순서가 중요하다. 우리의 몸은 성령의 전이므로 부도덕한 성관계를 피해야 한다. 우리는 우리의 진정한 존재가 되어야 한다!

응답

그리스도인은 부도덕한 성관계를 추구하지 않음으로써 그들의 몸으로 하나님께 영광을 돌려야 한다. 이것이 6:12-20에 담긴 바울의 주된 주장이고, 그는 이를 적어도 열한 가지 이유로 뒷받침한다.

(1) 부도덕한 성관계는 다른 이들에게 유익하지 않다(12a절).

(2) 부도덕한 성관계는 군림할 수 있다(12b절). 그것은 예속한다. 그리고 해로울 만큼 중독적이다.

(3) 하나님은 부도덕한 성관계를 위해 몸을 창조하신 것이 아니라 우리가 그분을 위해 몸을 사용하도록 창조하셨다(13절).

(4) 우리의 몸이 중요한 것은 하나님께서 주님의 몸을 일으키신 것처럼 장차 그 몸들을 일으키실 것이기 때문이다(14절).

(5) 그리스도인의 몸은 그리스도의 지체인즉 그리스도인은 그 몸을 창녀의 지체로 만들면 안 된다(15, 17절). 부도덕한 관계에 관여하는 것은 자신과 그리스도의 연합을 부인하는 것이다.

(6) 동침하는 사람들은 "한 몸"이 되는데, 그리스도인은 창녀와 한 몸이 되어서는 안 된다(16절). 이른바 '가벼운 성관계'라는 것은 없다.

(7) 부도덕한 성관계는 우리가 피해야 할 죄다(18a절). 우리는 그것으로 불장난해서도 안 되고 그로부터 달아나야 한다.

(8) 성적으로 부도덕한 사람은 자기 몸에 죄를 짓는다(18bc절).

(9) 그리스도인의 몸은 성령의 전이다(19a절). 그래서 우리가 몸을 부도덕한 관계로 더럽히면 안 된다(참고. 19-20절 주석).

(10) 우리가 우리의 몸을 소유하는 것이 아니다(19b-20a절). 우리의 몸을 우리가 원하는 대로 사용할 권한이 우리에게는 없다. 하나님께서 아들의 죽음을 대가로 치르고 우리를 구속하셨으므로 그분이 우리의 몸을 소유하신다. 부도덕한 성관계는 다른 사람들에게 짓는 죄다. 예컨대 자녀가 있는 기혼자의 경우, 부도덕한 성관계는 자기 배우자와 자녀들을 배신하는 죄다. 좀 더 근본적으로는, 하나님께서 우리의 몸을 소유하시기에 하나님께 짓는 죄다.

(11) 부도덕한 성관계는 하나님을 영화롭게 하지 못한다(20b절). 하나님을 영화롭게 하는 것은 하나님을 중시하는 방식으로 느끼고 생각하고 행동하는 것이다. 그것은 하나님께서 최고로 위대하고 선하시다는 것을 보여준다. 그리고 그분이 완전히 지혜롭고 완전히 만족시키는 분이심을 드러낸다.[89] 우리가 우리의 몸을 하나님의 뜻대로 사용할 때 우리는 몸으로 하나님을 영화롭게 하는 것이다.[90]

89 참고. John Piper, *Expository Exultation: Christian Preaching as Worship* (Wheaton IL: Crossway, 2018), 201-209.

90 성적 순결함에 관해서는 다음 자료를 보라. John Piper, "Faith in Future Grace vs. Lust," in *Future Grace: The Purifying Power of the Promises of God, in The Collected Works of John Piper*, ed. David Mathis and Justin Taylor (Wheaton IL: Crossway, 2017), 4:349-358; Heath Lambert, *Finally Free: Fighting for Purity with the Power of Grace* (Grand Rapids, MI: Zondervan, 2013); Andrew David Naselli, "Seven Reasons You Should Not Indulge in Pornography," *Themelios* 41 (2016): 473-483.

[1] 너희가 쓴 문제에 대하여 말하면 남자가 여자를 가까이 아니함이 좋
으나 [2] 음행을 피하기 위하여 남자마다 자기 아내를 두고 여자마다 자
기 남편을 두라 [3] 남편은 그 아내에 대한 의무를 [1)]다하고 아내도 그
남편에게 그렇게 할지라 [4] 아내는 자기 몸을 주장하지 못하고 오직 그
남편이 하며 남편도 그와 같이 자기 몸을 주장하지 못하고 오직 그 아
내가 하나니 [5] 서로 분방하지 말라 다만 기도할 틈을 얻기 위하여 합
의상 얼마 동안은 하되 다시 합하라 이는 너희가 절제 못함으로 말미
암아 사탄이 너희를 시험하지 못하게 하려 함이라 [6] 그러나 내가 이
말을 함은 허락이요 명령은 아니니라

[1] Now concerning the matters about which you wrote: "It is good for a
man not to have sexual relations with a woman." [2] But because of the
temptation to sexual immorality, each man should have his own wife
and each woman her own husband. [3] The husband should give to his
wife her conjugal rights, and likewise the wife to her husband. [4] For
the wife does not have authority over her own body, but the husband
does. Likewise the husband does not have authority over his own body,

but the wife does. 5 Do not deprive one another, except perhaps by
agreement for a limited time, that you may devote yourselves to prayer;
but then come together again, so that Satan may not tempt you because
of your lack of self-control. 6 Now as a concession, not a command, I
say this.[1]

7 나는 모든 사람이 나와 같기를 원하노라 그러나 각각 하나님께 받은
자기의 은사가 있으니 이 사람은 이러하고 저 사람은 저러하니라 8 내
가 결혼하지 아니한 자들과 과부들에게 이르노니 나와 같이 그냥 지
내는 것이 좋으니라 9 만일 절제할 수 없거든 결혼하라 정욕이 불같이
타는 것보다 결혼하는 것이 나으니라

7 I wish that all were as I myself am. But each has his own gift from
God, one of one kind and one of another. 8 To the unmarried and the
widows I say that it is good for them to remain single, as I am. 9 But if
they cannot exercise self-control, they should marry. For it is better to
marry than to burn with passion.

10 결혼한 자들에게 내가 명하노니 (명하는 자는 내가 아니요 주시라)
여자는 남편에게서 갈라서지 말고 11 (만일 갈라섰으면 그대로 지내
든지 다시 그 남편과 화합하든지 하라) 남편도 아내를 버리지 말라
12 그 나머지 사람들에게 내가 말하노니 (이는 주의 명령이 아니라)
만일 어떤 형제에게 믿지 아니하는 아내가 있어 남편과 함께 살기를
좋아하거든 그를 버리지 말며 13 어떤 여자에게 믿지 아니하는 남편이
있어 아내와 함께 살기를 좋아하거든 그 남편을 버리지 말라 14 믿지
아니하는 남편이 아내로 말미암아 거룩하게 되고 믿지 아니하는 아내
가 [2)]남편으로 말미암아 거룩하게 되나니 그렇지 아니하면 너희 자녀
도 깨끗하지 못하니라 그러나 이제 거룩하니라 15 혹 믿지 아니하는

자가 갈리거든 갈리게 하라 형제나 자매나 이런 일에 구애될 것이 없
느니라 그러나 하나님은 화평 중에서 [3]너희를 부르셨느니라 16 아내
된 자여 네가 남편을 구원할는지 어찌 알 수 있으며 남편 된 자여 네
가 네 아내를 구원할는지 어찌 알 수 있으리요
10 To the married I give this charge (not I, but the Lord): the wife should
not separate from her husband 11 (but if she does, she should remain
unmarried or else be reconciled to her husband), and the husband
should not divorce his wife. 12 To the rest I say (I, not the Lord) that if
any brother has a wife who is an unbeliever, and she consents to live
with him, he should not divorce her. 13 If any woman has a husband
who is an unbeliever, and he consents to live with her, she should not
divorce him. 14 For the unbelieving husband is made holy because of
his wife, and the unbelieving wife is made holy because of her husband.
Otherwise your children would be unclean, but as it is, they are holy.
15 But if the unbelieving partner separates, let it be so. In such cases the
brother or sister is not enslaved. God has called you[2] to peace. 16 For
how do you know, wife, whether you will save your husband? Or how
do you know, husband, whether you will save your wife?

17 오직 주께서 각 사람에게 나눠 주신 대로 하나님이 각 사람을 부르
신 그대로 행하라 내가 모든 교회에서 이와 같이 명하노라 18 할례자
로서 부르심을 받은 자가 있느냐 무할례자가 되지 말며 무할례자로
부르심을 받은 자가 있느냐 할례를 받지 말라 19 할례 받는 것도 아무
것도 아니요 할례 받지 아니하는 것도 아무것도 아니로되 오직 하나
님의 계명을 지킬 따름이니라 20 각 사람은 부르심을 받은 그 부르심
그대로 지내라 21 네가 종으로 있을 때에 부르심을 받았느냐 염려하지
말라 [4]그러나 네가 자유롭게 될 수 있거든 그것을 이용하라 22 주 안

에서 부르심을 받은 자는 종이라도 주께 속한 자유인이요 또 그와 같
이 자유인으로 있을 때에 부르심을 받은 자는 그리스도의 종이니라 23
너희는 값으로 사신 것이니 사람들의 종이 되지 말라 24 형제들아 너
희는 각각 부르심을 받은 그대로 하나님과 함께 거하라

17 Only let each person lead the life[3] that the Lord has assigned to him,
and to which God has called him. This is my rule in all the churches.
18 Was anyone at the time of his call already circumcised? Let him not
seek to remove the marks of circumcision. Was anyone at the time of
his call uncircumcised? Let him not seek circumcision. 19 For neither
circumcision counts for anything nor uncircumcision, but keeping the
commandments of God. 20 Each one should remain in the condition
in which he was called. 21 Were you a bondservant[4] when called? Do
not be concerned about it. (But if you can gain your freedom, avail
yourself of the opportunity.) 22 For he who was called in the Lord as a
bondservant is a freedman of the Lord. Likewise he who was free when
called is a bondservant of Christ. 23 You were bought with a price;
do not become bondservants of men. 24 So, brothers,[5] in whatever
condition each was called, there let him remain with God.

25 처녀에 대하여는 내가 주께 받은 계명이 없으되 주의 자비하심을
받아서 충성스러운 자가 된 내가 의견을 말하노니 26 내 생각에는 이
것이 좋으니 곧 임박한 환난으로 말미암아 사람이 그냥 지내는 것이
좋으니라 27 네가 아내에게 매였느냐 놓이기를 구하지 말며 아내에게
서 놓였느냐 아내를 구하지 말라 28 그러나 장가가도 죄 짓는 것이 아
니요 처녀가 시집가도 죄 짓는 것이 아니로되 이런 이들은 육신에 고
난이 있으리니 나는 너희를 아끼노라 29 형제들아 내가 이 말을 하노
니 그때가 단축하여진 고로 이후부터 아내 있는 자들은 없는 자같이

하며 30 우는 자들은 울지 않는 자같이 하며 기쁜 자들은 기쁘지 않
은 자같이 하며 매매하는 자들은 없는 자같이 하며 31 세상 물건을 쓰
는 자들은 다 쓰지 못하는 자같이 하라 이 세상의 외형은 지나감이니
라 32 너희가 염려 없기를 원하노라 장가가지 않은 자는 주의 일을 염
려하여 어찌하여야 주를 기쁘시게 할까 하되 33 장가 간 자는 세상일
을 염려하여 어찌하여야 아내를 기쁘게 할까 하여 34 마음이 갈라지며
시집가지 않은 자와 처녀는 주의 일을 염려하여 몸과 영을 다 거룩하
게 하려 하되 시집 간 자는 세상일을 염려하여 어찌하여야 남편을 기
쁘게 할까 하느니라 35 내가 이것을 말함은 너희의 유익을 위함이요
너희에게 올무를 놓으려 함이 아니니 오직 너희로 하여금 이치에 합
당하게 하여 흐트러짐이 없이 주를 섬기게 하려 함이라 36 그러므로
만일 누가 자기의 5)약혼녀에 대한 행동이 합당하지 못한 줄로 생각
할 때에 그 5)약혼녀의 혼기도 지나고 그같이 할 필요가 있거든 원하
는 대로 하라 그것은 죄 짓는 것이 아니니 그들로 결혼하게 하라 37 그
러나 그가 마음을 정하고 또 부득이한 일도 없고 자기 뜻대로 할 권리
가 있어서 그 5)약혼녀를 그대로 두기로 하여도 잘하는 것이니라 38 그
러므로 결혼하는 자도 잘하거니와 결혼하지 아니하는 자는 더 잘하는
것이니라 39 아내는 그 남편이 살아 있는 동안에 매여 있다가 남편이
6)죽으면 자유로워 자기 뜻대로 시집 갈 것이나 주 안에서만 할 것이
니라 40 그러나 내 뜻에는 그냥 지내는 것이 더욱 복이 있으리로다 나
도 또한 하나님의 영을 받은 줄로 생각하노라

25 Now concerning[6] the betrothed,[7] I have no command from the Lord,
but I give my judgment as one who by the Lord's mercy is trustworthy.
26 I think that in view of the present[8] distress it is good for a person to
remain as he is. 27 Are you bound to a wife? Do not seek to be free. Are
you free from a wife? Do not seek a wife. 28 But if you do marry, you
have not sinned, and if a betrothed woman[9] marries, she has not sinned.

Yet those who marry will have worldly troubles, and I would spare you
that. 29 This is what I mean, brothers: the appointed time has grown
very short. From now on, let those who have wives live as though they
had none, 30 and those who mourn as though they were not mourning,
and those who rejoice as though they were not rejoicing, and those
who buy as though they had no goods, 31 and those who deal with the
world as though they had no dealings with it. For the present form of
this world is passing away. 32 I want you to be free from anxieties. The
unmarried man is anxious about the things of the Lord, how to please
the Lord. 33 But the married man is anxious about worldly things, how
to please his wife, 34 and his interests are divided. And the unmarried
or betrothed woman is anxious about the things of the Lord, how to
be holy in body and spirit. But the married woman is anxious about
worldly things, how to please her husband. 35 I say this for your own
benefit, not to lay any restraint upon you, but to promote good order
and to secure your undivided devotion to the Lord. 36 If anyone thinks
that he is not behaving properly toward his betrothed,[10] if his[11] passions
are strong, and it has to be, let him do as he wishes: let them marry—it
is no sin. 37 But whoever is firmly established in his heart, being under
no necessity but having his desire under control, and has determined
this in his heart, to keep her as his betrothed, he will do well. 38 So
then he who marries his betrothed does well, and he who refrains from
marriage will do even better. 39 A wife is bound to her husband as long
as he lives. But if her husband dies, she is free to be married to whom
she wishes, only in the Lord. 40 Yet in my judgment she is happier if
she remains as she is. And I think that I too have the Spirit of God.

1) 헬, 갚고 2) 헬, 형제로 3) 어떤 사본에, 우리를 4) 또는 자유할 수 있어도 그대로 지내라 5) 헬, 처녀 또는 처녀 딸 6) 헬, 잠들면

1 Or *I say this*: *2* Some manuscripts *us* *3* Or *each person walk in the way* *4* For the contextual rendering of the Greek word *doulos*, see Preface; also verses 22 (twice), 23 *5* Or *brothers and sisters*; also verse 29 *6* The expression *Now concerning* introduces a reply to a question in the Corinthians' letter; see 7:1 *7* Greek *virgins* *8* Or *impending* *9* Greek *virgin*; also verse 34 *10* Greek *virgin*; also verses 37, 38 *11* Or *her*

단락 개관

이 단락은 열 가지 쟁점 중 다섯 번째 것을 다룬다. 부부관계에서의 성관계, 독신으로 남기, 이혼하기, 결혼하기 등의 문제다. 이런 여러 문제들을 다함께 묶어주는 것은 '하나님께서 당신을 부르신 곳에 머물라'는 일반 원리다. 즉, 바울의 독자들은 그들이 현재 처한 조건에 그대로 머물러야 한다는 것이다(그리고 논의를 하는 동안 예외를 열거한다).

- 결혼한 사람들은 혼인관계를 계속 이어가야 한다(2-5절).
- 홀아비들과 과부들은 결혼하지 않은 상태로 머물러야 한다(8-9절)
- 그리스도인과 결혼한 그리스도인은 결혼한 상태로 머물러야 한다(10-11절).
- 비그리스도인과 결혼한 그리스도인은 결혼한 상태로 머물러야 한다(12-16절).
- 할례 받은 사람들은 할례 받은 상태로, 할례를 받지 않은 사람들은 할례를 받지 않은 상태로 머물러야 한다(18-19절).
- 종의 신분인 사람들은 종으로 머물러야 하고, 자유인의 신분인 사람들은 자유인으로 머물러야 한다(21-23절).
- 약혼했으나 아직 결혼하지 않은 사람들은 결혼하지 않은 상태로 머

물러야 한다(26-38절).

• 결혼한 여자는 결혼한 상태로, 과부는 결혼하지 않은 상태로 머물러야 한다(39-40절).

단락 개요

II. 고린도 교인들에 관한 소식과 그들의 편지에 기초해 바울이 응답하는 쟁점들(1:10-15:58)

E. 부부관계에서 성관계를 즐기고, 독신으로 남고, 이혼을 하고, 결혼하는 문제(7:1-40)

1. 부부관계에서 성관계를 즐기는 것(7:1-6)
2. 독신으로 남는 것(7:7-9)
3. 이혼하는 것(7:10-16)
4. 일반 원리: 하나님께서 부르신 곳에 머물라(7:17-24)
5. 결혼하는 것(7:25-40)

주석

7:1-6 개요

7장은 서로 연관된 여러 사안들을 다룬다(참고. 1-40절 단락 개관). 첫째 사안은 결혼 관계 안에서의 성적 관계다.

7:1a "[이제]…에 대하여 말하면"은 바울의 편지에서 다음 사안들을 소개한다.[91] 이 사안들은 고린도 교인들이 바울에게 보낸 편지에 거론한 것들이

지 바울이 글로에의 집안으로부터 들은 것이 아니다(1:11).

7:1b 이 줄은 적어도 4개의 질문을 제기한다.

(1) 여기에 인용부호를 붙여야 하는가? 그렇다. ESV와 같은 현대판 번역본들은 제대로 인용부호를 더하는데, 그것은 바울이 고린도 교인들이 쓴 내용을 인용하고 있기 때문이다.[92]

(2) '(누구)와 성관계를 맺는 것'(ESV)은 양식적으로는 '만지는 것'을 의미하는 부정사를 정확하게 번역한 것인가? 그렇다. '만지다'는 '성관계를 맺다'를 뜻하는 완곡 어법이었다.[93]

(3) 이 진술은 옳은가? 상황에 따라 다르다. 그것이 혼외정사를 가리킨다면 옳고, 반면에 하나님께서 2-5절에서 명령하시는 이타적인 부부간의 성관계를 가리킨다면 틀리다(참고. 2-5절 주석).

(4) 고린도 교인들은 왜 이런 말을 했는가? 우리는 추측만 할 뿐이다. (a) 그들 중 일부는 금욕주의를 받아들여서 몸에 대한 그릇된 견해를 부활과 연결시켰을 수 있다(참고. 6:12-20; 15:1-58 주석).[94] (b) 일부는 '현재의 환난을 고려해서'(참고. 26절 주석) 이런 말을 했을 수 있다. 말하자면, 일부는 현재의 위기가 진행되는 동안 피임용으로 부부간의 성관계를 삼가고 그 대신 혼외정사를 추구하는 편을 선호할 것이다.

91 "[이제]…에 대하여 말하면"은 7:25; 8:1; 12:1; 16:1, 12에도 나온다. 이는 전환적 진술로서 이제 다룰 문제를 소개하는데, 아마 고린도 교인들이 바울에게 쓴 편지에 대한 응답일 것이다(참고. 서론의 '저작 연대와 배경').

92 최근의 석의학자들은 거의 모두 동의한다. Smith, "Slogans in 1 Corinthians."

93 Fee, *First Epistle to the Corinthians*, 305. " '여자를 만지는 것'이라는 관용구는 여섯 세기에 걸쳐 다양한 저자들이 쓴 그리스 문헌에 25번이나 나오고, 두 번 중에 한 번은 명백하게 성적 교섭을 맺는 것을 가리킨다." 다음 글도 보라. Roy E. Ciampa, "Revisiting the Euphemism in 1 Corinthians 7:1," *JSNT* 31 (2009): 325-338.

94 Fee, *First Epistle to the Corinthians*, 307. "그런 경우에는 그들의 입장이 다음과 같았을 것이다. '당신 자신이 결혼하지 않은 상태고, 능동적으로 결혼을 추구하지 않고 있고, 당신이 우리에게 쓴 편지에 부정한 성행위[프로네이아(*proneia*)]를 비난했기 때문에, 우리가 아예 성교를 하지 않는 편이 더 낫지 않은가? 결국 우리가 성령으로 이미 들어간 새로운 시대에는 혼인하는 것도 없고 혼인에 항복하는 것도 없지 않은가. 우리가 지금 "천사들과 같이" 되면 안 될 이유가 있는가? 그뿐만 아니라 몸은 아무 쓸모가 없으므로, 만일 누군가가 육체적 욕구를 채우고 싶다면 언제나 창녀들이 있다.'"

7:2 바울이 1b절을 반박한다. 그와 반대로, 남편과 아내가 정기적으로 함께 성관계를 즐기는 것이 좋다. 그것이 성적 부도덕을 피하는 방법이다. 혼인관계 밖에서 성관계를 추구하는 것은 위험하고(6:12-20), 아울러 혼인관계 내에서 정기적으로 성관계를 즐기기 않는 것도 위험하다.

"남자마다"와 "여자마다"는 '결혼한' 남자와 여자를 가리킨다. 즉 이미 결혼한 사람들을 언급하는 것이다. 바울이 모든 독신이 다 결혼해야 한다고 말하는 것은 아니다(참고. 7-9절). 이 문맥에서 '두다'(가지다)라는 동사는 성적인 방식으로 갖는 것을 말한다(참고. 5:1-2a 주석).

고대 로마 세계에서 이방인 남편은 일반적으로 아내와는 오직 출산하기 위해 동침하는 한편, 남들(예. 첩과 창녀)과는 즐거움을 위해 성관계를 추구하곤 했다. 데모스테네스(Demosthenes, 주전 384-322)가 결혼의 목적을 설명한 것은 바울 당시의 로마 문화가 결혼과 성관계를 어떻게 인식했는지를 알려준다.

> 한 여자를 아내로 삼아 함께 산다는 것은 이런 뜻이다. 그녀로 자녀를 낳게 하고, 아들들을 씨족과 도시(아테네의 한 교외)의 구성원들에게 소개하고, 딸들을 그 자신의 것으로 남편들에게 약혼시키는 것이다. 우리는 정부(情婦)들을 즐거움을 위해서, 첩들을 날마다 우리 사람들을 돌보게 하려고 보유하지만, 아내들은 우리에게 적자를 낳게 하고 우리 집안의 충실한 보호자가 되게 하려고 보유한다.[95]

그러나 하나님은 남편과 아내가 오로지 서로를 즐기도록 성관계를 설계하셨다. 그 밖의 모든 것은 성적 부도덕이지만, 이는 고린도의 역사-문화적 상황에서는 정상으로 통했다.[96]

95 Demosthenes, *Against Neaera*, 122.

96 Roy E. Ciampa, "'Flee Sexual Immorality': Sex and the City of Corinth," in *The Wisdom of the Cross: Exploring 1 Corinthians*, ed. Brian S. Rosner (Nottingham, UK: Apollos, 2011), 100-133.

7:3-4 3절은 4절의 지원을 받으면서 2절을 설명한다. '부부간의 의무를 다한다'는 것은 자기 배우자와 성관계를 나눈다는 뜻이다. 각 배우자의 몸은 상대방에게 속해 있다. "나는 내 사랑하는 자에게 속하였고 내 사랑하는 자는 내게 속하였으며"(아 6:3).

바울이 여기서 아내에 대해 말하는 내용은 논란이 되지 않았다. 그녀가 남편과의 성관계를 허락해야 하는 것은 남편이 그녀의 몸에 대한 권위를 갖고 있기 때문이다. 그녀의 혼인 의무는 남편의 성적 욕구를 채우는 것이다. 반면에 바울이 남편에 대해 말하는 내용은 충격적일 만큼 반(反)문화적이었다. 남편도 똑같이 아내와의 성관계에 관여해야 하는 이유는 아내가 그의 몸에 대한 권위를 갖고 있기 때문이라는 것이다. 남편의 혼인 의무는 아내의 성적 욕구를 채우는 것이다.

이는 남편과 아내가 오로지 서로를 통해서만 성관계를 즐겨야 한다는 것을 의미한다. 성적 부도덕을 저지르는 남편은 자신을 만족시키려 하고 마치 그 자신(그의 아내가 아니라)이 그의 몸에 대한 권위를 갖고 있는 것처럼 행동하고 있다. 고대 로마 문화에서 결혼식 날과 관련된 한 (나쁜) 전통은 남편이 간음을 저지를 때라도 그녀를 여전히 사랑하고 정당하게 그의 성적 정열을 만족시키고 있다는 점을 신부에게 상기시키는 것이었다.[97]

7:5 "서로 분방하지 말라"는 2-4절의 추론이다. 남편과 아내는 서로 정기적으로 성관계를 즐겨야 하므로 서로에게서 그것을 빼앗으면 안 된다. 어느 배우자도 상대방으로부터 물러나서는 안 된다.

이 문장의 나머지 부분은 첫째 줄에 제한을 붙인다. 이 부분은 "다만"으로 시작하는데, 이는 가능한 예외의 범주가 있음을 시사한다. 기혼 부부가 서로 성관계를 삼갈 수 있는 이 예외는 네 가지 조건이 있다.

97 Winter, *After Paul Left Corinth*, 228-229.

(1) "합의상": 그들은 그만두기로 합의해야 한다.

(2) "얼마 동안": 삼가는 기간은 무한정이 아니라 짧아야 한다.

(3) "기도에 전념하기 위하여"(새번역): 삼가는 목적은 기도하는 일에 전념하는 것이어야 한다.

(4) "다시 합하라 이는 너희가 절제 못함으로 말미암아 사탄이 너희를 시험하지 못하게 하려 함이라": 그 결과는 사탄이 그들의 삼감을 이용해 부도덕한 성관계를 추구하게 유혹하지 못하도록 부부가 다시 정기적인 성관계를 즐기는 것이어야 한다. 성관계를 삼가는 동안 남편과 아내가 자제력을 잃을 수 있고, 사탄이 그 약점을 붙잡을 수 있다. 이는 혼인관계에서 정기적인 성관계는 (a) 자제력을 연습하는 것이고 (b) 너무도 중요해서 남편과 아내가 아예 그것을 삼가지 않는 편이 더 낫다는 것을 의미한다.

7:6 "이 말"은 바울이 다음에 쓰는 내용을 가리킬 수 있으나 5절에서 허용하는 조건부 금욕을 가리킨다고 보는 편이 더 자연스럽다.

7:7-9 개요

바울이 독신으로 남는 문제에 대해 다룬다.

7:7 바울이 독신과 결혼에 대해 다루는 방식은 나중에 방언과 예언에 대해 다루는 방식과 비슷하다. 여기서 그는 결혼을 추천하고 나서 과장하듯 모두가 그 자신처럼 독신이기를 원한다. 나중에는 예언을 추천하고(14:5) 나서 과장하듯 그 자신이 모든 고린도 교인보다 더 많이 방언을 말하는 것에 대해 하나님께 감사드린다(14:18).

하나님은 모든 그리스도인 성인이 다 결혼하도록 요구하지 않으신다. 그와 반대로, 독신은 바울이 선호하는 가능한 괜찮은 대안이다. "각각 하나님께 받은 자기의 은사가 있[다]"는 말은 결혼과 독신 모두 하나님으로부터 온 선물이라는 뜻이다. 구원 역사의 이 단계에서는 결혼이 본질적으로 독신보다 더 나은 것이 아니다(참고. 1-40절의 '응답 2').

다시 한 번, 바울이 말하는 바는 반문화적이다. 로마 문화는 모든 성인이 다 결혼하기를 기대했다. 로마법은 남자들(25-60세)과 여자들(20-50세)이 결혼하지 않는다면 그들에게 벌금을 매겼다. 여기에는 이혼한 사람들이나 배우자와 사별한 이들도 포함되었다.[98]

7:8-9 ESV(와 개역개정)는 8절을 "결혼하지 아니한 자들과 과부들"로 번역하는데, 여기서 바울이 '홀아비들'과 과부들에게 말하고 있을 가능성이 있다.[99] 만일 그렇다면, "나와 같이"는 바울이 예전에 결혼했고 그의 아내가 죽었다는 것을 암시한다.[100] 이와 상관없이, 이 집단의 이상적인 입장은 독신으로 남고 결혼(재혼)하지 않는 것이다.

바울은 조건을 붙인다. 만일 어느 독신이 자신의 성적 정열을 통제하지 않아서[101] 결혼을 통한 배출구가 필요하다면 꼭 결혼해야 한다. "정욕이 불같이 타는 것"은 비유적 표현으로서 성적 정열이 통제 불가능한 상태가 되는 것을 의미한다.[102] 부도덕한 성관계를 추구하기보다는 결혼하는 편이 낫다.

7:10-16 개요

바울은 이혼 문제를 다룬다. 그는 두 개의 다른 부류(10-11, 12-16절)를 다루면서 각 부류의 이상적인 입장을 설명하고 (8-9절에서와 같이) 더 작은 선

98 Bruce W. Winter, *Roman Wives, Roman Widows: The Appearance of New Women and the Pauline Communities* (Grand Rapids, MI: Eerdmans, 2003), 137-138.

99 Fee, *First Epistle to the Corinthians*, 319.

100 하나님께서 옛 언약 아래서는 그분의 백성이 결혼하기를 기대하셨고(참고. 7:1-40의 응답), 따라서 선량한 바리새인(바울이 과거에 그런 사람이었다)이 결혼하지 않았을 가능성은 거의 없었다. 7:28과 7:40에 나오는 바울의 충고는 경험에서 나올 것이다.

101 "만일 그들이 자제력을 발휘할 수 없다면"(ESV 참고)으로 번역된 어구를 좀 더 양식적으로 번역하면 '만일 그들이 자제력을 발휘하지 않는다면'이 된다. 이는 반드시 그들이 부도덕한 성관계를 추구하고 있다는 뜻은 아니다. 그들이 부도덕한 성적 욕구와 씨름하고 있다는 뜻일 수 있다.

102 BDAG, s.v. πυρόω.

택지를 허용한다.

7:10-11 남편과 아내가 취할 이상적인 입장은 결혼한 상태로 머물고 어느 쪽이든 상대방과 이혼하지 않는 것이다. 이 대목은 적어도 3개의 질문을 제기한다.

(1) 바울이 왜 여기서는 "명하는 자는 내가 아니요 주시라"고 말한 뒤에 12절에서는 "이는 주의 명령이 아니라"라고 말하는가? 그는 주 예수님이 지상 사역 동안 가르치신 것을 언급하고 있다(마 5:32; 19:9). 예수님은 지상 사역을 하신 동안 바울이 10-11절에서 제기하는 쟁점은 직접 다루신 적이 있지만(그리고 예수님이 마 5:32과 19:9에서 예외를 허용하셨으나 이는 바울이 여기서 반복하지 않는다), 12-16절에서 제기하는 쟁점은 다루지 않으셨다. 바울이 10-11절은 권위가 있으나 12-16절은 권위가 없고 틀릴 수 있는 개인 의견에 불과하다고 암시하는 게 아니다. 사도 바울의 가르침에는 하나님의 영감이 담겨 있다. 예수님은 당시에 동료 유대인과 결혼한 유대인들을 가르치고 있었기 때문에 이 쟁점을 다루지 않으셨을 뿐이다. 그런데 이번은 새로운 상황이다. 바울은 예수님을 믿지 않는 이방인들과 결혼한 믿는 이방인들을 가르치는 중이다.

(2) 10-11절의 마지막 어구에 나오는 용어들인 '갈라서다'[코리조(*chōrizō*)]와 '이혼하다'[아피에미(*aphiēmi*), 개정개역은 "버리다"]는 차이점이 있는가? 없다. 둘은 동의어다.[103] 바울은 오늘날 일부 문화에 있는 '갈라섰으나 이혼하지 않은 것'이라는 범주를 알지 못할 것이다.[104]

(3) 바울에 따르면, 어떤 사람이 배우자와 이혼한다면 그에게는 두 가지

103 David Instone-Brower, "1 Corinthians 7 in the Light of the Graeco-Roman Marriage and Divorce Papyri," *TynBul* 52 (2001): 106-107; David Instone-Brower, *Divorce and Remarriage in the Bible: The Social and Literary Context* (Grand Rapids, MI: Eerdmans, 2002), 198-199.

104 그렇다고 해서 그리스-로마 문화에서 남편과 아내가 훗날 재결합할 것을 바라보며 한시적으로 갈라서는 것과 같은 일이 절대로 없었다는 뜻은 아니다. 오히려 바울이 여기서 사용하는 두 용어는 동의어로서 오늘날 일부 문화가 '별거'로 부르는 것을 가리키지 않는다는 뜻이다.

대안이 있다. (a) 결혼하지 않은 상태로 남는 것과 (b) 배우자와 화해하는 것이다. 이 둘만이 유일한 대안인가? 만일 그 이혼에 성경적 근거가 없다면 그렇다. 그러나 그 이혼에 성경적 근거가 있다면 그렇지 않다(참고. 15-16절 주석).

7:12-14 바울은 "나머지 사람들", 곧 8-11절에 해당되지 않는 사람들에 대해 다룬다. "주의 명령이 아니라"에 관해서는 10-11절 주석을 참고하라.

바울은 그리스도인이 비그리스도인과 결혼하는 것을 금하기 때문에(39절), 그가 여기서 염두에 두고 있는 시나리오는 어느 비그리스도인은 신자가 되지만 그의 배우자는 그렇지 않은 경우다. 그리스도인은 자기 배우자가 그리스도인이 아니라고 해서 성급하게 이혼해서는 안 된다. 한 배우자가 그리스도인이면 온 가족이 유익을 얻기 때문이다. 비그리스도인 배우자와 자녀들 모두 '거룩하다'(참고. 벧전 3:1-2), 다시 말해 불결하지 않고 깨끗하다. 이는 그리스도인 배우자가 자동적으로 나머지 식구를 그리스도인으로 바꾼다는 뜻이 아니다(16절). 그 몸이 성령의 전(6:19-20)인 그리스도인이 온 집안을 어떤 의미에서 구별시키고 그 집안에 긍정적인 영향을 미친다는 뜻이다.[105]

7:15-16 바울이 한 가지 예외를 포함한다. 13-14절에서 비그리스도인 배우자에 대한 조건은 그 배우자가 그리스도인 배우자와 살기로 동의하는 것이다. 그러나 만일 비그리스도인 배우자가 물리적으로 그리스도인 배우자를 버린다면(예. 그리스도인 배우자의 믿음을 배척하는 것), 그리스도인은 더 이상 결혼한 상태로 남을 의무가 없다. "믿지 않는 사람 쪽에서 헤어지려고 하면, 헤어져도 됩니다"(15절, 새번역). 이 헤어짐은 본질적으로 이혼을 구성

105 히브리서 10:29에 나오는 구원과 무관한 성화의 언어를 참고하라.

106 David Instone-Brewer, "Divorce," in *Dictionary of Jesus and the Gospels*, ed. Joel B. Green, Jeannine K. Brown, and Nicholas Perrin, 2nd ed. (Downers Grove, IL: IVP Academic, 2013), 216.

하는 물리적이고 공간적인 버림을 가리킨다. "로마법에는 '헤어짐'과 '이혼' 사이에…아무런 구별도 없었다. 결혼관계를 끝낼 것을 내다보며 헤어진 사람은 어떤 증서나 법정 출두가 없어도 완전히 이혼한 것으로 간주되었다."[106]

믿지 않는 배우자가 물리적으로 그리스도인 배우자를 버리면 그리스도인은 "얽매일 것이 없[기]"(새번역) 때문에 이혼할 자유가 있다. 바울이 이렇게 제시하는 이유는, 하나님께서 그리스도인을 평화롭게 살도록 부르셨기 때문에 믿는 아내나 남편이 자기를 물리적으로 버린 믿지 않는 배우자와 화해하기 위해 무한정 기다릴 의무가 없다는 것이다. 그리스도인 배우자는 자기가 믿지 않는 배우자를 구원하실 하나님의 도구가 될지를 확신할 수 없다.[107]

7장

15절에 나오는 "얽매일 것이 없[다]"는 말이 무슨 뜻인지에 대해서는 두 가지 견해가 있다.

(1) 그리스도인은 이혼할 자유는 있으나 재혼할 자유는 없다(즉, 10-11절을 이 상황에 적용한다).

(2) 그리스도인은 이혼할 자유와 재혼할 자유가 모두 있다.

둘째 견해가 옳을 가능성이 훨씬 많은데, 다음 두 가지 이유 때문이다.

(1) "얽매일 것이 없[다]"는 개념적으로 39절에 나오는 "매여 있다"와 '결혼할 자유가 있다'와 병행한다.

(2) 고대 그리스-로마 세계와 유대 세계 모두에는 재혼을 배제시키는 합법적 이혼이라는 범주가 없었다.[108]

따라서 물리적으로 자기 배우자를 버리는 것이 이혼의 근거가 되는 이유는 그것이 "떠나…합하여 둘이 한 몸을 이룰지로다"(창 2:24)라는 결혼

107 만일 그리스도인이라 고백하는 배우자가 그리스도인인 상대방을 버리는 죄를 짓는다면, 교회가 그 결혼을 회복시킬 것을 목표로 삼아 교정용 징계의 절차를 밟아야 한다. 만일 그 배우자가 회개하지 않는다면, 교회는 그 배우자를 신자로 인정하지 않기로 결정할 수 있다(참고. 5:1-13 주석).

108 Andrew David Naselli, "What the New Testament Teaches about Divorce and Remarriage," *DBSJ* 24 (2019): 12, 32-34.

언약을 깨는 행위기 때문이다. 한 사람이 성경적인 근거로 이혼한 뒤에는 재혼할 자유가 있다.[109]

7:17-24 개요

바울은 자기가 7장에서 각 사안을 다루는 방식을 포괄하는 일반 원리를 펼쳐놓는다. '하나님께서 당신을 부르신 곳에 머물라'이다.[110] 그는 여기서 이 원리를 세 번이나 진술한다(17, 20, 24절). 그 사이에 이 원리를 예시하는 상황이 4개 나온다. 둘은 할례와 둘은 노예 신분과 관련이 있다(표7).

7:18a	그리스도인 유대인	무할례자가 되는 것
7:18b	그리스도인 이방인	할례자가 되는 것
7:21-22a	그리스도인 종들	자유롭게 되는 것
7:22b-23	그리스도인 자유인들	종이 되는 것

표7. '현재 처한 상황에 머물라'는 원리의 예시들

둘째 상황을 불러일으키는 동기는 아마 나쁜 신학(바울이 갈라디아서에서 바

109 이혼과 재혼에 관해서는 다음 자료들을 보라. William A. Heth, "Jesus on Divorce: How My Mind Has Changed," *SBJT* 6/1 (2002): 4-29; William A. Heth, "Remarriage for Adultery or Desertion," in *Remarriage after Divorce in Today's Church: Three Views*, ed. Mark L. Strauss, Counterpoints (Grand Rapids, MI: Zondervan, 2006), 59-83, 96-100 (43-47, 127-131도 보라); Jim Newheiser, *Marriage, Divorce, and Remarriage: Critical Questions and Answers* (Phillipsburg, NJ: P&R, 2017). 필자는 성적 부도덕과 버림이 이혼의 유일한 근거들이라고 생각하지 않는다. 출애굽기 21:10에 따르면, 남편은 자기 아내를 부양할 책임이 있다. "만일 상전이…그 여자의 음식과 의복과 동침하는 것은 끊지 말 것이요." 우리는 더 작은 것으로부터 더 큰 것으로 논증할 수 있다. 만일 그것이 한 남편의 아내('종')에게 해당되었다면, 그것은 그의 '자유인' 아내에게 얼마나 더 해당되겠는가? 출애굽기 21:10은 남편이 아내를 부양하지 않을 때 하나님께서 그 취약한 아내에 대해 매우 신경 쓰신다는 것을 보여준다. 그리고 신약에는 예수님이 모세의 율법을 성취하신 것이 아내의 권리와 남편의 책임을 무효로 만들었다는 것을 시사하는 곳이 전혀 없다. 그와 반대로, 바울이 고린도전서 7장에서 쓰는 내용은 여러 방식으로 출애굽기 21:10과 병행한다. Naselli, "Divorce and Remarriage," 35-37을 보라.

110 이 원리는 미혼자는 결코 결혼을 추구하면 안 된다는 뜻이 아니다. (성경의 나머지 부분은 말할 것도 없고) 7장의 다른 곳에서 결혼은 타당하고 고상한 선택이기 때문이다.

로잡는)일 것이다. 첫째와 셋째와 넷째 상황을 불러일으키는 동기는 아마 좀 더 영향력을 갖고 부유하게 되려고 사회적 사다리를 올라가려는 죄악된 욕망일 것이다.[111] 그리스도인이 된 사람들은 그들의 사회적 신분을 바꿀 필요가 없다.

바울은 그리스도인이 자신의 상황이 어떠하든 하나님을 섬기고 기쁘게 할 수 있다는 것을 예증하기 위해 이 단락의 중간에서 할례와 노예 신분에 대해 다룬다. 즉 결혼했든 독신이든, 할례를 받았든 받지 않았든, 노예든 자유인이든 상관없다는 것이다. 하나님 앞에서 본인의 신분에 관한 한 어떤 상황도 본질적으로 다른 상황보다 더 낫지 않다. 누구든지 그리스도인이 된다고 해서 그의 정황을 바꿔야 하는 것은 아니다. 물론 바꾸는 것도 타당한 선택이 될 수 있지만 말이다.

7:17 바울이 '하나님께서 당신을 부르신 곳에 머물라'는 원리를 진술한다.

7:18-19 바울은 '하나님께서 당신을 부르신 곳에 머물라'는 원리를 할례에 적용한다. 유대인은 남자들에게 할례를 받도록 요구했다. "할례 받은 흔적을 지우려고 하지 마십시오"(새번역)는 '에피스페즘'(epispasm)이라 불리는 수술 절차를 가리키는 동사를 번역한 것이다. 에피스페즘은 '할례를 감추기 위해…음경의 끝을 포피로 덮는 것'이다.[112] 일부 로마인들이 유대인을 배척하던 시기(참고. 행 18:1-2)에 일부 헬라파 유대인은 체육관과 공중목욕탕 같은

111 Bruce W. Winter, *Seek the Welfare of the City: Christians as Benefactors and Citizens*, First-Century Christians in the Graeco-Roman World (Grand Rapids, MI: Eerdmans, 1994), 145-164. 명예-수치 문화에서 고린도 교인들은 명예에 지나치게 몰두하려는 유혹을 받았다. 이는 C.S. 루이스의 《캐스피언 왕자》(시공주니어)에 나오는 용감하고 의협심이 강한 생쥐 리프치프가 전투 후에 자기 꼬리를 되찾아 달라고 아슬란에게 부탁하는 모습과 비슷하다. "'그런데 너는 꼬리로 무엇을 하고 싶으냐?' 아슬란이 물었다. '나리, 저는 꼬리가 없어도 저의 왕을 위해 먹고 자고 죽을 수 있습니다. 그러나 꼬리는 생쥐의 명예와 영광입니다' 하고 그 생쥐가 말했다. '친구여, 나는 때때로 네가 네 명예에 대해 너무 많이 생각하는 게 아닌지 의아해 하곤 했다'라고 아슬란이 대답했다"[C. S. Lewis, *Prince Caspian: The Return to Narnia* (New York: Macmillan, 1951), 174].

112 BDAG, s.v. ἐπισπάω.

곳에서 눈에 띄는 할례 받은 상태에 대해 당혹스러워 했다. 바울은 하나님께서 한 사람을 그리스도인이 되도록 부르실 때는 그 사람이 할례를 받았는지 여부에 대해 우려할 필요가 없다고 말한다. 그 문제는 이제 중요하지 않다(참고. 갈 5:6; 6:15). 중요한 것은 "하나님의 계명을 지[키는]" 일이다.

바울의 주장이 깜짝 놀랄 만한 것인 이유는, 할례를 받는 것이 구약에서 "하나님의 계명"을 지키는 일이었기 때문이다. 하나님은 옛 언약 아래서 남자들에게 할례를 받도록 명령하셨다. 그런데 어떻게 해서 유대인을 구별하는 경계표지 중 하나가 더 이상 중요하지 않을 수 있을까? 새 언약 아래 있는 하나님의 백성은 더 이상 옛 언약 아래 있지 않고 "그리스도의 율법 아래에"(고전 9:21) 있다. 옛 언약이 쓸모없게 된 것이다.[113]

5-7장의 맥락에서 하나님은 그분의 백성에게 부도덕한 성관계에 관여하지 말라고 명령하시고, 7장은 처음부터 끝까지 바울이 결혼하는 것과 독신으로 사는 것에 관해 논의한다. 그래서 19절은, 하나님 앞에서 중요한 것은 결혼했는지 독신인지가 아니라 하나님의 계명을 지키는 일이고, '특히 부도덕한 성관계와 관련해서'[114] 그렇게 하는 것이라는 뜻이다.

7:20 바울은 '하나님께서 당신을 부르신 곳에 머물라'는 원리를 되풀이한다(참고. 17절).

7:21-23 바울은 '하나님께서 당신을 부르신 곳에 머물라'는 원리를 노예 신분에 적용한다. 하나님께서 한 사람을 그리스도인으로 부르실 때, 그 사람은 자기가 종인지 자유인인지에 대해 우려할 필요가 없다(바울은 만일 종이

113 Douglas J. Moo, "The Law of Christ as the Fulfillment of the Law of Moses: A Modified Lutheran View," in *Five Views on Law and Gospel*, ed. Wayne G. Strickland, Counterpoints (Grand Rapids, MI: Zondervan, 1996), 319-376 (83-90, 165-173, 218-225, 309-315도 보라); Thomas R. Schreiner, *40 Questions about Christians and Biblical Law*, 40 Questions (Grand Rapids, MI: Kregel Academic, 2010); Jason S. DeRouchie, *How to Understand and Apply the Old Testament: Twelve Steps from Exegesis to Theology* (Phillipsburg, NJ: P&R, 2017), 427-459.

114 참고. Ciampa and Rosner, *First Letter to the Corinthians*, 315-316.

자유롭게 될 기회를 얻는다면 그것을 취해야 한다고 첨언한다).[115]

22절은 21a절에 대한 이유를 제시한다. 23a절은 22b절을 설명하고, 23b절은 23a절의 추론이다. 이 구절은 이렇게 풀어 쓸 수 있다. "종이여, 하나님께서 당신을 구원하신 후에 종으로 남는 것에 대해 우려하지 말라. 당신은 이미 주님 안에서 자유롭기 때문이다. 거꾸로 자유인이여, 당신은 그리스도의 종이 되었다. 하나님께서 그리스도의 죽음을 대가로 치르고 당신을 사셨기 때문이다. 그런즉 자발적으로 동료들에게 종이 되지 말라." 자유인으로 태어난 일부 헬라인은 로마 시민이 될 목적으로 로마 집안의 두드러진 종이 되기로 선택하기도 했다.

7장

7:24 바울은 '하나님께서 당신을 부르신 곳에 머물라'는 원리를 되풀이한다(참고. 17, 20절).

7:25-40 개요

바울은 결혼하는 것을 사안으로 다룬다. '약혼한 사람'(25절, ESV 참고, 개역개정은 "처녀")은 '처녀'를 가리킬 수 있으나 '약혼한' 여자를 가리킬 가능성이 더 많다. 그런 약혼관계를 깨뜨리는 유일한 방법은 이혼이었다(예. 마 1:18-19). 그래서 이 대목의 문제는 '현재의 환란을 고려해서'(고전 7:26, 개정개역은 "곧 임박한 환난으로 말미암아") 약혼한 커플은 (1) 지금 결혼해야 하는가, 아니면 (2) 이 시기에는 결혼하는 것을 삼가고 현재의 위기가 끝날 때까지 기다려야 하는가 하는 것이다. 일부 고린도 교인들은 이 시기에 결혼하는 것을 죄라고 생각했던 것이 분명하고(28, 36절을 보라), 바울은 그것이 죄는 아니라도 가장 신중한 선택이 아닐 수 있다고 답한다.

115 "종"(bondservant)이라는 번역어에 관해서는 ESV 서문을 보라. 로마 제국의 1세기 노예 신분에 관해서는 Murry J. Harris, *Slave of Christ: A New Testament Metaphor for Total Devotion to Christ*, NSBT 8 (Downers Grove, IL: IVP Academic, 1999), 25-45를 보라. 다음 책도 보라. Bruce W. Winter, "St. Paul as a Critic of Roman Slavery in 1 Corinthians 7:21-23," *Παύλεια* 3 (1998): 339-354.

7:25 바울은 다시금 예수님이 지상 사역 동안 이 쟁점을 직접 다루지 않으셨다고 분명히 말한다(참고. 12절과 10-11절 주석). 그러나 12절과는 달리 25-40절에서는 바울이 스스로 추론한 의견을 나누고 고린도 교인들에게 해야 할 일을 명령하지 않는다. 이 상황은 그리스도인이 서로 다른 선택을 해도 좋은, 지혜와 관련된 문제다.

7:26 바울은 '하나님께서 당신을 부르신 곳에 머물라'는 원리를 되풀이한다(참고, 17, 20, 24절). '현재의 환란을 고려하여'(개역개정은 "임박한 환난으로 말미암아")는 약혼한 사람들과 관련하여 그 원리에 제한을 두고, 25-40절을 해석하는 데 매우 중요하다. 이 어구는 두 가지 방식으로 해석할 수 있다.

(1) '현재의 환난'은 위기가 아니라 '사물의 본질에 내재된 제약'[116]을 가리킨다. 그 제약은 그리스도의 초림과 재림 사이의 모든 기간 동안 일어난다.[117]

(2) '현재의 환난'은 위기, 곧 '괴로움이나 재난의 상태'를 가르킨다.[118] 이는 주후 51년에 있었던 기근으로 인해 그리스에서 일어난 5년 동안의 식량 부족 위기를 말하는 듯하다.[119] 이 위기는 아마도 사회적 불안정(예. 폭동)과 경제적 불확실성(예. 매점매석)을 낳았을 것이다.

두 가지 견해에 공동되게 해당되는 것이 있다. 29-31절에 나오는 5개의 "…같이" 어구는 우리가 땅 위에서 보내는 시간이 한시적이라는 것과 우리가 지상의 활동에 너무 밀착되어 있으면 안 된다는 것을 강조한다.

116 BDAG, s.v. ἀνάγκη.

117 D. A. Carson, "As If Not," *Themelios* 38 (2013): 1-3.

118 BDAG, s.v. ἀνάγκη.

119 Winter, *After Paul Left Corinth*, 215-225, 241-268; Barry Danylak, "Tiberius Claudius Dinippus and the Food Shortage in Corinth," *TynBul* 59 (2008): 231-270; Barry Danylak, "Secular Singleness and Paul's Response in 1 Corinthians 7" (PhD Diss., University of Cambridge, 2011), 120-131.

둘째 견해가 더 가능성이 높은 이유는, 그것이 역사-문화적 맥락과 문학적 맥락에 매우 잘 들어맞기 때문이다. 사회적 격동기에는 독신이 살아가기가 더 쉽고 결혼한 사람은 더 많은 책임이 있다. 따라서 바울이 26-38절에서 추천하는 바는 '현재의 환난'에 비추어 고린도 교인들에게 직접 적용되지만 다른 모든 상황에 그와 똑같이 적용되는 것은 아니다. 이 단락에 나오는 바울의 모든 충고는 고린도 교인들이 겪고 있는 '현재의 환난'에 비추어 읽어야 한다. 그러므로 이 단락으로부터 그리스도인이 독신으로 지내는 것이 언제나 더 전략적이라거나 가장 헌신된 그리스도인은 독신주의자라고 추론하는 것은 옳지 않다.

7:27 바울은 그 원리를 26절부터 적용한다. '현재의 환난'에 비춰 볼 때, 당분간은 당신이 약혼을 했으면 약혼한 상태로 머물고(즉, 아직 결혼하지 말라), 독신이고 약혼하지 않았다면 독신으로 남으라(즉, 이 시점에서는 약혼을 하려 하지 말라). 어떤 이들은 바울이 먼저 '결혼한' 남자들에게 말하고 이후 '독신' 남자들에게 말한다고 생각하지만, 그는 그보다 더 구체적이다. 그는 먼저 '약혼한' 남자들에게 말하고 이후 '약혼하지 않은' 남자들에게 말한다.

7:28 바울은 27절에 제한을 둔다. 결혼하는 것은 죄가 아니므로 결혼하는 것도 타당한 선택이다. 그는 "다만 결혼한 사람들은 세상 고통에 시달릴 터이므로 여러분을 아끼는 마음에서 이 말을 하는 것"(공동번역)이라고 경고한다. '현재의 환난'(26절) 중에 결혼하는 것은 역경을 초래할 테고, 바울은 그들이 이를 피하기를 바란다.

7:29-31 29a절은 26-28절에 대해 "그때가 단축하여[졌다]"고 설명한다.
이어서 바울은 29a절로부터 하나의 추론을 이끌어낸다. 이제 때가 얼마 남지 않았으니 그리스도인은 영원한 실재들을 일시적인 것들보다 우선시해야 한다는 것이다. 다섯 가지 실례들이 이를 예증한다(29b-31a절). 그리스도인은 결혼, 슬퍼하는 것, 기뻐하는 것, 소유물을 사는 것, 세상의 물건을 사용하는 것을 올바른 관점에서 보아야 한다. 그것들은 본래 죄악된 것이 아니다. 그것들 모두 중요하고 하나님께 영광을 돌릴 수 있다. 그러나 '궁극적으로는' 중요하지 않고 '비교적' 중요할 뿐이다. 우리가 현재 느끼는 긴장(결혼 대 독신, 슬퍼하는 것 대 기뻐하는 것, 소유물을 사는 것 대 그런 것을 사지 않는 것, 세상의 물건을 사용하는 것 대 그런 것에 사로잡히는 것)은 '이' 세상의 일부지 다음 세상의 일부가 아니다.[120] 그리스도인은 특히 위기의 때에 무엇을 행할지에 대해 전략을 세우면서 이런 것들의 기준을 세워두어야 한다.

31b절은 29b-31a절에 대한 이유를 제공한다. "이 세상의 외형은 지나감이니라." 그래서 29a절과 31b절은 29b-31a절에 대한 비슷한 이유들이다. 그리스도인은 (특히 26절에 나오는 '현재의 환난'에 비추어) 현 세상의 일상적 활동에 너무나 밀착된 나머지 다음 세상을 고려하지 못한 채 살아가서는 안 된다.

7:32-34 32절의 첫 문장은 26-28절을 좀 더 설명한다. 바울은 고린도 교인들이 '현재의 환난'(26절) 때문에 염려에 휩싸이기를 원치 않는다. 결혼하지 않은 남자와 여자는 주의가 분산될 일이 별로 없어서 자유롭게 주님을 섬길 수 있지만, 결혼한 남자와 여자는 서로에 대해 그리고 자녀들에게 더 많은 의무가 있어서 (정당하게) 주의가 분산된다. 바울의 충고는 온갖 역경을 겪었던 개척 선교사의 경험을 반영한다(예. 고후 4:8-12; 6:4-10; 11:23-28).

7:35 이제 바울은 방금 말한 것(32-34절)의 목적을 설명한다. 그는 고린도 교인들이 '현재의 환난을 고려하도록'(26절) 도와주기 원한다. 그들에게 짐을 지우거나 제약을 가하고 싶어하지 않는다. "올무를 놓[는다]"는 것은 '그를 붙잡거나 제지하기 위해 올가미를 씌운다(전쟁이나 사냥에서 나온 표

120 고린도후서 6:10은 바울의 목록에 나오는 마지막 네 항목과 병행하며 그리스도인이 구원 역사의 이 시점에 느끼는 긴장을 표현한다.

현)'[121]는 뜻이다. 바울은 단지 고린도 교인들이 '나뉘지 않은 헌신'(34절에 나온 '나뉘진' 관심사들과 대조하라)으로 주님을 섬기기를 원할 뿐이다.

7:36-38 다음으로 바울은 26절에서 진술한 원리와 29-35절의 담론을 적용한다. 치밀한 논증을 펼치는 이 대목에서, 36절은 28a절을 확장하여 38a절로 이끌어주는 한편, 37절은 27절을 확장하여 38b절로 이끌어준다.

> (A) 어떤 이가 결혼을 단념하는 것이 자기의 약혼녀에게 온당하게 대하는 일이 못 된다고 생각하면, 더구나 애정이 강렬하여 꼭 결혼을 해야겠으면, 그는 원하는 대로 그렇게 하십시오. 결혼하는 것이 죄를 짓는 것이 아니니, 그런 사람들은 결혼하십시오(36절).
>
> (B) 그러나 결혼하지 않기로 마음을 굳게 먹은 사람이, 부득이한 일도 없고 또 자기의 욕망을 제어할 수 있어서, 자기 약혼녀를 처녀로 그대로 두기로 마음에 작정하였으면, 그것은 잘하는 일입니다(37절).
>
> (A′) 그러므로, 자기의 약혼녀와 결혼하는 사람도 잘하는 것이지만(38a절)
>
> (B′) 결혼하지 않는 사람은 더 잘하는 것입니다(38b절, 이상 새번역).

36절의 화두는 처녀와 약혼한 그리스도인 남자를 가리킨다. 문법, 문맥, 역사-문화적 맥락은 그것이 자신의 결혼하지 않은 딸의 결혼 허락을 거부하는 아버지를 가리킬 가능성을 아예 배제시킨다.[122]

바울은, 전반적으로(모든 상황에서) 결혼이 좋지만 독신이 우월하다고 주장하는 것이 아니다. 오히려 일반적인 원칙으로서 약혼한 커플은 결혼하는 것이 좋지만 '현재의 환난을 고려해서' 당분간은 삼가는 편이 더 낫다는 자기 의견을 전한다(참고. 26-27절 주석).

121 BDAG, s.v. βρόχος, 참고. s.v. ἐπιβάλλω.

122 NASB가 그렇게 해석한다. Garland, *1 Corinthians*, 336-338을 보라.

7:39-40 앞 문장(38절)에서 결혼을 언급한 후, 바울은 고린도 교인들에게 결혼은 죽을 때에 비로소 깨어지는 일평생의 언약임을 상기시킨다(참고. 12-16절 주석). 그리스도인은 다음 두 가지 조건에 따라 자기가 원하는 누구와도 재혼할 자유가 있다. (1) 그의 배우자가 죽었다. (2) 새로운 배우자가 그리스도인이다.[123]

바울은 과부가 재혼하지 않는다면 더 행복할 것이라는 자기 생각을 덧붙인다(만일 바울이 홀아비였다면 그의 경험에 기초해서. 참고. 8-9절 주석). "그냥 지내는 것"은 26b절의 원리를 되풀이한다. "사람이 그냥 지내는 것이 좋으니라."

일부 고린도 교인들은 그들에게 하나님의 영이 있어서 25-40절에 나온 바울의 충고가 필요 없다고 생각했던 듯하다. 바울의 마지막 줄("나도 또한 하나님의 영을 받은 줄로 생각하노라")은 그들에게 (약간의 우호적인 비꼼으로) 그의 신중한 자문을 제쳐놓지 말라고 경고한다(참고. 25절 주석).

응답

1. 당신의 혼인 여부나 사회적 신분과 상관없이 하나님께서 당신을 부르신 곳에 머무는 데 만족하라.

이것이 바울이 7장 내내 말한 일반 원리를 적용하는 방식이다. "너희는 값으로 사신 것이니"(23절). 우리는 그리스도에게 속해 있다. 이것이 우리의 일차적 정체성이다. 혼인 여부나 사회적 신분이 우리의 정체성이 아니다. 많은 사람은 자신의 환경이 바뀌면 마침내 행복해질 것이라고 생각한다.

123 Mike Gilbart-Smith, "Can Christians Marry Non-Christians? A Biblical Theology," 9Marks, March 13, 2017, http://www.9marks.org/article/can-christians-marry-non-christians-biblical-theology; Kathy Keller, "Don't Take It from Me: Reasons You Should Not Marry an Unbeliever, The Gospel Coalition, January 22, 2012, http://thegospelcoalition.org/blogs/tgc/2012/01/23/don't-take-it-from-me-reasons-you-should-not-marry-an-Unbeliever.

또는 더 나은 상황으로 움직인다면 하나님을 더 잘 섬길 수 있다고 여길지 모른다. 독신은 결혼하는 것을 꿈꿀 수 있다. 기혼자들은 결혼하지 않은 모습에 대해 꿈꿀지 모른다. 어쩌면 비그리스도인과 결혼한 상태에서 벗어나거나 혼인의 책임에서 자유로워지고 싶을지도 모른다. 누군가는 자신의 사회적 신분을 상승시킬 더 나은 직업에 대해 꿈꿀 수 있다. 한 신분에서 다른 신분으로 전환하는 것이 반드시 죄는 아니다. 독신에서 기혼자로, 기혼자에서 이혼자로, 종에서 자유인으로 바뀔 수 있다. 그러나 하나님께서 우리에게 그런 변화를 도모하도록 말씀하셔야 한다. 우상숭배가 그 동기가 되면 안 된다. "이 세상의 외형은 지나감이니라"(31b절). 그런즉 이 세상을 다음 세상보다 우선시하지 말라.[124]

7장

2. 독신의 은사를 귀하게 여기라.

일부 교회들에는 미혼인 성인들이 열등감을 느끼게 하는 문화가 있다. 마치 그들에게 무슨 잘못이 있는 것처럼 말이다. 이럴 경우 독신들은 자신이 더 좋은 삶을 놓친 것처럼 느낄 수 있다. 또는 기혼자들이 자신을 얕보면서 아직 철이 들지 않고 성인의 마땅한 본분을 수행하지 못한 사람으로 본다고 느낄지도 모른다. 그 본분이란 결혼해서 (많은) 자녀를 두는 것을 말한다. 그러나 결혼을 창안하신 하나님께서 독신을 그분의 귀중한 선물과 전략적 소명의 하나로 묘사하는 7장의 말씀을 쓰도록 영감을 불어넣으셨다.

구원의 역사에서 항상 이와 같았던 것은 아니다. 맨 처음 하나님은 "사람[남자]이 혼자 사는 것이 좋지 아니하니"(창 2:18)라고 선언하셨다. 그분은 인류에게 "생육하고 번성하여 땅에 충만하라, 땅을 정복하라"(창 1:28)고 지시하셨다. 옛 언약 아래서는 하나님께서 모든 이스라엘 남자와 여자가 혼인하기를 기대하셨다. 결혼해서 자녀를 낳는 일은 하나님의 복을 의

124 Kevin DeYoung, *Just Do Something: A Liberating Approach to Finding God's Will; or, How to Make a Decision without Dreams, Visions, Fleeces, Open Doors, Random Bible Verses, Casting Lots, Liver Shivers, Writing in the Sky, etc.* (Chicago: Moody, 2009).

미했고, 독신이나 불임은 하나님의 저주를 의미했다. 이스라엘 백성이 유산으로 받은 가문의 땅을 지키고 가문의 이름을 보존하려면 자손이 필요했다. 그러나 새 언약 아래서는 그렇지 않다. 구약 내내 나오는 자손이라는 용어는 다가올 '그' 자손, 곧 하나님의 복을 세상에 중재할 그 자손을 가리킨다.[125] 예수님이 바로 '그' 자손(갈 3:16)이고, 그분이 새 언약을 중재하신다. 결혼해서 자녀를 갖는 것이 창조의 규범(창 1:28; 2:18)이기는 하지만, 그것은 더 이상 하나님의 언약 백성에게 기본 규범이 아니다. 이제는 하나님께서 그분의 백성 중 일부에게 독신의 은사를 주셨고, 그 결과 그들은 (1) 단순하게 살고(즉, 배우자와 자녀들로 인한 스트레스와 책임 없이), (2) 결혼, 성관계 또는 자녀와 상관없이 그리스도께서 그들에게 필요한 전부임에 만족하며, (3) 더욱 흔쾌히 일편단심으로 그리스도를 섬길 수 있게 된다. 바울이 독신에 관해 말하는 내용은 유대교나 이슬람교나 몰몬교와 근본적으로 다르다. 물론 결혼을 명령하고 독신을 배척하는 다른 일신교적 종교들과도 다르다.[126]

3. 결혼을 적절한 자리에 두고 소중히 여기라.

우리는 결혼을 하나님으로부터 온 은혜로운 선물로 소중히 여겨야 한다. 그분이 우리에게 결혼을 주신다면, 우리는 그것을 감사함으로 받고 청지기답게 신실하게 지켜야 마땅하다. 반면에 결혼을 우상화하거나 평가절하해서는 안 된다. 우리가 만일 결혼이 행복에 대한 속 깊은 갈망을 충족시킬 것으로 생각한다면 결혼을 우상화하는 것이다. 이는 오직 하나님만 하

125 Jason S. DeRouchie, "Counting Stars with Abraham and the Prophets: New Covenant Ecclesiology in OT Perspective," *JETS* 58 (2015): 445-485.

126 이 단락의 대부분은 Barry Danylak, *Redeeming Singleness: How the Storyline of Scripture Affirm the Single Life* (Wheaton, IL: Crossway, 2010)를 요약한 것이다. 다음 책도 보라. Timothy Keller, with Kathy Keller, *The Meaning of Marriage: Facing the Complexities of Commitment with the Wisdom of God* (New York: Dutton, 2011), 192-218.

실 수 있는 일이다.[127] 우리가 만일 결혼이 무거운 책임을 수반해서 염려를 낳기 때문에 이혼을 추구하거나 이기적으로 결혼을 멸시하거나 배척한다면 결혼을 평가절하하는 것이다.[128]

4. 당신이 결혼했다면 정기적으로 배우자와 성관계를 즐기라(2-5절).

로마 가톨릭 교회는 중세에 해마다 약 40퍼센트에 해당하는 날들에(배우자가 임신 중이거나 젖을 먹이고 있다면 날마다) 성관계를 금함으로써 이를 끔찍하게 오해하고 말았다.[129] 교회 역사 내내 많은 사람이 성관계는 즐거움을 위한 것이 아니라 오직 출산을 위한 것이라고 잘못 생각해왔다. 그러나 성관계는 즐거운 것이다. 하나님께서 그렇게 만드셨다. 그리고 그리스도인은 그분의 좋은 선물들을 즐기듯이 그분을 즐거워해야 한다.[130] 즐거움을 얻기 위한 부부간의 정기적인 성관계는 배우자들이 서로에게 충실하도록 하나

127 어거스틴, 마르틴 루터, 존 칼빈, 그리고 조나단 에드워즈 등 많은 신학자들이 우상숭배가 모든 죄의 배후에 있다고 지적한 바 있다. 최근에는 팀 켈러가 다수의 각도에서 우상숭배를 통찰력 있게 설명했다. *Counterfeit Gods: The Empty Promises of Money, Sex, and Power, and the Only Hope That Matters* (New York: Dutton, 2009), esp. xiv-xix, 171, 202-203.

128 결혼에 관해서는 다음 자료를 보라. Keller, *Meaning of Marriage*, Rob Green, *Tying the Knot: A Premarital Guide to a Strong and Lasting Marriage* (Greenboro, NC: New Growth, 2016).

129 참고. James A. Brundage, *Law, Sex, and Christian Society in Medieval Europe* (Chicago: University of Chicago Press, 1987), 198-199. "교회법 학자들은 개혁의 시대(주후 1100-1140) 동안 결혼에 관한 참회 작가들이 좋아하던 주제들 중 하나를 되풀이했다. '부부간의 간헐적인 금욕의 필요성'이다. 교회법 학자들은 이 문제에 관한 규율을 지키지 못하는 사람들은 합법적 상속자가 아니라 사생아를 낳을 것이라고 경고했다…교회법은 기혼 커플들에게 다음과 같은 기간에는 성관계를 피하도록 요구했다. 부활절, 오순절, 성탄절과 관련된 세 번의 사순절 동안, 매년 모든 일요일, 명절 기간, 성찬을 받기에 앞서, 참회를 하는 동안, 결혼한 날 밤, 아내의 생리 기간, 임신 기간, 그리고 수유 기간"(p. 604도 보라).

130 참고. Joe Rigney, *The Things of Earth: Treasuring God by Enjoying His Gifts* (Wheaton, IL: Crossway, 2015), 126. "아버지가 되는 기쁨, 바위의 단단함, 요새의 안전함, 천둥과 폭우의 장엄함, 좋은 친구의 편안함, '성적 즐거움의 강렬함', 가을 단풍의 다채로운 다양함 등 이 모든 것은 우리와 하나님의 직접적인 연대를 주입하고 빚어내고 알려준다. 이는 우리가 창조된 것들에서 얻는 강렬한 기쁨을 두려워할 필요가 없다는 뜻이다. 만일 우리가 하나님을 향한 최고의 사랑에 닻을 내리고 있다면, 그 선물들 중 하나에 대한 우리의 사랑이 로켓처럼 지붕을 뚫고 솟아오를 때, 그것은 그와 더불어 하나님을 향한 우리의 사랑을 싣고 가서 그 사랑을 뜻밖의 새로운 높이로 끌어올린다. 이런 의미에서, 우리가 만일 그 선물들로부터 이탈하거나 피조물에 대한 즐거움을 서둘러 처리한다면 우리 자신에게서 역동적인 예배를 빼앗는 셈이다"(강조는 추가한 것).

님께서 정하신 수단이다(참고. 잠 5:15-20).[131] 배우자를 위한 성관계는 당신의 배우자를 즐겁게 하는 것이 당신에게 더 많은 즐거움을 주는 언약 갱신의 의례다.[132] 결혼관계에서 성관계는 엔진에 담긴 기름과 같다. "그것이 없으면, 움직이는 모든 부품 간의 마찰이 모터를 태워버릴 것이다. 기쁨과 사랑이 담긴 성관계가 없으면, 결혼관계에서의 마찰이 분노와 분개와 무정함과 실망을 불러올 것이다. 성관계는 당신들을 함께 붙여주는 헌신의 접착제가 되기보다는 오히려 당신들을 나누는 힘이 될 수 있다."[133]

어떤 사람들은 부부간의 성관계가 남편의 즐거움이자 아내의 두려운 의무인 것처럼 이야기한다. 그러나 결혼을 창안하신 하나님은 성관계를 남편과 아내 '둘 다'의 즐거움이자 의무로 묘사하는 고린도전서 7장의 말씀에 영감을 불어넣으셨다. 우리는 바람을 피우는 배우자를 간음하는 자로(정당하게) 생각할지 몰라도, 이 대목은 바람 피우는 배우자를 상대방에게서 성관계를 빼앗는 자로 묘사한다. 한 배우자가 속임수를 써서 상대방에게 성관계를 허락하지 않는 것은 죄다.

한 배우자가 이기적으로 상대방에게 성관계를 요구하는 것 역시 죄다. 남편이 그런 짓을 한다면 그는 상호보완주의자(사랑으로 아내를 이끌어주는)가 아니라 권위주의자(과도한 머리됨으로 잔인하게 아내를 억누르는)이다.[134] 결혼관계에서 정기적인 성관계는 하나의 일반 원리다. 물론 예외가 있을 수 있다(예. 질병이나 성적 트라우마). 특정한 때에 성관계를 즐길지 말지를 선택하는 일은

131 부부들이 얼마나 자주 성관계를 즐겨야 하는지를 명시하는 것은 '기록된 말씀의 범위를 벗어나는'(참고. 고전 4:6) 것일 터이다. 예컨대, 미쉬나(유대교의 구전 율법-옮긴이 주)에 나오는 유대교 랍비 엘리에셀에 따르면, "(출 21:10에서) 토라가 거론하는 성적 의무는 이렇다. (1) 일이 없는 사람들(즉, 일하지 않고 지낼 수 있는 남자들)은 매일, (2) 일꾼들은 일주일에 두 번, (3) 당나귀 몰이꾼들은 일주일에 한 번, (4) 낙타 몰이꾼들은 30일에 한 번, (5) 선원들은 6개월에 한 번이다"(Mishnah, Ketubbot 5:6).

132 Keller, *Meaning of Marriage*, 223-224, 233.

133 같은책, 235.

134 Jason Meyer, "A Complementarian Manifesto against Domestic Abuse," *The Gospel Coalition*, December 2, 2015, http://www.thegospelcoaltion.org/article/a-complementarian-manifesto-against-domestic-abuse.

부부가 로마서 12:10에 순종할 수 있는 기회다. "서로 우애하고 존경하기를 서로 먼저 하[라]."

5. 독신이라면, 하나님께서 당신이 현재 처한 상황에서 결혼하기를 원하시는지 여부를 신중하게 판단하라.

25-40절에 나오는 바울의 조심스런 충고는 '현재의 환난을 고려하여'(26절) 특정한 상황을 위한 것이다. 그러나 이는 결혼하는 것이 결혼에 수반되는 여러 책임에 비추어 최선의 선택이 아닌 상황에 처할 수도 있다는 뜻이다. 예컨대, 매주 100시간씩 일해야 하는 사람(법학전문대학원 학생이나 신참 회계사와 같은)에게는 결혼이 최선의 선택이 아닐 것이다. 결혼하면 주의가 분산되기 마련이지만, 하나님께서 우리를 결혼하도록 부르신다면 그런 것은 감수할 만한 가치가 있다.

8:1 우상의 제물에 대하여는 우리가 다 지식이 있는 줄을 아나 지식은
교만하게 하며 사랑은 덕을 세우나니 2 만일 누구든지 무엇을 아는 줄
로 생각하면 아직도 마땅히 알 것을 알지 못하는 것이요 3 또 누구든
지 하나님을 사랑하면 그 사람은 하나님도 알아 주시느니라

8:1 Now concerning[1] food offered to idols: we know that "all of us
possess knowledge." This "knowledge" puffs up, but love builds up.
2 If anyone imagines that he knows something, he does not yet know as
he ought to know. 3 But if anyone loves God, he is known by God.[2]

4 그러므로 우상의 제물을 먹는 일에 대하여는 우리가 우상은 세상에
아무것도 아니며 또한 하나님은 한 분밖에 없는 줄 아노라 5 비록 하
늘에나 땅에나 신이라 불리는 자가 있어 많은 신과 많은 주가 있으나
6 그러나 우리에게는 한 하나님 곧 아버지가 계시니 만물이 그에게서
났고 우리도 그를 위하여 있고 또한 한 주 예수 그리스도께서 계시니
만물이 그로 말미암고 우리도 그로 말미암아 있느니라

4 Therefore, as to the eating of food offered to idols, we know that "an

idol has no real existence," and that "there is no God but one." 5 For
although there may be so-called gods in heaven or on earth—as indeed
there are many "gods" and many "lords"— 6 yet for us there is one
God, the Father, from whom are all things and for whom we exist, and
one Lord, Jesus Christ, through whom are all things and through whom
we exist.

7 그러나 이 지식은 모든 사람에게 있는 것은 아니므로 어떤 이들은
지금까지 우상에 대한 습관이 있어 우상의 제물로 알고 먹는 고로 그
들의 양심이 약하여지고 더러워지느니라 8 음식은 우리를 하나님 앞
에 내세우지 못하나니 우리가 먹지 않는다고 해서 더 못사는 것도 아
니고 먹는다고 해서 더 잘사는 것도 아니니라 9 그런즉 너희의 [1)]자유
가 믿음이 약한 자들에게 걸려 넘어지게 하는 것이 되지 않도록 조심
하라 10 지식 있는 네가 우상의 집에 앉아 먹는 것을 누구든지 보면 그
믿음이 약한 자들의 양심이 담력을 얻어 우상의 제물을 먹게 되지 않
겠느냐 11 그러면 네 지식으로 그 믿음이 약한 자가 멸망하나니 그는
그리스도께서 위하여 죽으신 형제라 12 이같이 너희가 형제에게 죄를
지어 그 약한 양심을 상하게 하는 것이 곧 그리스도에게 죄를 짓는 것
이니라 13 그러므로 만일 음식이 내 형제를 실족하게 한다면 나는 영
원히 고기를 먹지 아니하여 내 형제를 실족하지 않게 하리라

7 However, not all possess this knowledge. But some, through former
association with idols, eat food as really offered to an idol, and their
conscience, being weak, is defiled. 8 Food will not commend us to
God. We are no worse off if we do not eat, and no better off if we
do. 9 But take care that this right of yours does not somehow become
a stumbling block to the weak. 10 For if anyone sees you who have
knowledge eating[3] in an idol's temple, will he not be encouraged,[4]

if his conscience is weak, to eat food offered to idols? 11 And so by your knowledge this weak person is destroyed, the brother for whom Christ died. 12 Thus, sinning against your brothers[5] and wounding their conscience when it is weak, you sin against Christ. 13 Therefore, if food makes my brother stumble, I will never eat meat, lest I make my brother stumble.

9:1 내가 자유인이 아니냐 사도가 아니냐 예수 우리 주를 보지 못하였느냐 주 안에서 행한 나의 일이 너희가 아니냐 2 다른 사람들에게는 내가 사도가 아닐지라도 너희에게는 사도이니 나의 사도 됨을 [2)]주 안에서 인친 것이 너희라
9:1 Am I not free? Am I not an apostle? Have I not seen Jesus our Lord? Are not you my workmanship in the Lord? 2 If to others I am not an apostle, at least I am to you, for you are the seal of my apostleship in the Lord.

3 나를 비판하는 자들에게 변명할 것이 이것이니 4 우리가 먹고 마실 권리가 없겠느냐 5 우리가 다른 사도들과 주의 형제들과 게바와 같이 믿음의 자매 된 아내를 데리고 다닐 권리가 없겠느냐 6 어찌 나와 바나바만 일하지 아니할 권리가 없겠느냐 7 누가 자기 비용으로 군 복무를 하겠느냐 누가 포도를 심고 그 열매를 먹지 않겠느냐 누가 양 떼를 기르고 그 양 떼의 젖을 먹지 않겠느냐
3 This is my defense to those who would examine me. 4 Do we not have the right to eat and drink? 5 Do we not have the right to take along a believing wife,[6] as do the other apostles and the brothers of the Lord and Cephas? 6 Or is it only Barnabas and I who have no right to refrain from working for a living? 7 Who serves as a soldier at his own

expense? Who plants a vineyard without eating any of its fruit? Or who
tends a flock without getting some of the milk?

8 내가 사람의 예대로 이것을 말하느냐 율법도 이것을 말하지 아니하
느냐 9 모세의 율법에 곡식을 밟아 떠는 소에게 망을 씌우지 말라 기
록하였으니 하나님께서 어찌 소들을 위하여 염려하심이냐 10 오로지
우리를 위하여 말씀하심이 아니냐 과연 우리를 위하여 기록된 것이니
밭 가는 자는 소망을 가지고 갈며 곡식 떠는 자는 함께 얻을 소망을
가지고 떠는 것이라 11 우리가 너희에게 신령한 것을 뿌렸은즉 너희의
육적인 것을 거두기로 과하다 하겠느냐 12 다른 이들도 너희에게 이런
권리를 가졌거든 하물며 우리일까 보냐 그러나 우리가 이 권리를 쓰
지 아니하고 범사에 참는 것은 그리스도의 복음에 아무 장애가 없게
하려 함이로다
8 Do I say these things on human authority? Does not the Law say the
same? 9 For it is written in the Law of Moses, "You shall not muzzle an
ox when it treads out the grain." Is it for oxen that God is concerned?
10 Does he not certainly speak for our sake? It was written for our sake,
because the plowman should plow in hope and the thresher thresh in
hope of sharing in the crop. 11 If we have sown spiritual things among
you, is it too much if we reap material things from you? 12 If others
share this rightful claim on you, do not we even more? Nevertheless,
we have not made use of this right, but we endure anything rather than
put an obstacle in the way of the gospel of Christ.

13 성전의 일을 하는 이들은 성전에서 나는 것을 먹으며 제단에서 섬
기는 이들은 제단과 함께 나누는 것을 너희가 알지 못하느냐 14 이와
같이 주께서도 복음 전하는 자들이 복음으로 말미암아 살리라 명하셨

느니라
13 Do you not know that those who are employed in the temple service
get their food from the temple, and those who serve at the altar share in
the sacrificial offerings? 14 In the same way, the Lord commanded that
those who proclaim the gospel should get their living by the gospel.

15 그러나 내가 이것을 하나도 쓰지 아니하였고 또 이 말을 쓰는 것은
내게 이같이 하여 달라는 것이 아니라 내가 차라리 죽을지언정 누구
든지 내 자랑하는 것을 헛된 데로 돌리지 못하게 하리라 16 내가 복음
을 전할지라도 자랑할 것이 없음은 내가 부득불 할 일임이라 만일 복
음을 전하지 아니하면 내게 화가 있을 것이로다 17 내가 내 자의로 이
것을 행하면 상을 얻으려니와 내가 자의로 아니한다 할지라도 나는
사명을 받았노라 18 그런즉 내 상이 무엇이냐 내가 복음을 전할 때에
값없이 전하고 복음으로 말미암아 내게 있는 권리를 다 쓰지 아니하
는 이것이로다
15 But I have made no use of any of these rights, nor am I writing these
things to secure any such provision. For I would rather die than have
anyone deprive me of my ground for boasting. 16 For if I preach the
gospel, that gives me no ground for boasting. For necessity is laid upon
me. Woe to me if I do not preach the gospel! 17 For if I do this of my
own will, I have a reward, but if not of my own will, I am still entrusted
with a stewardship. 18 What then is my reward? That in my preaching I
may present the gospel free of charge, so as not to make full use of my
right in the gospel.

19 내가 모든 사람에게서 자유로우나 스스로 모든 사람에게 종이 된
것은 더 많은 사람을 얻고자 함이라 20 유대인들에게 내가 유대인과

같이 된 것은 유대인들을 얻고자 함이요 율법 아래에 있는 자들에게
는 내가 율법 아래에 있지 아니하나 율법 아래에 있는 자같이 된 것
은 율법 아래에 있는 자들을 얻고자 함이요 21 율법 없는 자에게는 내
가 하나님께는 율법 없는 자가 아니요 도리어 그리스도의 율법 아래
에 있는 자이나 율법 없는 자와 같이 된 것은 율법 없는 자들을 얻고
자 함이라 22 약한 자들에게 내가 약한 자와 같이 된 것은 약한 자들을
얻고자 함이요 내가 여러 사람에게 여러 모습이 된 것은 아무쪼록 몇
사람이라도 구원하고자 함이니 23 내가 복음을 위하여 모든 것을 행함
은 복음에 참여하고자 함이라

19 For though I am free from all, I have made myself a servant to
all, that I might win more of them. 20 To the Jews I became as a
Jew, in order to win Jews. To those under the law I became as one
under the law (though not being myself under the law) that I might win
those under the law. 21 To those outside the law I became as one outside
the law (not being outside the law of God but under the law of Christ)
that I might win those outside the law. 22 To the weak I became weak,
that I might win the weak. I have become all things to all people, that
by all means I might save some. 23 I do it all for the sake of the gospel,
that I may share with them in its blessings.

24 운동장에서 달음질하는 자들이 다 달릴지라도 오직 상을 받는 사
람은 한 사람인 줄을 너희가 알지 못하느냐 너희도 상을 받도록 이와
같이 달음질하라 25 이기기를 다투는 자마다 모든 일에 절제하나니 그
들은 썩을 승리자의 관을 얻고자 하되 우리는 썩지 아니할 것을 얻고
자 하노라 26 그러므로 나는 달음질하기를 향방 없는 것같이 아니하고
싸우기를 허공을 치는 것같이 아니하며 27 내가 내 몸을 쳐 복종하게
함은 내가 남에게 전파한 후에 자신이 도리어 버림을 당할까 두려워

함이로다
24 Do you not know that in a race all the runners run, but only one
receives the prize? So run that you may obtain it. 25 Every athlete
exercises self-control in all things. They do it to receive a perishable
wreath, but we an imperishable. 26 So I do not run aimlessly; I do not
box as one beating the air. 27 But I discipline my body and keep it under
control,[7] lest after preaching to others I myself should be disqualified.

10:1 형제들아 나는 너희가 알지 못하기를 원하지 아니하노니 우리 조
상들이 다 구름 아래에 있고 바다 가운데로 지나며 2 모세에게 속하
여 다 구름과 바다에서 [3)]세례를 받고 3 다 같은 신령한 음식을 먹으며
4 다 같은 신령한 음료를 마셨으니 이는 그들을 따르는 신령한 반석으로
부터 마셨으매 그 반석은 곧 그리스도시라 5 그러나 그들의 다수를 하나
님이 기뻐하지 아니하셨으므로 그들이 광야에서 멸망을 받았느니라
10:1 For I do not want you to be unaware, brothers,[8] that our fathers
were all under the cloud, and all passed through the sea, 2 and all were
baptized into Moses in the cloud and in the sea, 3 and all ate the same
spiritual food, 4 and all drank the same spiritual drink. For they drank
from the spiritual Rock that followed them, and the Rock was Christ.
5 Nevertheless, with most of them God was not pleased, for they were
overthrown[9] in the wilderness.

6 이러한 일은 우리의 본보기가 되어 우리로 하여금 그들이 악을 즐
겨 한 것같이 즐겨 하는 자가 되지 않게 하려 함이니 7 그들 가운
데 어떤 사람들과 같이 너희는 우상숭배하는 자가 되지 말라 기
록된 바 백성이 앉아서 먹고 마시며 일어나서 뛰논다 함과 같으
니라 8 그들 중의 어떤 사람들이 음행하다가 하루에 이만 삼천 명

이 죽었나니 우리는 그들과 같이 음행하지 말자 9 그들 가운데 어
떤 사람들이 주를 시험하다가 뱀에게 멸망하였나니 우리는 그들과 같
이 시험하지 말자 10 그들 가운데 어떤 사람들이 원망하다가 멸망시키
는 자에게 멸망하였나니 너희는 그들과 같이 원망하지 말라 11 그들에
게 일어난 이런 일은 본보기가 되고 또한 말세를 만난 우리를 깨우치
기 위하여 기록되었느니라 12 그런즉 선 줄로 생각하는 자는 넘어질까
조심하라 13 사람이 감당할 시험밖에는 너희가 당한 것이 없나니 오직
하나님은 미쁘사 너희가 감당하지 못할 시험 당함을 허락하지 아니하
시고 시험 당할 즈음에 또한 피할 길을 내사 너희로 능히 감당하게 하
시느니라

6 Now these things took place as examples for us, that we might not
desire evil as they did. 7 Do not be idolaters as some of them were; as it
is written, "The people sat down to eat and drink and rose up to play."
8 We must not indulge in sexual immorality as some of them did, and
twenty-three thousand fell in a single day. 9 We must not put Christ[10]
to the test, as some of them did and were destroyed by serpents, 10 nor
grumble, as some of them did and were destroyed by the Destroyer.
11 Now these things happened to them as an example, but they were
written down for our instruction, on whom the end of the ages has
come. 12 Therefore let anyone who thinks that he stands take heed lest
he fall. 13 No temptation has overtaken you that is not common to man.
God is faithful, and he will not let you be tempted beyond your ability,
but with the temptation he will also provide the way of escape, that you
may be able to endure it.

14 그런즉 내 사랑하는 자들아 우상숭배하는 일을 피하라 15 나는 지
혜 있는 자들에게 말함과 같이 하노니 너희는 내가 이르는 말을 스스

로 판단하라 16 우리가 축복하는 바 축복의 잔은 그리스도의 피에 참
여함이 아니며 우리가 떼는 떡은 그리스도의 몸에 참여함이 아니냐
17 떡이 하나요 많은 우리가 한 몸이니 이는 우리가 다 한 떡에 참여함
이라 18 육신을 따라 난 이스라엘을 보라 제물을 먹는 자들이 제단에
참여하는 자들이 아니냐 19 그런즉 내가 무엇을 말하느냐 우상의 제물
은 무엇이며 우상은 무엇이냐 20 무릇 이방인이 제사하는 것은 귀신에
게 하는 것이요 하나님께 제사하는 것이 아니니 나는 너희가 귀신과
교제하는 자가 되기를 원하지 아니하노라 21 너희가 주의 잔과 귀신의
잔을 겸하여 마시지 못하고 주의 식탁과 귀신의 식탁에 겸하여 참여
하지 못하리라 22 그러면 우리가 주를 노여워하시게 하겠느냐 우리가
주보다 강한 자냐

14 Therefore, my beloved, flee from idolatry. 15 I speak as to sensible
people; judge for yourselves what I say. 16 The cup of blessing that we
bless, is it not a participation in the blood of Christ? The bread that we
break, is it not a participation in the body of Christ? 17 Because there
is one bread, we who are many are one body, for we all partake of the
one bread. 18 Consider the people of Israel:[11] are not those who eat the
sacrifices participants in the altar? 19 What do I imply then? That food
offered to idols is anything, or that an idol is anything? 20 No, I imply
that what pagans sacrifice they offer to demons and not to God. I do
not want you to be participants with demons. 21 You cannot drink the
cup of the Lord and the cup of demons. You cannot partake of the table
of the Lord and the table of demons. 22 Shall we provoke the Lord to
jealousy? Are we stronger than he?

23 모든 것이 가하나 모든 것이 유익한 것은 아니요 모든 것이 가하
나 모든 것이 덕을 세우는 것은 아니니 24 누구든지 자기의 유익을 구

하지 말고 남의 유익을 구하라 25 무릇 시장에서 파는 것은 양심을 위
하여 묻지 말고 먹으라 26 이는 땅과 거기 충만한 것이 주의 것임이라
27 불신자 중 누가 너희를 청할 때에 너희가 가고자 하거든 너희 앞에
차려 놓은 것은 무엇이든지 양심을 위하여 묻지 말고 먹으라 28 누가
너희에게 이것이 제물이라 말하거든 알게 한 자와 그 양심을 위하여
먹지 말라 29 내가 말한 양심은 너희의 것이 아니요 남의 것이니 어찌
하여 내 자유가 남의 양심으로 말미암아 판단을 받으리요 30 만일 내
가 감사함으로 참여하면 어찌하여 내가 감사하는 것에 대하여 비방을
받으리요

23 "All things are lawful," but not all things are helpful. "All things are
lawful," but not all things build up. 24 Let no one seek his own good,
but the good of his neighbor. 25 Eat whatever is sold in the meat market
without raising any question on the ground of conscience. 26 For "the
earth is the Lord's, and the fullness thereof." 27 If one of the unbelievers
invites you to dinner and you are disposed to go, eat whatever is set
before you without raising any question on the ground of conscience.
28 But if someone says to you, "This has been offered in sacrifice," then
do not eat it, for the sake of the one who informed you, and for the sake
of conscience— 29 I do not mean your conscience, but his. For why
should my liberty be determined by someone else's conscience? 30 If
I partake with thankfulness, why am I denounced because of that for
which I give thanks?

31 그런즉 너희가 먹든지 마시든지 무엇을 하든지 다 하나님의 영광
을 위하여 하라 32 유대인에게나 헬라인에게나 하나님의 교회에나 거
치는 자가 되지 말고 33 나와 같이 모든 일에 모든 사람을 기쁘게 하여
자신의 유익을 구하지 아니하고 많은 사람의 유익을 구하여 그들로

구원을 받게 하라 11:1 내가 그리스도를 본받는 자가 된 것 같이 너희는 나를 본받는 자가 되라

31 So, whether you eat or drink, or whatever you do, do all to the glory of God. 32 Give no offense to Jews or to Greeks or to the church of God, 33 just as I try to please everyone in everything I do, not seeking my own advantage, but that of many, that they may be saved. 11:1 Be imitators of me, as I am of Christ.

1) 헬, 권리가 2) 또는 인친 것이 주 안에 있는 너희라 3) 헬, 또는 침례

1 The expression *Now concerning* introduces a reply to a question in the Corinthians' letter; see 7:1 *2* Greek *him* *3* Greek *reclining at table* *4* Or *fortified*; Greek *built up* *5* Or *brothers and sisters* *6* Greek *a sister as wife* *7* Greek *I pummel my body and make it a slave* *8* Or *brothers and sisters* *9* Or *were laid low* *10* Some manuscripts *the Lord* *11* Greek *Consider Israel according to the flesh*

단락 개관

이 단락은 열 가지 쟁점 중 여섯 번째 것인 우상에게 바친 음식을 먹는 문제를 다룬다. 바울은 여기에 본인의 권리를 누리는 것보다 훨씬 더 많은 것이 걸려 있다고 주장한다. 형제와 자매를 사랑하는 것이 훨씬 더 중요하다(8:1-13). 바울은 자신이 복음을 위해 어떻게 자기 권리를 포기했는지를 예로 들면서(9:1-13), 고린도 교인들에게 우상숭배를 피하고 그들이 넘어질 수 없는 것처럼 생각하지 말라고 권고한다(9:24-10:22). 우상에게 제물로 바친 고기를 먹는 문제에 접근하는 길은 우리 이웃의 유익을 구함으로써 전략적으로 하나님의 영광을 위해 모든 일을 행하는 것이다(10:23-11:1).

이 단락의 해석과 관련된 큰 논란거리 하나는 헬라어 단어 에이돌로튀타(*eidolōthyta*)와 관계가 있다. 모든 현대판 영어 번역본은 이를 '우상에게 바친

음식'(ESV)으로 번역한다(개역개정은 "우상의 제물"). 바울은 고린도의 신자들에게 우상의 집(신전)에서 에이돌로퀴타를 먹을 '권리'가 있다고 말한 뒤에 나중에는 우상의 집에서 에이돌로퀴타를 먹는 것은 귀신 숭배에 참여하는 것이라고 말하는 듯하다(10:14-22, 특히 10:19-21). 8장을 10:14-22과 조화시키려고 하면 이런 의문이 생긴다. 고린도 교인들이 우상의 집에서 에이돌로퀴타를 먹는 것이 언제나 우상숭배에 해당했을까?[135] 고든 D. 피(Gordon D. Fee)와 다른 이들은 그 대답이 '그렇다'는 세 가지 상호 연관된 논증을 제시하지만[136] 이보다 더 개연성 있는 대답은 '아니다'이다(표8).

상호 연관된 논증들	그렇다	아니다
역사-문화적 맥락	우상의 집에서 에이돌로퀴타를 먹는 것은 본질적으로 종교적 행사였다.	우상의 집에서 에이돌로퀴타를 먹는 것은 (음식점에서 먹는 것처럼) 우상숭배에 해당하지 않는 사회적 행사였을 수 있다.
단어 연구	에이돌로퀴타는 누군가가 우상의 집에서 먹는, 우상에게 바친 고기를 가리킨다.	에이돌로퀴타는 누군가가 우상의 집에서 먹든 집에서 먹든 우상에게 바친 고기를 가리킨다.
문학적 맥락	8장은 10:14-22과 비슷하다.	8장은 10:14-22과 매우 다르다.

표8. 고린도 교인들이 우상의 집에서 에이돌로퀴타를 먹는 것은 언제나 우상숭배에 해당했는가?

역사-문화적 맥락[137]

1세기 그리스-로마 도시들에서는 종교와 정치가 사실상 분리될 수 없었고, 종교적 의례의 중심은 신전이었다. 당시 사람들은, 오늘날 많은 그리스

135 이 개관은 다음 책의 일부를 요약한 것이다. Andrew David Naselli, "Was It Always Idolatrous for Corinthian Christians to Eat Εἰδωλόθυτα in an Idol's Temple?(1 Cor 8-10)," *STR* 9 (2018): 23-45.

136 Fee, *First Epistle to the Corinthians*, 394-541.

137 서양의 많은 사람에게는 이 역사-문화적 맥락이 낯설다. 그러나 그와 유사한 맥락이 오늘날 다른 사람들, 특히 아시아의 상황에 속한 이들에게는 여전히 흔한 경험이다.

도인이 정기적으로 교회 건물에 모이듯이 예배를 드리려고 신전에 정기적으로 모이지 않았다. 신전에는 그 신의 형상을 두었고, 사람들이 동물을 제물로 드릴 때는 보통 신전 앞쪽인 바깥에서 드렸다. 이방인들은 동물을 우상들에게 바친 후에 고기의 일부를 남겨놓곤 했는데, 그것은 (1) 신전 마당에서 먹기 위해서였거나 (2) 나중에 고기 시장에서 그것을 판매할 행상인들에게 팔기 위해서였다.

고대 그리스-로마 세계에 살던 사람들은 다양한 이유로 우상의 신전에서 음식을 먹었다. 그 스펙트럼의 한쪽 끝에는 바울이 마귀적이라 부르는 명시적인 종교적 이방 행사에 참여하는 것이 있고, 다른 쪽 끝에는 오늘날 우리가 음식점에서 음식을 먹는 것처럼 단순히 고기를 먹는 것이 있다(10절). 고기는 대다수 사람의 주요 식품이 아니라 특별한 음식이었다. 사람들은 종종 비종교적인 사업상의 만남 또는 생일 축하와 같이 비종교적인 사교 모임을 위한 특별한 경우에 신전에서 고기를 먹었다. 그런 식사가 언제나 제사와 기도 등 마귀적인 종교 행사로 시작했던 것은 아니다(동물 제사는 신전 앞에 있던 제단, 즉 바깥에서 거행되었다). 신전에서의 식사는 단지 사회적인 성격을 지닐 수도 있었다.

그렇다고 해서 고린도 교인들이 우상의 신전에서 정기적으로 '에이돌로튀타'를 먹어야만 했다는 뜻은 아니다. 바울은 8장에서 그들이 동료 교인들을 위해 기꺼이 권리를 포기해야 한다고 주장한다.[138]

단어 연구

에이돌로튀타에 관해 신약 내부(9번: 행 15:29; 21:25; 고전 8:1, 4, 7, 10; 10:19; 계 2:14, 20)와 신약 바깥의 증거를 조사해보면, 그 단어가 이런 뜻임을 확인하게 된다. "이교의 형상/우상에게 바친 어떤 것…이는 제사용 고기를 가리키며, 일부는 신들의 몫으로 제단에서 태워졌고…일부는 신전에서 엄숙한 식사로 쓰였으며, 일부는 시장에서 팔렸고…이는 가정용이었다."[139] 이 단어는 단지 우상에게 바쳐져 우상의 신전에서 먹는 고기만 의미하는 것이 아니다. 그것은 우상의 신전에서 먹든 가정에서 먹든 상관없이 우상에게 제물로 바쳐진 고기를 의미한다. 이 단어의 정의를 내릴 때 '어디서' 그 것을 먹느냐는 중요하지 않다. 따라서 이 단어가 특정한 상황(즉, 10:19)에서 '가리키는' 것과 이 단어가 다른 맥락들(8:1, 4, 7, 10)에서 '의미하는' 바를 묶는 것은 석의상의 오류다. 에이돌로퀴타를 먹는 일은 도덕적으로 중립적이다. 그러나 10:19-20에서 그 고기를 먹는 일이 우상숭배적인 것은, 그 맥락에서는 우상숭배에 참여하는 것이기 때문이다(참고. 10:7, 14).

문학적 맥락

고린도전서 8장은 10:14-22과 매우 다르다. 8장에서는 바울이 고린도 교인들에게 우상의 신전에서 에이돌로퀴타를 먹을 권리를 이기적으로 사용하면 안 된다고 가르치고, 10:14-20에서는 그들에게 우상숭배를 피하라고 명령한다. 만일 8장에 나오는 행동이 10장에 나오는 것과 똑같다면, 바울이 기다렸다가 그들에게 우상숭배를 경고하는 것은 도무지 이해할 수 없다. 우상숭배가 이기적으로 자기 권리를 사용하는 것보다 훨씬 더 심각한 문제기 때문이다.

바울은 우상의 신전에서 먹는 일은 '너희의 권리'(9절, "right of yours", 개정개역은 "너희의 자유")라고 명시적으로 부른다. 이것은 '소위'(so-called) 권리가 아니다. 바울은 방금 5절에서 '소위 신들'(개역개정은 "신이라 불리는 자")이라 말하듯이 '소위 권리'라고 쓸 수도 있었다. 이 직후에 바울이 "권리"[엑수시아(*exousia*)]라는 단어를 사용하는 여섯 부분[9:4, 5, 6, 12(2번), 18]을 보면 모두

138 8-10장에 나오는 상황과 현대 서양의 맥락 사이에 정확한 유사점을 찾는 것은 불가능하게 보이지만, 다음은 그 중심 개념을 대충 보여주는 두 개의 비유다. (1) 아시아의 음식점에서 우상 앞에 놓인 음식을 먹는 것 (2) 우상을 진열한 가게에서 쇼핑하는 것이다. 세계 전역의 아시아계 음식점들은 흔히 우상(부처의 형상과 같은) 앞에 음식 접시를 놓는데, 이는 음식점에서 식사하는 사람들의 눈에 띄는 곳에 있다. 그리고 우리는 가게 일꾼들이 우상을 진열한 가게에서 쇼핑을 한다. 많은 상인들이 미신적 전통에 따라 그렇게 하는데, 그로 인해 그들의 사업이 번창할 것을 바라기 때문이다. 이는 그리스도인이 그런 음식점에서 음식을 먹거나 그런 가게에서 쇼핑을 하는 것이 언제나 우상숭배에 해당한다는 뜻인가? 아니다. 그것이 지혜롭지 못할 수 있고, 그리스도인은 그것이 동료 그리스도인을 해롭게 한다면 그렇게 하지 말아야 한다(참고. 8:9-12 주석). 그러나 우상숭배에 참여하지 않으면서도 그런 상황에서 음식을 먹거나 쇼핑을 할 수 있는 길은 있다.

139 BDAG, s.v. εἰδωλόθυτος.

진정한 권리를 가리키고 있음을 알게 된다.

8장에서의 사안은 (10:14-22의 경우와 같은) 우상숭배가 아니다. 8장에서는 우상의 고기를 먹는 것이 객관적으로 중립적인 일이기 때문이다. 만일 8장이 우상숭배에 관한 내용이라면, 그것은 '주관적인' 우상숭배(즉, 한 사람이 어떤 활동을 우상숭배적이라고 생각하는 경우)에 관한 것인 한편, 10:14-22은 '객관적인' 우상숭배(즉, 한 사람이 어떤 활동을 우상숭배적이라고 생각하든 말든, 그 활동이 본질적으로 우상숭배적인 경우)에 관한 것이다.[140]

바울은 8장에서 '논쟁의 여지가 있는 문제들'과 관련하여 그 사안을 다루는 반면, 10:14-22에서는 '우상숭배'와 관련하여 그 사안을 다룬다. 그리스도인은 논쟁의 여지가 있는 문제들에 대해서는 의견을 달리할 수 있으나 우상숭배에 대해서는 그럴 수 없다.[141] 중요한 차이점은 식사의 성격이다. 만일 고린도 교인들이 주님의 만찬을 먹는 것과 똑같은 방식으로 우상의 신전에서 에이돌로튀타를 먹었다면, 그것은 언제나 우상숭배에 해당할 것이다(10:18-22).

그래서 바울은 고린도 교인들에게 세 가지 맥락에서는 우상에게 바친 고기를 먹는 일을 금하지만 두 가지 맥락에서는 그것을 허용한다.

(1) 허용: 당신이 우상의 신전에서 우상에게 바친 고기를 먹을 권리를 갖는 경우는 그것이 이교적인 의례의 일부가 아닐 때다(8장).

(2) 금지: 당신이 우상의 신전에서 우상에게 바친 고기를 먹을 권리를 포기해야 할 경우는 그것이 동료 교인을 해롭게 할 때다(8장).

(3) 금지: 당신은 우상의 신전에서 이교적 의례의 일부로서 우상에게 바친 고기를 먹으면 안 된다. 그렇게 하는 것은 귀신 숭배에 참여하는 일이기 때문이다(10:14-22).

140 참고. Ciampa and Rosner, *First Letter to the Corinthians*, 369.

141 D. A. Carson, "On Disputable Matters," *Themelios* 40 (2015): 383-388. Naselli and Crowley, *Conscience*, eap. the chatper on Romans 14(84-117) and "Appendix A: Similarities between Romans 14 and 1 Corinthians 8-10" (143).

(4) 허용: 당신은 우상에게 바친 고기를 시장에서 사서 가정이나 이웃 가정에서 먹을 권리가 있다(10:25-27).

(5) 금지: 다음 경우에는 우상에게 바친 고기를 먹을 당신의 권리를 포기하라. 당신이 다른 사람의 집에 있는데, 그들이 당신에게 그 고기는 우상에게 바친 것임을 알려주되 당신이 그리스도인으로서 그 고기를 먹는 것을 우상숭배에 참여하는 일로 여겨 반대하는 경우다(10:28-30).

문학적 맥락으로 보면, 바울이 8:9-10에서 묘사하는 바가 실제로 논쟁의 여지가 있는 문제고 늘 우상숭배로 볼 수 없다면, 8:9-10과 10:14-22은 서로 조화되지 않는다. 8-10장의 논리는 8:10이 가리키는 바가 고린도 교인들이 소유하는 진정한 권리임을 전제로 한다. 바울은 그들에게 만일 그 권리가 동료 교인을 해롭게 한다면 그것을 포기하라고 권면한다. 만일 우상의 신전에서 에이돌로퉈타를 먹는 것이 고린도 교인들이 죄를 짓지 않고도 행할 수 있는 활동이 아니라면, 바울이 이 대목에서 양심에 관해 가르치는 내용은 도무지 이해할 수 없게 된다.

단락 개요

II. 고린도 교인들에 관한 소식과 그들의 편지에 기초해 바울이 응답하는 쟁점들(1:10-15:58)
    F. 우상에게 바친 음식을 먹는 문제(8:1-11:1)
        1. 원리: 형제와 자매를 사랑하는 것이 너희의 권리를 누리는 것보다 더 중요하다(8:1-13)
        2. 예화: 바울은 복음을 위해 자기 권리를 포기했다(9:1-23)
        3. 권면: 우상숭배를 피하라(9:24-10:22)
        4. 결론: 이웃의 유익을 구함으로써 하나님의 영광을 위해 모든 것을 전략적으로 행하라(10:23-11:1)

주석

8:1-13 개요
바울이 우상에게 바친 음식을 먹는 문제를 다루면서 형제와 자매를 사랑하는 것이 자기의 권리를 누리는 것보다 더 중요하다는 원리를 적용한다.

8:1a 바울은 다시금 "…에 대하여는"이라는 말로 다음 쟁점을 소개한다(참고. 7:1a 주석). "우상의 제물"에 대해서는 8:1-11:1 단락 개관을 보라.

8:1b-3 바울은 "우리가 다 지식이 있[다]"는 고린도 교인들의 말을 인용한다. 고린도 교인들이 가진 지식은 바울이 4절에서 명시하는 것일 가능성이 가장 높다. 곧 우상은 아무것도 아니고 하나님은 한 분밖에 없다는 것이다. 다음 네 줄은 서로 상응한다.

(A) "지식"은 교만하게 하며
(B) 사랑은 덕을 세우나니
(A′) 만일 누구든지 무엇을 아는 줄로 생각하면 아직도 마땅히 알 것을 알지 못하는 것이요
(B′) 또 누구든지 하나님을 사랑하면 그 사람은 하나님도 알아주시느니라

바울은 고린도 교인들에게 그들이 갖고 있다고 주장하는 지식이 그들을 교만하게 만들고 있다고 경고한다. 사람들은 흔히 '지식은 교만하게 한다'는 말을 바울의 것으로 인용하면서 더 많은 지식을 얻으면 교만해질 수 있다고 경고하곤 한다. 이는 옳은 경고지만, 바울이 여기서 주장하고 있는 바가 아니다. 바울은 지금 일부 고린도 교인들이 우상에게 바친 음식에 관한 그들의 지식을 틀리게 사용하고 있다고 주장하는 중이다. 그들의 불충분한 지식(2절)이 그들을 교만하게 만들고 있다. 이와 반대로, 만일 그들이 그

들의 지식을 사랑과 결합시켰다면 그들은 겸손하게 다른 이들의 덕을 세울 것이다.

지식 – 사랑 = 멸망[142]

바울은 이 단락에서 '알다'와 '지식'이라는 단어들을 영리하게 다룬다[1(3번), 2(3번), 3, 4, 7, 10, 11절]. 지식이 중요하지만 사랑은 더욱 중요하다. 모든 것을 알고 있다고 교만하게 생각하는 사람들은 사랑이 부족하다. 하나님과 다른 사람을 사랑하는 것이 그리스도인의 특징이다. 바로 "하나님도 알아주시[는]"(즉, 하나님께서 선택하신) 자들이다. 그리스도인은 자신의 "지식"을 사랑 없이 오용하면 안 된다.

8:4-6 바울은 1절에서 소개한 주제들을 재개하고(4a절), 고린도 교인들의 말을 다시 인용하며(4b절, 참고. 1b절), 그 인용문들을 지지한다(5-6절). 우상들은 '소위(so-called) 신들'일 뿐이고 실제로 존재하지 않는다. 오직 하나님 한 분만 계실 뿐 많은 신이 존재하는 것이 아니다.

바울은 삼위일체 하나님 중 두 위격을 강조한다. 아버지 하나님과 메시아 예수다. 아버지께서 만물의 근원이자 목표시고(참고. 롬 11:36), 예수님은 만물의 창조자이자 지탱자시다(참고. 요 1:3; 골 1:16; 히 1:2). 이 구절은 예수님이 하나님이심을 지지해준다.[143]

8:7-13 이 대목은 고린도 교인들의 사고방식, 즉 다른 어떤 요소도 고려하지 않고 우상에게 바친 음식을 먹을 수 있다는 생각을 반박한다. 바울은

142 바울은 이 공식에 대해 13장에서 자세히 설명한다.

143 참고. Murray J. Harris, *Jesus as God: The New Testament Use of Theos in Reference to Jesus* (Grand Rapids, MI: Baker, 1992) 295; Paul Andrew Rainbow, "Monotheism and Christology in 1 Corinthians 8:4-6" (DPhil thesis, University of Oxford, 1987), 171-180.

세 번에 걸쳐 "양심"을 언급하는데, 이는 '한 사람이 옳다거나 그르다고 믿는 것에 대한 의식'을 말한다.[144]

8:7-8 일부 신자들(아마 이방인이었다가 최근에 회심한 이들)은 4-6절에 나온 그 "지식"을 공유하지 않고 있다. 우상들이 실제로 존재하지 않는다는 점을 인식하지 못하는 그들은 그 음식을 우상숭배와 연관시키기 때문에 그것이 실제로 신에게 바쳐진 것으로 생각한다. 이처럼 그들은 잘못 알고 있고 또 지나치게 예민해서 결국 양심을 더럽히게 된다. 그들은 신학적으로 틀린 신념을 품고 있다. 이것이 약한 양심을 갖고 있다는 말의 뜻이다.

신학적으로 옳은 견해는 우리가 먹는(또는 먹지 않는) 음식이 본래 하나님의 은총을 얻게 하지 못한다는 것이다. 아무도 자기가 무슨 음식을 씹고 삼키는지에 기초해 하나님 앞에서 우월하거나 열등해질 수 없다(참고. 막 7:18-19; 행 10:9-16; 롬 14:17).

8:9-12 바울은 우상에게 바친 음식을 먹는 문제에 대해 신학적으로 옳은 견해를 가진 사람들에게 경고하기를, 이 문제에 대해 약한 양심을 가진 동료 교인을 해롭게 하는 방식으로 그들의 권리[145]를 사용하지 말라고 한다.[146] 만일 그 사람이 지식과 양심을 가진 신자가 우상의 신전에서 음식을 먹는

144 Naselli and Crowley, *Conscience*, 42. Chapters 1-2 (pp. 21-44)는 양심을 묘사하고 정의한다.

145 '우상의 신전에서' 먹을 '너희의 권리'(8:9-10)는 진정한 권리다. 이는 고린도 교인이 우상에게 바친 음식을 먹는 것이 항상 우상숭배에 해당하는 것은 아니라는 뜻이다. 8:1-11:1 개관을 참고하라.

146 그런 의미에서 동료 그리스도인을 해롭게 한다는 것은, 신앙고백을 하는 그리스도인으로서 그의 양심에 반하여 죄짓게 하고 어쩌면 배교하게 하는 것을 의미한다. 참고. Naselli and Crowley, *Conscience*, 109. "여기서(롬 14:13-15에서)의 관심사는 단지 당신의 자유가 더 약한 형제나 자매를 짜증나게 하거나 괴롭히거나 거슬리게 할지 모른다는 것이 아니다. 만일 어떤 형제나 자매가 당신의 자유를 좋아하지 않는다면, 그것은 그들의 문제다. 그러나 만일 당신이 자유를 구사하는 행습이 형제나 자매로 하여금 그들의 양심에 반하여 죄짓게 한다면, 그것은 당신의 문제가 된다. 그리스도께서 그 형제나 자매를 위해 그분의 목숨을 포기하셨다. 만일 당신이 자유를 포기하는 일이 동료 신자로 하여금 양심에 반하여 죄짓는 것을 피하도록 도와준다면, 당신이 자유의 포기를 꺼리겠는가? 이 구절이 '부딪칠 것이나 거칠 것'(롬 14:13)을 둔다고 언급할 때는 바로 이런 이야기를 하고 있는 것이다. 우리는 다른 이들에게 영적인 해로움을 안겨주면 안 된다(20-21절도 보라)."

모습을 본다면, 이는 그의 약한 양심에 용기를 주어서 그 먹는 신자를 본받아 죄를 짓게 할 수 있다(10절).[147] 그 결과 그 먹는 자는 신학적으로 옳은 입장으로 (의도치 않게) 약한 사람이 이교주의로 되돌아가게 부추김으로써 그를 멸망시키게 된다. 우리는 동료 형제나 자매의 약한 양심을 공격함으로써 그리스도께서 위하여 죽으신 그 사람에게 죄를 짓는다(11-12a절). 따라서 우리는 그리스도에게 죄를 짓는 셈이다(12b절, 참고. 행 9:4).

8:13 이어지는 내용은 10-12절에서 나온 추론이다. 만일 어떤 고기를 먹는 것이 형제나 자매를 해롭게 할 수 있다면, 바울은 고기 먹는 것을 포기해서 그들을 해롭게 하지 않을 것이다. 이 문장은 다음 단락으로 이어진다.

9:1-23 개요

바울은 8장에 나온 원리를 그 자신의 생활 방식을 본받을 실례로 삼아 실제로 보여준다. 바로 사도가 복음을 위해 자기 권리를 포기했다는 것이다.

9:1-2 바울은 긍정적인 답변을 예상하는 4개의 수사적 질문을 던진다. 질문 1과 2는 8:13을 뒷받침한다. 바울은 그의 권리를 포기하기로 결정한다. 사도인 바울은 그의 권리를 행사할 자유가 있으나 형제와 자매들을 세워주기 위해 자발적으로 그 자유를 버린다.

질문 3과 4는 바울의 사도직을 변호한다. 바울은 두 가지 이유를 들어 자기가 사도임을 밝힌다. (1) 그가 주 예수님을 본 것(행 9:4-5, 17)과 (2) 고린도 교회 자체다. 이는 그가 주님을 위해 행한 일의 증거다. 다른 사람들은 바울

147 ESV는 "그가 격려를 받지 않겠는가"로 번역한다. 좀 더 형식에 기초한 다음 번역(8:10)과 비교하라. "만일 누군가가 당신, 곧 지식을 가진 자가 우상의 신전에서 먹는 모습을 본다면, 그의 양심이 약한 고로 '부추김을 받아' 우상에게 바친 음식을 먹지 않겠는가?" 양심이 '부추김을 받다'는 동사의 주어고, 이는 여기서 8:1과 달리 아이러니하게도 용기를 얻는다(즉, 긍정적으로가 아니라 부정적으로 부추김을 받는다)는 뜻이다. 그러므로 바울은 일부 고린도 교인들, 곧 "그들의 본보기로 '약한'(BDAG, s.v. οἰκοδομέω) 자들에게 유익을 주고 있다고 말하는" 이들을 비판하는 중이다.

의 사도직에 의문을 품을 수 있어도 고린도 교인들은 그래서는 안 된다.

9:3-7 고린도 교인들은 바울이 그들이 기대한 선생다운 방식으로 행하지 않았다고 해서 그를 비판해왔다(참고. 1:10-17). 말하자면 바울이 재정 후원을 허용하지 않았다는 것이다. 바울은 자신에게 그들의 돈을 받을 권리가 있음을 주장하려고 3개의 수사적 질문을 던진다.

(1) 먹는 것과 마시는 것은 비유적으로 재정 후원 받는 것을 가리킨다.

(2) 바울이 여행할 때 믿는 아내를 동반한다면 더 많은 재정 후원이 필요할 것이다.

(3) 복음 전파를 위해 재정 후원을 받는다면 바울이 자급자족하기 위해 '세속적인' 일을 할 필요가 없을 것이다.

바울은 세 번째 수사적 질문을 세 가지 예로 뒷받침한다. (1) 군인은 봉급을 받을 자격이 있다. (2) 농부는 자기가 심은 곡식의 수확을 먹을 자격이 있다. (3) 목자는 자기가 돌보는 양떼의 젖을 마실 자격이 있다. 마찬가지로 바울은 자기가 섬기는 교회들로부터 재정 후원을 받을 권리가 있다.

9:8-10 바울이 4절과 6-7절에서 주장한 것은 단순히 그의 의견이나 상식이 아니다. 바울은 신명기 25:4에 나온 원리를 적용함으로써 그 주장을 신적 권위로 뒷받침한다.

다음으로 바울은 답변이 내재되어 있는 두 가지 질문을 던진다.

(1) 9b절에 대한 답변은 '아니다'이다. 하나님은 (오로지 또는 일차적으로) 소들에 대해 염려하는 것이 '아니라' 인간 일꾼들에 대해 염려하신다.

(2) 10a절에 대한 답변은 '그렇다'이다. 하나님께서 바울과 같은 복음 사역자들을 위해 신명기 25:4을 기록하셨던 이유는 밭을 갈고 곡식을 떠는 자는 수확을 분배받는 것이 마땅하기 때문이다(참고. 딤전 5:17-18). 마르틴 루터(Martin Luther)가 말했듯이 "이 글이 소들을 위해 기록된 것이 아닌 이유는 소들은 글 읽는 법을 모르기 때문이다."[148]

바울은 더 작은 것에서 더 큰 것으로 논증하는 듯하다. 만일 너희가 일을 위해 소들을 먹여야 한다면(더 작은 것), 너희는 섬김을 위해 복음 사역자들에게 급여를 지불해야 마땅하다(더 큰 것). 그러나 하나님께서 만일 (누군가가 소를 빌렸을 때) 소와 그 주인 모두를 위해 정의를 세우려고 이스라엘에게 이 율법을 주셨다면, 바울은 그 구약의 맥락으로부터 그 원리를 단도직입적으로 적용한다. 말하자면, "일꾼이 그 삯을 받는 것이 마땅하다"(바울이 딤전 5:18에서 신 25:4를 인용한 직후 말하는 원리)는 것.[149] 이를 부정적으로 진술하자면, "당신에게 섬김이나 노동을 제공한 사람에게 정당한 보상을 지불하는 것을 보류하지 말라."[150]

9장

9:11 이어지는 구절은 10b절로부터 나오는 추론이다. 밭을 갈고 곡식을 떠는 사람이 육체적으로 수확을 분배받을 권리가 있으므로, (영적으로 밭을 갈고 곡식을 떤) 바울은 고린도 교인들로부터 삯을 받을 권리가 있다(참고. 롬 15:27).

9:12 더 나아가, 만일 다른 사람들이 고린도 교인들로부터 삯을 받을 권리가 있다면, 바울은 더 많이 받을 자격이 있다. 그런데 바울은 그의 권리를 행사하기 않기로 결정한다. 복음 전파에 방해가 되지 않기 위해서다. 이를 피하기 위해서라면 무엇이든 견딜 것이다(참고. 4:11-13). 바울은 의도적으로 그 자신을 당시에 돈을 추구하던 연설가들, 내용보다 외양을 중시했던 자들로부터 떼어놓는다(참고. 1:18-2:5 주석).[151]

148 Martin Luther, *Lectures on Deuteronomy*, Luther's Works, ed. Jaroslav Pelikan, vol.9 (St. Louis, MO: Concordia, 1960), 248.

149 Jan L. Verbruggen, "Of Muzzles and Oxen: Deutronomy 25:4 and 1 Corinthians 9:9," *JETS* 49 (2006): 699-711.

150 같은 책, 710.

151 바울의 방침은 그가 처음 한 도시에 들어가서 교회를 개척할 때 재정 후원을 거절하는 것이었다(예. 살전 2:3-9). 그러나 바울이 새로 세워진 교회를 두고 그 도시를 떠난 후에는 그들로부터 재정 후원을 받곤 했다(예. 빌 4:10-18). 또한 가난한 교회들에게 돈을 주려는 목적으로 자기가 섬기던 교회들에게 돈을 내도록 권유하곤 했다(예. 고전 16:1-4, 고후 8-9장). 다음 책을 보라. David E. Briones, *Paul's Financial Policy: A Socio-Theological Approach*, LNTS 494 (London: T&T Clark, 2013).

9:13-14 13절은 14절(과 6절)을 지지하기 위해 두 가지 예화를 든다(이는 7절에 나온 세 가지 예화가 6절을 지지하는 것과 비슷하다). 구약의 제사장들은 성전과 제단에서 섬겼기 때문에 헌물의 일부를 먹을 권리가 있었다(예. 신 18:1-5). 이와 비슷하게, 바울은 예수님이 친히 가르치셨던 대로(14절; 마 10:10; 눅 10:7을 보라, 참고. 딤전 5:17-18) 오로지 복음 전파로만 생계를 유지할 권리가 있었다.

9:15 13-14절에 표명한 진리들에도 불구하고, 바울은 자기 권리를 행사하지 않기로 결정한다. 왜냐하면 그는 좋은 "자랑[거리]"(참고. 롬 15:17-20; 고후 1:14; 빌 2:16), 말하자면 "복음을 전할 때에 값없이 전하[는 것]"(18절)의 근거를 잃고 싶지 않아서다.

9:16-18 단순히 복음을 전하는 것이 바울에게 '자랑할 근거'를 주지는 않는다. 왜냐하면 복음 전파는 바로 다메섹으로 가는 길에 하나님께서 그에게 주신 사명이기 때문이다(행 9, 22, 26장; 갈 1:11-17). 그것은 바울의 의무다. 자원해서 그 일을 선택한 것이 아니라 하나님께서 임명하셨다. 그는 다른 것을 일체 할 수 없다. 선택의 여지가 없다. 만일 그에게 선택의 여지가 있었다면, 그는 복음 전파에 대해 '자랑할 근거' 또는 '보상'을 얻을 수 있었다. 그러나 그에게는 선택의 여지가 없다. 복음 전파는 하나님께서 바울에게 주신 과업이다. 바울이 '자랑할 근거' 내지는 '보상'은 그가 복음을 "값없이" 전했다는 것이다. 따라서 바울이 복음을 전파하는 자로서 자기 권리를 충분히 사용하지 않는 것은, 복음을 선포하는 일에 '몰두'하고 있음을 증명하는 하나의 방법이다.

9:19-23 개요

19절은 18절을 설명하는 한편, 20-22a절은 19절을 예증한다. 이후 22b절은 19절을 반영하는 한편, 23절은 18절을 반영한다.

(A) 18절: 바울의 보상은 복음을 값없이 전하는 것이며, 그 결과 그는 복음 사역에 대한 삯을 받을 권리를 충분히 사용하지 않는다.

(B) 19절: 바울은 더 많은 사람을 얻기 위해 스스로를 모든 사람의 종으로 만들기로 결정한다.

(C) 20-22a절: 바울이 유대인과 이방인과 약한 자에 대해 융통성을 발휘하는(즉, 전략적으로 타협하지 않고 순응하는) 세 가지 예화를 든다.

(B′) 22b절: 바울은 더 많은 사람을 얻기 위해 모든 사람에게 융통성을 발휘한다.

(A′) 23절: 바울은 회심자들과 복음의 복에 동참하려고 복음을 위해 융통성을 발휘한다.

바울은 더 많은 사람을 그리스도께 인도할 목적으로 전략적으로 그 자신을 모든 사람의 종으로 만듦으로써 값없이 복음을 제시한다. 오직 '자유로운' 사람만 자신을 종으로 만들 수 있다. 바울이 모범적인 선교사인 것은 전략적으로 다양한 문화적 맥락에 속한 사람들을 더 많이 전도하기 위해 그들에게 순응하기 때문이다. 바울에게 그리스도인의 자유는 '나는 원하는 것을 무엇이든 할 자유가 있다'가 아니다. 오히려 '나는 복음을 위해 융통성을 발휘할 자유가 있다'이다(참고. 8:1-11:1의 '응답 4').

9:20-22a 바울은 전략적으로 순응하는 사람들의 세 가지 예를 든다(참고. 19-23절 주석).

(1) 바울은 전략적으로 '유대인'에게 순응한다. 유대인으로 태어난 사람들과 모세의 율법 아래 유대인으로 살기로 선택한 사람들 모두에게. 바울(인종상의 유대인)은 모세의 율법 아래 있지 않지만 특정한 상황에서는 유대인 전도를 위한 발언의 기회를 얻기 위해 모세 율법의 몇몇 측면들(예. 음식 규칙, 안식일 규정, 할례)을 따르는 융통성을 발휘한다(예. 행 16:3; 21:20-26).

(2) 바울은 전략적으로 '이방인', 곧 모세 율법 바깥에 있는 사람들에게

순응한다. 바울은 인종상의 유대인에게 문화적으로 불편할 수 있는 방식으로 이방인들 사이에서 기꺼이 살아간다. 그는 생활 방식을 낯선 관습에 맞춘다. 이는 직접적으로는 바울이 행동하는 방식과 관련이 있고, 간접적으로는 복음 메시지를 상황화하는 방식을 포함한다.[152]

바울이 20b-21절에서 율법에 관해 말하는 내용은 옛 언약과 새 언약의 관계를 이해하는 데 지극히 중요하다(참고. 7:18-19 주석). (a) 바울은 모세의 율법 아래 있지 않다. (b) 이는 바울이 모든 도덕법에서 자유롭다는 뜻이 아니다. "모든 종류의 사람에게 모든 것이 다 되[었다]"(9:22, 새번역)는 것은, 예컨대 성적으로 부도덕한 사람에게 바울이 성적으로 부도덕해질 수 있다는 뜻은 아니다. (c) 바울은 그리스도의 법 아래에 있다. 이는 사랑의 법을 말한다.[153] 바울은 언제 복음을 위해 융통성을 발휘하고 언제 그렇게 하면 안 될지를 알고 있다.[154]

(3) 바울은 전략적으로 "약한 자"에게 순응한다. "약한 자"의 정체에 대해서는 세 가지 견해가 있다.

(a) "약한 자"는 엘리트와 대비되는 '사회적으로 약한 불신자'를 가리킬 수 있다(1:27). 그렇다면 바울이 약한 자에게 약하게 된 것의 실례는 그가 고린도 교인들과 함께 있을 때 "약[했다]"는 사실이다(2:3). 8장에 나오는 문맥은 이 견해와 상반된다.

(b) "약한 자"는 (8장처럼) 특정한 영역에서 '약한 양심'을 지닌 '신자들'을 언급할 수 있다. 특히 여기에 나온 바울의 세 가지 예들이 10:32, 곧 "[1] 유대인에게나 [2] 헬라인에게나 [3] 하나님의 교회에나 거치는 자가 되지 말라"는 말씀과 병행하기 때문이다. 그러나 바울의 다른

152 복음의 상황화에 관해서는 다음 책을 보라. Timothy Keller, *Center Church: Doing Balanced, Gospel-Centerd Ministry in Your City* (Grand Rapids, MI: Zondervan, 2012), 101-134.

153 Schreiner, *40 Questions about Christians and Biblical Law*, 101-104.

154 참고. Carson, *The Cross and Christian Ministry*, 120-122.

155 Carson, *The Cross and Christian Ministry*, 135-136, 강조는 필자의 것.

예들은 불신자들을 "얻[기]" 위해 그들에게 순응하는 일에 관한 것이다. 즉 불신자들을 회심시키기 위해서다. 그러므로 만일 이 견해가 옳다면, 바울은 여기서 "얻[다]"를 다른 의미로 사용하고 있는 셈이다. 최초의 회심이 아니라 인내와 관련하여 사용한다는 뜻이다.

(c) "약한 자"는 특정한 영역에서 '약한 양심'을 지닌 '불신자들'을 가리킬 수 있다. 예컨대 그들은 우상에게 바친 음식을 먹는 문제에 대해 신학적으로 틀린 견해를 갖고 있다(그리고 그런 사람들이 우상숭배적인 생활 방식에서 벗어나 회심할 때, 적어도 처음에는 우상에게 바친 음식에 관해 신학적으로 틀린 견해를 갖고 있을 것이다). 바울이 어떻게 그런 불신자에게 순응할 수 있는지를 보여주는 예는 10:28-29a(그리고 이에 대한 주석)에 나온다.

각 견해는 타당성이 있으나 문맥은 셋째 견해를 조금 더 선호한다.

9:23 바울이 자기가 전략적으로 모든 사람에게 순응하는 목적을 이렇게 설명한다. "내가 복음을 위하여 모든 것을 행함은 복음에 참여하고자 함이라."

> 그는 그리스도인이 된다는 것을 다른 어떤 방식으로도 생각할 수 없다고 말하는 중이다…그것이 고린도전서 9장의 마지막 단락의 요점이다…진정한 그리스도인은 그 정의(定義)상 끝까지 인내하는 사람이다(예. 요 8:31; 골 1:21-23; 히 3:14; 요이 1:9). 바울의 경우, 그런 인내가 그의 사역과 묶여 있다. 달리 말하면, 그가 복음을 위해 이 모든 일을 행하는 것은 '그 자신'이 복음의 복에 동참하기 위해서다. 물론 아무도 모든 그리스도인이 하나같이 바울과 똑같은 방식으로 주 그리스도를 섬겨야 한다고 주장하지는 않을 것이다. 그러나 바울은 그가 보여준 바 자기를 부인하는 태도를 고린도 교인들이 똑같이 취하기를 원한다.[155]

바울의 문장은 다음 단락으로 이어진다.

9:24-10:22 개요

왜 그리스도인이 이와 같이 살아가는 것이 그토록 중요한가? 우리의 영원한 생명이 그것에 달려 있기 때문이다.[156] 그래서 우리는 우상숭배를 피하기 위해 자제력을 사용해야 한다!

9:24 바울은 운동경기에서 끌어온 은유로 시작한다. 고린도 근처에서는 '고린도 지협(地峽) 경기대회'(the Isthmian games)가 열렸다. 경주에서는 모든 사람이 달리지만 단 한 사람만 이긴다. 이로부터 추론되는 것은, 그들이 이기기 위해 달려야 한다는 것이다(참고. 빌 3:12-14; 딤후 4:7-8).

9:25a 앞의 문장(24절)을 진전시키려고 바울은 '모든 선수가 자제력을 행사한다'라고 쓴다. 이 동사는 "본인의 감정, 충동, 또는 욕망을 통제하다, '자신을 통제하다', '삼가다'"라는 뜻이다.[157] 올림픽 선수들은 성관계와 식생활을 엄격하게 절제하는 것으로 평판이 높았다. 일부 기록에 따르면, 선수들은 경기에 앞서 열 달 동안 성교, 고기와 포도주 섭취를 금하겠다는 맹세를 했다고 한다.[158] 이런 것이 바울이 이 단락에서 관심을 갖고 있는 사안들이다. 그는 고린도 교인들에게 (광야 시절의 대다수 이스라엘 사람들과 달리, 참고. 10:1-11) 성관계와 식생활에서 자제력을 발휘하라고 권면하고 있다.

9:25b 선수에게 그토록 절제하도록 동기를 부여하는 것은 승리다. 바울 시대에 올림픽과 같은 경기의 우승자는, 올림피아의 경기들에서는 나뭇잎으로 만든 관을, 고린도 지협 경기대회에서는 샐러리나 솔잎로 만든 관을 상으로 받았다. 복음의 경주에서 승리하는 자가 받는 상은 하나님과 함께

156 참고. Garland, *1 Corinthians*, 440.

157 BDAG, s.v. ἐγκρατεύομαι.

158 Eckhard J. Schanbel, *Der erste Nrief des Paulus an die Korinther*, 3rd ed., HTA (Wuppertal: R. Brockhaus, 2014), 514.

하는 영생이다(참고. 빌 3:14). 이는 '실격'되는 것(27절)과 대조를 이룬다. 월계관은 결국 썩지만 영원한 상은 썩지 않는다.

9:26-27 그러므로 바울은 목표를 정해놓고 영적인 경주를 한다. 그리고 은유를 권투로 교묘히 바꾼다. 26절에 나오는 "허공을 치는 권투 선수"(현대인의성경)는 '표적을 못 맞히는 서투른 권투 선수'를 가리킨다.[159]

바울은 동료 그리스도인과 경주하거나 싸우고 있지 않다. 그의 대적은 그 자신의 몸과 (그를 굴복시키면 안 되는) 그 몸의 부도덕한 욕망들이다. 27절에 나오는 "내가 몸을 쳐"라는 말은 "엄격하게 단련하다, '벌하다', '거칠게 다루다', '괴롭히다'"[160]라는 뜻이다. "복종하게 함"은 "'예속하다', '복종시키다'…바울이 그의 몸을 노예로 만들다, 즉 그가 그것에게 유용한 섬김을 위해 지시하다"[161]라는 뜻이다. 그래서 ESV 각주에는 "내가 내 몸을 연타해서 그것을 노예로 만든다"라고 기록되어 있다. 바울은 더욱 영적인 사람이 되는 방법으로서 신체적으로 스스로를 고문하는 것이 아니다. 그는 운동의 은유를 사용하고 있다. 즉 자신을 엄격하게 훈련하는 것은 마지막에 경주나 권투 시합에서 쫓겨나지 않기 위해서다. 바울이 자제력을 발휘하는 것은 배교하지 않기 위해서다. 예컨대 만일 그가 그의 몸을 굴복시키지 못한다면 부도덕한 성관계에 관여할지 모르며 성적으로 부도덕한 사람(즉, 회개하지 않고 부도덕한 성관계를 즐기는 사람)은 하나님 나라를 물려받지 못한다(5-6장). 이 경주에서 '실격당하는' 것은 하나님 나라를 물려받을 자격을 박탈당하는 것이다.[162]

159 BDAG, s.v. δέρω.

160 BDAG, s.v. ὑπωπιάζω.

161 BDAG, s.v. δουλαγωγέω.

162 "실격자가 되다"(공동번역)는 아도키모스(*adokimos*)를 번역한 것으로 "시험을 견디지 못하는", 따라서 "자격이 없는", "쓸모없는", "비천한"이라는 뜻이다(BDAG, s.v.). 이 단어는 신약에 일곱 번 더 나오며 각각 진정한 믿음과 대조를 이룬다. "상실한 마음"(롬 1:28), 시험에 실패하는 것(고후 13:5-7), "믿음에 관하여는 버림받은"(딤후 3:8), "선한 일을 하지 못[하는]"(딛 1:16, 새번역), "쓸모가 없어지고"(히 6:8, 새번역).

10:1-22 개요

유형론은 구원의 역사에 있는 구약의 상황들을 더 깊은 점층적인 차원에서 되풀이함으로써 신약의 인물들과 사건들과 제도들(즉, 원형)이 어떻게 구약의 인물들과 사건들과 제도들(즉, 모형)을 성취하는지 분석한다. 1-4절에서 광야에 있는 이스라엘은 모형이고, 고린도 교인들은 원형이다.[163] 이 유형론의 배경은 이스라엘의 출애굽이다(표9).

모형: 광야에 있는 이스라엘	원형: 그리스도인
모세에게 속하는 세례	그리스도에게 속하는 세례
만나와 물	주님의 만찬: 떡과 포도주
옛 언약 아래서 그리스도의 임재를 경험하는 이스라엘	새 언약 아래서 우월한 방식으로 그리스도의 임재를 경험하는 교회

표9. 고린도전서 10:1-4에 나오는 하나님의 백성에 대한 유형론

7-10절에서 바울은 고린도 교인들에게 이스라엘의 우상숭배를 반복하지 말라고 경고한다. 그리스도께서 우상숭배하는 이스라엘 사람들을 '신체적으로' 파멸시키셨다(즉, 그분이 그들을 죽이셨다). 이제 바울은 고린도 교인들에게, 만일 죄가 그들을 실격시킨다면 그리스도께서 그들을 '영적으로' 파멸시키실 것이라고 경고하는 중이다. 유형론에서 모형은 점차 '상승하여' 원형에 이른다. 여기서는 구약의 신체적 죽음이 점차 상승하여 신약의 영원한 저주에 이른다. 유형론에서 패턴은 유사점이나 차이점을 강조할 수 있다. 만일 고린도 교인들이 바울의 경고를 무시한다면, 유형론적으로 관

163 10:6에 나오는 "본보기"는 튀포스(*typos*)를 번역한 것으로 "모델의 역할을 하는 원형, '유형', '패턴', '모델'"이라는 뜻이며, "하나님께서 인물이나 사물의 형태로 미래에 대한 지표로 주신 유형들(types)"(BDAG)을 가리킨다. 10:11에 나오는 "본보기"는 튀피코스(*typikōs*)를 번역한 것으로 "성경의 유형론적 해석과 관련하여, '하나의 본보기/경고로서', 하나의 본보기 또는 모델의 역할과 관련하여"(BDAG)라는 뜻이다.

164 Brent E. Parker, "The Israel-Christ-Church Typological Pattern: A Theological Critique of Covenant and Dispensational Theologies," (PhD diss., The Southern Baptist Theological Seminary, 2017), 333-352.

계가 비슷해질 것이다. 반면에 그 경고를 유념한다면, 관계가 달라질 것이다. 우상숭배(와 다른 죄들)가 이스라엘을 실격시켰고, 바울은 고린도 교인들에게 우상숭배(와 다른 죄들)가 그들 역시 실격시키지 않도록 끝까지 인내하라고 경고한다.[164]

10:1-5 개요

바울이 그가 방금 진술한 것(9:26-27)에 대한 강력한 이유를 제시한다. 이스라엘은 광야에서 자기 훈련과 경주를 하는 데 실패했고 그들 대다수가 실격되고 말았다. 바울은 1-4절에서 "다"를 네 번 반복하는데, 이는 하나님께서 '모든' 이스라엘 사람을 애굽(이집트)에서 안전하게 구출하셨고 광야에서 그들에게 기적적으로 음식을 공급하셨다는 점을 강조하기 위해서다. 그들의 영적 이력서는 참으로 인상적이었다. 그러나 하나님께서 그들을 극적으로 구출하셨음을 모습을 보았는데도, 그들이 너무나 심하게 죄를 지었다. 그래서 하나님은 그들 '대다수'를 불쾌하게 여기셨다. 그분은 광야에서 단 2명만[갈렙과 여호수아(민 14:24-35)] 제외하고 모든 성인 이스라엘 사람을 죽이셨다. 여기에 담긴 의미는 분명하다. 고린도 교인들이 비록 구속과 세례와 주님의 만찬을 누리고 있어도(2-4절), 그들 역시 실격당하지 않도록 방심하지 말고 끝까지 인내해야 한다는 것이다.

10:1-2 고린도의 신자들 대다수가 이방인이었고, 바울은 이스라엘 사람들을 "우리 조상들"이라고 부른다. 이스라엘 사람들은 메시아 예수를 통해 교회와 유기적으로 연결된다(참고. 롬 11:17-24).[165]

165 그리스도인은 이스라엘이 교회와 어떻게 서로 연관되는지에 대해 의견을 달리한다. 일부는 불연속성을 더 많이 보고(예. 다양한 세대주의) 다른 이들은 연속성을 더 많이 본다(예. 다양한 언약신학). 필자는 점진적 언약주의가 가장 설득력이 있다고 본다. Peter J. Gentry and Stephen J. Wellum, *Kingdom through Covenant: A Biblical-Theological Understanding of the Covenants*, 2nd ed. (Wheaton, IL: Crossway, 2018); Stephen J. Wellum and Brent E. Parker, eds., *Progressive Covenantalism: Charting a Course between Dispensational and Covenant Theologies* (Nashville: B&H Academic, 2016).

바울은 출애굽기 13:17-14:30을 언급한다. "구름 아래에 있고 바다 가운데로 지나며 모세에게 속하여 다 구름과 바다에서 세례를 받고"(고전 10:1). 이스라엘 사람들은 비유적으로 "모세에게 속하여…세례를 받[았]고", 모세는 하나님께서 그들을 애굽 사람들로부터 구출한 다음 그들에게 옛 언약을 중재하는 데 사용하신 대리자였다. 이와 비슷하게 그리스도인은 "그리스도 예수와 합하여 세례를 받[았고]"(롬 6:3; 갈 3:27), 그리스도는 그들을 죄로부터 구한 다음 그들에게 새 언약을 중재하신다.

10:3-5 4절 끝에 나오는 "신령한 반석"에 관해 신비롭게 들리는 문장은, "다 같은 신령한 음료를 마셨으니"(4a절)라는 바울의 말을 설명해주는 일종의 난외주(aside)이다. 하나님은 광야에서 이스라엘에게 초자연적으로 양식과 음료를 공급해주셨다(3-4a절). 랍비의 전설에 따르면, 물리적 반석(또는 우물)이 이스라엘 여행의 처음부터(출 17:1-7) 끝까지(민 20:2-13) 물을 공급하기 위해 광야에서 이스라엘을 따라다녔다고 한다. 그러나 바울이 고린도전서를 쓸 때 그 전설이 존재했다는 증거가 불충분하고, 설령 존재했더라도 바울은 그 전설을 받아들이지 않고(이는 딤전 1:4과 상충될 것이다) 오히려 출애굽기 14-17장을 다른 구약 본문들(예. 시 78:14-20, 35; 사 52:12; 58:8)에 비추어 읽었을 가능성이 더 높다.[166] 바울은 영적인 반석을 그리스도라고 부른다. 구약은 은유적으로 하나님을 반석이라 부르고(예. 신 32:4, 15, 30-31; 시 78, 95편), 바울은 이스라엘의 반석이 선재하신 그리스도, 곧 양식과 물을 공급할 뿐 아니라 주를 시험한 자들을 처벌하기 위해 광야에서 그들과 함께 계셨던 그리스도라고 명시한다(9절). 바울의 요점은, 이스라엘이 그리스도로부터 오는 놀라운 복을 경험했음에도 그들 대다수가 실격했으나, (역시 그리스도로부터 오는 놀라운 복을 경험한) 고린도 교인들은 그들처럼 실

166 G. K. Beale, *The Erosion of Inerrancy in Evangelicalism: Responding to New Challenges to Biblical Authority* (Wheaton, IL: Crossway, 2008), 97-101, 118-120을 보라. 반론은 Peter E. Enns, "The 'Moveable Well' in 1 Cor 10:4: An Extrabiblical Tradition in an Apostolic Text," *BBR* 6 (1996): 23-38.

격하지 않고 이기기 위해 달려야 한다는 것이다(9:24-27).

10:6-11 이 대목은 앞의 다섯 절을 더욱 진전시킨다. 광야에서 이스라엘이 보인 본보기는 현재 신앙고백을 하는 그리스도인을 위한 것이다(6, 11절, 참고. 9:10; 롬 15:4). 그리스도인은 이스라엘이 지은 죄로부터 배워야 한다(하나님께서 신체적으로 이스라엘을 멸망시키신 사건과 유형론의 관계에 대해서는 10:1-22 주석을 참고하라).

10:7-10 개요

바울은 (1) 우상숭배, (2) 부도덕한 성관계, (3) 시험하는 것, (4) 원망하는 것 등 한 사람을 경주에서 실격시킬 수 있는 죄들(9:24-27)을 금한다. 4개의 명령 내지는 권면은 그리스도인이 광야에서 이스라엘의 부정적 본보기로부터 배워야 할 점에 적용된다. 각 명령은 3개의 요소를 담고 있다. (1) 명령, (2) "그들 가운데 어떤 사람들과 같이"라는 비교와 6절의 끝부터 나오는 "그들과 같이"라는 후렴을 반복하는 것, (3) 성경의 뒷받침(7절, 참고. 출 32:6) 또는 죄의 결과(8-10절, 참고. 민 25:1-9; 21:4-6; 14:1-38)다.

10:7 "먹고 마시며"라는 인용구는 3-4절, 16-21절과 연결될 뿐만 아니라, 교묘하게 이 단락의 주제(우상에게 바친 음식을 먹는 문제)와도 연결된다. "뛰논다"는 아마 우상을 숭배하는 동안 잔치를 벌이는 행태(부도덕한 성관계를 포함할 수도 있다)를 가리킬 것이다.

10:8 바울은 "하루에 이만 삼천 명이 죽었나니"라고 말하는데, 민수기 25:9에는 "그 염병으로 죽은 자가 이만 사천 명이었더라"고 기록되어 있다. 그 숫자는 어림수지 정확한 수가 아니다. 아울러 오직 바울만 "하루에"라고 명기하는 만큼 2만 3천 명이 하루에 죽고 이후에 천 명이 죽었을 가능성도 있다.

10:9 이스라엘 사람들은 "주를 시험[했다]"(참고. 3-5절 주석).[167]

10:10 "멸망시키는 자"는 '하나님의 형벌 선고를 수행하는 자인 멸망시키는 천사'다.[168]

10:11 구약의 책들은 일차적으로 그것들을 처음 읽는 사람들을 위한 것이 아니었다. 하나님은 일차적으로 그리스도인, 즉 "말세를 만난" 사람들을 위해 구약을 기록하셨다(참고. 롬 4:23-24; 15:4).[169] 그리스도인은 마지막 날에 살고 있고, 이는 그리스도께서 초림과 함께 연 시대와 장차 재림과 함께 완성할 시대가 겹치는 기간이다(참고. 히 1:2).[170]

10:12 이어지는 내용은 1-11절에 대한 추론이다. 하나님께서 온갖 방법으로 이스라엘을 구출하고 또 부양하셨음에도, 그들 대다수가 광야에서 경주에 실격했다. 그러므로 자기가 서 있다고 생각하는 오늘날의 그리스도인(예. 우상의 신전에서 우상에게 바친 음식을 먹을 권리를 행사하는 고린도 교인들, 8장)은 넘어지지 않도록 조심해야 한다. 특히 성관계와 식생활의 영역에서 그렇다. 그들은 경주가 본질적으로 끝났다고, 자기 훈련을 할 필요가 없다고, 자신들은 실격당하지 않을 거라고 생각해서는 안 된다.

10:13 바울은 누군가가 넘어질 때 그 책임이 본인에게 있는 두 가지 이유를 제시한다.

167 일부 사본들은 "그리스도"(ESV) 대신에 "주"(개역개정)라고 말한다. 왜 "그리스도"가 더 나은 독법인지에 대해서는 NET 각주를 보라.

168 BDAG, s.v. ὀλοθρευτής. 참고. 출 12:23; 히 11:28

169 Jason s. DeRouchie, "The Mystery Revealed: A Biblical Case for Christ-Centered Old Testament Interpreatation," *Themelios* 44 (2019): 226-248.

170 Thomas R. Schreiner, "The Theology of the New Testament," in *The ESV Study Bible*, 1803-1805, 특별히 1804쪽의 도표.

(1) 우리가 경험하는 배교의 유혹은 하나같이 인류에게 공통된 것이다. 이는 우상숭배, 부도덕한 성관계, 그리스도를 시험하는 것, 원망하는 것과 같은 유혹을 말한다.

(2) 하나님은 신실하시다. 우리가 넘어지더라도 하나님을 탓할 수 없다. 문제는 우리에게 있다. 하나님은 우리에게 우리가 감당할 수 있는 것 이상의 유혹을 허락하지 않고, 모든 유혹을 피할 수 있는 길을 마련해서 우리가 그것을 견딜 수 있게 해주신다.[171]

10장

이 두 가지 이유는 그리스도인들에게 경고하고 그들을 격려하는 것이다. 이 이유들은 우리에게 자격을 잃지 않도록 인내하라고 강력하게 충고한다. 그리고 하나님께서 우리 중 누구에게도 꼼짝 못하게 만드는 특출하게 강력한 유혹을 허락하지 않으시리라고 안심시킨다. 이 편지의 앞부분에서 바울은 "하나님은 미쁘시도다"라고, 다시 말해 그리스도께서 "우리 주 예수 그리스도의 날에 책망할 것이 없는 자로 끝까지 견고하게 하시리라"고 찬송했다(1:8-9; 참고. 살전 5:23-24; 살후 3:3; 유 1:24-25).

10:14 9:24-10:13에 비추어 볼 때, 넘어지고 실격되는 것을 경계해야 하기 때문에 우리는 우상숭배를 피해야 마땅하다(참고. 6:18, '성적 부도덕을 피하라')! 바울은 8:1-11:1이 다루는 쟁점으로 되돌아간다. 우상에게 바친 음식을 먹는 문제다. 그러나 10:14-22은 8장(그리고 10:23-11:1)과 다르다. 8장에서는 양심의 문제와 관련된 쟁점을 다루지만, 여기서는 우상숭배와 관련된 쟁점을 다루고 있다. 그리스도인은 양심의 문제에 관해서는 의견을 달리할 수 있어도 우상숭배에 관해서는 그럴 수 없다(8:1-11:1 단락 개관을 보라.)

171 ESV에는 (대다수의 현대판 영어 번역본들처럼) 10:13의 둘째 문장이 3개의 병행 절들을 갖고 있다. (1) "하나님은 신실하시다." (2) "그분은 당신이 당신의 능력을 벗어나는 유혹을 당하도록 허락하지 않으신다." (3) "유혹과 함께 그분은 또한 피할 길을 마련해주실 것이다." 문법적으로 보면, 주된 개념은 "하나님은 신실하시다"이며 이 어구에 하나님을 묘사하는 2개의 절이 따라온다(참고. KJV, NASB).

10:15 바울은 고린도 교인들을 지혜로운 사람들로 여기며 그들에게 호소한다.

10:16 이 두 수사적 질문은 14-22절에 나오는 적용의 전제로, 교회가 주님의 만찬을 기념할 때는 예수님의 죽음에 참여하는 것이라는 진리이다. "참여함"은 헬라어 단어 코이노니아(*koinōnia*)를 번역한 것으로 '교제, 누군가와 공동의 것을 나눔'이라는 뜻이다. 주님의 만찬을 기념하는 교회는 수직적으로 하나님과의 '코이노니아'를 즐기고 수평적으로 동료 예배자들과의 교제를 즐긴다. 우상숭배에 관한 맥락은 수직적 교제를 강조한다.

세 가지 의례가 교회가 예수님의 죽음에 참여한다는 것이 무슨 뜻인지를 보여준다.

(1) 이스라엘 백성이 유월절 식사를 할 때, 그들은 하나님과 함께 유월절 제사가 그들을 위해 이룬 일과 그로부터 흘러나온 복을 기념했다(참고. 출 12:21-27). 예수님의 마지막 만찬과 주님의 만찬은 하나님의 백성을 위한 유월절 식사를 새롭게 한다(참고. 고전 5:7b; 11:24-25 주석). "축복의 잔"은 유월절 식사에서 세 번째 잔이었다.

(2) 이스라엘 백성이 일상적으로 동물을 제물로 바치고 다함께 그 동물의 일부를 먹을 때, 그들은 하나님과 함께 그 제사가 그들을 위해 이루었다고 믿은 것과 그에 따른 복을 기념했다. 바울은 18절에서 이 예를 사용한다.[172]

(3) 이방인들이 그들의 신들(즉, 귀신들)에게 음식을 제물로 바칠 때, 그들은 그 귀신들과 함께 그 제사가 그들을 위해 이루었다고 생각한 것과 그로부터 흘러나오는 복을 기념했다. 바울은 20절에서 이 예를 사용한다.

이와 비슷하게, 교회가 주님의 만찬을 기념할 때는 언약을 갱신하는 의

172 10:18에서 바울이 유대인이 구약 시대에 드린 제사나 바울이 집필하던 당시의 제사 중 어느 것을 가리키는지는 불분명하다.

례를 통해 예수님과 교제함으로써 예수님의 죽음에 참여하는 것이다. 교회는 예수님이 죽음을 통해 그분의 백성을 위해 이루신 것과 그에 따른 복을 기뻐함으로써 스스로에게 영적 양식을 공급한다.[173]

10:17 바울은 교회가 다함께 주님의 만찬을 기념한다고 지적하며 16절의 두 번째 수사적 질문을 뒷받침한다. 그리스도와의 수직적 교제(16절)는 그리스도의 몸과의 수평적 교제를 창조한다. 바울은 "많은" 고린도 교인들이 "한 몸"임을 강조하기 위해 "한"이라는 단어를 세 번이나 되풀이한다. 17절은 세 줄로 되어있는데, 첫째와 셋째 줄이 둘째 줄을 뒷받침한다(표10).

[왜냐하면]	떡이 '하나'요
많은 우리가	'한' 몸이니
이는 우리가 다…참여함이라.	'한' 떡에

표10. 고린도전서 10:17의 구조

하나로 통합된 교회는 주님의 만찬을 다함께 기념한다. 신분이 낮은 사람들과 사회적 엘리트층, 젊은이와 늙은이, 유대인과 이방인, 남자와 여자, 노예와 자유인이 모두 참여한다. 거기에 파당이 있으면 안 된다.

10:18 이스라엘 백성에 관한 바울의 예화는 16-17절을 뒷받침한다(참고. 16절 주석).

173 예컨대, 예수님이 자발적으로 자신의 백성을 위한 형벌적 대속물로 죽었을 때, 주님은 그 제사로 백성들의 죄를 속죄하셨고, 그들의 죄에 대한 하나님의 의로운 진노를 진정시키셨으며, 그들을 죄의 노예 상태에서 구속하셨고, 그들을 하나님과 화해시키셨다. 하나님은 경건치 않은 사람들을 무죄하고 의로운 자들로 법적으로 선포하셨다. 그분은 그들의 무법적인 행실을 용서하신다. 그분은 그리스도의 의로움을 믿는 죄인에게 전가하신다. John R. W. Stott, *The Cross of Christ*, 20th anniversary ed. (Downers Grove, IL: InterVarsity Press, 2006), esp. 165-199; Robert A. Peterson, *Salvation Accomplished by the Son: The Work of Christ* (Wheaton, IL: Crossway, 2012).

10:19-20a 이어지는 내용은 16-18절의 추론이다. 이방인들이 종교적 의례에서 우상에게 음식을 바칠 때는 그것을 귀신들에게 바치는 것이다(참고. 신 32:17). 그것은 도덕적으로 중립적인 행동이 아니라 우상숭배다.

10:20b-21 이제 사도는 14-20a절을 적용한다. 종교적 의례에서 먹고 마시는 것은 그 의례에 '참여하는' 것이므로, 그들의 종교적 의례에서 우상에게 바친 음식을 먹는 것은 귀신의 활동에 참여하는 것이다(참고. 신 32:17). 이방의 종교적 의례에 참여하는 것은 그리스도인에게 논쟁의 여지가 없는 문제다. 그것은 우상숭배다. 그리스도와의 연합과 창녀와의 성적 연합이 양립할 수 없듯이(고전 6:15-17), 주님의 만찬에 참여하는 것과 이방의 종교적 의례에 참여하는 것도 마찬가지다.

10:22 2개의 수사적 질문이 21절로부터 나오고, 이 둘은 부정적 답변을 기대한다. 우상숭배는 주님의 격노하는 질투를 불러일으킨다(예. 출 34:14; 신 29:18-20; 수 24:19-20; 시 78:58-59).

10:23-11:1 개요

바울이 고린도 교인들에게 이웃의 유익을 구함으로써 하나님의 영광을 위해 모든 것을 전략적으로 수행하도록 권면하면서 이 쟁점을 마무리한다.

10:23 두 가지 표어(참고. 6:12)는 고린도 교인들이 어떻게 주님을 도발하고 있는지(22절)를 부정적으로 보여준다. 바울은 고린도 교인들이 이 표어들을 사용하는 방식에 대해 반박한다. 모든 것이 다 유익하거나 건설적이지는 않다는 것이다(참고. 8:1).

10:24 "모든 것이 유익한 것은 아니[고]" 또 "모든 것이 덕을 세우는 것은 아니[기]"때문에(23절), 고린도 교인들은 그들이 무슨 일을 행하든지 다른 이들의 덕을 세우려 애쓰고, 믿는 이웃이나 믿지 않는 이웃에게 유익을

주기 위해 그들의 권리를 기꺼이 포기해야 한다.

10:25-30 개요

다음으로 바울은 24절에서 진술한 원리를 적용한다. 이방인들은 동물을 우상에게 제물로 바친 후 신전에서 남은 고기의 일부를 먹고 나머지는 행상인에게 팔았다. 그리고 행상인들은 그것을 고기 시장에 팔곤 했다(참고. 8:1-11:1 단락 개관). 바울은 그 고기와 관련하여 세 가지 구체적인 상황에 대해 다룬다(25-26, 27, 28-29a절).

10장

10:25-26 상황 1. 어떤 고린도 교인들은 죄를 짓지 않은 채 고기를 먹을 수 있는지 확신하지 못한다. 바울은 그들에게 고기를 먹을 자유가 있다고 말한다. 그는 이 주장을 시편 24:1의 인용으로 뒷받침한다. 이는 유대인이 전통적으로 음식을 먹기 전에 기도했던 구절이다. 제물로 바친 고기를 포함해 온 땅과 거기에 충만한 것이 다 주의 것이다.

10:27 상황 2. 어떤 이방인들은 고기 시장에서 우상에게 바친 고기를 사서 집에서 먹는다. 만일 불신자가 고린도 교인을 식사에 초대한다면, 그는 그 고기가 우상에게 제물로 바친 것인지 여부를 묻지 말고 먹을 자유가 있다.

10:28-29a 상황 3. 그러나 "누가" 고린도 교인에게 그 고기가 우상에게 바친 것임을 알려주는데, 그리스도인이 그 고기를 먹는 것은 우상숭배에 참여하는 것이므로 먹기를 반대할 것으로 생각된다면, 그 사람의 양심을 위해 고기 먹기를 사양해야 한다.

바울은 처음 두 상황에 처하면 이렇게 하라고 말한다. "그 고기가 우상에게 바친 것인지 일부러 물어보지 말라. 이것은 신학적으로 미해결된 문제이기 때문에 당신의 양심이 그 고기를 먹는다고 당신을 정죄하면 안 된다." 셋째 상황은 이 둘째 상황에 대한 예외를 제공한다.

이것은 27절에 대한 예외이기에 "누가"는 아마 불신자를 가리킬 것이다. 하지만 이 영역에서 약한 양심을 지닌 신자를 가리킬 수도 있다. 그 사람은 그리스도인이 그 고기를 먹는 것이 왜 용납될 수 있는지에 대한 신학적 근거를 이해하지 못한다. 그래서 그의 (오도된) 양심은 그리스도인이 그 고기를 먹으면 암묵적으로 우상을 숭배한다고 생각할 것이다.

10:29b-30 여기에 나오는 2개의 수사적 질문은 거꾸로 바울이 25-29a절에서 내놓은 본보기들의 하나 또는 그 이상을 언급한다. 그리고 거기에 내재된 답변은 바울이 10:31-11:1의 단락에 대해 결론을 내리는 방식을 수립한다. 바울이 이 두 질문을 던짐으로써 무엇을 주장하고 있는지를 정확히 추적하는 일은 어렵다. 다음 두 가지 견해가 가장 타당하다.

(1) 두 질문은 하나의 비방으로서, 바울이 일부 고린도 교인들이 어떻게 셋째 본보기(10:28-29a)에 대해 반대할지를 표현하는 것이다. 그래서 29b-31절을 풀어 쓰면 이렇다.

> 당신이 이런 반론을 펼지 모른다. "그런즉 다른 누군가의 오도된 양심이 어째서 내가 자유롭게 할 일을 제한해야 하는가? 만일 내가 그 고기에 대해 하나님께 감사할 수 있다면, 내가 그것을 먹을 자유가 있어야 하지 않은가?" 당신에게 가장 중요한 것은 당신의 권리를 누리는 게 아니라 다른 이들을 세워줌으로써 하나님께 영광을 돌리는 것이다.

(2) 두 질문은 처음 두 본보기(25-27절)를 가리키되 괄호 속에 있는 셋째 것은 가리키지 않는다. 그래서 이런 독법으로 25-30절을 풀어 쓰면 다음과 같다.

> 당신이 시장에서 살 수 있는 고기를 먹으라. 그 고기를 포함해 온 땅과 거기에 충만한 것이 다 주님의 것이기 때문이다. 만일 비그리스도인이 당신을 식사에 초대한다면, 그들이 대접하는 고기를 먹으

라. (그러나 누군가 당신에게 그 고기는 우상에게 바친 것이라고 알려준다면, 당신은 그 사람의 양심을 위해 그 고기를 먹으면 안 된다.) 아니, 다른 누군가의 오도된 양심이 어째서 내가 자유롭게 할 일을 제한해야 하는가? 만일 내가 그 고기에 대해 하나님께 감사할 수 있다면, 내가 그 것을 먹을 자유가 있어야 하지 않은가?

두 번째 견해가 문맥에 더 잘 들어맞고 억측이 더 적은 편이다.

10장

10:31 이어지는 내용은 23-30절(더 넓게 보면 8:1-10:30)의 추론으로서 24절의 원리를 재진술한다. 그리스도인은 먹을 자유를 누리든지(25-27절) 포기하든지(28-29절) 언제나 다른 사람을 세워주려고 애써야 한다는 것이다. 이 원리를 좀 더 신학적으로 진술하면 '모든 것을 하나님의 영광을 위하여 하라'가 된다. 먹든지, 마시든지, 무슨 일을 하든지 상관없다(참고. 골 3:17). 바울은 '모든 것이 적법하다'(23절, 개역개정은 "모든 것이 가하나")를 "무엇을 하든지 다 하나님의 영광을 위하여 하라"로 대체한다(참고. 6:12, 20).

"하나님의 영광"은 하나님께서 자신의 거룩함(즉, 하나님다움 또는 독특한 탁월성)을 드러내시는 것이다.[174] "하나님의 영광을 위하여" 무언가를 하는 것은 하나님을 영화롭게 하는 것이다. 우리는 하나님을 중시하는 방식으로 느끼고 생각하고 행동할 때 하나님을 영화롭게 한다. 이는 그분이 최고로 위대하고 선하고 모든 것을 만족시키시는 분임을 보여준다.[175] 문맥으로 보면, 하나님을 중시하는 구체적인 방법은 우리의 유익보다 이웃의 유익을 구하는 것이다(24절).

174 참고. Christopher W. Morgan, "Toward a Theology of the Glory of God," in The Glory of God, ed. Christopher W. Morgan and Robert A. Peterson, *Theology in Community* (Wheaton, IL: Crossway, 2010), 153-187.

175 참고. Piper, *Expository Exultation*, 201-209.

10:32 바울이 31절을 적용한다(그리고 9:19, 22b을 되풀이한다). 하나님의 영광을 위해 먹는 한 가지 방법은 25-29a절에 순종하는 것이다.

"거치는 자가 되지 말고"는 그리스도인의 행동이 다른 사람에게 당혹감이나 불쾌함이나 분노를 불러일으킨다고 해서 항상 그에게 책임이 있다는 뜻이 아니다. 그 대신 다른 사람에게 해를 끼치지 않는다는 의미에서 그 사람이 걸려 넘어지지 않게 한다는 뜻이다(참고. 8:10-13; 8:9-12 주석).

10:33 바울은 앞 구절의 예를 제공한다(그리고 9:18, 23을 반복한다). "나와 같이 모든 일에 모든 사람을 기쁘게 하여"라는 말은 바울이 하나님께서 어떻게 생각하시느냐보다 다른 사람이 어떻게 생각하는지에 더 신경을 기울이는, '사람을 기쁘게 하는 자'라는 뜻이 아니다. 이는 다른 사람을 기쁘게 하는 것과 '하나님'을 기쁘시게 하는 것 사이가 아니라, 다른 사람을 기쁘게 하는 것과 '자신'을 기쁘게 하는 것 사이에서 선택하는 문제다.[176] 바울이 전략적으로 다른 사람을 기쁘게 하려는(그래서 하나님을 영화롭게 하는) 방식은 복음을 위해 그 자신이 아니라 많은 다른 사람의 유익을 구하는 것이다(참고. 9:19-23).

11:1 바울은 고린도 교인들에게 그의 본보기를 모델로 사용하여 본받으라고 권면하면서 이 단락을 마무리한다. 너희가 그리스도인(그들을 세워주기 위해 너희 권리를 포기하라)이나 비그리스도인(하나님께서 그들을 구원하시도록 너희 권리를 포기하라)과 관계를 맺을 때 모든 것을 하나님의 영광을 위하여 하라는 것이다. 바울의 전략은 선교사들만이 아니라 모든 그리스도인이 배워야 한다(참고. 4:16 주석).

바울은 그의 권면에 제한을 붙인다. 나를 본받되 내가 그리스도를 본받는 만큼만 본받으라는 것이다. 그리스도는 다른 사람을 위해 자신의 권리를 포기한 궁극적인 본보기가 되신다(참고. 롬 15:1-8).

176 Naselli and Crowley, *Conscience*, 115.

응답

1. 모든 것을 하나님의 영광을 위하여 하라.

이것이 고린도전서 8:1-11:1을 적용하는 가장 포괄적인 방식이다(참고. 10:31-11:1 주석). 아래에 나오는 다른 응답들은 이 응답의 부분집합이다. 본 로버츠(Vaughan Roberts)는 8-10장에 담긴 그리스도인의 의사결정을 흐름도(표11)로 잘 요약한다.

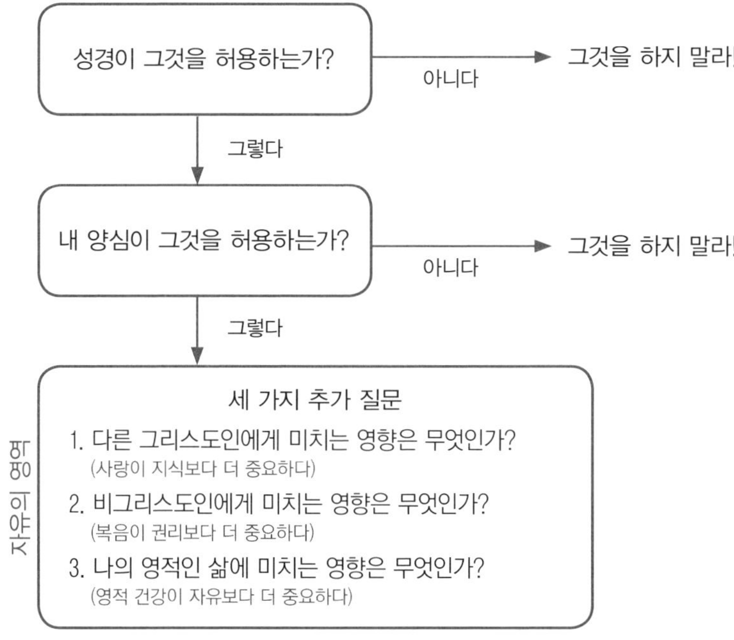

표11. 고린도전서 8-10장에 담긴 그리스도인의 의사결정[177]

177 Vaughan Roberts, *Authentic Church: True Spirituality in a Culture of Counterfeit* (Downers Grove, IL: InterVarsity Press, 2011), 133. 허락을 받아 사용함.

2. 당신의 권리를 포기하는 것이 동료 그리스도인을 해롭게 하기보다 세워준다면 그렇게 하라(8장).[178]

우리가 무언가를 할 자유가 있다고 해서 그것을 '반드시' 해야 하는 것은 아니다. 고려할 다른 요소들도 있다. 그리스도인은 언제나 자기 권리를 행사해야 한다고 고집하면 안 된다. 특히 우리의 자유를 행사하는 것이 다른 그리스도인으로 하여금 양심에 거슬리는 죄를 짓게 하고 나아가 배교하게 할 수 있다면 더더욱 그렇다.

3. 당신의 권리를 포기하는 것이 비그리스도인에게 복음을 전할 수 있다면 그렇게 하라(9장).

바울은 복음을 전하기 위해 기꺼이 급여(급여를 받는 것이 그의 권리일 때)를 포기했고 그 대신 또 하나의 직업을 가졌다. 혹시 우리는 우리의 권리가 복음의 확장보다 더 중요한 것처럼 그것을 꽉 붙잡고 있지 않은가?

4. 당신이 전략적으로 복음을 위해 다른 사람에게 순응할 수 있도록 당신 양심의 눈금을 조정하라(9:18-23; 10:23-11:1).[179]

우리는 우리의 양심을 거슬러 죄를 지으면 안 된다. 그 대신 양심에 귀 기울이며 선한 양심을 키워야 한다. 우리는 '대체로 항상' 우리의 양심을 따라야 한다. 그러나 '대체로 항상'은 이 규칙에 예외가 있다는 뜻이다. 말하자면 그것이 신학적으로 틀릴 때에는 양심의 눈금을 조정해야 한다.

논쟁의 여지가 있는 문제에 대해서는 우리의 양심을 정확하게 조정해서 복음을 위해 자유로이 융통성을 발휘하는 것이 필요하다. 하지만 어떤 논쟁거리에 대해 양심이 우리를 정죄한다면 융통성을 발휘할 수 없다. 어떤 논쟁거리를 본래 죄악된 것으로 선포해서 금하는 편이 더 간단하겠지만,

178 Naselli and Crowley, *Conscience*, 84-117, 143을 보라.

179 같은 책, 55-83, 118-140.

진정한 권리를 정말로 진정한 권리가 아니라고 결정하는 것은 미덕이 아니다.

5. 자기 훈련으로 끝까지 인내하라(9:24-10:22).

하나님은 실격당하고 넘어져서 멸망을 경험하지 않도록 끝까지 믿음을 지키라고 경고하신다. 이는 실제적인 경고다. 또한 하나님께서 우리에게 계속해서 능력을 주기 위해 사용하시는 수단 중 하나다.

만일 사도 바울이 경주하기 위해 깨어서 자기 훈련을 할 필요가 있었다면, 우리는 그것이 얼마나 더 필요하겠는가? 이스라엘 사람들의 우상숭배와 부도덕한 성관계, 하나님을 시험하고 원망하며 방향을 돌려 하나님을 반역한 구약 이야기를 읽을 때 우리는 그들이 참으로 어리석었다고 (옳게) 생각할지 모른다. 그러나 우리가 우상숭배와 부도덕한 성관계의 죄를 짓고, 하나님을 시험하고 원망하며 방향을 돌려 그분에게 반역할 때, 우리는 그들보다 훨씬 어리석다. 우리는 하나님께서 "아들을 통하여 우리에게 말씀하[신]" 이른바 "이 모든 날 마지막"에 사는 특권을 누리고 있으니 말이다(히 1:2).

2 너희가 모든 일에 나를 기억하고 또 내가 너희에게 전하여 준 대로
그 전통을 너희가 지키므로 너희를 칭찬하노라 3 그러나 나는 너희가
알기를 원하노니 각 남자의 머리는 그리스도요 여자의 머리는 남자요
그리스도의 머리는 하나님이시라 4 무릇 남자로서 머리에 무엇을 쓰
고 기도나 예언을 하는 자는 그 머리를 욕되게 하는 것이요 5 무릇 여
자로서 머리에 쓴 것을 벗고 기도나 예언을 하는 자는 그 머리를 욕되
게 하는 것이니 이는 머리를 민 것과 다름이 없음이라 6 만일 여자가
머리를 가리지 않거든 깎을 것이요 만일 깎거나 미는 것이 여자에게
부끄러움이 되거든 가릴지니라 7 남자는 하나님의 형상과 영광이니
그 머리를 마땅히 가리지 않거니와 여자는 남자의 영광이니라 8 남자
가 여자에게서 난 것이 아니요 여자가 남자에게서 났으며 9 또 남자가
여자를 위하여 지음을 받지 아니하고 여자가 남자를 위하여 지음을
받은 것이니 10 그러므로 여자는 천사들로 말미암아 권세 아래에 있는
표를 그 머리 위에 둘지니라 11 그러나 주 안에는 남자 없이 여자만 있
지 않고 여자 없이 남자만 있지 아니하니라 12 이는 여자가 남자에게

서 난 것같이 남자도 여자로 말미암아 났음이라 그리고 모든 것은 하
나님에게서 났느니라 13 너희는 스스로 판단하라 여자가 머리를 가리
지 않고 하나님께 기도하는 것이 마땅하냐 14 만일 남자에게 긴 머리
가 있으면 자기에게 부끄러움이 되는 것을 본성이 너희에게 가르치지
아니하느냐 15 만일 여자가 긴 머리가 있으면 자기에게 영광이 되나니
긴 머리는 가리는 것을 대신하여 주셨기 때문이니라 16 논쟁하려는 생
각을 가진 자가 있을지라도 우리에게나 하나님의 모든 교회에는 이런
관례가 없느니라.

2 Now I commend you because you remember me in everything and
maintain the traditions even as I delivered them to you. But I want you
to understand that the head of every man is Christ, the head of a wife[1]
is her husband,[2] and the head of Christ is God. 4 Every man who prays
or prophesies with his head covered dishonors his head, 5 but every
wife[3] who prays or prophesies with her head uncovered dishonors her
head since it is the same as if her head were shaven. 6 For if a wife
will not cover her head, then she should cut her hair short. But since
it is disgraceful for a wife to cut off her hair or shave her head, let her
cover her head. 7 For a man ought not to cover his head, since he is the
image and glory of God, but woman is the glory of man. 8 For man
was not made from woman, but woman from man. 9 Neither was man
created for woman, but woman for man. 10 That is why a wife ought
to have a symbol of authority on her head, because of the angels.[4]
11 Nevertheless, in the Lord woman is not independent of man nor man
of woman; 12 for as woman was made from man, so man is now born
of woman. And all things are from God. 13 Judge for yourselves: is
it proper for a wife to pray to God with her head uncovered? 14 Does
not nature itself teach you that if a man wears long hair it is a disgrace

for him, 15 but if a woman has long hair, it is her glory? For her hair is given to her for a covering. 16 If anyone is inclined to be contentious, we have no such practice, nor do the churches of God.

1 Greek *gunē*. This term may refer to a *woman* or a *wife*, depending on the context *2* Greek *anēr*. This term may refer to a *man* or a *husband*, depending on the context *3* In verses 5–13, the Greek word *gunē* is translated *wife* in verses that deal with wearing a veil, a sign of being married in first-century culture *4* Or *messengers*, that is, people sent to observe and report

단락 개관

고린도전서 11:2-16은 열 가지 쟁점 중 일곱 번째 것인 머릿수건을 쓰는 문제를 다룬다. 이것은 고린도 교인들이 이방 문화의 세상적인 가치관을 채택한 또 하나의 영역이다.

대다수 신약 본문의 경우에는 역사-문화적 맥락을 아는 것이 본문 이해에 도움이 될 수 있으나, 본문을 정확히 이해하는 데 꼭 필요한 것은 아니다. 하지만 머릿수건에 관한 이 대목은 우리가 그것의 역사-문화적 맥락을 이해하지 않고는 본문을 이해할 길이 없는 소수의 본문 중 하나다.[180] 누군가의 머리를 가리는 것이 바울 당시 그리스-로마 문화에서는 무엇을 의미했는가? 우리가 이 질문에 대답할 수 없다면 이 대목을 정확히 이해할 수 없다.

이 대목에 대한 가장 유익한 통찰은 브루스 윈터(Bruce Winter)로부터 얻었다. 그는 그리스-로마 세계, 특히 고린도의 기독교가 몸담은 1세기 역

180 이 논쟁적인 주장에 대한 맥락은 Naselli, *How to Understand and Apply the New Testament*, 162-187을 보라.

사-문화적 맥락에 관한 역사학자이자 신약학자다.[181] 모든 사람이 윈터에 동의하는 것은 아니지만, 필자는 그가 가장 설득력 있는 주장을 폈다고 생각한다. 다음은 기본적으로 그가 주장하는 바다.

(1) 이방의 종교적 의례가 진행되는 동안 제사장들(사회적 지위가 높은 로마 남자들)은 기도나 제사를 인도할 때 토가(예복)로 그들의 머리를 가렸다. 만일 고린도 교회에서 사회적 엘리트층 남자가 공동 예배 동안 기도나 예언을 할 때 머리를 가렸다면, 교회의 머리이신 그리스도를 부각시키기보다 그들의 사회적 지위를 부각시키려는 것이다. 그들은 심지어 신분이 낮은 사람들을 기도나 예언에서 배제시켰을지도 모른다. 그래서 바울은 그리스도인 남자들에게 그런 혼합주의적 관습을 따르지 말라고 명한다.

(2) 여자가 자기 머리를 가리는 것은 그녀가 결혼했다는 사회적인 표시였다. 얇은 머리 스카프나 머릿수건은 기혼 여성의 정숙함, 순결함, 남편에 대한 순종을 상징했다. 이는 아내가 남편을 공개적으로 존경하는 하나의 방식이었다. 공개적으로 자기 머리 가리기를 거부하는 아내는 남편을 모욕하는 것이었다. 헬라어 귀네(*gynē*)는 맥락에 따라 '여자' 또는 '아내'를 의미할 수 있는데, 이 대목에서는 구체적으로 3, 5, 10, 13절에 나오는 '아내'(개정개역은 "여자")를 가리킨다. ESV는 '아내'로 옳게 번역한다(참고. 3절).

(3) 당시 로마 세계에는 새로운 종류의 아내가 출현하고 있었다. 남편들에게는 성적 난잡함을 허용하나 아내들에게는 허용하지 않는 문화적 풍토에 반발하는 여자들이었다. 그런 아내들이 자유를 과시하는 하나의 방법은 머릿수건을 벗는 것이었다. 그리스도인 아내가 고의적으로 머릿수건을 벗으면 안 되는 이유는, 그런 모습이 곧 스스로를 다른 난잡한 여자들과 동일시하는 것이었기 때문이다.

181 Winter, *After Paul Left Corinth*, 121-141; Winter, *Roman Wives, Roman Widows*, 77-96. 다음 자료도 보라. David W. J. Gill, "1 Corinthians," in *Zondervan Illustrated Bible Backgrounds Commentary: New Testament*, ed. Clinton E. Arnold, 4 vols. (Grand Rapids, MI: Zondervan, 2001), 3:156-159; Wayne Grudem, *Evangelical Feminism and Biblical Truth: An Analysis of More Than One Hundred Disputed Questions* (Wheaton, IL: Crossway, 2012), 332-339.

그래서 문제가 된 사안은 고린도의 그리스도인이 남편과 아내를 위한 하나님의 아름다운 계획에 도전하고 그것을 조롱하는 방식으로 머릿수건을 쓸 것인지 여부다. 바울은 이 대목에서 그의 주된 주장을 4-5a절에 진술한다. 그 내용은, 교회 모임에서 기도하거나 예언할 때 머리를 '가리는' 남자들은 그리스도를 모욕하는 것인 반면, 자기 머리를 '가리지 않는' 아내들은 자기 남편을 모욕한다는 것이다. 바울은 그 주장을 적어도 여섯 가지 이유로 뒷받침한다(다음의 단락 개요를 참고하라).

단락 개요

II. 고린도 교인들에 관한 소식과 그들의 편지에 기초해 바울이 응답하는 쟁점들(1:10-15:58)

G. 머릿수건을 쓰는 문제(11:2-16)

1. 서론: 바울이 고린도 교인을 칭찬하다(11:2)
2. 주된 주장의 이유 1: 권위와 순종과 관련하여 남편과 아내의 관계는 성부와 성자 하나님의 관계를 반영해야 한다(11:3)
3. 주된 주장: 교회 모임에서 기도하거나 예언할 때 머리를 가리는 남자는 그리스도를 모욕하고, 머리를 가리지 않는 여자는 남편을 모욕한다(11:4-5a)
4. 이유 2: 머리를 가리지 않는 아내는 문화적으로 부끄럽다(11:5b-6)
5. 이유 3: 아내가 머리를 가리는 대신 남자가 머리를 가리는 것은 창조주 하나님께서 남자와 여자를 지으신 방식과 상충된다(11:7-9)
6. 이유 4: 그것은 천사나 전달자들에게 나쁜 증언이다(11:10)

7. 11:3-10의 조건: 남자와 여자는 상호의존적이다(11:11-12)
8. 이유 5: 그것은 문화적으로 부적절하다(11:13-15)
9. 이유 6: 그것은 바울과 다른 교회들의 행습과 어긋난다 (11:16)

주석

11:2 바울은 고린도 교인들에 대한 칭찬으로 시작한다(17절에서 다음 쟁점을 시작하는 모습과 반대로). 그는 그들이 자기가 가르친 바를 따르고 있음을 인정한다. "모든 일"은 과장법이다(참고. 17-22절).

2절이 어떻게 3-16절과 연결되는지는 분명치 않다. 고린도 교인들이 머릿수건을 오용하고 있지 않았을 가능성이 있다. 또한 3-16절은 단지 바울이 이미 가르쳤던 4-5a절에 담긴 내용에 대해 설명하는 것일 수 있다. 그러나 바울이 3-16절에서 주장하는 것을 보면, 적어도 일부 고린도 교인들이 머릿수건을 오용하고 있고 바울이 그들을 바로잡고 있는 듯하다. 그는 칭찬을 이어지는 내용의 부드러운 서곡으로 삼는다.

바울이 이 대목의 나머지 부분에서 가르치는 것은 그 "전통"의 일부다. 그것은 모든 그리스도인에게 구속력이 있는 교리다(참고. 살후 2:15; 3:6).

11:3 이 구절은 앞 구절과 대조를 이룬다. 바울이 처음에는 고린도 교인을 칭찬했는데 이제는 그들을 바로잡는다. 그는 4-5a절에 나오는 주된 주장에 대한 첫째 이유를 제시하면서 시작한다(참고. 2-16절 단락 개요). 남편과 아내의 관계는 권위와 순종과 관련해 하나님 아버지와 아들의 관계를 반영해야 한다는 것이다.

ESV는 "여자의 머리는 남자[다]"(NIV, 개역개정, 참고. NASB, CSB, NET, NLT)

대신 "'아내'(귀네)의 머리는 그녀의 '남편'[아네르(*anēr*)]이다"라고 옳게 읽는다(2-16절 단락 개요를 보라). "머리"는 케팔레(*kephalē*)를 번역한 것으로 근원(생명의 근원, 곧 기원)이나 탁월성(예. 사회적으로 제일 중요함)이 아니라, 은유적으로 권위를 가리킨다(참고. 엡 1:22; 5:23; 골 1:18; 2:10).[182] 바울은 한 인격이 머리고 다른 인격이 그 머리에 순종하는 세 가지 관계를 명시한다(표12).

머리됨	순종
그리스도	모든 남자
남편	아내
하나님(아버지)	그리스도(아들)

표12. 고린도전서 11:3에 나오는 머리됨과 순종

바울은 머리됨과 순종과 관련하여 하나의 유비를 제시한다.

하나님(아버지) : 그리스도(아들) :: 남편 : 아내

남편과 아내의 관계는 권위와 순종과 관련해 하나님 아버지와 아들의 관계를 반영해야 한다. 아들 그리스도는 아버지 하나님과 본질과 가치 면에서 동등하면서도 아버지에게 순종한다. 아들이 아버지에게 순종한다고 해서 열등한 것이 아니다. 이와 비슷하게, 남편에게 순종하는 아내는 본질과 가치 면에서 남편과 동등하다. 아내가 남편에게 순종하다고 해서 열등한 것이 아니다(참고. 2-16절의 '응답 2').[183]

11:4-5a 이 구절들은 3절의 추론이다. 바울 당시에 기도하거나 예언할

182 Grudem, *Evangelical Feminism and Biblical Truth*, 201-211, 552-599; Thomas R. Schreiner, *1 Corinthians*, TNTC 7 (Downers Grove, IL: IVP Academic, 2018), 222-228.

때[184] 머리를 가리는 남자가 그의 은유적 머리(즉, 그의 권위이신 그리스도)를 모욕하는 것인 이유는, 그것이 사회적 엘리트인 이방인 제사장을 모방하는 모습이기 때문이다. 그리고 바울 당시에 머리를 가리지 않은 아내가 그녀의 은유적 머리(즉, 그녀의 권위인 남편)를 모욕하는 것인 이유는, 그녀가 결혼했다는 상징을 쓰기를 거부하기 때문이다. 이것이 이 대목의 주된 주장이다. (2-16절 단락 개관과 단락 개요를 보라.)

11:5b-6 개요

바울은 4-5a절에 나온 주된 주장에 대한 둘째 이유를 덧붙인다. 아내가 머리를 가리지 않는 것은 문화적으로 부끄러운 일이다. 바울은 이와 같이 연역적으로 논증한다.

- 전제 1(5b절): 아내가 머리를 가리지 않은 것은 머리를 밀어버린 것과 같다.
- 전제 2(6a절): 아내가 머리를 민 것은 부끄러운 일이다.
- 결론(내재된): 아내가 머리를 가리지 않은 것은 부끄러운 일이다.
- 적용(6b절): 아내는 머리를 가려야 한다.

11:5b 아내가 머리를 가리지 않은 것(5a절)은 머리를 밀어버린 것과 동일하다. 로마법에 따르면, 간음한 여자에 대한 형벌은 머리카락을 잘라내는

183 Kathy Keller, "Embracing the Other," in Keller, *Meaning of Marriage*, 170-191을 보라. 신학자들은 이 아버지-아들의 관계가 영원한지(그래서 내재적 또는 존재론적 삼위일체에 적용되는지), 아니면 그것이 예수님의 지상 사역에만 적용되는지(그래서 경제적 또는 기능적 삼위일체에만 적용되는지)에 대해 논쟁한다. Jack Jeffery, "The Trinity Debate Bibliography: The Complete List- Is It Okay to Teach a Complementarianism Based on Eternal Subordination?" *Books at a Glance*, August 27, 2018, http://www.booksataglance.com/blog/trinity-debate-bibliography-complete-list. 그러나 어느 견해를 따르든지(즉, "그리스도"가 영원히 그리스도를 언급하든, 단지 지상 사역 동안의 그리스도를 언급하든지 간에) 11:3의 논리는 권위와 순종과 관련하여 여전히 유효하다.

184 예언에 관해서는 14:1-40의 보충 설명을 참고하라(본서 298-301쪽).

것이었다.[185] 머리가 남자와 같은 모습이 된 그녀는 공개적으로 부끄러움을 당할 것이다.

11:6a 바울은 5b절에 대한 풍자적인 이유를 제공한다.

11:6b 이 진술은 6a절의 풍자적 성격을 부각시키고 이로써 5a절을 다시 드러낸다. 아내가 머리카락을 자르는 것(6a절)은 명예로운 선택이 아니므로 그녀는 머리를 가려야 한다.

11:7-9 이제 바울은 4-5a절에 나온 주된 주장에 대한 셋째 이유를 내놓는다. 남자가 교회 모임에서 기도하거나 예언하는 동안 머리를 가리면 안 되는 이유는 "남자는 하나님의 형상과 영광"이기 때문이다. 이에 반해 "여자는 남자의 영광"이다. 그렇다고 여자는 하나님의 형상이 아니라는 뜻이 아니다. 하나님께서 남자와 여자를 둘 다 그분의 형상으로 창조하셨다고 성경이 분명히 말하기 때문이다(창 1:27; 9:6; 약 3:9). 바울이 이 대목에서 다루는 주요 사안은 일반적인 남자와 여자의 본성이 아니라, 구체적으로 (1) 남자가 어떻게 그리스도를 영예롭게 하거나 부끄럽게 하는가와 (2) 아내가 어떻게 남편을 영예롭게 하거나 부끄럽게 하는가이다.

11:8-9 사도는 7절의 끝부분에서 한 진술을 설명한다. 그는 창세기 2:18-23에 나온 창조 이야기, 곧 남자와 여자가 교체될 수 없다는 대목을 따른다. 하나님은 남자'로부터' 여자를 만드셨고 남자를 '위하여' 여자를 창조하셨다('거꾸로'가 아니다). 그러므로 "여자는 남자의 영광"이다. 남자가 여자의 영광이 아니라는 말이다. 아내는 남편을 그녀에 대한 권위로서 영예롭게 한다. "어진 여인은 그 지아비의 면류관이나 욕을 끼치는 여인은

185 Winter, *Roman Wives, Roman Widows*, 82-83.

그 지아비의 뼈가 썩음 같게 하느니라"(잠 12:4).

바울이 창조에 근거해 논증하기 때문에 남편과 아내에게 각기 다른 역할이 있다는 원리는 문화를 초월한다(참고. 고전 11:2-16의 '응답 2'). 이 대목에서 바울은 이 원리를, 그리스-로마의 상황에서 1세기 그리스도인이 머릿수건을 쓰는 문제에 적용한다(참고. 2-16절의 '응답 1').

11:10 7-9절에서 나온 이 추론은 5b-6절을 4a절의 주된 주장에 대한 넷째 이유로 다시 드러낸다. 여자가 머리를 벗은 모습은 천사들 내지 메신저들에게 나쁜 증언이라는 것이다.

11장

'권위의 상징'(ESV, 그리고 NASB, CSB, NET도 보라)은 엑수시아(*exousia*)를 번역한 것으로 보통은 '권위'를 의미한다. 좀 더 형식에 기초해 번역하면, "그것이 아내가 머리 위에 '권위'를 두어야 마땅한 이유다"가 된다. 이 '권위'가 아내의 머리 위에 있기 때문에 이는 '여자의 존엄성의 상징'(BDAG)으로서의 머릿수건을 가리킬 가능성이 높다. 그래서 아내는 자기가 권위 아래 있다는 것을 입증하기 위해 머리를 가려야 한다.

"천사들"은 앙겔루스(*angelous*)를 번역한 것으로 천사나 메신저를 가리킬 수 있다. 다음 두 가지 견해가 똑같이 타당성이 있는 듯하다.

(1) 만일 앙겔루스가 선택된 천사들을 가리킨다면, 아내가 머릿수건을 씀으로써 남편에게 순종해야 하는 이유는 천사들이 그들을 관찰하고 있기 때문이라고 바울이 주장하는 셈이다. 천사들은 큰 관심을 품고 하나님의 창조 세계를 관찰하고 있으며(벧전 1:12, 참고. 딤전 5:21), 구경꾼들처럼 삶의 무대 위에 있는 그리스도인을 지켜보고 있다(고전 4:9, 참고. 마 18:10; 엡 3:10). 고린도전서에서 바울은 앙겔루스를 사용하는 다른 세 군데에서 천사들을 인간들과 대조시킨다(4:9; 6:3; 13:1).

(2) 만일 앙겔루스가 인간 메신저들(ESV 각주는 '관찰하여 보고하도록 보냄 받은 사람들')을 가리킨다면, 아내가 머릿수건을 씀으로써 남편에게 순종해야 하는 이유는 그 메신저들이 기독교 모임에 관해 수치스러운

소식을 전달할 것이기 때문이라고 바울이 주장하는 셈이다.[186]

11:11-12 11절은 3-10절에 제한을 붙인다. 이는 독자들이 바울의 말을 여자가 남자보다 열등하다는 것으로 오해하지 않게 하려 함이다. 12절은 11절을 뒷받침한다. 남자와 여자는 서로 필요한 관계다. 어느 편도 다른 편이 없이는 계속해서 존재할 수 없다. 그들은 문자 그대로 서로가 없으면 살 수 없다. 상호 의존적이다. 여기에 담긴 의미는 분명하다. 남편이나 아내는 본래 상대방보다 더 낫거나 더 중요한 것이 아니라는 사실이다.

11:13-15 바울은 4-5a절에 나온 주된 주장에 대한 다섯째 이유를 제시한다. 아내가 머리를 가리지 않은 채 기도하는 것은 문화적으로 부적절하다. 바울은 4-10절을 지지하는 방도로서 고린도 교인들에게 호소한다.

11:14-15 이 수사적 질문은 앞의 구절(13절)을 지지해준다. 바울은 이와 같이 본성에 근거해 귀납적으로 논증한다.

- 진술(14-15a절): 긴 머리는 여자에게 영예롭다(그리고 남자에게는 불명예스럽다).
- 이유(15b절): 하나님께서 여자에게 긴 머리를 머리 덮개로 주신다.
- 개연성 있는 결론(13절): 아내는 머리를 가린 채 기도하는 것이 적절하다.

바울은 여자들이 자기 머리를 가리는 일이 합당한 이유는 그들에게 긴 머리가 있기 때문이라고 시사한다. 그렇다고 이 대목 전체에서 덮개가 여자가 쓰는 머릿수건이 아니라 머리카락을 가리키는 것은 아니다. 그렇지

186 Winter, *After Paul Left Corinth*, 133-138.

않다면, 남자들은 머리를 완전히 밀어야 할 테고(그들은 머리를 가리면 안 되므로) 6절은 일관성을 잃을 것이다.[187]

바울은 "본성"[퓌지스(*physis*)], 즉 '사물의 정규적 질서 또는 기존 질서'(BDAG)에 호소한다. 바울은 본성에 대한 호소의 기반을 창조 원리와 문화적 행습에 둔다.

(1) 창조 원리: 하나님은 남자를 남자처럼 보이고 행동하도록, 여자를 여자처럼 보이고 행동하도록 창조하셨다. 일반 규칙으로서, 남자들(여자가 아니라)은 그들의 문화에서 여성적인 특징을 몸에 지닌다는 생각에 본능적으로 부끄러움을 느낀다. 본성은 남자들에게 그들의 문화에서 남자처럼 보이고 행동하도록, 여자들에게 여자처럼 보이고 행동하도록 가르친다.

11장

(2) 문화적 행습: 요한계시록 9:8은 메뚜기가 "여자의 머리털 같은 머리털이 있[다]"고 묘사한다. 이런 진술을 알아들을 수 있는 이유는, 문화들이 남성성과 여성성을 헤어스타일(과 옷차림과 화장)을 통해 다양한 방식으로 표현하기 때문이다. "로마 식민지인 고린도의 성인 남자 주민들이 머리를 길게 기르지 않은 것은 그렇게 하면 그들의 남성성을 부인하게 되기 때문이었다."[188] 그런 '치욕'이나 불명예와 대조적으로, 여자의 긴 머리는 그녀의 '영광' 내지는 독특한 영예였다.

하나님께서 남자는 테스토스테론을 갖고, 여자는 에스트로겐을 갖도록 창조하셨기 때문에 역사 내내 대다수 문화에서 여자가 남자보다 더 긴 머리를 가졌던 것이다. 일반적으로 남성의 테스토스테론은 남자의 머리카락이 여자의 머리카락보다 더 짧고 더 가늘게, 더 빨리 또 자주 빠지게 한다. 반면에 여자는 보통 대머리가 되지 않는다. 본성은 여자의 머리카락이 그

187 참고. Thomas R. Schreiner, "Head Coverings, Prophecies, and the Trinity: 1 Corinthians 11:2-16," in *Recovering Biblical Manhood and Womanhood: A Response to Evangelical Feminism*, ed., John Piper and Wayne Grudem (Westchester, IL: Crossway, 1991), 126.

188 Winter, *After Paul Left Corinth*, 132. 고대 로마의 긴 머리를 가진 남성 형상은 보통 아폴로와 디오니소스(바쿠스)와 같은 신들을 묘사한다. 윈터에 따르면, 한 예외는 고린도의 포로 수용소에 있는 죄수들인데, 거기서는 긴 머리가 정복당한 약하고 여자 같은 남자들을 묘사한다.

들의 머리를 덮는 것이 '합당하다'고 가르친다.[189]

따라서 남성성과 여성성에 대한 자연적인 본능과 심리적 인식이 특정한 문화적 상황에서 밝히 드러난다는 의미에서 본성이 가르친다고 볼 수 있다. 그러므로 남성은 본능적으로 또 자연스럽게 그의 문화가 여성적이라는 딱지를 붙이는 것을 꺼리게 된다. 그래서 여자들 역시 남자보다는 여자처럼 옷 입길 좋아하는 자연스런 성향을 갖고 있다. 따라서 바울의 요점은 남자와 여자가 어떤 머리카락을 갖느냐는 그들이 창조 질서를 따르는지 여부를 보여주는 중요한 지표라는 것이다. 물론 긴 머리를 구성하는 것이 무엇인지는 종종 논쟁거리다. 무엇이 남성적인 또는 여성적인 헤어스타일인지는 문화에 따라 크게 다를 수 있다.[190]

189 이와 비슷하게, 남자와 여자에게 걸맞는 생식기의 '합당함'도 존재한다. 이것이 바울이 로마서 1:26과 고린도전서 11:14-15에서 본성[퓌시스(*physis*)]에 근거해 논증하는 것을 잇는 연결고리인 것 같다. 동성 간의 정열과 성교가 '본성에 위배되는' 이유는 그런 것이 근본적으로 성관계에 대한 하나님의 계획에 반역하는 것이기 때문이고, '본성'은 남자의 긴 머리와 여자의 짧은 머리가 수치스럽다고 가르친다(참고. Gagnon, *The Bible and Homosexual Practice*, 254-270). 그러나 로마서 1:26과 고린도전서 11:14-15 간의 유사점은 여기서 끝난다. 바울이 퓌시스를 다른 의미로 사용하고 있기 때문이다. 고린도전서 11:14-15에 나오는 비유에서는 '본성'이 관습적인 것을 가리킨다. 11:14-15a에 나오는 바울의 수사적 질문은 11:13에 나오는 수사적 질문을 지지하고, 후자는 '문화적으로' 적절한 것 또는 상식에 기초해 합당한 것을 가리킨다. C. John Collins, "Echoes of Aristotle in Romans 2:14-15: Or, Maybe Abimelech Was Not So Bad After All," *JMM* 13/1 (2010): 148에 따르면, 바울의 진술은 아리스토텔레스의 *Poetics* 24.12 (1460a)와 비슷하다. "'본성 자체가 가르친다'는 말은 '그것이 공통 관찰의 문제임'을 뜻하는 하나의 관용어구다…그리스-로마 세계에서 긴 머리는 남자에게 치욕이고 여자에게 영광이라는 것은 공통 관찰의 문제다." 그러나 모든 문화에서 남자가 긴 머리를 갖고 있는 것이 예외 없이 항상 수치스러운 것은 아니다. 성경이 수치스럽지 않게 긴 머리를 갖고 있는 남자들을 묘사하기 때문이다. 나실인(민 6:5), 삼손(삿 13:5; 16:17-30), 압살롬(삼하 14:26), 그리고 바울(행 18:18) 등이다. 그래서 칼빈은 이렇게 주장한다. "고린도전서 11:14-15에서 '본성'은 "당시에 보편적 동의와 관습에 의해 통용되던 것", 즉 "자연스러운 것"을 가리킨다. "왜냐하면 남자가 긴 머리를 가진 것이 언제나 치욕으로 간주된 것은 아니기 때문이다"[John Calvin, *Commentary on the Epistle of Paul the Apostle to the Corinthians*, trans. John Pringle, 2 vols. (Edinburgh: Calvin Translation Society, 1848) 1:361]. 참고. Marvin R. Wilson and Seth M. Rodriquez, "Hair," in *Dictionary of Daily Life in a Biblical and Post-Biblical Antiquity*, ed. Edwin M. Yamauchi and Marvin R. Wilson, 4 vols. (Peabody, MA: Hendrickson, 2014-2016), 2:381-394. 남자가 긴 머리를 갖는 것이 치욕스럽지 않은 문화에서는 그런 머리를 가질 수 있으나, 그런 긴 머리가 거기서 남성적인 모습을 지녀야 한다. 머리카락이 어깨까지 내려오는 남성적인 모습의 남자들로는, 고대 스파르타 전사들, 청교도 목사 존 번연(1628-1688), 목사이자 신학자였던 조나단 에드워즈(1703-1758), 미식축구 선수 트로이 폴라말루(1981-현재)와 클레이 매튜스(1986-현재) 등이 있다.

190 Schreiner, "Head Coverings," 137.

11:16 이제 바울은 4-5a절에 나온 주된 주장에 대한 여섯째 이유를 제시한다. 그가 배척하는 행습은 그 자신[191]과 다른 교회들의 행습에도 어긋난다는 것이다. 여기에 나온 바울의 경고는 13-15절과 따라서 4-10절을 뒷받침한다. 바울이 4-5a절에서 명령한 바를 일부러 위반하려는 시도는 논쟁적인 것이고, 그런 논쟁적인 행태는 교회에게 금지되어 있다. 바울은 자기가 고린도 교인들에게 가르치는 것이 곧 그리스-로마 세계의 다른 모든 교회에게 가르치는 것임을 거듭해서 강조한다(4:17; 7:17; 14:33, 36, 참고. 1:2).

응답

1. 교회가 예배하려고 모일 때는 문화적으로 적절한 옷차림을 하라.
바울 당시에 교회의 예배에서 기도하거나 예언하는 동안 그리스도인 남자가 머릿수건을 쓰거나 그리스도인 아내가 머릿수건을 쓰지 않는 것은 부끄러운 일이었다. 웨인 그루뎀(Wayne Grudem)은 이 대목을 적용하는 법을 현명하게 추론한다.

"바울이 머릿수건에 관해 염려하는 이유는 그것이 다른 어떤 것의 외적 상징이기 때문이다. 그러나 그런 상징의 의미는 사람들이 주어진 문화에서 그것을 어떻게 이해하는지에 따라 다양할 것이다. 만일 그것이 오늘날 전혀 다른 의미를 전달한다면, 똑같은 상징을 요구하는 것은 잘못일 것이다…1세기에 여자가 머릿수건을 쓰는 것의 의미는 그녀가 결혼했다는 사실을 가리키는 것일 가능성이 가장 높다. 그러나 오늘날에는 여자가 머릿수건을 쓴다고 해서 아무도 그런 의미를 알아챌 수 없을 것이다…고린도전서 11장에서 여자에게 머릿수건을 쓰라는 명령에 오늘날 우리가 순종하는 방법은, 기혼 여성에게 그들의 문화에서 결혼한 것을 상징하는 표시를

191 "우리"는 '적어도' 바울을 가리킨다. 다른 사도들도 포함할 수 있다.

지니도록 격려하는 것이다…혼인관계와 교회에서 남자의 머리됨은 매우 다른 문제다. 이런 머리됨은 문화에 따라 다양할 수 있는 외적 상징이 아니라 실재 그 자체다."[192]

다른 모든 문화에 정확히 일치하는 모습은 없어도, 오늘날 서양 교회의 예배에서 수치스러운 옷차림의 몇 가지 예를 들면 이렇다.

- 그리스도인 남편이 하얀색 가운과 뾰족한 두건을 쓰는 KKK[193] 단원처럼 옷을 입거나, 승려의 모습을 하거나, 드레스를 입는 경우
- 그리스도인 아내가 자신이 결혼했다는 것을 공개적으로 드러내기 싫어해서 비키니를 입거나, 창녀 같은 옷차림을 하거나, 결혼반지 끼기를 거부하는 경우

2. 남편과 아내를 향한 하나님의 계획이 아름답다는 것을 보이라.
하나님은 남편과 아내가 서로를 보완하는 독특한 역할을 하도록 만드셨다.

- 남편은 사랑으로 아내를 인도함으로써 머리됨을 발휘할 책임이 있다(엡 5:25-33). 머리됨은 남편이 아내보다 더 낫다거나(벧전 3:7), 가혹하거나 군림하는 태도로 아내를 대해도 좋다거나(골 3:19, 참고. 막 10:45), 이기적으로 아내에 대한 리더십을 버려도 좋다는 뜻이 아니다.

192 Grudem, *Evangelical Feminism and Biblical Truth*, 333-337. 오늘날 대다수 상호보완주의자들은 이 대목이 모든 문화에 속한 여자들에게 머릿수건을 쓰도록 요구한다고 주장하지 않고, 반면에 디모데전서 2:13-14에 기초해 여자들은 남자를 가르치거나 남자에게 권위를 행사하면 안 된다고 주장한다. 그런데 두 대목 모두에서 바울은 창조에 근거해 주장하고 있다. 이 긴장에 대한 해결책은, 바울이 고린도전서 11:8-10에서 창조에 근거해 주장하는 초문화적인 원리는 아내들이 머릿수건을 써야 한다는 것이 아니라 남자와 여자가 각각 독특한 역할이 있고 이는 교체될 수 없는 것이라 보는 것이다. Benjamin L. Merkle, "Paul's Arguments from Creation in 1 Corinthians 11:8-9 and 1 Timothy 2:13-14: An Apparent Inconsistency Answered," *JETS* 49 (2006): 527-548. Andreas J. Köstenberger and Thoma R. Schreiner, eds., *Women in the Church: An Interpretation and Application of 1 Timothy 2:9-15*, 3rd ed. (Wheaton, IL: Crossway, 2016).

193 미국의 백인우월주의 극우 결사단체(편집자 주)

• 아내는 남편에게 순종할 책임이 있다(엡 5:22-24, 33; 골 3:18; 딛 2:3-5; 벧전 3:1, 5-6). 아내는 기쁘게(마지못해 또는 무분별하게가 아니라) 남편을 따름으로써 순종한다.

본질적으로 남자와 여자 간의 모든 차이점을 없애려는 평등주의 문화에 몸담은 그리스도인은, 하나님께서 남자와 여자를 가치와 존엄성에서는 동등하게 하지만 교회와 가정에서의 역할은 다르게 계획하셨다는 점에 당혹감을 느낄지 모른다. 그러나 그리스도인은 성경의 전통적이고 반문화적인 견해를 마지못해 받아들이거나 그저 성경의 가르침을 변호하기보다는, 성경적인 남자다움과 여자다움이 아름답다는 것을 보여주는 방식으로 살아야 한다. 바로 이런 맥락에서 남자들과 여자들은 창조주의 의도대로 꽃을 피우게 된다.[194]

11장

3. 교회 지도자들이여, 교회가 모일 때 기도하고 예언하는 일에 여자들도 포함시켜라.

이 대목 전체는 교회가 다함께 예배하려고 모일 때 여자들도 기도하고 예언하는 것을 전제로 한다(예언에 관해서는 참고. 14:1-40의 보충 설명). 그런데 남자와 여자가 교회에서 서로 다른, 상호보완적인 역할이 있음(즉, 남자만 장로가 될 수 있고 성경을 남녀가 함께하는 모임에서 가르칠 수 있다는 것)을 인정하는 일부 교회들은 성경이 여자들에게 명백히 허용하는 일을 금하고 있다.

194 Piper and Grudem, *Recovering Biblical Manhood and Womanhood*, Grudem, *Evangelical Feminism and Biblical Truth*.

17 내가 명하는 이 일에 너희를 칭찬하지 아니하나니 이는 너희의 모
임이 유익이 못되고 도리어 해로움이라 18 먼저 너희가 교회에 모일
때에 너희 중에 분쟁이 있다 함을 듣고 어느 정도 믿거니와 19 너희 중
에 파당이 있어야 너희 중에 옳다 인정함을 받은 자들이 나타나게 되
리라 20 그런즉 너희가 함께 모여서 주의 만찬을 먹을 수 없으니 21 이
는 먹을 때에 각각 자기의 만찬을 먼저 갖다 먹으므로 어떤 사람은 시
장하고 어떤 사람은 취함이라 22 너희가 먹고 마실 집이 없느냐 너희
가 하나님의 교회를 업신여기고 빈궁한 자들을 부끄럽게 하느냐 내가
너희에게 무슨 말을 하랴 너희를 칭찬하랴 이것으로 칭찬하지 않노라
17 But in the following instructions I do not commend you, because
when you come together it is not for the better but for the worse. 18 For,
in the first place, when you come together as a church, I hear that there
are divisions among you. And I believe it in part,[1] 19 for there must be
factions among you in order that those who are genuine among you
may be recognized. 20 When you come together, it is not the Lord's
supper that you eat. 21 For in eating, each one goes ahead with his own

meal. One goes hungry, another gets drunk. 22 What! Do you not have
houses to eat and drink in? Or do you despise the church of God and
humiliate those who have nothing? What shall I say to you? Shall I
commend you in this? No, I will not.

23 내가 너희에게 전한 것은 주께 받은 것이니 곧 주 예수께서 잡히시
던 밤에 떡을 가지사 24 축사하시고 떼어 이르시되 이것은 너희를 위
하는 내 몸이니 이것을 행하여 나를 기념하라 하시고 25 식후에 또한
그와 같이 잔을 가지시고 이르시되 이 잔은 내 피로 세운 새 언약이니
이것을 행하여 마실 때마다 나를 기념하라 하셨으니 26 너희가 이 [1)]떡
을 먹으며 이 잔을 마실 때마다 주의 죽으심을 그가 오실 때까지 전하
는 것이니라
23 For I received from the Lord what I also delivered to you, that the
Lord Jesus on the night when he was betrayed took bread, 24 and when
he had given thanks, he broke it, and said, "This is my body, which is
for[2] you. Do this in remembrance of me."[3] 25 In the same way also he
took the cup, after supper, saying, "This cup is the new covenant in
my blood. Do this, as often as you drink it, in remembrance of me."
26 For as often as you eat this bread and drink the cup, you proclaim the
Lord's death until he comes.

27 그러므로 누구든지 주의 [1)]떡이나 잔을 합당하지 않게 먹고 마시
는 자는 주의 몸과 피에 대하여 죄를 짓는 것이니라 28 사람이 자기를
살피고 그 후에야 이 [1)]떡을 먹고 이 잔을 마실지니 29 주의 몸을 분별
하지 못하고 먹고 마시는 자는 자기의 [2)]죄를 먹고 마시는 것이니라
30 그러므로 너희 중에 약한 자와 병든 자가 많고 잠자는 자도 적지 아
니하니 31 우리가 우리를 살폈으면 판단을 받지 아니하려니와 32 우리

가 판단을 받는 것은 주께 징계를 받는 것이니 이는 우리로 세상과 함께 정죄함을 받지 않게 하려 하심이라

27 Whoever, therefore, eats the bread or drinks the cup of the Lord in an unworthy manner will be guilty concerning the body and blood of the Lord. 28 Let a person examine himself, then, and so eat of the bread and drink of the cup. 29 For anyone who eats and drinks without discerning the body eats and drinks judgment on himself. 30 That is why many of you are weak and ill, and some have died.[4] 31 But if we judged[5] ourselves truly, we would not be judged. 32 But when we are judged by the Lord, we are disciplined[6] so that we may not be condemned along with the world.

33 그런즉 내 형제들아 먹으러 모일 때에 서로 기다리라 34 만일 누구든지 시장하거든 집에서 먹을지니 이는 너희의 모임이 판단 받는 모임이 되지 않게 하려 함이라 그 밖의 일들은 내가 언제든지 갈 때에 바로잡으리라

33 So then, my brothers,[7] when you come together to eat, wait for[8] one another— 34 if anyone is hungry, let him eat at home—so that when you come together it will not be for judgment. About the other things I will give directions when I come.

1) 헬, 떡덩이 2) 헬, 심판

1 Or *I believe a certain report* *2* Some manuscripts *broken for* *3* Or *as my memorial*; also verse 25 *4* Greek *have fallen asleep* (as in 15:6, 20) *5* Or *discerned* *6* Or *when we are judged we are being disciplined by the Lord* *7* Or *brothers and sisters* *8* Or *share with*

단락 개관

이 단락은 열 가지 쟁점 중 여덟 번째 것인 주님의 만찬을 오용하는 문제를 다룬다.[195] 이것은 고린도 교인들이 이방 문화의 세상적인 가치관을 채택한 또 하나의 영역이다. 다시 한번 교회가 음식을 먹는 방식으로 사회적 엘리트와 평민 간의 문화적 분열을 그대로 모방한다.

초기 교회는 다함께 먹는 식사의 맥락에서 주님의 만찬을 기념했다. 흔히들 이 대목을 이렇게 설명한다. 부유한 고린도 교인들이 가난한 자들과 노예들이 도착하기 전에 음식을 먹기 시작해서 나중에 온 자들의 몫을 조금밖에 남겨놓지 않았다. 그래서 바울이 부자들에게 먼저 먹지 말고 나머지 교인들이 도착할 때까지 기다리라고 명한다는 것이다. 그러나 다른 사람을 위해 기다릴 필요가 있었다는 해석은 다음 사실, 즉 바울이 왜 각 사람이 "자기의 만찬"을 먹는다고(즉, 각 사람이 자기 음식을 가져와서 먹는다는 것, 21절) 쓰는지를 충분히 설명하지 못한다.

이보다 더 그럴듯한 견해는 사회적 엘리트가 그들만의 특별한 만찬을 즐기고 남들과 나누지 않았다는 것이다. 다시 말해, 일부 교인들이 자기 음식을 가져와서 가져올 음식이 없는 이들과 나눠 먹지 않았다는 것이다. 21절과 33절을 이렇게 번역할 수도 있다. "먹을 때에 각각 자기 음식을 '먹어 치우고'" "너희가 먹으러 모일 때에 서로 '나눠 먹으라'"(참고. ESV 각주).[196]

고린도 교회는 주님의 만찬을 기념하려고 모일 때 누군가의 집에 모여서 떡을 떼는 것으로 시작하여 식사를 하고 '잔'으로 포도주를 마시는 것으로 진행되는 실제 식사를 했던 듯하다. 그것들은 물론 예수님의 몸과 피를 상징한다. 교회는 비교적 부유한 그리스도인의 집에서 모였을 것이다. 더

195 주님의 만찬의 다른 이름으로는 성찬[communion, "참여", 헬라어 단어 코이노니아(*koinōnia*)의 번역, 10:16], 주님의 식탁(10:21), 성체 성사[eucharist, "그가 감사를 드리셨다", 유카리스테오(*eucharisteō*)의 번역, 11:24], 그리고 떡을 떼는 것(10:16; 행 2:42) 등이 있다.

196 Winter, *After Paul Left Corinth*, 142-163.

큰 집일수록 더 많은 사람을 수용하기 때문이다. 고린도에 있던 그리스-로마 주택의 건축양식에 따르면, 사회적 엘리트는 특별한 식당[트리클리니움(triclinium), 좌식이 딸린 식탁이 있는 곳]에서 먹는 반면 하층 계급은 바깥의 큰 마당[아트리움(atrium), 안뜰]에서 먹었을 것이다.[197]

바울이 고린도 교인들을 책망하는 이유는 엘리트들이 (특별 식당에서) 식사하는 동안 그들이 가져온 음식을 (바깥 마당에서 먹는) 나머지 교인들과 나누지 않고 그들끼리 진창 먹어서 후자를 굶주리게 내버려두었기 때문이다. 바울은 이런 교인들을 "빈궁한 자"로 묘사한다. '가진 자들'이 '갖지 못한 자들'과 나누지 않고 있다. 이런 현상이 고린도가 기근을 겪고 있을 때 벌어졌다(참고. 7:26 주석). 그러므로 부유한 교인들이 주님의 만찬을 사적인 식사인 것처럼 기념하는 방식은, 주님의 만찬이 상징하는 바 교회가 복음으로 인해 하나로 연합된 떡 덩어리라는 사실(10:16-17)과 모순된다. 고린도의 엘리트 그리스도인이 동료 교인들을 학대하는 방식이 복음을 부인하는 것인 이유는, 예수님의 죽음을 기념하는 공동 식사를 할 때 이기적으로 그들의 음식을 (예수님이 이타적으로 위하여 죽으신) 동료 형제자매들과 나누기를 거절하기 때문이다.

이 단락의 구조는 네 부분으로 되어 있다(다음의 단락 개요를 참고하라). 1부와 4부가 상응하고(문제점과 해결책, 17-22절, 33-34절), 2부와 3부가 상응한다(교리와 적용, 23-26절, 27-32절). 이 단락은 교회가 주님의 만찬을 올바른 방식으로 기념해야 한다고 주장하기 위해 짜여 있다.

197 고고학자들이 고린도에서 발굴한 6채의 고대 로마 주택에 의거하면, 특별한 식당(triclinium)은 평균적으로 약 37평방미터(11.2평)라서 식탁에 몸을 기댈 수 있는 사람 9명을 수용할 수 있고, 안뜰(atrium)은 평균 약 74평방미터(22.4평)라서 서 있거나 앉는 사람을 50명까지(30명에서 40명일 가능성이 높다) 수용할 수 있다. Jerome Murphy-O'Connor, *St. Paul's Corinth: Texts and Archaeology*, 3rd ed. (Collegeville, MN: Liturgical Press, 2002), 178-182. 머피-오코너는 바울의 편지를 받는 고린도 교회가 40-50명 가량 되는 것으로 추정한다(182). 대다수 석의학자들은 머피-오코너의 연구 결과를 따랐으나 이에 가장 도전한 인물은 David G. Horrell이다. 그가 쓴 "Domestic Space and Christian Meetings at Corinth: Imagining New Contexts and Buildings East of the Theatre," *NTS* 50 (2004): 349-369을 보라. 머피-오코너는 몇 가지 사항을 용인했으나 그의 기본 논지가 가장 개연성이 있다고 반응했다. *Keys to First Corinthians: Revisiting the Major Issues* (Oxford: Oxford University Press, 2009), 190-192.

단락 개요

II. 고린도 교인들에 관한 소식과 그들의 편지에 기초해 바울이 응답하는 쟁점들(1:10-15:58)

H. 주님의 만찬을 오용하는 문제(11:17-34)

1. 문제점: '가진 자들'이 '갖지 못한 자들'과 음식을 나누지 않고 있다(11:17-22)
2. 교리: 바울이 첫 번째 주님의 만찬에서 내려온 전례를 되풀이하다(11:23-26)
3. 적용: 주님의 만찬을 기념하기 전에 너희 자신을 살피라(11:27-32)
4. 해결책: 서로 나누라(11:33-34)

11장

주석

11:17-22 개요

바울이 그 문제를 투박하게 설명한다. 교회가 주님의 만찬을 기념하려고 모일 때 '가진 자들'이 그들의 음식을 '갖지 못한 자들'과 나누지 않고 있다.

11:17 "내가…너희를 칭찬하지 아니하나니"라는 말은 2절과 대비된다. 교회가 모일 때는 교인들이 서로 덕을 세워야 한다. 교인은 교회 모임의 결과로 더 나아져야 마땅하다. 그런데 고린도 교인들이 주님의 만찬을 기념한 방식은 교인들을 더 나빠지게 했다.

11:18 첫째 문장은 17절을 설명해준다. 교회가 연합된 몸이 되는 대신 분

열되고 말았다('교회'는 장소가 아니라 사람들을 가리킨다. 참고. 1:2 주석).

"어느 정도 믿거니와"는 비꼬는 말일 수 있다. ESV 각주는 또 다른 타당한 번역문을 제시한다. "나는 어떤 보고를 믿는다." 이것이 문맥상 더 나은 의미를 전달한다. 바울은 이미 1-4장에서 고린도 교인들이 분열했다고 책망한 적이 있기 때문이다.[198]

11:19 바울은 자기가 '어떤 보고'를 믿는 이유를 전한다(18b절). 이 문장을 해석하는 방법은 적어도 다음 두 가지다. (1) 분열은 누가 진정한 그리스도인인지를 드러내는 데 필요하다(참고. 고후 2:9). (2) 이는 풍자적이다. "너희는 틀림없이 하나님께서 너희 중 어느 편에 동의하시는지를 보이기 위해 파당을 만들 필요가 있다!"(참고. NIrV, NLT).

11:20-21 이 구절은 18절의 추론이다. 고린도 교인들이 모일 때 그들 중에 분열이 있기 때문에 더 부유한 그리스도인은 '자기네' 만찬을 먹는 것이지 '주님의' 만찬을 먹는 것이 아니다. 그들은 그들의 사적인 음식을 게걸스럽게 먹고 있다(21절).[199] 그 결과 '갖지 못한 자들'은 사실상 아무것도 못 먹는 반면, '가진 자들'은 배부르게 먹는 바람에 취하기까지 한다. 사회적 엘리트가 스스로를 더 가난한 사람들에게서 떼어놓는다.

11:22 바울은 교회 안의 사회적 엘리트에게 직접 말한다. 첫 두 질문에서는 21절에 묘사된 행동으로 인해 그들을 책망한다. 즉 그들이 사적인 음식을 게걸스럽게 먹고 '갖지 못한 자들'과 나누지 않음으로써 교회를 경멸하는 행동을 하기 때문에 그들을 꾸짖는다. 바울은 결코 그들을 칭찬할 수 없다(17절의 반복).

198 Winter, *After Paul Left Corinth*, 159-163.

199 "먼저 갖다 먹[다]"는 '게걸스럽게 먹다'로 읽을 수도 있다. Winter, *After Paul Left Corinth*, 144-148.

11:23-26 개요

바울은 예수님이 만찬을 제정하실 때 하신 말씀을 되풀이함으로써 주님의 만찬이 무엇인지를 설명한다.

11:23-25 바울은 자기가 주님으로부터 받아 고린도 교인들에게 이미 전해주었으나(참고. 15:3) 그들이 유지하지 못한(2절과 대조적으로) 전통 내지는 교리를 그들에게 상기시킨다.[200] 이 대목이 '왜냐하면'(ESV 참고)으로 시작하는 것은 22b절을 지지하기 때문이다. 바울이 고린도 교회를 칭찬할 수 없는 이유는 그들이 주님의 만찬을 오용하는 모습이, 주님의 만찬이 무엇을 상징하는지에 대해 주님이 친히 말씀하신 것과 배치되기 때문이다. 십자가의 아래의 땅은 평평하다. 어느 그리스도인도 본래 다른 그리스도인보다 낫지 못하다. 그렇다면 어떻게 그리스도인이 동료 그리스도인을 냉대하는 방식으로 예수님의 십자가 사역을 기념할 수 있단 말인가?

11장

11:24-25 "이것은…내 몸이니…이 잔은…새 언약이니." 그리스도인은 예수님의 말씀을 다양한 방식으로 이해해왔다.[201] 로마 가톨릭 교회와는 반대로, 떡과 포도주는 예수님의 실제 몸과 피가 되는 거듭된 제사도 아니고 의롭게 하는 은혜를 전달하지도 않는다. 루터주의와는 반대로, 예수님의 실제 몸과 피가 떡과 포도주 '안에, 그와 더불어, 그 아래' 현존하는 것이 아니다. 예수님의 실제 몸과 피는 전혀 현존하지 않는다. 떡과 포도주는 적어도 세 가지 이유 때문에 예수님의 죽음을 '상징한다'. (1) 이것이 예수님의 두 진술을 이해하는 가장 자연스러운 방식이다. (2) 예수님의 두 진

200 바울은 아마 다른 저자들이 사복음서를 쓰기 전에 이 편지를 썼을 것이다. 마태복음 26:26-29, 마가복음 14:22-25, 누가복음 22:17-20에 나오는 병행 기사들을 참고하라. 바울의 표현은 누가의 표현과 가장 비슷하다.

201 John H. Armstrong, ed., *Understanding Four Views on the Lord's Supper*, Counterpoints (Grand Rapids, MI: Zondervan, 2007); Gregg R. Allison, *Historical Theology: An Introduction to Christian Doctrine; A Companion to Wayne Grudem's Systematic Theology* (Grand Rapids, MI: Zondervan, 2011), 635-658.

술은 서로 병행한다. 따라서 둘째 진술이 상징적이기에 첫째 진술을 상징적인 것으로 보는 편이 합당하다. "잔"은 그 안에 담긴 포도주를 상징하는 만큼 새 언약이 '되는' 것이 아니라 이를 확보하는 데 필요한 것, 곧 죽음을 상징한다. (3) 예수님이 '나를 기억하기' 위해 그분의 만찬을 기념하라고 두 번이나 말씀하신다. 주님의 만찬은 사람들에게 예수님의 희생적 죽음을 상기시키는 귀중한 기념식이다. 그러나 그것은 하나의 기념식에 불과한 것이 아니다. 그 만찬은 믿음으로 먹고 마시는 그리스도인에게 특별한 성화의 은혜를 전달한다. 예수님의 사람들이 그분과 그리고 동료 교인들과 교제를 나눌 때 예수님이 영적으로 함께하시기 때문이다(참고. 10:16 주석).[202]

예수님은 그분의 몸이 "너희를 위하는" 것이라고 말씀하셨다. 즉, 그분이 우리를 대신해서 그리고 우리의 자리에서 죽으셨다는 뜻이다. 그분은 형벌적 대속물로서 우리의 죄를 속죄하셨다(참고. 15:3 주석).

예수님의 '만찬'은 유월절 식사를 가리킨다. 유월절 식사는 모형이고 주님의 만찬은 그것의 원형이다(유형론에 관해서는 10:1-22 주석을 참고하라).[203] 유월절 식사는 하나의 제사인 동시에 언약 갱신 의례로서 하나님께서 희생된 동물의 피로 개시하셨던(출 24:5-8) 출애굽과 옛 언약을 이스라엘이 기억하던 행사였다(출 12:14). 주님의 만찬은 제사가 아니지만 예수님이 "우리의 유월절 양"으로 단번에 자신을 바친 희생적 죽음을 기억한다(고전 5:7, 참고. 히 7:27; 9:12, 26; 10:10). 그것은 교회가 그분의 사람들을 위한 예수님의 새로운 출애굽을 기억하고, 또 그분의 피 흘린 죽음과 부활로 개시하신 언약 갱신 의례를 기억하는 행사이기도 하다(렘 31:31-34; 히 8장).[204] 교회가 예

202 참고. Gregg R. Allison, *Roman Catholic Theology and Practice: An Evangelical Assessment* (Wheaton, IL: Crossway, 2014), 299-325; John S. Hammett, *40 Questions about Baptism and the Lord's Supper*, 40 Questions (Grand Rapids, MI: Kregel Academic, 2015), 215-257.

203 유형론에 관해서는 다음 자료를 보라. James M. Hamilton Jr., "The Lord's Supper in Paul: An Identity-Forming Proclamation of the Gospel," in *The Lord's Supper: Remembering and Proclaiming Christ Until He Comes*, ed. Thomas R. Schreiner and Matthew R. Crawford, NACSBT (Nashville: B&H 2011), 85-92.

수님의 만찬을 기념할 때는 그분의 몸과 피를 기억한다. 그분의 죽음이 새 언약의 문을 열었다. 그래서 대다수 번역본들이 이 구절을 "이 잔은 내 피로 세운 새 언약이[다]"로 (옳게) 번역한다.[205]

11:26 교회는 예수님의 십자가 사역을 기억하기 위해 "이 떡을 먹으며" 또 "이 잔을 마[시는]" 일을 계속해야 한다. 이렇게 먹고 마시는 행위는 예수님이 돌아오실 때까지 정기적으로 복음을 전파하는 방법이기 때문이다. 이 상징적 식사가 가장 영광스러운 이야기를 선포하기 때문에, 이를 통해 그리스도인을 세워주고 불신자들을 전도해야 한다.

11:27-32 개요

바울이 23-26절을 적용한다. 너희가 주님의 만찬을 기념하기 전에 너희 자신을 살펴보라는 것이다.

11:27 이 구절은 앞 구절의 추론이다. 주님의 만찬을 기념하는 일이 예수님의 십자가 사역을 선포하는 것인 만큼, 주님의 만찬을 오용하는 사람은 예수님의 십자가 사역을 잘못 선포하는 것이다.

이 맥락에서 "합당하지 않게"는 교회에서 분열을 부추기는 죄악된 태도와 행동, 구체적으로 부자가 가난한 자를 소외시키는 것을 가리킨다(참고. 17-34절 단락 개요, 17-22절 주석). 더 일반적으로 말하면 "합당하지 않게"는 주님의 만찬에 위선적으로 참여하는 것을 가리킨다. 즉 그리스도 안에서 교회의 연합을 기념한다고 주장하면서도 사실은 불화를 부추기는 행태, 또는 그리스도인이라고 주장하면서도 사실은 그렇지 않은 모습을 말한다. 그렇다고 그리스도인이 주님의 만찬을 기념하기 직전에 그들의 죄를 고백

204 참고. Herman Bavinck, *Reformed Dogmatics*, ed. John Bolt, trans. John Vriend, vol 4, *Holy Spirit, Church, and New Creation* (Grand Rapids, MI: Baker Academic, 2008), 540-544.

205 NLT는 "이 잔은 하나님과 그의 백성 간의 새 언약, 즉 나의 피로 확증된 합의다"라고 분명히 밝힌다.

함으로써 스스로를 그 만찬에 '합당한' 자들로 만들 수 있다는 뜻은 아니다. 아무도 합당하지 않다. 이 때문에 주님의 만찬이 복음을 기념하는 것이다! 그래도 그리스도인은 몸의 하나 됨을 유지함으로써 합당한 방식으로 만찬에 참여해야 한다.[206]

11:28 주님의 만찬을 오용하는 사람은 예수님의 십자가 사역을 잘못 선포하는 죄를 짓는 것이므로, 참여하는 자들은 그 만찬을 기념하기 전에 스스로를 살펴야 한다. 이 문맥에서 스스로를 살핀다는 것은 구체적으로 그 자신과 동료 교인 사이에 관계상의 죄가 있는지 여부를 숙고하는 것이다(참고. 17-34절의 '응답 1'). 더 일반적으로 말해서 이를 고백하지 않은 어떤 죄에도 적용할 수 있으나, 이것이 이 문맥에 담긴 바울의 취지는 아니다.

11:29 바울이 28절에 대한 이유를 제공한다. 주님의 만찬을 기념하기 전에 우리 자신을 살펴야 하는 이유는, 동료 교인과 관계상의 죄를 안고 그 만찬을 기념하면 우리 자신에 대한 심판을 먹고 마시는 셈이기 때문이다(참고. 32절 주석).

"몸"은 흔히 다음 두 가지로 해석된다.

(1) "주의 몸과 피"(27절)를 가리킨다. 일부 부유한 고린도 교인들은 예수님의 십자가 사역이 성취하고 함축하는 것, 다시 말해 교회에서는 사회적 신분이 아무런 의미가 없으며, 예수님을 따르는 자들은 그분의 이타적이고 희생적인 본보기를 따라야 한다는 것과 상관없이 먹고 마셨다.

(2) 교회, 곧 "그리스도의 몸"(12:27, 참고. 10:16-17)을 가리킨다. 일부 부유한 고린도 교인들이 동료 교인들을 배려하지 않은 채 먹고 마셨다. 그리스도의 몸(즉, 교회)은 그리스도처럼 이타적이고 희생적으로

206 Gregg R. Allison, *Sojourners and Stangers: The Doctrine of the Church*, FET (Wheaton, IL: Crossway, 2012), 407.

행동해야 한다.

두 가지 해석 모두 문맥상 의미가 통하고 이 본문을 기본적으로 동일한 방식으로 적용한다. 그러나 둘째 해석이 적어도 네 가지 이유 때문에 더 타당하다. (1) 그것이 이 구절의 요점이다. (2) 바울은 "몸"(교회를 언급하는 10:17에서처럼)이라 쓰지 "주의 몸"(11:27에서처럼, ESV 참고)이라 쓰지 않는다. (3) 바울은 "주의 몸과 '피'"(27절에서처럼)라고 언급하지 않는다. (4) 29절은 이전의 명령, 곧 "사람이 '자기'를 살피[라]"는 명령에 대한 이유를 제공하고, 이는 한 사람이 교회의 나머지 사람들과 어떤 관계를 맺을지를 포함한다(참고. 28절 주석).

11장

11:30 바울은 29절을 설명하면서, 일부 고린도 교인들이 어떻게 "가난한 사람들"(22절, 새번역)을 부끄럽게 하고 따라서 그들 자신에 대한 심판을 먹고 마셨는지, 즉 어떻게 주님의 만찬을 먹고 마셨는지에 관해 쓴다. 이는 그들이 약해지거나 병이 들거나 심지어 죽었음을 말한다.[207] 병들거나 죽은 모든 경우가 하나님께서 죄 때문에 그 사람을 심판하고 계시다는 증거는 아니지만(예. 요한복음 9장에 나오는 맹인으로 태어난 남자) 일부는 그렇다.

11:31 이와 대조적으로, 그리스도인이 몸을 분별함으로써(29절) 스스로를 살핀다면(28절) 하나님의 심판을 경험하지 않을 것이다(30절). 29절에 나온 "분별하[는]"과 31절에 나온 "우리가…살폈[다]"는 동일한 헬라어 동사 디아크리노(*diakrinō*)를 번역한 것이다.

11:32 하나님께서 그리스도인을 심판하시는 것은 비그리스도인을 심판하시는 방식과 다르다(그리고 이방인의 신들이 보복적으로 또 독단적으로 사람들을 처

207 '죽었다'는 말을 좀 더 형식에 기초해 번역하면 '잠들었다'가 된다(개역개정 참고). 신약은 '잠든다'는 은유를 신자들에게 사용하기 때문에(예. 행 7:60; 13:36; 고전 15:6, 18, 20, 51; 살전 4:13-15) 바울이 여기서 불신자들이 신체적 죽음과 이후 영원한 심판을 경험하는 것을 묘사할 가능성은 거의 없다(참고. 고전 11:32과 주석).

벌하는 방식과도 다르다). 하나님은 비그리스도인을 '정죄하시되' 그리스도인은 '징계하신다'(참고. 히 12:5-11). 형벌과 징계는 목표가 다르다. 전자는 공의를 지지하는 데 반해, 후자는 성품을 변화시킨다. 하나님의 징계가 지향하는 하나의 목적은 그리스도인이 정죄를 경험하지 않게 하는 것이다. 달리 말하면, 하나님의 징계는 그리스도인이 인내하도록 하나님께서 정하신 수단이다.[208]

11:33-34 개요

바울은 17-22절에서 개관한 문제점에 대한 해결책을 제시한다. 고린도 교인들이 음식을 서로 나눠야 한다는 것이다.

11:33-34a 바울은 논리적 추론으로 29-32절을 이어간다. 주님의 만찬을 기념할 때 분열을 부추기는 대신 음식과 음료를 나눔으로써 서로를 환영하거나 영접해야 한다. ESV 각주('서로서로 나눠라')가 문맥적으로 의미가 가장 잘 통한다.[209] 그리스도인이 서로 나눔으로써 서로를 환영할 때는 하나님의 심판을 경험하지 않을 것이다.

11:34b 바울은 지시를 하면서 이 단락을 시작했고(17절) "그 밖의 일들"에 관해서는 직접 더 지시를 할 계획이라고 말하면서 끝낸다. "그 밖의 일들"이 무엇인지 전혀 모르는 훗날의 독자들에게는 얼마나 감질나게 하는 문장인가!

208 참고. Wilson, *Warning-Assurance*, 123-131.

209 Winter, *After Paul Left Corinth*, 151-152.

응답

이 단락을 적용하는 주된 방식은 그리스도인이 주님의 만찬을 다함께 기념할 때 동료 교인들과 이타적이고 희생적인 관계를 맺는 것이다. 하나님께서 우리 교회가 성만찬을 기념하는 모습을 보시고 "너희의 모임이 유익이 못되고 도리어 해로움이라"(17절)고 결론지으시는 것을 우리는 원치 않는다. 오히려 우리의 예배가 많은 유익을 주기를 갈망해야 한다!

교회가 주님의 만찬[210]을 기념할 때 그리스도인은 다음 여섯 방향을 바라보아야 한다.[211]

11장

1. 내면을 보라: 당신과 동료 교인과의 관계에 죄가 있는지 살펴보라 (27-32절).

우리는 그리스도 안에서 형제나 자매가 된 자를 학대함으로써 이기적으로 교회를 분열시키는 죄를 짓지는 않는가? 하나님은 "할 수 있거든 너희로서는 모든 사람과 더불어 화목하라"(롬 12:18)고 명령하신다. 우리는 이 명

210 이것이 11:17-34의 요점은 아니라도 이 단락은 주님의 만찬을 기념하는 것이 '교회'의 규례임을 시사한다. 이는 교회 전체가 '다함께 모일 때'(11:17, 18, 20, 33, 34) 기념하는 것이다. 이는 개개인이 사적으로 기념하거나 흩어진 소그룹들이 기념하는 것이 아니다. Ray Van Neste, "The Lord's Supper in the Context of the Local Church," in Schreiner and Crawford, *The Lord's Supper*, 369, 375-377; Hammett, *40 Questions about Baptism and the Lord's Supper*, 39-45; Bobby Jamieson, *Understanding the Lord's Supper*, Church Basics (Nashville: B&H, 2016), 41-44. 하지만 교회가 얼마나 자주 주님의 만찬을 기념해야 하는지에 대해서는 우리가 덜 독단적이 되어야 한다. 초기 교회는 분명히 주님의 만찬을 매주 기념했으나(예. 행 20:7), 성경에서 예수님은 매주, 매달, 분기별로 또는 매년 기념하라고 명령하지 않으셨다. 그분은 너희가 "마실 때마다"(고전 11:25) 그분의 본보기를 따르라고 말씀하셨다. 바울은 이 단락에서 고린도 교인들이 '다함께 모일 때' 그것을 기념했음을 가리킨다. 그래서 교회가 얼마나 자주 주님의 만찬을 기념할지에 대해서는 선택의 폭이 있다. 필자는 매주 기념하는 것을 좋아한다. 주님의 만찬을 매주 기념하는 것에 대한 가장 흔한 반론은 사람들이 너무 친숙해져서 그것이 더 이상 특별하고 뜻깊은 기념이 되지 않을 것이라는 지적이다. 그러나 그런 주장은 설득력이 없다. 만일 그렇다면 교회가 매주 기도회, 찬양 모임, 성경 읽기 또는 설교도 계획하지 않을 것이기 때문이다. 우리가 교회를 부양하기 위해 주님의 만찬을 기념함으로써 매주 영적인 양식과 음료 먹기를 원치 않을 이유가 있을까? 물론 기념하는 방식이 매주 똑같을 필요는 없을 것이다. 교회가 주님의 만찬의 다른 측면들에 초점을 맞출 수 있다(이 응답 부분에 열거된 여섯 측면을 보라).

211 참고. Hammett, *40 Questions about Baptism and the Lord's Supper*, 305-307.

령에 순종하고 있는가? 동료 형제나 자매에게 분노하여 마귀에게 틈을 주지는 않는가(엡 4:26-27)? 우리 가운데 "쓴 뿌리"가 생겨서 우리 자신과 다른 사람을 더럽히고 있지는 않은가(히 12:15)? 우리가 만일 누군가를 원망하면서 주님의 만찬을 기념한다면, 아버지께서 우리를 징계하실 것이다(고전 11:27-34). 이 때문에 초기 교회가 이렇게 규정했던 것이다. "주님의 날에 너희가 다함께 모인 후, 먼저 너희의 죄를 고백하고 떡을 떼고 성찬을 제공해서 너희의 제사가 정결하게 하라. 그러나 이웃과 불화가 있는 사람은 누구나 화해하기 전에는 너희와 합류하지 못하게 해서 너희의 제사가 더럽혀지지 않게 하라"(디다케 14:1-2).[212]

하지만 자기 자신을 살핀다는 것은, 참석자가 자기에게 약간의 죄라도 있는지를 빈틈없이 찾아내어 그 죄를 고백해서 자신을 주님의 만찬을 기념하기에 합당한 자로 만들어야 한다는 뜻이 아니다. 주님의 만찬은 아무도 합당하지 않다는 것을 전제로 한다. 이것이 복음의 전반적 취지다. 그리고 이것이 주님의 만찬이 좋은 소식을 '기뻐하는' 이유다(27절 주석을 보라). 내적 성찰에 초점을 두는 교회들은 지나치게 엄숙한 장례 분위기를 조성하여 사람들이 주님의 만찬을 고대하기보다는 그 의례의 준수를 두려워하게 만들 수 있다. 죄는 우리 속에 너무나 깊이 스며 있기에 우리는 각각의 죄를 다 고백하기는커녕 그 모든 죄를 다 인식할 수 조차 없다. 우리에게 고백하지 않은 죄가 하나라도 있으면 우리가 주님의 만찬을 지킬 수 없다고 주장할 경우, 주님의 식탁은 행복한 자리에서 슬픈 자리로 바뀌고 만다. 그러나 주님의 만찬은 복음을 기뻐하는 행복한 자리가 되어야 한다. "주님의 만찬은 그리스도께서 죄와 사망과 사탄의 권세를 누르고 승리하셨음을 선포하는 승리의 음식이다."[213]

212 Francis X. Glimm, Joseph Marie-Felix Marique, and Gerald G. Walsh, trans., *The Apostolic Fathers*, FC 1 (Washington, DC: Catholic University of America Press, 1947), 181.

213 Russell D. Moore, "Baptist View: Christ's Presence as Memorial," in Armstrong, *Understanding Four Views on the Lord's Supper*, 33.

최소한 다음 세 가지 사유에 해당하는 사람들은 주님의 만찬을 기념하는 일에 참여하는 것을 제재 받아야 한다. (1) 그리스도인이 아닌 사람, (2) (세례 받은) 교인이 아닌 사람[214], (3) 특히 동료 교인을 학대하는 등 회개하지 않은 채 계속해서 죄에 집착하는 사람이다.

2. 뒤를 돌아보라: 예수님의 십자가 사역을 기억하고 그분이 성취하신 것을 기뻐하라(23-26절).

이것이 "이것을 행하여 나를 기념하라"(24-25절)는 예수님의 명령을 순종하는 길이다. 예수님은 새 언약을 확보하셨고, 그 결과 하나님께서 우리의 죄를 용서하신다. 예수님은 궁극적 출애굽을 이룸으로써 유월절을 성취하셨다. 그분의 사람들을 죄의 속박에서 구출하신 것이다. "우리가 행정, 찬송 합창, 시편 강해, 결혼 세미나, 자녀 양육법 등 수많은 좋은 일에 너무나 몰두하는 나머지, 예수님의 죽음과 부활은 더 이상 우리 믿음의 중심이 아니라 하나의 전제로 전락할 수 있다."[215]

하지만 예수님의 십자가 사역을 기억한다는 것은 주님이 그토록 비극적으로 고난당하신 것을 애처롭게 생각한다는 뜻이 아니다. 주님의 만찬은 예수님의 승리를 기뻐한다. 그분은 사망을 무찌르기 위해 죽음을 선택하셨기 때문이다!

3. 위를 보라: 당신과 그리스도의 연합을 기뻐하라(10:16).

이것은 수직적인 친교다.[216] 우리는 예수님과 교제를 나눔으로써 그분의 죽음에 참여한다(참고. 10:16 주석). 우리가 성찬[유카리스트(*Eucharist*), '감사'를 의미

11장

214 Van Neste, "Lord's Supper," 379-386. Hammett, *40 Questions about Baptism and the Lord's Supper*, 259-265.

215 D. A. Carson, "The SBJT Forum: What Advice Would You Give to Pastors Regarding the Celebration of the Lord's Supper in Our Churches?" *SBJT* 6/3 (2002): 95.

216 참고. Marcus Peter Johnson, *One with Christ: An Evangelical Theology of Salvation* (Wheaton, IL: Crossway, 2013), 232-240.

하는 단어]을 기념할 때 우리의 마음은 온통 하나님께 대한 감사로 충만해야 한다.

4. 주위를 보라: 여러분이 한 몸으로 서로 연합한 것을 기뻐하라(33-34절).
이것은 수평적인 친교다. 이 때문에 주님의 만찬이 교회가 교회답게 되는 데 필수적인 요소인 것이다.[217] "떡이 하나요 많은 우리가 한 몸이니 이는 우리가 다 한 떡에 참여함이라"(10:17). 우리는 예수님의 피로 산 연합, 곧 교회 내 신자들 중 '일부'가 아니라 '모두' 함께 연합한 것을 기뻐한다(참고. 10:17 주석; 11:17-34 단락 개요; 11:17-22 주석).

5. 바깥을 보라: 불신자들에게 복음을 전하라(26절).
우리가 주님의 만찬을 기념할 때는 "주의 죽으심을…전하는 것"이다(26절). 이런 방식으로 복음을 선포하는 것은 그리스도인을 세워줄 뿐만 아니라 비그리스도인을(중생하지 않은 자녀들을 포함한) 전도하는 것이기도 하다. 주님의 만찬은 사람들을 마법적으로 회심시키는 것이 아니라, 그들에게 회심할 필요가 있음을 강조하고 어떻게 회심할 수 있는지를 묘사함으로써 그들을 전도한다. (기념식을 거행하는 사람은 오직 그리스도를 따르는 사람들만 떡과 잔에 동참해도 좋다고 설명함으로써 '식탁에 울타리를 쳐야' 한다.)

6. 앞을 보라: 예수님이 다시 오실 것을 고대하라(26절).
유월절은 주님의 만찬을 내다보았고, 주님의 만찬은 어린 양과의 혼인 만찬을 내다본다(마 26:29; 계 19:6-10, 참고. 마 22:1-14; 25:10; 눅 13:29). 그리스도께서 특별한 방식으로 영적으로 임재하시는 동안 교회가 그분을 먹듯이, 교회는 그리스도께서 새 하늘과 새 땅에 완전히 임재하실 것을 갈망해야 마땅하다. "주 예수여 오시옵소서"(계 22:20).

217 Jamieson, *Understanding the Lord's Supper*, 35-40.

12장

12:1 형제들아 신령한 것에 대하여 나는 너희가 알지 못하기를 원하지
아니하노니 2 너희도 알거니와 너희가 이방인으로 있을 때에 말 못하
는 우상에게로 끄는 그대로 끌려 갔느니라 3 그러므로 내가 너희에게
알리노니 하나님의 영으로 말하는 자는 누구든지 예수를 저주할 자라
하지 아니하고 또 성령으로 아니하고는 누구든지 예수를 주시라 할
수 없느니라

12:1 Now concerning[1] spiritual gifts,[2] brothers,[3] I do not want you to
be uninformed. 2 You know that when you were pagans you were led
astray to mute idols, however you were led. 3 Therefore I want you to
understand that no one speaking in the Spirit of God ever says "Jesus is
accursed!" and no one can say "Jesus is Lord" except in the Holy Spirit.

4 은사는 여러 가지나 성령은 같고 5 직분은 여러 가지나 주는 같으며
6 또 사역은 여러 가지나 모든 것을 모든 사람 가운데서 이루시는 하
나님은 같으니 7 각 사람에게 성령을 나타내심은 유익하게 하려 하심
이라 8 어떤 사람에게는 성령으로 말미암아 지혜의 말씀을, 어떤 사람

에게는 같은 성령을 따라 지식의 말씀을, 9 다른 사람에게는 같은 성
령으로 믿음을, 어떤 사람에게는 한 성령으로 병 고치는 은사를, 10 어
떤 사람에게는 능력 행함을, 어떤 사람에게는 예언함을, 어떤 사람에
게는 영들 분별함을, 다른 사람에게는 각종 방언 말함을, 어떤 사람에
게는 방언들 통역함을 주시나니 11 이 모든 일은 같은 한 성령이 행하
사 그의 뜻대로 각 사람에게 나누어 주시는 것이니라

4 Now there are varieties of gifts, but the same Spirit; 5 and there are
varieties of service, but the same Lord; 6 and there are varieties of
activities, but it is the same God who empowers them all in everyone.
7 To each is given the manifestation of the Spirit for the common good.
8 For to one is given through the Spirit the utterance of wisdom, and
to another the utterance of knowledge according to the same Spirit,
9 to another faith by the same Spirit, to another gifts of healing by the
one Spirit, 10 to another the working of miracles, to another prophecy,
to another the ability to distinguish between spirits, to another various
kinds of tongues, to another the interpretation of tongues. 11 All these
are empowered by one and the same Spirit, who apportions to each one
individually as he wills.

12 몸은 하나인데 많은 지체가 있고 몸의 지체가 많으나 한 몸임과 같
이 그리스도도 그러하니라 13 우리가 유대인이나 헬라인이나 종이나
자유인이나 다 한 성령으로 1)세례를 받아 한 몸이 되었고 또 다 한 성
령을 마시게 하셨느니라

12 For just as the body is one and has many members, and all the
members of the body, though many, are one body, so it is with Christ.
13 For in one Spirit we were all baptized into one body—Jews or
Greeks, slaves[4] or free—and all were made to drink of one Spirit.

14 몸은 한 지체뿐만 아니요 여럿이니 15 만일 발이 이르되 나는 손이
아니니 몸에 붙지 아니하였다 할지라도 이로써 몸에 붙지 아니한 것
이 아니요 16 또 귀가 이르되 나는 눈이 아니니 몸에 붙지 아니하였
다 할지라도 이로써 몸에 붙지 아니한 것이 아니니 17 만일 온 몸이 눈
이면 듣는 곳은 어디며 온 몸이 듣는 곳이면 냄새 맡는 곳은 어디냐
18 그러나 이제 하나님이 그 원하시는 대로 지체를 각각 몸에 두셨으
니 19 만일 다 한 지체뿐이면 몸은 어디냐 20 이제 지체는 많으나 몸은
하나라

14 For the body does not consist of one member but of many. 15 If the
foot should say, "Because I am not a hand, I do not belong to the body,"
that would not make it any less a part of the body. 16 And if the ear
should say, "Because I am not an eye, I do not belong to the body," that
would not make it any less a part of the body. 17 If the whole body were
an eye, where would be the sense of hearing? If the whole body were
an ear, where would be the sense of smell? 18 But as it is, God arranged
the members in the body, each one of them, as he chose. 19 If all were
a single member, where would the body be? 20 As it is, there are many
parts,[5] yet one body.

21 눈이 손더러 내가 너를 쓸 데가 없다 하거나 또한 머리가 발더러
내가 너를 쓸 데가 없다 하지 못하리라 22 그뿐 아니라 더 약하게 보
이는 몸의 지체가 도리어 요긴하고 23 우리가 몸의 덜 귀히 여기는 그
것들을 더욱 귀한 것들로 입혀 주며 우리의 아름답지 못한 지체는 더
욱 아름다운 것을 얻느니라 그런즉 24 우리의 아름다운 지체는 그럴
필요가 없느니라 오직 하나님이 몸을 고르게 하여 부족한 지체에게
귀중함을 더하사 25 몸 가운데서 분쟁이 없고 오직 여러 지체가 서로
같이 돌보게 하셨느니라 26 만일 한 지체가 고통을 받으면 모든 지체

가 함께 고통을 받고 한 지체가 영광을 얻으면 모든 지체가 함께 즐
거워하느니라
21 The eye cannot say to the hand, "I have no need of you," nor again
the head to the feet, "I have no need of you." 22 On the contrary, the
parts of the body that seem to be weaker are indispensable, 23 and on
those parts of the body that we think less honorable we bestow the
greater honor, and our unpresentable parts are treated with greater
modesty, 24 which our more presentable parts do not require. But God
has so composed the body, giving greater honor to the part that lacked
it, 25 that there may be no division in the body, but that the members
may have the same care for one another. 26 If one member suffers, all
suffer together; if one member is honored, all rejoice together.

27 너희는 그리스도의 몸이요 지체의 각 부분이라 28 하나님이 교회
중에 몇을 세우셨으니 첫째는 사도요 둘째는 선지자요 셋째는 교사요
그 다음은 능력을 행하는 자요 그 다음은 병 고치는 은사와 서로 돕
는 것과 다스리는 것과 각종 방언을 말하는 것이라 29 다 사도이겠느
냐 다 선지자이겠느냐 다 교사이겠느냐 다 능력을 행하는 자이겠느냐
30 다 병 고치는 은사를 가진 자이겠느냐 다 방언을 말하는 자이겠느
냐 다 통역하는 자이겠느냐 31 너희는 더욱 큰 은사를 사모하라 내가
또한 가장 좋은 길을 너희에게 보이리라
27 Now you are the body of Christ and individually members of
it. 28 And God has appointed in the church first apostles, second
prophets, third teachers, then miracles, then gifts of healing, helping,
administrating, and various kinds of tongues. 29 Are all apostles? Are all
prophets? Are all teachers? Do all work miracles? 30 Do all possess gifts
of healing? Do all speak with tongues? Do all interpret? 31 But earnestly

desire the higher gifts. And I will show you a still more excellent way.

13:1 내가 사람의 방언과 천사의 말을 할지라도 사랑이 없으면 소리 나
는 구리와 울리는 꽹과리가 되고 2 내가 예언하는 능력이 있어 모든
비밀과 모든 지식을 알고 또 산을 옮길 만한 모든 믿음이 있을지라도
사랑이 없으면 내가 아무것도 아니요 3 내가 내게 있는 모든 것으로
구제하고 또 내 몸을 불사르게 내줄지라도 사랑이 없으면 내게 아무
유익이 없느니라

13:1 If I speak in the tongues of men and of angels, but have not love,
I am a noisy gong or a clanging cymbal. 2 And if I have prophetic
powers, and understand all mysteries and all knowledge, and if I have
all faith, so as to remove mountains, but have not love, I am nothing.
3 If I give away all I have, and if I deliver up my body to be burned,[6]
but have not love, I gain nothing.

4 사랑은 오래 참고 사랑은 온유하며 시기하지 아니하며 사랑은 자랑
하지 아니하며 교만하지 아니하며 5 무례히 행하지 아니하며 자기의
[2)]유익을 구하지 아니하며 성내지 아니하며 악한 것을 생각하지 아니
하며 6 불의를 기뻐하지 아니하며 진리와 함께 기뻐하고 7 모든 것을
참으며 모든 것을 믿으며 모든 것을 바라며 모든 것을 견디느니라

4 Love is patient and kind; love does not envy or boast; it is not
arrogant 5 or rude. It does not insist on its own way; it is not irritable
or resentful;[7] 6 it does not rejoice at wrongdoing, but rejoices with
the truth. 7 Love bears all things, believes all things, hopes all things,
endures all things.

8 사랑은 언제까지나 떨어지지 아니하되 예언도 폐하고 방언도 그치

고 지식도 폐하리라 9 우리는 부분적으로 알고 부분적으로 예언하니
10 온전한 것이 올 때에는 부분적으로 하던 것이 폐하리라 11 내가 어
렸을 때에는 말하는 것이 어린아이와 같고 깨닫는 것이 어린아이와
같고 생각하는 것이 어린아이와 같다가 장성한 사람이 되어서는 어린
아이의 일을 버렸노라 12 우리가 지금은 거울로 보는 것같이 희미하나
그때에는 얼굴과 얼굴을 대하여 볼 것이요 지금은 내가 부분적으로
아나 그때에는 주께서 나를 아신 것같이 내가 온전히 알리라
8 Love never ends. As for prophecies, they will pass away; as for
tongues, they will cease; as for knowledge, it will pass away. 9 For we
know in part and we prophesy in part, 10 but when the perfect comes,
the partial will pass away. 11 When I was a child, I spoke like a child,
I thought like a child, I reasoned like a child. When I became a man, I
gave up childish ways. 12 For now we see in a mirror dimly, but then
face to face. Now I know in part; then I shall know fully, even as I have
been fully known.

13 그런즉 믿음, 소망, 사랑, 이 세 가지는 항상 있을 것인데 그중의
[3)]제일은 사랑이라
13 So now faith, hope, and love abide, these three; but the greatest of
these is love.

14:1 사랑을 추구하며 신령한 것들을 사모하되 특별히 예언을 하려고
하라 2 방언을 말하는 자는 사람에게 하지 아니하고 하나님께 하나니
이는 알아듣는 자가 없고 영으로 비밀을 말함이라 3 그러나 예언하는
자는 사람에게 말하여 덕을 세우며 권면하며 위로하는 것이요 4 방언
을 말하는 자는 자기의 덕을 세우고 예언하는 자는 교회의 덕을 세우
나니 5 나는 너희가 다 방언 말하기를 원하나 특별히 예언하기를 원하

노라 만일 방언을 말하는 자가 통역하여 교회의 덕을 세우지 아니하
면 예언하는 자만 못하니라

14:1 Pursue love, and earnestly desire the spiritual gifts, especially that
you may prophesy. 2 For one who speaks in a tongue speaks not to men
but to God; for no one understands him, but he utters mysteries in the
Spirit. 3 On the other hand, the one who prophesies speaks to people
for their upbuilding and encouragement and consolation. 4 The one
who speaks in a tongue builds up himself, but the one who prophesies
builds up the church. 5 Now I want you all to speak in tongues, but even
more to prophesy. The one who prophesies is greater than the one who
speaks in tongues, unless someone interprets, so that the church may be
built up.

14장

6 그런즉 형제들아 내가 너희에게 나아가서 방언으로 말하고 계시나
지식이나 예언이나 가르치는 것으로 말하지 아니하면 너희에게 무엇
이 유익하리요 7 혹 피리나 거문고와 같이 생명 없는 것이 소리를 낼
때에 그 음의 분별을 나타내지 아니하면 피리 부는 것인지 거문고 타
는 것인지 어찌 알게 되리요 8 만일 나팔이 분명하지 못한 소리를 내
면 누가 전투를 준비하리요 9 이와 같이 너희도 혀로써 알아듣기 쉬운
말을 하지 아니하면 그 말하는 것을 어찌 알리요 이는 허공에다 말하
는 것이라 10 이같이 세상에 소리의 종류가 많으나 뜻 없는 소리는 없
나니 11 그러므로 내가 그 소리의 뜻을 알지 못하면 내가 말하는 자에
게 [4)]외국인이 되고 말하는 자도 내게 [4)]외국인이 되리니 12 그러므로
너희도 영적인 것을 사모하는 자인즉 교회의 덕을 세우기 위하여 그
것이 풍성하기를 구하라

6 Now, brothers,[8] if I come to you speaking in tongues, how will
I benefit you unless I bring you some revelation or knowledge or

prophecy or teaching? 7 If even lifeless instruments, such as the flute
or the harp, do not give distinct notes, how will anyone know what
is played? 8 And if the bugle gives an indistinct sound, who will get
ready for battle? 9 So with yourselves, if with your tongue you utter
speech that is not intelligible, how will anyone know what is said? For
you will be speaking into the air. 10 There are doubtless many different
languages in the world, and none is without meaning, 11 but if I do not
know the meaning of the language, I will be a foreigner to the speaker
and the speaker a foreigner to me. 12 So with yourselves, since you are
eager for manifestations of the Spirit, strive to excel in building up the
church.

13 그러므로 방언을 말하는 자는 통역하기를 기도할지니 14 내가 만일
방언으로 기도하면 나의 영이 기도하거니와 나의 마음은 열매를 맺
지 못하리라 15 그러면 어떻게 할까 내가 영으로 기도하고 또 마음으
로 기도하며 내가 영으로 찬송하고 또 마음으로 찬송하리라 16 그렇지
아니하면 네가 영으로 축복할 때에 [5)]알지 못하는 처지에 있는 자가
네가 무슨 말을 하는지 알지 못하고 네 감사에 어찌 아멘 하리요 17 너
는 감사를 잘하였으나 그러나 다른 사람은 덕 세움을 받지 못하리라
18 내가 너희 모든 사람보다 방언을 더 말하므로 하나님께 감사하노라
19 그러나 교회에서 내가 남을 가르치기 위하여 깨달은 마음으로 다섯
마디 말을 하는 것이 일만 마디 방언으로 말하는 것보다 나으니라
13 Therefore, one who speaks in a tongue should pray that he may
interpret. 14 For if I pray in a tongue, my spirit prays but my mind is
unfruitful. 15 What am I to do? I will pray with my spirit, but I will pray
with my mind also; I will sing praise with my spirit, but I will sing
with my mind also. 16 Otherwise, if you give thanks with your spirit,

how can anyone in the position of an outsider[9] say "Amen" to your
thanksgiving when he does not know what you are saying? 17 For you
may be giving thanks well enough, but the other person is not being
built up. 18 I thank God that I speak in tongues more than all of you.
19 Nevertheless, in church I would rather speak five words with my
mind in order to instruct others, than ten thousand words in a tongue.

20 형제들아 지혜에는 아이가 되지 말고 악에는 어린아이가 되라 지
혜에는 장성한 사람이 되라 21 율법에 기록된 바 주께서 이르시되 내
가 다른 방언을 말하는 자와 다른 입술로 이 백성에게 말할지라도 그
들이 여전히 듣지 아니하리라 하였으니 22 그러므로 방언은 믿는 자
들을 위하지 아니하고 믿지 아니하는 자들을 위하는 표적이나 예언은
믿지 아니하는 자들을 위하지 않고 믿는 자들을 위함이니라 23 그러
므로 온 교회가 함께 모여 다 방언으로 말하면 [6)]알지 못하는 자들이
나 믿지 아니하는 자들이 들어와서 너희를 미쳤다 하지 아니하겠느냐
24 그러나 다 예언을 하면 믿지 아니하는 자들이나 알지 못하는 자들
이 들어와서 모든 사람에게 책망을 들으며 모든 사람에게 판단을 받
고 25 그 마음의 숨은 일들이 드러나게 되므로 엎드리어 하나님께 경
배하며 하나님이 참으로 너희 가운데 계신다 전파하리라
20 Brothers, do not be children in your thinking. Be infants in evil,
but in your thinking be mature. 21 In the Law it is written, "By people
of strange tongues and by the lips of foreigners will I speak to this
people, and even then they will not listen to me, says the Lord." 22 Thus
tongues are a sign not for believers but for unbelievers, while prophecy
is a sign[10] not for unbelievers but for believers. 23 If, therefore, the
whole church comes together and all speak in tongues, and outsiders
or unbelievers enter, will they not say that you are out of your minds?

14장

24 But if all prophesy, and an unbeliever or outsider enters, he is
convicted by all, he is called to account by all, 25 the secrets of his heart
are disclosed, and so, falling on his face, he will worship God and
declare that God is really among you.

26 그런즉 형제들아 어찌할까 너희가 모일 때에 각각 찬송시도 있으
며 가르치는 말씀도 있으며 계시도 있으며 방언도 있으며 통역함도
있나니 모든 것을 덕을 세우기 위하여 하라 27 만일 누가 방언으로 말
하거든 두 사람이나 많아야 세 사람이 차례를 따라 하고 한 사람이 통
역할 것이요 28 만일 통역하는 자가 없으면 교회에서는 잠잠하고 자기
와 하나님께 말할 것이요 29 예언하는 자는 둘이나 셋이나 말하고 다
른 이들은 분별할 것이요 30 만일 곁에 앉아 있는 다른 이에게 계시가
있으면 먼저 하던 자는 잠잠할지니라 31 너희는 다 모든 사람으로 배
우게 하고 모든 사람으로 권면을 받게 하기 위하여 하나씩 하나씩 예
언할 수 있느니라 32 예언하는 자들의 영은 예언하는 자들에게 제재를
받나니 33 하나님은 무질서의 하나님이 아니시요 오직 화평의 [7]하나
님이시니라
26 What then, brothers? When you come together, each one has a hymn,
a lesson, a revelation, a tongue, or an interpretation. Let all things be
done for building up. 27 If any speak in a tongue, let there be only two
or at most three, and each in turn, and let someone interpret. 28 But if
there is no one to interpret, let each of them keep silent in church and
speak to himself and to God. 29 Let two or three prophets speak, and
let the others weigh what is said. 30 If a revelation is made to another
sitting there, let the first be silent. 31 For you can all prophesy one by
one, so that all may learn and all be encouraged, 32 and the spirits of
prophets are subject to prophets. 33 For God is not a God of confusion

but of peace.

34 여자는 교회에서 잠잠하라 그들에게는 말하는 것을 허락함이 없나
니 율법에 이른 것 같이 오직 복종할 것이요 35 만일 무엇을 배우려거
든 집에서 자기 남편에게 물을지니 여자가 교회에서 말하는 것은 부
끄러운 것이라

As in all the churches of the saints, 34 the women should keep silent
in the churches. For they are not permitted to speak, but should be in
submission, as the Law also says. 35 If there is anything they desire
to learn, let them ask their husbands at home. For it is shameful for a
woman to speak in church.

36 하나님의 말씀이 너희로부터 난 것이냐 또는 너희에게만 임한 것
이냐 37 만일 누구든지 자기를 선지자나 혹은 신령한 자로 생각하거든
내가 너희에게 편지하는 이 글이 주의 명령인 줄 알라 38 만일 누구든
지 알지 못하면 [8)]그는 알지 못한 자니라 39 그런즉 내 형제들아 예언
하기를 사모하며 방언 말하기를 금하지 말라 40 모든 것을 품위 있게
하고 질서 있게 하라

36 Or was it from you that the word of God came? Or are you the
only ones it has reached? 37 If anyone thinks that he is a prophet, or
spiritual, he should acknowledge that the things I am writing to you are
a command of the Lord. 38 If anyone does not recognize this, he is not
recognized. 39 So, my brothers, earnestly desire to prophesy, and do not
forbid speaking in tongues. 40 But all things should be done decently
and in order.

1) 헬, 또는 침례 2) 헬, 것을 3) 헬, 더 큰 것은 4) 또는 야만인 5) 또는 은사를 받지 못한 자가 6) 또는 은사를 받지 못한 자들 7) 또는 하나님이시니 모든 성도의 교회에서 그러하니라

8) 어떤 사본에, 알지 못하는 대로 두라

1 The expression *Now concerning* introduces a reply to a question in the Corinthians' letter; see 7:1 *2* Or *spiritual persons* *3* Or *brothers and sisters* *4* For the contextual rendering of the Greek word *doulos*, see Preface *5* Or *members*; also verse 22 *6* Some manuscripts *deliver up my body* [to death] *that I may boast* *7* Greek *irritable and does not count up wrongdoing* *8* Or *brothers and sisters*; also verses 20, 26, 39 *9* Or *of him that is without gifts* *10* Greek lacks *a sign*

단락 개관

이 단락은 열 가지 쟁점 중 아홉 번째 것인 영적 은사를 사모하고 사용하는 문제를 다룬다. 다음과 같은 것들이 문제인 듯하다. 일부 고린도 그리스도인이 (1) 죄스럽게 번지르르한 방언의 은사를 사모하는 것과 (2) 그들이 소유한 영적 은사들을 자랑하는 한편 덜 인상적이고 덜 중요한 듯한 은사를 가진 동료 교인을 소외시키는 것이다. 해결책은 교회가 다함께 모일 때 그리스도의 몸이 더 나은 은사를 열심히 사모하고 그런 은사를 사용함으로써 서로 사랑하는 것이다. 구체적으로는 방언보다 더 덕을 세우는 예언의 은사를 사모하고 사용하는 것이다.

이 문학적 단위는 네 부분으로 되어 있다(다음의 단락 개요를 참고하라).

(1) 통일성 속의 다양성(12:1-31)

(2) 최선의 길(13:1-13)

(3) 이해 가능한 은사(14:1-25)

(4) 질서정연함(14:26-40)

이 정도는 별로 논쟁거리가 아니다. 그러나 이 단락은 신학적으로 보수적인 그리스도인 가운데 논쟁의 중심에 있다. 하나님은 오늘날에도 방언과 예언 같은 기적적인 영적 은사들을 계속 주시는가? 이 질문에 대해 흔히 다음 두 가지로 대답한다.

(1) 아니다: 이 입장은 '은사 중지론'(cessationism)으로 알려져 있다. 다시 말해 하나님께서 교회에게 기적적인 영적 은사들 주시기를 '중지'하셨다는 것이다.[218]

(2) 그렇다: 이 입장은 '은사 지속론'(continuationism)으로 알려져 있다. 다시 말해 하나님께서 교회에게 기적적인 영적 은사들을 '계속' 주신다는 것이다.[219]

은사 지속론에는 여러 유형이 있는 만큼 이 주제에 관한 대중적인 논쟁서는 보통 네 가지 견해를 포함한다. 셋은 은사 지속론자들이, 하나는 은사 중지론자들이 견지한다.[220]

(1) 오순절파/은사주의: 이 견해에 따르면, 하나님은 교회들이 모든 기적적인 영적 은사들을 계속 사용하기 원하신다. 대다수 교회 역사학자에 따르면 오순절파는 1900년 12월 31일에 시작된 운동으로서 그리스도인이 (a) 회심 이후 성령 세례를 경험해야 하고, (b) 먼저 방언을 말해서 성령 세례를 입증해야 한다고 주장한다. 1960년대와 1970년대에 꽃을 피운 은사주의적 갱신 운동에 속한 사람들은 그리스도인이 (a) 회심 때 또는 이후에 성령 세례를 경험하는지, (b) 방언을 말해서 성령 세례를 입증하는지 여부에 대해 의견을 달리한다.

(2) 제3의 물결: 이 견해에 따르면, 하나님은 교회가 모든 기적적인 영

12장

218 특히 다음 책을 보라. Robert L. Thomas, *Understanding Spiritual Gifts: A Verse-by-Verse Study of 1 Corinthians 12-14*, 2nd ed. (Grand Rapid, MI: Kregel, 1999). 독특하면서도 따스한 어조와 인식론적 겸손을 겸비한 '미묘한 은사 중지론'에 대한 대중적인 변호에 대해서는 다음 책을 보라. Thomas R. Schreiner, *Spiritual Gifts: What They Are and Why They Matter* (Nashville: B&H, 2018); Schreiner, *1 Corinthians*, 251-300.

219 특히 다음 자료를 보라. D. A. Carson, *Showing the Spirit: A Theological Exposition of 1 Corinthians 12-14* (Grand Rapids, MI: Baker, 1987); Wayne Grudem, *The Gift of Prophesy in the New Testament and Today*, 2nd rev. ed. (Wheaton, IL: Crossway, 2000).

220 Wayne Grudem, ed., *Are Miraculous Gifts for Today? Four Views*, Counterpoints (Grand Rapids, MI: Zondervan, 1996).

적 은사들을 계속 사용하기 원하신다. 오순절파가 첫째 물결이었고 은사주의적 갱신 운동이 둘째 물결이었다면, 1980년에 시작된 갱신 운동은 셋째 물결이다. 제3의 물결 운동에 속한 이들은 모든 그리스도인이 회심 때 성령 세례를 경험하고, 표적과 이적과 기적이 복음 선포에 수반되어야 한다고 믿는다.

(3) 열린 그러나 신중한 입장: 이 견해에 따르면, 은사 중지론의 주장은 설득력이 없지만, 오순절파와 은사주의와 제3의 물결의 신학과 행습도 완전히 설득력이 있는 것은 아니다. 기적적인 영적 은사들을 강조하는 것이 교회를 분열시킬 수 있다. 따라서 성경 공부와 기도 같은 기본적인 영적 훈련을 강조하는 편이 더 낫다.

(4) 은사 중지론자: 이 견해에 따르면, 하나님께서 교회에 1세기에만 기적적인 영적 은사들을 주셨는데, 당시는 사도들이 교회를 세우던 중이었고 신약이 아직 완성되지 않았기 때문이라고 한다.

필자는 네 가지 견해 중 어느 것에도 완전히 동의할 수 없다. 필자의 견해는 둘째 견해와 셋째 견해 사이 어딘가에 있다. (12-14장에 대한 필자의 석의학적 및 신학적 주석의 틀을 제공하기 위해 이 점을 이야기한다.)

한편 필자는 오순절파, 은사주의적 갱신 운동 그리고 제3의 물결 운동의 여러 측면에 대해 의문과 염려를 품고 있다.[221] 이는 사실 우리가 '은사주의자'라는 딱지를 뻔뻔스럽게 붙일 수 있는 큰 집단에 대해 너무 부드럽게 표현한 것이다. 바로 비정통적인 가르침과 행습을 그 특징으로 삼는 주류 은사주의자들이다. 예를 들어보자.

221 예컨대 다음 자료를 보라. Carson, *Showing the Spirit*, 170-183; D. A. Carson, "The Purpose of Signs and Wonders in the New Testament," in *Power Religion: The Selling Out of the Evangelical Church?*, ed. Michael Scott Horton (Chicago: Moody, 1992), 89-118. 필자는 제3의 물결에 대한 카슨의 염려를 공유하면서도 기본적으로 다음 필자의 석의학적 및 신학적 주장에 동의한다. Sam Storms, "A Third Wave View," in Grudem, *Are Miraculous Gifts for Today?*, 173-223 (72-85, 156-163, 305-308, 318-326도 보라).

- 한 사람이 그리스도인이 되려면 방언을 말해야 한다는 가르침
- 그리스도인이 성령 세례를 받은 또는 성령충만한 또는 '영적인' 그리스도인이 되려면 방언을 말해야 한다는 가르침
- 14:26-40에 나오는 질서정연한 예배에 관한 바울의 가르침에 불순종하는 모습(예. 모든 사람들에게 동시에 방언으로 기도하도록 권유하는 등 무질서하게 또 기괴하게 행동하는 것)
- 모든 그리스도인이 건강하게 또 부유하게 되어 번창하는 것이 하나님의 뜻이라는 가르침(그리고 그리스도인에게 할 수 있는 한 힘껏 헌금을 해서 그 보답으로 하나님으로부터 더 많은 돈을 받으라는 호소)

12장

이런 종류의 거짓 교리와 어리석은 행위가 오늘날 많은(대다수의?) 은사 지속론자들을 특징짓기 때문에, 신학적으로 보수적인 복음주의자들이 은사 지속론과 아무런 관계도 맺지 않고 싶어 한다는 것은 이해할 만하다.[222] 나는 존 맥아더(John MacArthur)의 은사 중지론에 대한 석의학적 및 신학적 주장과는 의견을 달리하지만, 폭넓은 은사주의 운동이 거짓 가르침과 무질서하고 기괴한 행습을 갖고 있다는 그의 염려에는 진심으로 동의한다.[223]

다른 한편, '열린 그러나 신중한' 입장은 너무 잠정적이고 방어적이다. 이는 기본적으로 '신학적으로는 은사 중지론이 아니지만 기능적으로는 은사 중지론'이라는 뜻이다. '열린 그러나 신중한' 입장을 견지하는 다수가 '거의 열려 있지 않고 매우 수상한' 입장이다. 이보다 더 나은 것은 '진지하고, 만족하고, 분별하는' 입장이다.

222 잭 디어는 그리스도인이 기적적인 영적 은사들이 지속되고 있다는 믿음을 배척하는 세 가지 흔한 이유를 드는데, 이것은 그중 셋째 항목과 상응한다. (1) "그들은 그런 것을 경험하지 못했다." (2) "그들은 교회 역사에서 신약적인 양질의 기적들을 발견할 수 없다." (3) "그들은 오늘날의 교회들과 치유 운동에서 그 은사들을 오용하는 모습에 반감을 품는다." 세 가지 이유 모두 경험(또는 경험의 부족)에 기초해 있다. Jack Deere, *Surprised by the Power of the Spirit: Discovering How God Speaks and Heals Today* (Grand Rapids, MI: Zondervan, 1993), 55-56.

223 John MacArthur, *Charismatic Chaos* (Grand Rapids, MI: Zondervan, 1992); John MacArthur, *Stange Fire: The Dangers of Offending the Holy Spirit with Counterfeit Worship* (Nashville: Nelson, 2013).

(1) 진지한: 그리스도인은 예언과 같은 더 나은 은사들을 열심히 사모해야 한다. 바울은 그리스도인에게 기적적인 영적 은사들에 대해 열려 있을 뿐 아니라 "[열심히] 더욱 큰 은사를 사모하라"(12:31)고 명령한다. "신령한 것들[영적 은사들]을 사모하되 특별히 예언을 하려고 하라"(14:1). "예언하기를 [열심히] 사모하며"(14:39). 그리스도인이 만일 그런 은사들에 대해 불신하는 태도를 취한다면 어떻게 이런 명령에 순종할 수 있겠는가?

(2) 만족하는: 그리스도인은 성령이 주권적으로 나눠주기로 결정하신 것에 만족해야 한다. 모든 영적 은사는 "이 모든 일은 같은 한 성령이 행하사 그의 뜻대로 각 사람에게 나누어 주시는 것"이기 때문이다(12:11). 성경은 모든 건강한 교회들이 모든 기적적인 영적 은사들을 다 사용해야 한다고 말하지 않는다. 오히려 모든 건강한 교회들은 가장 덕을 세우는 은사들을 열심히 사모하고 성령이 지혜롭게 나눠주시는 은사들에 만족하며 그것들을 사용해야 한다(참고. 12:1-14:40의 '응답 2').

(3) 분별하는: 기적적인 영적 은사들을 금하는 것은 잘못이다. "예언하기를 [열심히] 사모하며 방언 말하기를 금하지 말라"(14:39). 아울러 어떤 은사가 나타날 때마다 충분한 검증 없이 맹목적으로 받아들이는 처사 역시 현명하지 못하다(14:29; 살전 5:20-21; 요일 4:1-3). 교회는 분별력이 있어야 한다.

단락 개요

Ⅱ. 고린도 교인들에 관한 소식과 그들의 편지에 기초해 바울이 응답하는 쟁점들(1:10-15:58)

I. 영적 은사를 사모하고 사용하는 문제(12:1-14:40)

1. 통일성 속의 다양성: 성령은 한 교회의 몸 안에서 개개인에게 다양한 영적 은사를 주신다(12:1-31)

2. 최선의 길: 사랑이 영적 은사의 사용에 필수적이다(13:1-13)
3. 이해 가능한 은사: 교회 모임에서 타인을 세우는 데에 방언보다 더 가치 있는 은사인 예언을 진지하게 사모함으로써 사랑을 추구하라. 왜냐하면 예언이 이해될 수 있는 은사이기 때문이다(14:1-25)
4. 질서정연함: 교회가 함께 모일 때 영적 은사들을 질서정연하게 사용함으로써 서로를 세우라(14:26-40)

주석

12:1-31 개요

지역 교회는 통일성 속에 다양성을 갖고 있다. 성령은 단일한 몸(교회) 안에서 개개인에게 다양한 영적 은사를 나눠주신다. 표13을 보라.

12:1 바울은 다시금 "…에 대하여"(참고. 7:1a 주석)라는 말로 다음 쟁점을 소개한다. 바울이 12-14장에서 다루는 내용은 고린도 교인들이 영적 은사에 관해 알아야 할 것으로서, 그들이 무지하지 않기를 바라는 바울의 의도가 담겨 있다.

'영적 은사'(개정개역은 "신령한 것")는 프뉴마티코스(*pneumatikos*)를 번역한 것으로, 여기에 나온 헬라어 형태는 문법적으로 남성형일 수도 있고 중성형일 수도 있다.

(1) 남성형: '영적인 사람들', 즉 성령을 가진 사람들(참고. 2:13-16 주석)

(2) 중성형: '영적인 것들' 또는 '영적인 은사들'

바울이 14:37에서 프뉴마티코스를 사람들을 언급하는 데 사용하지만, 이 용어는 여기서 두 가지 이유로 중성 명사일 가능성이 높다.

	다양성	통일성
4–6절	은사는 여러 가지나…직분은 여러 가지나… 또 사역은 여러 가지나	성령은 같고…주는 같으며…모든 사람 가운데서…하나님은 같으니
7절	각 사람에게 성령을 나타내심은	공동 이익을 위한 것(새번역)
8–10절	어떤 사람에게는…어떤 사람에게는…다른 사람에게는…어떤 사람에게는…어떤 사람에게는…어떤 사람에게는…다른 사람에게는…어떤 사람에게는	성령으로 말미암아…같은 성령을 따라…같은 성령으로…한 성령으로
11절	[한 성령이] 그의 뜻대로 각 사람에게 나누어 주시는 것이라	이 모든 일은 같은 한 성령이 행하사
12a절	몸은…많은 지체가 있고	몸은 하나인데
12b절	몸의 지체가 많으나	몸의 지체가…한 몸임과 같이
13절	우리가 유대인이나 헬라인이나 종이나 자유인이나…세례를 받아…마시게 하셨느니라	한 성령으로…한 몸이 되었고…한 성령을 마시게 하셨느니라
14절	몸은 한 지체뿐만 아니요 여럿이니	몸
15–17절	발…손…귀…눈…듣는 곳…냄새 맡는 곳	몸…몸…몸…몸…온 몸…온 몸
18절	지체를 각각	몸
19절	한 지체	다…몸
20절	지체는 많으나	몸은 하나라
21–25절	눈…손…머리…발…몸의 지체…몸의 덜 귀히 여기는 그것들…더욱 귀한 것들…아름답지 못한 지체…더욱 아름다운 것…아름다운 지체…서로	몸…몸…몸…몸
26a절	한 지체가 고통을 받으면	모든 지체가 함께 고통을 받고
26b절	한 지체가 영광을 얻으면	모든 지체가 함께 즐거워하느니라
27–28절	지체의 각 부분	너희는 그리스도의 몸이요…교회

표13. 고린도전서 12장에 나오는 통일성 속의 다양성

(1) '영적 은사'가 14:1에서 프뉴마티코스의 뜻이다.

(2) '영적 은사'가 12-14장의 전반적인 문맥에 더 잘 어울린다. 바울은 이 단락에서 4개의 다른 용어들을 '영적 은사'의 동의어로 사용하고, 그 용어들은 사람들을 뜻하지 않는다.[224]

이 단락의 표제(12:1; 14:1)에 해당하는 프뉴마티코스라는 용어는 그 속에 영(spirit)을 뜻하는 헬라어 단어 프뉴마(*pneuma*)를 담고 있다. 바울은 이 단락에서 영(성령)에 초점을 둔다(3, 4, 7-9, 11, 13절). '영적 은사'가 프뉴마티코스를 번역하는 좋은 방식이기는 해도 영(성령)을 더욱 명백히 부각시키는 번역은 '성령의 선물' 또는 '성령이 나눠주고 능력을 주시는 선물'이 될 것이다. 영적 은사는 성령이 공동선을 위해 개별 신자들에게 능력을 주시는 사역이다(참고. 7, 11절).[225]

12장

12:2 이 구절은 앞 구절을 수식한다. 즉, 예전에 이방인이던 고린도 교인들은 그들이 말 못하는 우상들을 숭배했음을 이미 알고 있었다. 우상들은 말을 못하나(참고. 합 2:18-19), 참된 하나님은 말씀하시는 하나님이다.

12:3 이 구절은 2절의 추론으로서 1절에서 소개한 내용을 시작한다.

(1) 하나님의 영이 그분의 백성에게 말할 능력을 주실 때는 그들이 예수

224 "은사"[카리스마(*charisma*), 12:4, 31. 이 단어에는 은혜를 뜻하는 헬라어 단어 카리스(*charis*)가 담겨 있다. 카리스마를 좀 더 형식에 기초해서 번역하면 '은혜로운 선물' 또는 '은혜-선물'이 될 것이다), "직분"[섬김, 디아코니아(*diakonia*), 12:5), "사역"[에네르게마(*energēma*), 12:6), 그리고 "나타내심"[파네로시스(*phanerōsis*), 12:7].

225 대다수 신학자는 영적 은사를 하나의 '능력'으로 정의하지만, '사역'(즉, 다른 사람을 섬기는 행위)이 더 정확하다고 보는 이유는 이것이 영적 은사에 관한 신약의 모든 구절들을 다함께 연결시켜주기 때문이다. 사역은 능력의 개념을 포함하고, 후자는 오직 고린도전서 12:8-10만 강조한다. Kenneth Berding, "Confusing Word and Concept in 'Spiritual Gifts': Have We Forgotten James Barr's Exhortations?" *JETS* 43 (2000): 37-51; Kenneth Berding, *What are Spiritual Gifts? Rethinking the Conventional View* (Grand Rapids, MI: Kregel, 2007). 영적 은사에 대한 전반적 개관에 대해서는 다음 책을 보라. Wayne Grudem, *Systematic Theology: An Introduction to Biblical Doctrine* (Grand Rapids, MI: Zondervan, 1994), 1016-1088.

님을 저주할 수 없다.

(2) 하나님의 영이 능력을 주시는 사람들만 예수님이 주님이시라고 진심으로 증언할 수 있다.

여기서 바울의 논증을 추적하는 일은 어렵다. 그는 분명히 영적 은사(특히 방언을 말하는 것)에 관한 두 가지 진리를 암시하고 있다.

(1) 바울은 우상숭배의 배경을 가진(2절) 고린도 교인들에게, 하나님의 영이 그분의 백성에게 방언을 말하는 능력을 주실 때는 그들이 하나님을 모독하고 있는 게 아니라고 확신시킨다.[226]

(2) 모든 신자들은(방언의 은사가 없는 이들을 포함한) '성령 안에' 있고 따라서 그리스도의 몸을 세워주는 귀중한 영적 은사들을 갖고 있다.

12:4-6 이 구절들은 성령을 두 번 언급하는 3절을 더욱 진전시킨다.

"여러 가지"는 디아이레시스(*diairesis*)를 번역한 것으로 (1) 분배나 할당 또는 (2) 차별성이나 '다른 종류'(NIV) 중 하나를 가리킬 수 있다.[227] 이 단어와 연관된 동사[디아레오(*diareō*)]는 11절에 나오는데 이는 명백히 '할당하다'(ESV)라는 뜻이다. 그래서 디아이레시스가 여기서는 '분배'를 의미하고, 이는 다양성의 개념과 하나님께서 은사를 나눠주신다는 개념을 모두 포함할 것이다.

"은사"(또는 '은혜-선물')와 "직분"(섬김)과 "사역"은 이 맥락에서 기본적으로 같은 뜻이다(7절에 나오는 "성령을 나타내심"과 함께). 그것들은 영적 은사들을 가리킨다(참고. 1절 주석).

바울은 통일성 속의 다양성을 강조한다. 다양한 영적 은사들이 있고(다양

226 일부 석의학자들은 이방인의 예배가 흔히 황홀한 발언을 포함했다고 주장하지만 그에 대한 증거가 없다. Christopher Forbes, *Prophecy and Inspired Speech in Early Christianity and Its Hellenistic Environment*, WUNT 2.75 (Tübingen: Mohr Siebeck, 1995).

227 BDAG, s.v. διαίρεσις

성) 그런 능력을 주시는 동일한 하나님께서 계신다(통일성). 삼위일체 하나님(성령, 주 예수, 하나님 아버지)은 각 신자 속에 있는 은사에 능력을 주신다. 다양한 영적 은사들이 있으나 그것들은 모두 동일한 근원을 가진다.

12:7 이제 바울이 4-6절을 진전시킨다. "각 사람에게…나타내심"은 하나님께서 모든 신자에게 각각 영적 은사를 주신다는 뜻이다. "성령을 나타내심"은 성령을 보이심을 가리킨다. 이것이 영적 은사가 하는 일이다.[228] 성령을 보여주는 다양한 은사들의 통일된 목적은 "유익하게 하려[는]"(공동의 유익을 위한)것, 즉 교회를 세우는 것이다.

12:8-10 다음으로 바울은 앞의 진술(7절)을 설명한다. 그는 성령이 교회에서 개개인에게 나누어주시는 은사의 아홉 가지 예들을 열거한다. 이 목록에 대한 다음 내용은 주목할 만하다.

(1) 이는 총망라한 것이 아니다. 이 대목에 나오는 영적 은사의 목록과 신약의 나머지 부분에 나오는 목록은 다르다(참고. 12:28, 29-30; 13:1-3, 8; 14:6, 26; 롬 12:6-8; 엡 4:11; 벧전 4:11). 이 목록에 나오는 모든 은사들을 다 합쳐도 모든 은사를 포괄하지는 않는다. 이 목록들은 대표적인 것이다.

(2) 이 은사들은 다른 신약 목록들과 똑같은 순서로 나오지 않는다. 이는 그 은사들이 가장 중요한 것부터 가장 덜 중요한 것의 순서로 나오는 것이 아니라는 뜻이다.

(3) 일부 신자들은 이 은사들 중 일부를 받지 않는다. (바울은 이를 고전 12:29-30에서 최대한 명시적으로 진술한다.) 그래서 모든 신자들(또는 모든 '성숙한' 신자들 아니면 또 하나의 계층을 만들기 위해 무슨 형용사를 사용하든)이 방언과 같은 특정한 은사를 경험해야 한다고 주장하는 것은 하나의 죄다.

228 "성령을 나타내심"(파네로시스)은 성령이 나타내는 일을 행하신다("성령"을 주격 속격으로 봄)는 뜻이기보다는 성령을 나타내거나 보인다("성령"을 목적격 속격으로 봄)는 뜻일 가능성이 더 많다. 이것이 그 문맥과 일관성이 있고 또한 신약에 파네로시스가 나오는 다른 유일한 경우("오직 진리를 나타냄으로," 고후 4:2)와 잘 어울린다. 후자는 진리를 나타내거나 보이는 것("진리"가 목적격 속격이다)을 가리킨다.

(4) 능력과 성숙은 다르다. 어떤 영적 은사를 소유한다는 것이 영적으로 성숙하다는 뜻은 아니다. 바울은 이 편지를 시작하며 고린도 교인들이 "모든 은사[카리스마(*charisma*)]에 부족함이 없[다]"(1:7)고 하나님께 감사했으나, 나중에는 미성숙하게 행동하는 사안들을 연달아 거론하며 그들을 바로잡는다.

(5) 처음 네 가지 은사에 대해 바울은 성령이 그 은사들을 주시는 분이라고 거듭 말한다. 그 점을 강조하기 위해 되풀이하는 것이다. 마치 오늘날 텍스트에 밑줄을 긋거나 서체를 굵게 하거나 기울이는 것과 비슷하다.

(6) 바울이 아홉 가지 은사를 어떻게 분류하는지는 확실하지 않다. 어쩌면 네 집단으로 정리되어 있는 듯하다. 이는 충고(은사 1-2), 기적(은사 3-5), 예언(은사 6-7), 방언(은사 8-9)이다.

(7) 바울은 예언과 방언을 마지막에 언급하려고 남겨둔다(은사 6-9). 아마도 그가 12-14장에서 집중적으로 다루는 두 가지 은사이기 때문일 것이다. 방언을 마지막에 둔 것은 그 은사가 가장 덜 중요하기 때문이 아니라 일부 고린도 교인들이 방언 말하기가 다른 은사들보다 더 중요하다고 주장하면서 분열을 일으키고 있기 때문일 것이다.

(8) 바울은 각 은사를 자세히 정의하지 않기 때문에(이는 바울의 취지가 아니다. 아홉 가지 은사를 언급하는 것은 성령이 '다양한' 은사들을 나누어주신다는 점을 강조하기 위함이다) 우리는 일부에 대해 추측만 할 수 있을 뿐이다.

(은사 1-2) "지혜의 말씀"과 "지식의 말씀"을 구별하기는 어렵다. 아울러 이런 은사들이 비범한지 아니면 비교적 흔한지 여부도 불분명하다.[229] 이 두 은사들이 비범하다면 분명히 예언과 겹치게 된다(참고. 14:1-40의 보충 설명). 이로 보건대, 두 은사들은 비범한 것이 아니고 특정한 상

229 어떤 이들은 '초자연적' 범주와 '자연적' 범주라는 이름표를 붙인다. 어느 의미에서는, 모든 영적 은사들은 하나님께서 주시고 거기에 능력을 부여하시기 때문에 초자연적이다. 그러나 또 다른 의미에서는, 일부 은사들은 비범한('초자연적인') 반면에 다른 은사들은 하나님께서 사람들에게 주시고 그들로 개발할 능력을 부여하신('자연적인') 기술을 사용한다.

황에서 지혜롭고 식견 있는 충고를 주는 능력을 포함하는 듯하다.[230]

(은사 3) "믿음"의 은사는 구원에 이르는 믿음이 아니라 일부 신자들만 갖고 있는 그런 믿음, 즉 비범한 믿음, 13:2에 나오는 산을 옮길 만한 믿음을 가리킨다. 그런 믿음은 특정한 상황에 하나님께서 성경에서 명시적으로 약속하시지 않은 무언가에 대해 하나님을 신뢰하는 기적적인 능력인 것 같다.[231]

(은사 4) "병 고치는 은사"는 병들거나 상처받은 사람들이 건강을 되찾도록 돕는 일이다. 이는 앞의 은사, 곧 비범한 믿음을 포함하는 듯하다. '병 고침의 은사들'은 좀 더 양식에 기초한 번역으로서, 성령이 이 은사를 다양한 병 고침을 위해 그리고 특정한 상황에서 나누어주신다는 것을 시사한다. 달리 말하면 이것은 한 사람이 언제든지 또는 본인이 원하는 아무때나 그 어떤 병에 걸린 누구나 치유할 수 있는, '치료자'로서의 영구적 은사가 아니다. 오히려 이는 성령이 특정한 상황에서 주권적으로 주시는 특별한 은사다.

(은사 5) "기적을 행하는 능력"(새번역)은 앞의 두 은사는 물론 축귀와 같은 다른 종류의 기적도 포함하는 더욱 일반적인 용어다. "기적은 (a) 하나님께서 역사 가운데 행동하셨음을 보여줄 목적으로 (b) 평범한 자연의 흐름에 (c) 한시적인 (d) 예외에 해당하는 (e) 하나님의 능력이 일으킨 사건이다."[232]

(은사 6-7) "예언"에 관해서는 14:1-40에 대한 보충 설명을 참고하라. "영들 분별함"은 아마 예언을 지혜롭게 평가하는 능력을 말할 것이

12장

230 Grudem, *Gift of Prophecy*, 293-302.

231 참고. Carson, *Showing the Spirit*, 38-39.

232 Richard L. Purtill, "Defining Miracles," in *In Defense of Miracles: A Comprehensive Case for God's Action in History*, ed. R. Douglas Geivett and Gary R. Havermas (Downers Grove, IL: IVP Academic, 1997), 72. 참고. C. S. Lewis, *Miracles: A Preliminary Study* (New York: Macmillan, 1947); Craig S. Keener, *Miracles: The Credibility of the New Testament Accounts*, 2 vols. (Grand Rapids, MI: Baker Academic, 2011); Lee Strobel, *The Case for Miracles: A Journalist Investigates Evidence for the Supernatural* (Grand Rapids, MI: Zondervan, 2018).

다(참고. 14:29 주석).[233] 은사 6-7은 은사 8-9와 병행하는 듯하다. 먼저 두드러진 은사를 거명하고, 이어서 첫째 것이 덕을 세우는 데 필요한 은사를 언급한다. 하나님께서 예언을 평가할 능력을 주시는 사람들은 무엇이 하나님으로부터 왔는지 그리고 무엇이 그렇지 않은지(특히 마귀적인 것)를 분별할 수 있다. "요한일서 4:1-6만 놓고 본다면, 이 은사의 결과는 이따금 심오한 교리적 분별의 산물일 수 있다."[234]

(은사 8-9) "방언"에 관해서는 고린도전서 14:1-40에 대한 보충 설명을 참고하라(295-297쪽).

12:11 성령이 "그의 뜻대로", 즉 '성령이 좋다고 생각하는 대로'[235] 신자 개개인에게 영적 은사를 나누어주신다. 그분이 주권적으로 각 신자에게 특정한 은사로 능력을 줄지를 결정하신다(참고. 18, 24, 28절). 그러므로 성령이 어느 개인이나 교회 전체에 나누어주신 은사에 불만을 품는 것은 죄다.

12:12 바울이 26절까지 이어지는 비유로 11절을 설명한다(참고. 롬 12:4-5; 엡 4:11-16). 물리적인 몸은 단 하나의 몸(통일성)인데 많은 지체들 또는 부위들(다양성)을 갖고 있다. "그리스도도 그러하니라." 즉 "그리스도의 몸"(NLT)인 교회(참고. 고전 12:27)도 그와 같다는 뜻이다.[236] 그리스도는 스스로를 교회와 동일시하기 때문에 교회를 박해하는 것은 곧 그리스도를 박해하는 것이다(행 9:4).

지역 교회(바울이 편지를 쓰고 있는 고린도 교회와 같은)는 단 하나의 몸인데 많

233 Fee, *First Epistle to the Corinthians*, 660-661.

234 Carson, *Showing the Spirit*, 40.

235 Fee, *First Epistle to the Corinthians*, 664.

236 이는 일종의 환유다. 한 단어나 사물을 또 다른 것으로 대체하는 것(보통은 유사한 정신적 연상 때문에)이다. 바울은 앞에서 "잔"(11:26)을 언급할 때 이 수사법을 쓴 적이 있다. 그때 "잔"은 우묵한 모양의 작은 '용기'가 아니라 잔 '안'에 있는 액체를 가리킨다.

은 지체들 또는 부분들을 갖고 있다. 말하자면 성령이 교회 내의 다양한 개개인에게 다양한 영적 은사를 나누어주신 것이다.[237]

12:13 고린도에 있는 교회의 많은 지체들이 한 몸(12절)인 것은 "한" 성령 안에서 그들이 '모두' 세례를 받아 "한" 몸이 되었고 또 "다 한" 성령을 마시게 되었기 때문이다.

"유대인이나 헬라인이나 종이나 자유인이나"는 "우리가"가 가리키는 바를 명시한다. 고린도에 있는 교회는 온갖 사람들로 구성되어 있으나 그들은 성령 세례를 공유한다.

이것은 성령 세례에 관한 핵심 본문이다. 신약은 성령 세례를 11번 언급한다. 세례 요한은 장차 성령 세례가 일어날 것을 예고한다(마 3:11; 막 1:8; 눅 3:16; 요 1:33). 예수님은 그것이 일어날 것을 보장하신다(행 1:5, 참고. 눅 11:13; 24:49; 요 7:37-39; 14:1-17:26). 베드로는 그것이 일어났다고 인정한다(행 11:16). 그리고 바울은 성령 세례의 신학적 의미를 설명한다(롬 6:1-4; 고전 12:13; 갈 3:27; 엡 4:5; 골 2:12).[238] 성령 세례는 하나님께서 그리스도인을 중생시켜 그들을 그리스도의 몸에 연합시키실 때, 그리스도께서 사법적으로 그들을 성령 안에 두시는 것이다.[239] 바울은 여기서 '모든' 그리스도인이 다

237 Carson, *Showing the Spirit*, 49. "'너희'와 '그리스도의 몸'은 '교회'에 상당하는 것들이고 이 문맥에서는 '고린도' 교회를 가리킨다. 신약의 특징 중 하나는 각 지역 교회가 전체 교회의 일부가 아니라 한 마디로 고유한 교회(the church)라는 것이다. 어느 특정한 장소에 있는 교회의 노출부 내지는 견본이다. 몸에 관한 바울의 표현도 마찬가지다. 바울의 말은 각 회중이 그리스도의 몸의 한 부분이나 그리스도의 한 몸이라는 뜻이 아니다. 각 회중, 각 교회는 그리스도의 고유한 몸이다. 각 지역 교회는, 필자가 이렇게 표현해도 좋다면, 교회의 구현체다. 어느 장소에 있는 하나님의 백성은 하나님의 백성의 일부가 아니라 그 자체로 하나님의 백성, 곧 교회다."

238 학자들은 바울이 성령 세례나 물 세례 중 어느 것을 가리키는지를 놓고 논쟁한다.

239 학자들은 그리스도께서 성령 세례를 성령의 '영역 안에서' 수행하시는지, 아니면 성령의 '작용에 의해' 수행하시는지에 대해 논쟁한다. 헬라어 전치사 엔(*en*)은 이 두 가지 해석을 모두 허용한다. 이 전치사는 영역(in)이나 인격적 작용(by) 중 어느 것이든 전달할 수 있기 때문이다. 인격적 작용이 양호한 정통적 견해지만 문법적 및 신학적 이유로는 영역이 더 타당한 견해인 듯하다. (1) '문법적으로', 성령 세례에 대한 처음 네 번의 언급 모두 그리스도가 성령 안에서(엔) 세례를 주시는 분이라 진술하고, 이는 세례 요한이 물 안에서(엔) 세례를 주는 것과 병행한다(마 3:11; 막 1:8; 눅 3:16; 요 1:33). 마치 요한이 세례를 주는 자였고 물이 그가 그 안에서 사람들에게 세례를 주는 요소였던 것처럼, 그리스도는 세례를 주시는 자이고 성령은 그리스도가 그 안에서 신자들에게 세례를 주는 요

성령 세례를 받았다고 가르친다. 모든 그리스도인은 '한 세례'를 공유한다(엡 4:5). 신약은 결코 그리스도인에게 성령 세례를 '추구하라'거나 '받으라'고 명령하거나 권면하지 않는다. 그들은 이미 성령 세례를 받은 상태이기 때문이다.[240]

12:14 바울은 12절에 나온 비유를 반복함으로써 13절을 설명한다. 물리적 몸은 단지 한 부위만 있지 않고 여러 부위가 있다. 그리스도의 몸도 마찬가지다(12, 27절).

12:15-17 14절을 코믹하게 예증하기 위해[241] 바울은 마치 발과 귀가 스스로 생각할 수 있는 것처럼 이 둘을 의인화한다. 발이 "나는 손이 아니고 발이라서 몸의 일부가 아니다"라고 말하는 것은 우스운 일이다. 귀가 "나는 눈이 아니고 귀라서 몸의 일부가 아니다"라고 말하는 것도 우스운 일이다. 발이나 귀가 그런 말을 할 수 있을지라도 그것은 여전히 몸의 일부다. 만일 몸이 단지 두리번거리는 눈알일 뿐이라면, 들을 수 없다. 만일 몸이 단지 귀에 불과하다면, 냄새를 맡을 수 없다. 몸의 각 부위는 서로 의존한다.

소 내지는 영역이다. 사도행전 1:5과 11:16도 이와 똑같은 병행 관계를 유지한다. 바울이 성령 세례와 관련하여 엔이라는 전치사를 사용하는 유일한 텍스트는 고린도전서 12:13이다. "우리가 다 한 성령으로[엔] 세례를 받아 한 몸이 되었고[에이스(*eis*)]." (2) '신학적으로', 그리스도는 세례를 베푸시는 분이다. 베드로가 사도행전 2:33에서 그리스도가 "너희가 보고 듣는 이것[성령]을 부어 주셨느니라"고 선언하기 때문이다. 그리스도는 오순절 때에 성령을 보내셨고, 그리스도가 신자들에게 세례를 주시는 분이다.

240 소수의 개혁파 석의학자가 성령 세례는 두 유형이 있다고 주장한다. 위에서 묘사한 유형과 그리스도인이 신앙생활을 하다가 나중에 경험할 수 있는 또 하나의 유형이다. 예컨대, David Martyn Lloyd-Jones, *Great Doctrines of the Bible, vol. 2, God the Holy Spirit* (Wheaton, IL: Crossway, 1997), 234-240을 보라. 이슈는 사도행전에 나오는 내러티브들, 즉 이미 회심한 사람들이 나중에 성령 세례를 경험하는 경우들을 어떻게 해석하는지에 달려 있다. 그런 내러티브들에서는 사도행전이 구속사의 독특한 과도기에 일어나는 일을 묘사한다고 필자는 생각한다. 참고. Gordon D. Fee and Douglas Stuart, *How to Read the Bible for All Its Worth*, 4th ed. (Grand Rapids, MI: Zondervan, 2014), 124. "성경이 명시적으로 우리에게 어떤 것을 행해야 한다고 말하지 않는 한, 서술되거나 묘사되기만 한 것은 규범적인(의무적인) 방식으로 작동하지 않는다. 즉, 다른 근거로 저자가 이런 식으로 작동하길 원한다는 것이 입증될 수 없는 한 그렇다."

241 이와 연관된 코믹한 비유는 다음 책을 참고하라. Mark Dever, *What Is a Healthy Church?*, 9Marks (Wheaton, IL: Crossway, 2007), 9-11.

바울의 요점은 '몸이 건강하고 최적으로 움직이려면 각 부위가 중요하다'는 것이다.

12:18 15-17절에 나오는 코믹한 예화와 대조적으로, 하나님은 사실상 물리적 몸을 단 하나의 부위로 설계하지 않으셨다. 대신 몸 안의 각 부위를 자신이 원하는 대로 노련하게 설계해서 배열하셨다. 따라서 피조물인 우리는 어느 특정한 부위가 중요한지 여부에 대해 의문을 제기할 권리가 없다. 창조주 하나님께서 각 부위가 전체의 일부로 움직이도록 설계하셨기 때문이다.

12장

12:19-20 만일 몸이 눈이나 귀 같은 단일한 지체로 구성되어 있다면 제대로 움직일 수 없는 법이다. 단일한 몸이 많은 부위를 갖고 있다. 모든 부위가 다 중요하다.

12:21 이 점(20절)을 예증하기 위해 바울은 단일한 부위가(눈이나 머리 같은) 다른 부위에게(손이나 발 같은) "너는 내게 쓸 데가 없다!"고 말하는 것이 얼마나 터무니없는지를 보여준다. 몸의 다양한 부위는 모두 온 몸을 위해 함께 일한다.

12:22-24a 이 구절들은 21절과 대비되고 20절의 예화에 해당한다. "더 약하[고]" "덜 귀히 여기[며]" "아름답지 못한" 몸의 부위들은 아마 성적 기관들일 것이다. 비록 우리가 사적인 부위를 남에게 과시하지는 않지만 그것들은 '필수불가결'하다. 우리는 그것들을 '더욱 섬세하게' 대함으로써 '더욱 영예롭게' 대우한다.

12:24b-25 22-23절에 나오는 양극화 현상과 대조적으로, 창조주 하나님은 구체적인 목적을 갖고 물리적 몸을 디자인하셨다. "부족한 지체에게 귀중함을 더하[는]" 것이다. 무슨 목적을 위해서인가? (1) 소극적으로는

'몸 안에 분열이 없게' 하려는 것이다. (2) 적극적으로는 다양한 부위들이 '서로를 똑같이 돌보게' 하려는 것이다.

12:26 이 구절은 25b절에 나오는 적극적인 목적을 예증한다.

(1) 몸의 한 부위가 "고통을 받[을]" 때는 온 몸이 고통을 받는다. 팔이 부러지거나 이가 아프거나 발목이 삐거나 등뼈에 통증이 있거나 머리가 아프면, 그 상처는 온 몸에 영향을 미친다. 어느 외딴 부위에만 영향을 미치지 않는다.

(2) 몸의 한 부위가 "영광을 얻[을]" 때는 그 외딴 부위만이 아니라 온 몸이 즐거워한다. 누군가의 목소리, 이두박근 또는 두뇌로 인해 그 사람을 영예롭게 하면, 그들의 칭송은 그 외딴 부위만이 아니라 전인(全人)을 영예롭게 한다.

12:27 12-26절에 나오는 물리적 몸에 관한 바울의 은유가 진행되어 이 지점에 이르렀다. 처음으로 그는 지금까지의 비유가 무엇을 보여주는지를 명시적으로 밝힌다. 고린도에 있는 교회가 "그리스도의 몸"이라는 것이다. 따라서 각 교인은 스스로를 단일한 몸(통일성)에 속한 많은 귀중한 지체들(다양성) 중 하나로 생각해야 한다. 이것이 함축하는 의미에 관해서는 12:1-14:40의 '응답 1'을 보라.

12:28 다음으로 사도는 예를 들면서 27절을 설명한다. 하나님께서 주권적으로 교회 내의 개개인을 서로 다른 영적 은사들과 함께 임명하셨다. 바울은 여덟 가지 예를 열거한다. 이 목록의 네 가지 측면은 주목할 만하다.

(1) 이곳과 8-10절에 모두 나오는 은사는 셋뿐이다. 기적과 병 고침과 다양한 종류의 방언이다.

(2) 바울은 여기서 "예언"(10절) 대신 "선지자"라고 말한다. 어쩌면 모든 선지자가 예언하지만 예언하는 사람이 모두 선지자는 아니라는 뜻일지 모른다. 달리 말하면, 하나님은 이따금 특정한 경우에 어느 그리스도인에게

예언의 사역을 주실 수 있으나, "선지자"는 하나님께서 더욱 정기적으로 그렇게 섬길 능력을 주시는 사람들을 일컫는다.

(3) 바울은 처음 세 은사에 번호를 매긴다. 이들은 특정한 사역들을 구현하는 사람들이다. "첫째는 사도요 둘째는 선지자요 셋째는 교사요." 은사들에 중요도의 순서로 등급을 매기는 것은 바울이 12장에서 주장하는 바와 상충되므로 이 번호는 시간순일 가능성이 더 높다. 하나님께서 맨 처음 사도들을 임명하셨고, 훗날 오순절 때에 선지자들을 임명하셨으며, 이후에 교사들을 임명하셨다는 것이다.[242]

(4) 다음 네 가지 은사는 8-10절에 전혀 나오지 않는다.

(a) "사도"는 열두 제자(즉, 예수님이 지상 사역을 하는 동안 선택하신 무리로 사도행전 1:26에서 맛디아가 가룟 유다를 대체했다)와 바울을 가리킨다. 그리스도는 구체적으로 이 남자들을 사도로 불러 파송하셨고(마 10:1-15; 행 1:24-26; 롬 1:1; 갈 1:1), 이들은 부활하신 예수님을 목격했다(행 1:22; 고전 9:1; 15:7-9). 예수님은 사도들을 통해 교회에 명령을 주셨다(벧후 3:2).[243]

(b) "교사"는 성경을 명료하게 설명하고 적용한다. 그리스도는 교회에 "목자와 교사"(엡 4:11)를 주신다. 모든 목사는 교사지만 모든 교사가 목사는 아니다.[244]

(c) "서로 돕는 것"은 대체로 '유익한 행실'[245]을 지칭한다. 남자 집사나 여자 집사로 섬기는 사람이 이 은사를 활용한다(그러나 그런 직분을 가진 사람들에게만 국한되지는 않는다).

(d) "다스리는 것" 또는 '인도하는 은사'(NIV) 또는 '지도하는 은

242 Carson, *Showing the Spirit*, 90-91. 그루뎀은 바울이 교회를 가장 많이 세워주는 것에 따라 은사에 등급을 매긴다고 주장한다(*Gift of Prophecy*, 52-53).

243 참고. Grudem, *Gift of Prophecy*, 229-235.

244 Daniel B. Wallace, *Greek Grammar Beyond the Basics: An Exegetical Syntax of the New Testament* (Grand Rapids, MI: Zondervan, 1996), 284.

245 BDAG, s.v. ἀντίλημψις.

사'(NET, NLT)는 '그리스도의 몸인 교회를 통솔하는 다양한 지위들'[246]을 말한다. 목사-장로-감독으로 섬기는 사람이 이 은사를 활용한다(그러나 그런 직분을 가진 사람들에게만 국한되지는 않는다).

12:29-30 이제 바울은 27절을 부정적으로 예증한다. 바울의 일곱 질문은 하나같이 부정적 답변을 기대한다. 그리스도의 몸에 속한 각 지체가 모두 사도나 선지자나 교사는 아니다. 그리스도의 몸에 속한 각 지체가 모두 기적을 행하거나 병 고침의 은사를 갖고 있거나 방언을 말하거나 통역하지는 않는다. 모든 그리스도인이 어떠한 은사를 받지만, 어느 그리스도인도 그 모든 은사를 다 받지는 못한다. 그러므로 모든 신자는 건강한 방식으로 움직이기 위해 서로를 필요로 한다.

12:31 이 구절은 13-14장으로 이어진다. 바울이 12장에서 이제껏 쓴 내용은, 고린도 교인들로 하여금 이후의 내용을 읽을 수 있도록 준비시킨다. 바울은 14장에서 특정한 문제를 직접 다룬다. 일부 고린도 교인들이 예언의 은사보다 방언의 은사를 더 사모하는 문제다. 예언은 바울이 다음과 같이 명령할 때 염두에 두고 있는 은사다. "더욱 큰 은사를 열심히 사모하라."[247] 이는 교회가 다함께 모일 때 교회를 가장 잘 세워주는 '더 높은 은사들'(ESV) 또는 "더욱 큰 은사"(NASB, NIV, CSB, NET, 개정개역)를 지칭한다. 이를 풀어서 쓰면 다음과 같다. "너희가 방언의 은사를 열심히 사모하고 있다. 그러나 너희는 그 대신에 덕을 더 많이 세우는 은사들, 곧 예언과 같은 은사들을 열심히 사모해야 한다." 그러나 바울은 그 문제를 직접 다루기 전에 고린도 교인들에게 "가장 좋은 길", 다시 말해 사랑의 길(13장)을 보여준다.

246 BDAG, s.v. κυβέρνησις.

13:1-13 개요

바울은 고린도 교인들에게 가장 좋은 길(12:31b)을 보여준다. "사랑"은 헬라어 단어 아가페(*agapē*)를 번역한 것으로 '다른 사람에 대한 따스한 존중과 관심, 존경, 애정, 존중, 사랑의 자질'[248]이다. 바울은 사랑이 없는 최상급들이 아무것도 아님을 보여주는 세 가지 예로 시작한다(1-3절). 이후 이 필수적인 사랑을 묘사하고(4-8a절) 그것을 다른 은사들에 비유한다(8b-13절). 사랑은 영적 은사가 아니다. 사랑은 영적 은사를 사용하는 데 꼭 필요하고, 영적 은사들보다 더 중요하다.

13장을 문학적 맥락 내에서 이해하는 것이 중요하다. 이 대목은 가장 잘 알려진 바울의 글 중 하나이고 특히 4-7절이 그렇다("사랑은 오래 참고 사랑은 온유하며…"). 누군가 13장에 나오는 바울의 글 중 일부만 고찰한다면, 그는 이 대목이 일차적으로 결혼, 즉 잘 유지되려면 사랑이 필요한 친밀한 관계에 적용된다고 생각할 법하다. 너무도 많은 사람이 혼인 예식에서 이 대목을 낭독했기 때문에, 많은 이들이 이 대목을 남편과 아내 간의 사랑을 가리키는 것으로 생각한다. 이 대목은 결혼관계에 간접적으로 적용되기는 하지만 가장 직접적으로는 12-14장의 쟁점에 적용된다. 고린도 교인들이 처음 이 말을 들었을 때는 하나같이 '아, 얼마나 달콤한 말인가. 얼마나 아름답고 영감 어린 말인가!'하고 생각하지 않았을 것이다. 그들은 바울의 말을 언어적 회초리('아야!')로 받았을 것이다. 회개하는 사람은 이렇게 기도했을 법하다. "하나님, 우리가 그토록 무정했던 것을 용서해주소서. 우리

247 "열심히 사모하라"는 젤로오(*zēloō*)를 번역한 것으로 책망이나 명령을 가리킬 수 있다. (1) 책망: "너희가 열심히 사모하고 있다"(직설법), (2) 명령: "열심히 사모하라"(명령법). 현대판 영어 번역본 중에는 단 하나만 첫째 견해를 따르고 있는 것으로 알고 있다. "너희는 '단지' 더 나은 은사만 원하고 있다"(GW). 거의 모든 현대판 영어 번역본은 이를 명령으로 번역하는데 그럴 만한 이유들이 있다. (1) 바울이 똑같은 헬라어 단어를 14:1과 14:39에서 다시 사용하는데, 거기서는 그것이 명백히 하나의 명령이다("신령한 것[은사]들을 사모하[라]")와 "예언하기를 사모하[라]"). (2) 14:1의 문학적 맥락에서 바울이 12:31에서 쓴 내용을 재개한다. (3) 만일 바울이 고린도 교인들이 더욱 큰 은사를 사모한다(12:31a)는 이유로 그들을 책망하고 있다면, 그 다음 절("내가 또한 가장 좋은 길을 너희에게 보이리라," 12:31b)이 첫째 절과 배치되는 셈이다. 그런데 바울은 이 두 절을 '그러나'가 아니라 "그리고"[카이(*kai*)]로 연결시킨다.

248 BDAG, s.v. ἀγάπη.

가 행하는 방식들은 보기 싫지만 사랑의 길은 참으로 아름답습니다.”

고린도 교인들은 방언의 은사를 다른 은사들보다 더 중요한 것으로 오해하는 바람에 그 은사를 남용하고 있었다. 그들은 방언의 은사를 남에게 덕을 세우는 데 사용하지 않았다. 그래서 바울은 12장에서, ‘그리스도의 한 몸의 다양한 지체들은 모두 중요하고, 따라서 방언 같은 특정한 은사를 다른 은사들보다 더 중요하다고 높이는 것은 어리석다’고 주장한다. 또한 14장에서는 ‘예언이 온 교회에 덕을 세우기 때문에 방언보다 더 큰 은사다’라고 주장한다. 더 높은 은사들이 온 교회에 덕을 세우는 이유는, 그것들을 이해할 수 있기 때문이다 더 높은 은사들이 온 교회에 덕을 세우는 이유는 그것들을 이해할 수 있기 때문이다. 12장과 14장의 중간인 13장에서는 성령이 누군가에게 무슨 은사를 사용하도록 능력을 주시든지, 간에 사랑 안에서 사용하지 않는 한 그 은사가 그에게 유익을 주지 못한다고 주장한다. 성령이 한 사람에게 방언을 말하거나 예언을 하거나 가르치거나 그 어떤 은사를 사용할 능력을 주시더라도, 사랑은 영적 은사를 사용하는 데 필수불가결하다. 이것이 이 장들 사이에 있는 이음매를 설명해준다.

- 내가 또한 “가장 좋은 길”을 너희에게 보이리라 내가 사람의 방언과 천사의 말을 할지라도 “사랑이 없으면”…(12:31b-13:1a).
- 그중의 제일은 “사랑”이라 “사랑을 추구하며” 신령한 것들을 사모하되 특별히 예언을 하려고 하라(13:13b-14:1).

우리가 고린도전서를 읽을 때 12장과 13장 사이에서 또는 13장과 14장 사이에서 멈추면 안 된다. 12-14장은 단일한 문학적 단위다.

13:1-3 개요

바울은 최상급으로 시작하는 세 가지 방정식을 진술함으로써 사랑이 그리스도를 따르는 자에게 필수적임을 예증한다.

- 1절. 가장 인상적인 말 – 사랑 = 무의미함
- 2절. 가장 인상적인 은사 – 사랑 = 무의미함
- 3절. 가장 인상적인 개인적 희생 – 사랑 = 무의미함

13:1 "사람의 방언과 천사의 말"은, 아마 방언을 포함해 온갖 언어 표현에서 심미적으로 즐거운 인상적인 말을 가리키는 시적인 방식일 것이다.[249] 심미적으로 즐거운 소리의 정반대는 누군가가 반복해서, 혼란스럽게, 크게 꽹과리를 울리는 것을 상상하면 된다.[250] 이것이 바로 사랑 없는 가장 인상적인 화자의 모습이다.

13:2 "예언하는 능력"은 예언의 은사를 지칭한다. "모든 비밀과 모든 지식"을 이해하는 것은 하나님처럼 전지하게 되는 것이다. "모든 믿음"이 있다는 것은 가능한 가장 놀랄 만한 정도를 가리킨다.[251] 그러나 우리가 이런 가장 인상적인 은사를 모두 갖고 있을지라도 사랑이 없으면, 우리는 아무

249 Jay E. Smith, "1 Corinthians," in *The Bible Knowledge Word Study: Acts-Ephesians*, ed. Darrell L. Bock, BKnS (Colorado Springs: Victor, 2006), 294. "방언이 12:28, 30; 13:8에 언급되고 또 14장에 14번 나온다는 사실을 감안하면, 이 표현이 아마 초자연적인 방언의 은사를 가리킬 것이다. 하지만 바울이나 고린도 교인들이 (또는 둘 다) 방언의 은사를 천사의 말로 생각했는지 아주 분명하지는 않다…천사의 언어를 언급하는 유대교의 여러 병행 어구들을 보면 이는 확실히 가능하다 (*Ascension of Isaiah* 7:13-37; *b Bava Batra 134a; b Bava Batra* 28a, esp. *Testament of Job* 48-50. 여기서는 욥의 딸들 중 하나가 '천사의 방언으로 황홀하게 말했다'…)." 주전 2세기부터 이탈리아 르네상스까지 천사의 언어에 대한 언급을 총망라한 연구로는 다음 책을 추천한다. John C. Poirier, *The Tongues of Angels: The Concept of Angelic Languages in Classical Jewish and Christian Texts*, WUNT 2.287 (Tübingen: Mohr Siebeck, 2010).

250 "소리 나는 구리"는 악기가 아니라 그리스 극장이 배우의 말을 투사하기 위해 사용하던 큰 청동 항아리를 가리킬 수 있다(참고. Schnabel, *Erster Korintherbrief*, 760-761). 만일 그렇다면, 바울은 이렇게 주장하고 있는 셈이다. "사랑이 없이 방언을 말하는 것은 분명히 하나의 소리다. 그러나 그것은 단순한 메아리, 반향, 생명 없는 우묵한 그릇에서 나오는 텅 빈 소리에 불과하다"[William W. Klein, "Noisy Gong or Acoustic Vase? A Note on 1 Corinthians 13.1," *NTS* 32 (1986): 288]. 그러나 병행 어구("소리 나는 구리와 울리는 꽹과리")를 감안하면 첫째 품목 또한 악기일 가능성이 높다. 그래서 대표적인 영어 번역본은 하나같이 첫째 품목을 "징"(gong)이나 "금관 악기"(brass)로 번역한다.

251 아마도 바울은 예수님이 마태복음 17:20(참고. 마 21:21, 막 11:23)에서 묘사하시는 산을 옮길 만한 믿음을 암시하지는 않을 것이다. 바울이 과장되게 언급하는 산을 옮길 만한 믿음은 엄청난 규모인 데 반해, 예수님이 언급하시는 산을 옮길 만한 믿음은 "겨자씨 한 알"과 같기 때문이다.

것도 아니다.

13:3 두 번째 어구는 다음 두 가지로 번역할 수 있다.

(1) '내가 내 몸을 불타도록 넘겨줄지라도'(ESV, 참고. KJV, NKJV, NASB, RSV)

(2) '내가 자랑하려고 내 몸을 넘겨줄지라도'(ESV 각주, 참고. NIV, NET, CSB, NRSV, NLT)

이처럼 번역이 다른 이유는 중요한 문서비평적 문제 때문인데, 텍스트를 카우테소마이(*καυθήσομαι, kauthēsomai*)로 읽느냐, 아니면 카우케소마이(*καυχήσωμαι, kauchēsōmai*)로 읽느냐에 달려 있다. 단 두 개의 헬라어 철자 때문에 이 두 개의 견해로 달라진다. 첫째 입장은 우리에게 의미가 더 잘 통하는 듯하고 상당수의 사본에 나타난다. 그러나 내부 증거와 외부 증거는 둘째 입장(참고. ESV 각주)을 더 지지한다.

안타깝게도 몸이 불타는 순교는 신약 교회의 초기 수백 년 동안 흔한 편이었다. 그러나 바울이 고린도전서를 쓸 무렵에는 전혀 흔하지 않았다. 그러면 "내가 내게 있는 모든 것으로 구제하고 또 '내가 자랑하려고' 내 몸을 넘겨줄지라도 사랑이 없으면 내게 아무 유익이 없느니라"는 무슨 뜻인가? 바울은 병행하는 두 행위를 명시한다. (1) "내 모든 소유를 나누어[주는]"(새번역)것과 (2) 자기 몸을 내어주는 것이다. 바울 시대에 자기 몸을 내어주는 한 가지 방법은, 다른 사람들을 부양하기 위해 또는 어느 죄수와 자리를 맞바꾸기 위해 자신을 노예로 파는 것이었다. 바울의 요점은, 비록 우리의 약함을 자랑하기 위해 가장 이타적인 행위를 할지라도, 사랑 없이 그렇게 한다면 우리에게 전혀 유익이 없다는 것이다.

13:4-8a 바울은 1-3절에서 "사랑이 없으면"을 세 번이나 쓴다. 사랑은 우리가 구입할 수 있는 대상이 아니다. 사랑을 '품는' 것은 사랑하는 방식으로 행동하는 것이고, 바울은 이를 16개의 행위 동사로 사랑을 의인화해서 묘사한다. 그 가운데 7개는 긍정적인 것(묘사 1-2, 11-15)이고 9개는 부정

적인 것(묘사 3-10, 16)이다.[252]

묘사 1-2(4a절)는 사랑이 죄 많은 사람들에게 어떻게 반응하는지를 수동적으로 또 능동적으로 설명한다.

(1) 사랑은 '오래 참는다.' 즉, 참을성이 있고 인내심이 강하다. 사랑은 보복하지 않는다(참고. 롬 12:14, 17-19)

(2) 사랑은 '친절하다'(개역개정은 "온유하며"). 즉, 자비롭고 연민이 많다. 사랑은 선으로 악을 이긴다(참고. 롬 12:20-21).

묘사 3-9(4b-5절)는 사랑이 어떻게 행동하지 않는지를 설명한다. 우리는 그런 행동을 하면서 사랑한다고 주장할 수 없다.

(3) 사랑은 '시기하지 않는다'. 탐욕은 다른 사람이 가진 것을 원하고, 시기는 다른 사람이 그것을 갖고 있다고 화를 낸다.[253] 고린도 교인들 사이에 "시기와 분쟁"이 있는데(3:3), 사랑은 '즐거워하는 자들과 함께 즐거워하고 우는 자들과 함께 운다'(참고. 롬 12:15).

(4) 사랑은 '자랑하지 않는다'. 이 단어의 원어는 "본인에 대한 칭송을 쌓아올리는 것, '허풍선이, 공기주머니'로 행동하는 것"[254]을 의미한다.

(5) 사랑은 '교만하지 않다'. 이 단어의 원어는 '과대한 자아 개념을 품게 하는 것, 우쭐대게 하는 것, 자만하게 하는 것'[255]을 의미한다. 이 단어는 일부 고린도 교인을 묘사한다(참고. 고전 4:6, 18, 19; 5:2). 사랑은 낮은 자들과 어울리고 스스로 지혜 있는 체하지 않는다(참고. 롬 12:16).

(6) 사랑은 '무례히 행하거나' 추잡하지 않다. 사랑은 존경심을 보이는 면에서 남을 능가한다(참고. 롬 12:10).

13장

252 영어 번역문이 16개의 동사 중 일부를 형용사로 번역하는 것은 이해할 만하다. 예. 'love forebears' 대신에 "love is patient"로 번역한 것.

253 Joe Rigney, "Envy," in *Killjoys: The Seven Deadly Sins*, ed. Marshall Segal (Minneapolis: Desiring God, 2015), 23.

254 BDAG, s.v. περπερεύομαι.

255 BDAG, s.v. φυσιόω.

(7) 사랑은 '자기의 방식을 고집하지 않는다'(개역개정은 "자기의 유익을 구하지 아니하며"). 사랑은 남의 유익을 구하고(참고. 10:33; 롬 15:3; 빌 2:4, 20-21), 남들과 조화롭게 살아간다(참고. 롬 12:16). 가능한 한 모든 사람과 화목하게 산다(참고. 롬 12:18).

(8) 사랑은 '성내지 않는다.' 사소한 일로 인해 분노를 분출하지 않는다.

(9) 사랑은 분개하지 않는다. 헬라어로는 '악한 것을 생각하지 않는다'는 뜻이다. 사랑은 남에게 원수를 갚으려고 애쓰지 않는다. 이는 이 목록의 첫째 항목인 '사랑은 오래 참는다'는 말의 소극적 진술이다.

묘사 10-11(6절)은 악과 진리에 대한 사랑의 자세를 설명한다. 사랑은 하나님께서 미워하시는 것을 미워하고 사랑하시는 것을 사랑한다.

(10) 사랑은 '불의를 기뻐하지 않는다'. 사랑은 악한 것을 혐오한다(참고. 롬 12:9).[256]

(11) 사랑은 '진리와 함께 기뻐한다'. 사랑은 선한 것을 꽉 잡는다(참고. 롬 12:9).

묘사 12-15(7절)는 사랑이 모든 상황에서 다른 사람과 어떤 관계를 맺는지를 설명하는 교차대구법이다.[257] 사랑은 결코 멈추지 않고(A + A′) 다른 사람의 최선의 유익을 생각한다(B + B′).

(A) 사랑은 모든 것을 참는다.

(B) 사랑은 모든 것을 믿는다.

256 Craig Blomberg, *1 Corinthians*, NIVAC (Grand Rapids, MI: Zondervan, 1994), 265. "현대인은 온갖 방식으로 '악을 기뻐한다'…이는 성적인 영역을 (포함하는데) 미디어가 특히 기독교 신념에 기반을 둔 긍정적인 혼인 생활과 가족관계의 존재를 묘사하거나 인정하기를 거부하는 데 반해, 사실상 온갖 형태의 동성애 및 이성애의 죄를 바람직한 것으로 묘사하는 현상으로 나타난다."

257 "모든 것"은 판타(*panta*)를 번역한 것이며 여기서는 하나의 부사로, 즉 '언제나', "모든 면에서, 모든 방식으로, 다함께"(BDAG, s.v. πᾶς 1dβ)로 작용하는 듯하다. J. William Johnson, *The Use of Πᾶς in the New Testament*, SBG 11 (New York: Peter Lang, 2004), 157-158. 어떤 이들은 "모든 것을 참으며"와 "모든 것을 믿으며"를 인간이 아니라 하나님과 관련이 있는 것으로 해석하지만, 바울은 적어도 두 가지 이유로 인간과 관련된 것으로 보는 듯하다. (1) 이 목록의 다른 14개 항목이 사랑이 동료 인간들과의 관계에서 어떻게 행동하는지를 명시한다. (2) 이 문맥에서 바울의 요점은, 그리스도인이 교회 모임에서 동료 인간들에게 유익을 주는 (즉, 그리스도인에게 덕을 세우고 비그리스도인을 전도하는) 방식으로 사랑과 함께 영적 은사를 사용해야 한다는 것이다.

(B′) 사랑은 모든 것을 바란다.

(A′)사랑은 모든 것을 견딘다.

(12) 사랑은 '모든 것을 참는다'. 사랑은 복음을 위해 무엇이든 인내한다(9:12).

(13) 사랑은 '모든 것을 믿는다'. 사랑은 순진하게 속기 쉽다는 뜻이 아니다. 오히려 사랑은 냉소적인 죄를 짓기보다 관대하게 다른 사람에 대해 최선의 것을 믿어준다.

(14) 사랑은 '모든 것을 바란다'. 사랑은 다른 사람이 번영하기를 원한다(참고. 고후 1:7; 10:15).

(15) 사랑은 '모든 것을 견딘다'. 사랑은 결코 포기하지 않는다.

마지막 묘사(8a절)는 8b-13절로 이어진다.

(16) 사랑은 '결코 없어지지 않는다'(새번역). 사랑은 영원하다.

사랑의 궁극적 모범은 삼위일체 하나님이다. 다음 말씀이 그 예시다. "소망이 우리를 부끄럽게 하지 아니함은 우리에게 주신 성령으로 말미암아 하나님의 사랑이 우리 마음에 부은 바 됨이니…우리가 아직 죄인 되었을 때에 그리스도께서 우리를 위하여 죽으심으로 하나님께서 우리에 대한 자기의 사랑을 확증하셨느니라"(롬 5:5, 8).

죄인인 인간이 사랑을 완벽하게 구현하는 일은 불가능하다. 특히 교회가 다함께 모일 때 그리스도인이 제각기 자신의 영적 은사를 사용하는 경우에 그렇다. 그러나 복음은 하나님의 거룩한 백성에게 순결함과 연합의 면에서 성숙할 것을 요구한다. 그리스도인은 사랑하는 데 성숙해야 한다는 것이다(참고. 서론의 '신학'). 서로 사랑하는 것이 예수님 제자의 특징이다(요 13:35). 그러하기에 하나님께서 이타적이고 희생적으로 다른 사람을 사랑하시듯 그리스도인 역시 다른 사람을 사랑하는 면에서 성장해야 한다(참고. 요 3:16; 요일 4:8-10, 19).

13:8-13 개요

바울이 다른 은사들과 사랑을 대조하면서 사랑은 결코 없어지지 않기 때문에 우월하다는 것을 보여준다(표14).

현재: 현 시대	훗날: 다가올 시대
현재는 예언과 방언과 지식이 존재하되 장차 사라질 것이다(8b절).	사랑은 결코 없어지지 않는다(8a절).
현재는 우리가 부분적으로 알고 부분적으로만 예언한다(9절).	온전한 것이 올 때는 부분적인 것이 사라질 것이다(10절).
현재는 내가 어린이와 같다. 내가 어린이일 때는 어린이처럼 말하고 생각하고 추론했다(11a절).	그때는 내가 성인과 같게 될 것이다. 내가 성인이 되었을 때는 어린이의 방식을 포기했다(11b절).
현재는 우리가 거울로 본다(12a절).	그때는 우리가 얼굴과 얼굴을 맞대고 보리라(12b절).
현재는 내가 부분적으로 안다(12c절).	그때는 내가 온전히 알게 되리라(12d절).
현재는 믿음과 소망과 사랑이 항상 남아있다(13a절).	그때는 오직 사랑만 남아 있을 것이다(13b절).

표14. 고린도전서 13:8-13에 나오는 대조 사항

표14에 나오는 대조법은 그리스도인의 마음이 이 영원한 사랑을 경험하고픈 갈망으로 한껏 치솟게 한다. 우리가 공감을 불러일으키는 서사적 이야기들, 웅대한 구속 이야기를 반영하는 그런 이야기들에 심취할 때는 그 갈망이 더욱 뜨거워진다.[258]

258 C.S. 루이스의 《나니아 연대기》(시공주니어) 결말을 참고하라. 이 연작 이야기는 아슬란이 "학기가 끝나고 휴가철이 시작되었다. 꿈이 끝났고 지금은 아침이다"라고 설명하는 말로 끝난다. 루이스는 이렇게 글을 잇는다. "그리고 그가 말했을 때 그는 더 이상 그들에게 사자처럼 보이지 않았다. 그러나 이후에 일어나기 시작했던 일들은 너무나 위대하고 아름다워서 그 장면을 내가 도무지 쓸 수 없다. 그리고 우리에게는 이것이 모든 이야기의 결말이고, 우리는 그들이 모두 이후에 영원히 행복하게 살았다고 진심으로 말할 수 있다. 반면에 그들에게는 그것이 진짜 이야기의 시작일 뿐이었다. 이 세계에서의 그들의 모든 삶과 나니아에서의 모든 모험은 단지 표지와 제목 페이지에 불과했다. 이제는마침내 그것들이 이 땅의 누구도 읽어보지 못한 위대한 이야기의 1장의 시작이었다. 그 이야기는 각 장이 앞장보다 더 나은 영원히 이어지는 것이다." C. S. Lewis, *The Last Battle, The Chronicles of Narnia* (New York: HaperCollins, 1956), 228. 참고. "Heaven Is a World of Love": 조나단 에드워즈가 고린도전서 13장에 관해 설교한 15편 중 마지막 설교. Jonathan Edwards, "Charity and Its Fruits," in *Ethical Writings*, ed.

13:8 이 구절은 네 줄로 되어다. 첫째 줄('사랑은 결코 없어지지 않는다')은 다음 셋과 대조를 이룬다. 예언과 방언과 지식은 장차 더 이상 필요하지 않기 때문에 언젠가 끝날 것이다.

방언이라는 영적 은사가 1세기에 중지되었다고 믿는 사람들 중 일부는, 그들의 견해를 '그칠 것이다'로 번역된 동사[파우오(*pauō*)]로 뒷받침한다. 이 헬라어 동사는 중간태로서 '스스로 그치다'라는 뜻이다. 다시 말해 '사라질' 예언과 지식과는 달리, 방언에는 저절로 멈추게 되는 내재적인 그 무엇이 있다는 것이다. 마치 배터리로 움직이는 장치가 그 배터리가 방전되면 작동이 멈추는 것처럼 말이다.[259]

이에 대한 응답은 이렇다. (1) 이 동사는 능동태처럼 작용하지만 중간태 형식을 취하는 것을 선호한다(예. 눅 8:24).[260] (2) 바울은 A-B-A′ 교차대구법 안에서 형식의 변화를 꾀하고 있다(폐하다…그치다…폐하다). (3) 다음 문장(고전 13:9-10)이 '왜냐하면'(개역개정에는 없음)으로 시작하는 것은, 왜 예언과 방언과 지식이 사라질 것인지를 설명하기 때문이다.[261]

13장

13:9-10 이 구절들은 8절을 설명한다. 좀 더 형식에 기초한 번역은 이런 형태를 취할 것이다. "우리가 부분적으로[에크 메루스(*ek merous*)] 알고 부분적으로(에크 메루스) 예언하기 때문에, 온전한 것[토 텔레이온(*to teleion*)]이 올 때는 부분적인 것[토 에크 메루스(*to ek merous*)]이 사라질 것이다." 구원 역사의 이

Paul Ramsey, vol. 8, *The Works of Jonathan Edwards*(New Haven, CT: Yale University Press, 1989), 123-397. 이보다 쉬운 판본도 있다. Jonathan Edwards, *Charity and Its Fruits: Living in the Light of God's Love*, ed. Kyle Strobel (Wheaton, IL: Crossway, 2012), 278-307.

259 예. John MacArthur, *1 Corinthians*, MacNTC (Chicago: Moody, 1984), 359.

260 Caron, *Showing the Spirit*, 66-67.

261 방언이라는 영적 은사가 1세기에 중지되었다고 믿는 사람들 중 일부에 따르면, 방언이 '온전한 것이 오기' 전에 그쳐야 하는 이유는 바울이 13:9-10에서 방언을 언급하지 않기 때문이다. 그러나 바울은 단지 글쓰기 양식에 변화를 주고 있기에 굳이 그 대목 내내 세 가지 항목을 모두 현학적으로 반복할 필요가 없다(예. 13:12b는 지식만 언급한다). 더구나 예언에 적용되는 것은 통역된 방언에도 적용된다(14:5).

시점에 우리는 부분적으로만 알고, 부분적으로만 예언할 따름이다. 그러나 "온전한 것이 올 때는" 그 부분적인 지식이 사라질 것이다.

"온전한 것이 올 때"가 무엇을 언급하는지에 관해 세 가지 견해가 있다.

(1) 성경이 완성될 때: 정경이 종결될 때, 하나님께서 성경 집필을 끝내셨을 때, 우리가 성경에 더 이상의 책을 더하면 안 될 때이다.[262]

(2) 교회가 완전한 성숙에 도달할 때: 주님이 (대환난 전에) 교회를 휴거시키실 때이다(그때 교회는 완성된 성경을 소유한 결과로 정경 이전의 교회보다 이미 더 높은 영적 성숙도에 도달할 것이다).[263]

(3) 예수님이 되돌아오실 때: 예수님의 재림이 조성하는 상황이 도래할 때이다.

견해 (1)과 (2)는 은사 중지론을 지지하는 창의적인 방식들이지만[264] 문맥에 들어맞지 않는다. 바울이 어떻게 완성된 정경을 유념할 수 있었는지는 상상하기 어렵고, 예수님의 재림 이전에 도달할 그 어떤 성숙도라도 "한 마디로 12절의 표현을 하찮게 만들고 만다."[265] 8-13절에 나오는 현재와 훗날 간의 대조점(참고. 표14)은, 우리가 현재 경험하는 바와 우리가 예수님의 재림(종말이 올 때, 15:24)의 결과로 경험할 바를 바울이 대조하는 경우에만 의미가 통한다. 더 나아가, 바울이 이 편지를 시작하는 방식은 영적 은사들이 예수님이 재림하실 때까지 쓰인다고 시사한다. "너희가 모든 은사에 부족함이 없이 우리 주 예수 그리스도의 나타나심을 기다림이라"(1:7,

262 R. Bruce Compton, "1 Corinthians 13:8-13 and the Cessation of Miraculous Gifts," *DBSJ* 9 (2004): 97-144.

263 Thomas, *Understanding Spiritual Gifts*, 77-84 + 236-240, 123-132 + 259-262; Donald G. McDougall, "Cessationism in 1 Cor 13:8-12," *MSJ* 14/2 (2003): 200-213.

264 대다수 은사 중지론자들은 은사 중지론을 지지하기 위해 13:9-10을 이용하지 않는다. 그들은 이 구절들이 예수님의 재림을 가리킨다고 인정하며 다른 방식들로 은사 중지론을 주장한다. 그들은, 예컨대, 방언이 그 성격(사도의 징표)과 목적(새로운 계시를 입증하고 하나님의 나라를 특징짓는 것)에 근거해서 중지되었다고 주장한다. Mark A. Snoeberger, "Tongues- Are They for Today?" *DBSJ* 14 (2009): 3-21.

265 Carson, *Showing the Spirit*, 71.

참고. 13:11-13 주석.)[266]

13:11 이 구절은 9-10절을 예증한다. 성숙도의 면에서 어린이가 말하고 생각하고 추론하는 방식과 성인이 그렇게 하는 방식 사이에는 큰 차이가 있다. 이는 현재 우리 가지는 부분적 지식과 훗날 가질 온전한 지식 간의 차이다. 다음이 그 유비다.

어린이 : 성인 :: 현재의 지식 : 훗날의 지식

13:12 바울은 민수기 12:6-8을 언급하는데, 그 대목은 하나님께서 자신을 선지자들에게 더 간접적으로 계시하신 방식과 모세에게 더 직접적으로 계시하신 방식을 대조한다(참고. 신 34:10).

첫째 문장은 9-11절을 지지하고 또 예시한다. '간접적으로' 누군가의 반영체(또는 최신의 것으로 바꾸자면, 누군가의 사진)를 보는 것과 '직접적으로' 얼굴과 얼굴을 맞대고 보는 것 사이에는 큰 차이가 있다.[267] 우리가 지금은 그리스도를 얼굴을 맞대고 보지 못하지만 그분이 재림하실 때는 그렇게 할 것이다(참고. 마 5:8; 요일 3:2; 계 22:4).

둘째 문장은 9-10절을 되풀이하며 다음 수식 어구를 덧붙인다. 하나님께서 우리를 온전히 아시는 것처럼 우리가 알게 될 것이다. 그렇다고 해서 우리가 하나님처럼 전지해질 것이라는 뜻은 아니다(11절에 나오는 유비를 보라). 오히려 현재 우리가 더 온전하게 알지 못하게 방해하는 것, 즉 죄 및

266 참고. Grudem, *Gift of Prophecy*, 193-216.

267 "우리가 지금은 거울로 보는 것 같이 희미하나"(ESV, 개역개정)로 번역되어 있으나 여기서 '희미하나'는 생략되어도 무방하다. NET 주(註)는 이렇게 설명한다. "헬라어로는 '우리가 거울을 통해(=이용해) 어두운 이미지에 의하여 보고 있다.' 고린도는 고대 세계에서 최상급 청동 거울을 생산하는 곳으로 잘 알려져 있었다. 따라서 이 비유를 사용하는 바울의 요점은 현재 하나님에 대한 우리의 이해와 관계가 (마치 거울이 영성하게 반영하듯이) 왜곡되어 있다는 것이 아니라, 그것이 우리가 '얼굴과 얼굴을 맞대고' 그분을 볼 훗날에 그분과 함께 즐길 관계에 비하면 '간접적'(즉, 거울 안을 보는 것처럼)이라는 것이다." 참고. Fee, *First Epistle to the Corinthians*, 717-718.

우리가 생각하고 느끼는 방식에 죄가 미치는 영향이 장차 더 이상 우리를 방해하지 않을 것이라는 뜻이다. '현재' 우리의 지식과 '훗날' 우리 지식의 차이는 마치 손전등을 들고 캄캄한 어둠 속에 있는 것과 해가 찬란하게 비칠 때에 있는 것의 차이와 같다. 해가 뜰 때에는 우리에게 더 이상 손전등이 필요 없다. 마치 장차 우리에게 방언과 예언 같은 영적 은사들이 불필요하게 될 것처럼 말이다.

13:13 13장의 마지막 구절은 8-12절을 진전시키고 "가장 좋은 길"(12:31)이 사랑을 가리킨다는 것을 재확인한다.

"그런즉"은 현재 대 훗날의 대조를 이어간다(참고. 표14). 바울은 그의 편지들에서 믿음-소망-사랑 트리오를 자주 언급하는데(예. 골 1:4-5; 살전 1:3; 5:8), 여기서는 사랑이 우월함을 보여주려한다. 믿음(우리가 볼 수 없는 것에 대해 하나님을 신뢰하는 것)과 소망(하나님께서 친히 약속한 바를 행하시리라고 확실히 기대하는 것)의 특성은 한시적이다. (1) 지금은 우리가 믿음으로 행하지만 그때에는 우리가 보는 것으로 행할 것이다(고후 5:7, 참고. 4:18). (2) 지금은 우리가 볼 수 없는 것을 바라지만 그때에는 우리가 보이는 것에 대해 바랄 필요가 없을 것이다(롬 8:24-25). 이런 의미에서 믿음과 소망은 "온전한 것이 올 때에는"(10절) 필요 없어지지만 '사랑은 결코 없어지지 않는다'(8절).[268] 그리고 이는 놀랄 일이 아니다. 믿음과 소망과 사랑 가운데 '사랑이 모든 것을 포용하는 미덕이고', 오직 사랑만이 하나님의 속성이기 때문이다.[269]

268 필자가 "이런 의미에서"라고 말하는 이유가 있다. 어느 의미에서는 믿음과 소망이 영원하기 때문이다. 하나님의 백성은 영원히 하나님을 신뢰할 테고 그분이 스스로 약속하는 바를 행하실 것으로 확실히 기대할 것이다. 이 때문에 일부 해석자들은 첫 마디인 "그런즉"을 한시적인 뜻보다 논리적인 뜻으로 해석하고, 따라서 믿음과 소망과 사랑이 모두 영원히 남는다고 결론짓는 것이다(예. Carson, *Showing the Spirit*, 72-75). 그러나 문맥으로 보면 (특히 12:31과 13:8-12) 한시적이라는 뜻으로 해석하는 편이 의미가 더 잘 통한다(참고. 표14). 참고. Fee, *First Epistle to the Corinthians*, 720-721.

269 Carson, *Showing the Spirit*, 75.

보충 설명

방언과 예언의 정의

방언

14:1-40에 나오는 "방언 말하기"란, 하나님께서 초자연적으로 누군가에게 해석할 능력을 주시지 않는다면 한 개인이 화자와 청중 모두 이해할 수 없는 언어로 하나님을 찬양하는 것을 일컫는다.

해설

(1) 방언을 말하는 사람은 직접 하나님께 말하고 그분을 찬양한다(2, 14-17절, 참고. 행 10:46).

(2) 방언(tongues)은 언어를 지칭한다. 방언을 말하는 사람은 자기가 이해하지 못하는 언어로 말한다(2, 14절). 바울은 방언이 알아들을 수 없는 말(glossolalia, 사람이 어떤 인간 언어와도 동일시할 수 없는 패턴의 발성으로 말하는 것)을 가리키지 않고 단지 이언 능력(xenoglossia, 화자가 모르는 인간 언어로 말하는 것)만을 가리킨다고 명시하지도 않는다. 다만 방언을 말하는 사람이 자기가 말하고 있는 바를 이해하지 못한다고 말할 뿐이다. 따라서 "어떤 발성 패턴이 언어학적으로는 인간 언어로 밝혀질 수 없더라도, 모종의 부호로 배열되어 온갖 인지적 정보를 전달하는 복잡한 발성 패턴"[270]을 자동적으로 배제시킬 만한 성경적 근거는 없다. 그런 발성이 의미 있는 내용을 전달한다면 그것은 횡설수설이 아니다.[271] 바울이 "각종 방언 말함"(12:10, 28)을 언급할 때는 의도적으로 '알아들을 수 없는 말'과 '이언 능력'을 모두 포함할

270 같은 책, 85.

271 참고. Vern S. Poythress, "The Boundaries of the Gift of Tongues: With Implications for Cessationism and Continuationism," *Themelios* 44 (2019): 61-69.

수 있고, 이는 "천사의 말"(13:1)도 포함할 수 있다.[272]

(3) 방언은 말하는 사람의 덕을 세운다. 비록 자기가 말하는 내용을 이해하지 못하지만 말이다(4, 14-19절). "영적인 건덕(健德)은 뇌의 피질을 통하지 않는 방식으로도 일어날 수 있다."[273]

(4) 한 사람이개인적으로 방언을 말할 수 있다. 바울이 스스로 방언을 자주 말한다는 언급(18절)은 그의 '개인' 기도를 가리키는 것이 틀림없다. 그 자신이 홀로 방언을 말하는 것과 교회가 모일 때 말하는 것을 대조하고 있기 때문이다(19절).[274] 이와 비슷하게 "자기와 하나님께 말[하는]"(28절)것은 개인적으로 방언을 말하는 것을 가리킨다.[275]

(5) 방언의 뜻을 이해하려면 방언을 통역(해석)하는 은사를 가진 사람이 필요하다. 방언을 말하는 사람은 의미 있는 내용을 전달하고 있기 때문에 다수의 사람이 누군가의 방언을 해석하지만 그 해석들이 서로 충돌한다면 정확하게 해석하기란 불가능하다.

272 참고. Forbes, *Prophecy*, 57-64, Garland, *1 Corinthians*, 584-585. 은사 중지론자들은 '방언'이 언제나 언어학적으로 검증 가능한 인간 언어라고 주장한다. 천사의 말, 부호화된 발성 또는 이해할 수 없는 언질이 아니라는 것이다. Nathan Gerrit Crockett, "This Is That? An Evaluation of Cessationism and Continuationism: Contrasting Biblical Tongues and Miracles with Contemporary Phenomena and Examining Foundational Hermeneutics" (PhD diss., Bob Jones University, 2013), esp. 67-182.

273 Fee, *First Epistle to the Corinthians*, 728.

274 참고. Carson, *Showing the Spirit*, 105. "방언의 개인적인 용도를 이보다 더 강력하게 변호하는 것은 없고, 이 결론을 피하려는 시도들을 조사해보면 모두 놀랍도록 빈약한 것으로 판명된다. 만일 바울이 모든 고린도 교인들보다 더 많은 방언을 말하지만 교회에서는 방언으로 만 마디 말을 하기보다는(이는 사실상 그 어떤 상황에서도 교회에서 방언을 말하지 않겠다는 것이다. 물론 그 가능성을 완전히 배제할 수는 없지만) 이해할 수 있는 말을 다섯 마디 하는 편을 선호한다면, 바울이 어디에서 방언을 말하겠는가? 다른 사람이 사역을 하는 '집회가 열리는 동안' 조용하게 방언을 사용해서 개인적인 상담을 한다고 추정하는 것은 타당하지 않다. 바울의 논리를 따르면, 만일 그 사람이 주의를 기울이지 않는다면, 방언을 말하는 자가 어떻게 '아멘'으로 화답하는 소리를 듣겠는가? 우리는 이미, 바울이 일종의 타당한 기도와 찬송으로 영과 함께 기도하는 모습을 상상하는 것을 본 적이 있다. 그가 허용하지 않는 것은 교회에서 이해할 수 없는 말을 하는 것이다. 따라서 가능한 유일한 결론은 바울이 그의 놀라운 방언의 은사를 '개인적으로' 사용했다는 것이다."

275 은사 중지론자들은 14:28에서 바울이 교회 모임의 맥락에서만 개인적으로 방언을 말하는 것을 가리킨다고 주장하는데, 이는 타당하지 않다. 왜냐하면 그런 주장은 은사 중지론자들이 배격하는 행습을 승인하는 것이기 때문이다. 그것은 "'교회의 공동 모임'에서 '개인적인, 해석되지 않은, 복음 전도와 무관한, 부호가 없는' 방언 말하기"다.

(6) 방언을 말하는 것은 좋은 은사지만, 교회 모임의 맥락에서 누군가가 방언을 해석하지 않는 한 예언만큼 귀중하지는 않다(5-19절).

(7) 방언을 말하는 사람들은 스스로 통제력을 잃지 않는다. 바울이 27-28절에서 지시하는 바에 따르면, 그들은 말하기로 또는 말하지 않기로 분명히 선택할 수 있다.

(8) "방언을 말하는 것은 그 어떤 것에 대한 믿을 만한 지표도, 그리스도인임을 알려주는 지표도 아니다."[276] 방언은 성령 세례 또는 모종의 '두 번째 축복'의 결과가 아니다. 모든 그리스도인은 성령 세례를 받았으나(12:13) 다 방언을 말하는 것은 아니다(12:30). 또한 누군가 방언을 말한다고 해서 성숙한 그리스도인인 것도 아니다.

(9) 고린도전서 12-14장에 나오는 방언이 항상 사도행전에 나오는 방언과 똑같은 것은 아니다. 사도행전 2장에 나오는 방언은 이언 능력(화자가 모르는 인간 언어로 말하는 것)을 가리키는 데 비해,[277] 고린도전서 14장에 나오는 방언은 알아들을 수 없는 말(사람이 어떤 인간 언어와도 동일시할 수 없는 구두적 패턴으로 말하는 것)을 가리킬 것이다. 왜냐하면 "방언을 말하는 자는 사람에게 하지 아니하고 하나님께 하나니 이는 알아듣는 자가 없[기]"(2절) 때문이다. 더구나 "사도행전에 나오는 방언은 단지 집단적으로 발생하고, 되풀이되지 않고, 공개적이며, 다양한 증거의 목적에 도움이 될 수 있는 데 비해, 고린도전서 14장에 나오는 방언은 개인에게 주어지고, 개인적으로 사용될 수 있고, 공개적인 곳에서는 통역되어야 하고, 어떤 증거의 목적에도 도움이 되지 않는다."[278]

276 Carson, *Showing the Spirit*, 170.

277 참고. 같은 책, 138. "(사도행전에 나오는 방언)이 발성의 기적이 아니라 청취의 기적이었다고 주장하는 것은 텍스트를 벗어나는 것이다. 누가의 목적은 성령의 강림을 '신자들 가운데서'의 성령의 활동과 연관시키는 것이지, 성령의 기적이 '아직도 불신자인 사람들 가운데서' 일어난 것으로 추정하는 것이 아니기 때문이다."

278 같은 책, 157.

예언

14:1-40에 나오는 "예언"이란 한 개인이 다른 이들과 하나님께서 스스로 계시하셨다고 감지하는 고무적인 통찰을 나누는 것을 일컫는다.[279]

설명

(1) 예언은 그리스도인을 격려한다. "예언하는 자는 사람에게 말하여 덕을 세우며 권면[격려]하며 위로하는 것이요"(3절). 질서정연하게 예언하는 목적 하나는 모든 사람이 "권면을 받게"(31절) 하는 것이다. 바울이 이 대목에서 말하는 예언의 뜻은 암울한 전망이 아니다. 예언은 그리스도인에게 덕을 세우고 격려하고 위로하는 것이기 때문이다.

(2) 예언은 비그리스도인을 전도할 수 있다. 불신자가 교회 모임을 지켜보다가 예언을 듣게 되면 자신의 죄를 깨닫고 하나님을 예배하게 될 수도 있다(24-25절).

(3) 예언은 하나의 통찰이다. 질서정연하게 예언하는 목적 하나는 "모든 사람으로 배우게"(31절) 하는 것이다.

(4) 예언은 하나님께서 즉흥적으로 계시하시는 하나의 통찰이다.[280] 하나님께서 갑자기 한 사람에게 어떤 통찰을 계시하신다. "만일 곁에 앉아 있는 다른 이에게 계시가 있으면"(30절). 이는 적어도 2개의 결론을 함축한다. (a) 그리스도인은 자의로 예언할 수 없고 하나님께서 어떤 통찰을 계시하시도록 기다려야 한다. (b) 예언은 성경 연구의 직접적인 결과가 아니므

279 은사 중지론자들은 예언을 다음 두 가지 방식으로 정의한다. (1) 한 개인이 하나님의 무오한 말씀을 선포하되 구약의 선지자들과 하나님의 영감을 받은 성경처럼 "주님이 말씀하시기를"과 같은 권위로 선포하는 것[예. F. David Farnell, "The Gift of Prophecy in the New Testament," *MSJ* 25/2 (2014): 45-62; R. Bruce Compton, "The Continuation of New Testament Prophecy and a Closed Canon: Revisiting Wayne Grudem's Two Levels of NT Prophecy," *DBSJ* 22 (2017): 57-73]. (2) 한 개인이 성경을 설파하거나 가르치는 것[예. William Perkins, *The Art of Prophesying: or, A Treatise concerning the Sacred and Only True Manner and Method of Preaching* (London: Legatt, 1631)]

280 Grudem, *Gift of Prophecy*, 95-100.

로 설교나 가르침과 같지 않다.[281] 그래서 바울이 선지자들을 교사들과 구별하는 것이다(12:28). 그러나 교사가 가르치는 동안 예언할 수도 있다.[282]

(5) 예언하는 사람들은 스스로 통제력을 잃지 않는다.[283] 바울이 14:29-33a에서 지시하는 바에 따르면 그들은 말하기로 또는 말하지 않기로 분명히 선택할 수 있다.

(6) 예언하는 이들은 "주님이 말씀하시기를"과 같이 절대적인 신적 권위를 갖고 말하는 것이 아니다.[284] 이 결론을 지지하는 이유로는 적어도 세 가지가 있다.[285]

(a) 교회는 예언을 평가하고, 따라서 어떤 예언에 도전할 수 있고 그것이 틀린 것으로 결론지을 수 있다(29절). '예언을 분별하라'(29절)는 명령은 헬라어 단어 디아크리노(*diakrinō*)를 번역한 것으로 '신중하게 주의를 기울여서 평가하다', '평가하다', '판단하다'[286]라는 뜻이다. 문맥과 더불어 디아크리노의 뜻은 바울이 교회에게 예언의 내용을 신중히 조사하도록, 예언하는 사람이 참 선지자인지 거짓 선지자인지를 함부로 발설하지 않도록 명령하고 있음을 시사한다. 만일 교회가 신중하게 예언을 분별해야 한다면, 예언은 틀릴 수 있고 따라서 성경과 동등한 권위를 지니지 않는 것이다.[287] 예언이 가르침이나 설교처럼 오류를 포함할 수 있

14장

281 같은 책, 111-124, 220-221.

282 Carson, *Showing the Spirit*, 168-169. "우리는 설교가 예언과 동일시될 수 없다는 것에 흔쾌히 동의할 수 있다. 그런데 설교자 중에 이런 경험이 없는 사람이 있을까? 공적인 사역을 위해 꼼꼼한 준비를 마친 후 열심히 설교하는 도중 갑자기 참신하고 강력한 생각이 마음과 머릿속을 휘저어 결국 그것을 준비한 메시지에 녹여 함께 전한 경험, 그리고 예배가 끝난 후에야 새롭게 삽입된 그 내용이 대다수의 사람(또는 특정한 개인!)에게 감동을 주고 그들의 필요를 충족시켰음을 알게 되는 경험 말이다."

283 Grudem, *Gift of Prophecy*, 103-108.

284 사도행전 21:11에 나오는 "성령이 말씀하시되"에 관해서는 같은 책 81-83, 318-319를 보라.

285 같은 책, 54-69.

286 BDAG, s.v. διακρίνω.

287 이 견해가 사도행전에 나오는 예언들과 일관성이 있다는 점에 관해서는 Grudem, *Gift of Prophecy*, 71-83을 보라.

는 이유는 다음 두 가지다. 첫째, 유한하고 죄 많은 인간은 하나님께서 계시하시는 것을 잘못 인식하거나 해석하거나 적용할 수 있다. 둘째, 인간은 하나님께서 계시하시는 것을 하나님의 말씀이 아니라 자신의 말로 전달한다. 이 때문에 교회는 예언을 시험하지 않은 채 맹목적으로 받아들여서는 안 된다(29절, 참고. 살전 5:19-21). 하나님께서 계시하시는 것은 오류가 없지만, 유한하고 죄 많은 인간이 전달하는 것은 오류가 있을 수 있다. 따라서 예언을 나누는 사람은 겸손하게 예언해야 한다. 그리고 그들의 통찰은 하나님께서 계시하셨다고 '감지하는' 것임을 알되 그것이 틀릴 수 있음을 서로 이해할 필요가 있다.

(b) 바울은 교회가 누군가가 예언하는 내용의 나머지 부분을 듣지 못할까봐 염려하지 않는다. "만일 곁에 앉아 있는 다른 이에게 계시가 있으면 먼저 하던 자는 잠잠할지니라"(30절). 그런 "계시"를 예언으로 받고 또 나눈다는 것은, 그 사람이 하나님의 말씀 그 자체를 말한다는 뜻이 아니다.

(c) 사도 바울이 이 편지에 기록한 글이 예언보다 더 권위가 있다(37-38절).[288] 고린도의 선지자들은 다른 교회들의 보편적 행습과 사도 바울이 여기서 지시하는 것과 상충되는 예배 규율을 제정할 권위가 없다(33, 36절).

(7) 이 예언은 구약에 나온 예언과 다르다(앞의 설명용 주석을 보라). 구약에는 다양한 종류의 예언이 있었지만 대체로 하나님의 말씀으로서 이런 결과를 낳는다. (a) "선지자의 말을 불신하거나 불순종하는 것은 곧 하나님을 불신하거나 불순종하는 것이다." (b) "참된 선지자의 말은 도전하거나 의문시할 수 없다."[289] 구약 선지자들의 신약 상대역은 사도들이다(참고. 12:28 주석).[289] 그런 역할을 담당하는 '사도'라는 이름이 다음 세 가지 이유

288 Carson, *Showing the Spirit*, 131-133.

289 Grudem, *Gift of Prophecy*, 21-26.

로 '선지자'라는 이름보다 낫다. 첫째, 새 언약 아래서는 모든 하나님의 백성이 예언할 수 있다(욜 2:28-29; 행 2:16-18). 둘째, 1세기의 세속적인 헬라와 유대의 화자들 모두 '선지자'라는 단어를 구약의 용법과는 다른 방식으로 사용했다. 셋째, '사도'라는 새로운 이름은 새 언약의 새로운 성격을 강조한다.[290] 바울은 사도로서 예언하는 고린도 교인들보다 더 높은 권위를 갖고 있다(고전 14:37-38). 바울은 사도의 직분에 호소함으로써 자신의 권위를 세우지만 예언의 은사에 호소해서 그렇게 한 적은 없다.[291]

(8) 예언은 신약에 나오는 모든 구절에서 똑같은 것을 의미하지 않는다. 예를 들어보면 다음과 같다. (a) 사도행전 2:16-18에서는 "예언"이 방언과 환상과 꿈을 포함하는 폭넓은 범주다. (b) 사도행전 21:11에서는 아가보가 미리 경고하는 예언을 하는데, 이는 고린도전서 14:3과 다른 듯이 보인다. 즉, 아가보가 바울을 격려하거나 위로하는 것이 아니다(물론 아가보가 바울을 세워서 그를 권면한다고 주장할 수도 있지만).

14장

주석

14:1-25 개요

고린도 교인들은 예언하기를 열심히 사모하면서 사랑을 추구해야 한다. 예언은 이해할 수 있기 때문에 교회가 모일 때 다른 이들을 세워주므로 방언보다 더 귀하다. 바울의 주된 취지는 고린도 교인들이 교회의 덕을 세우는 방식으로 영적 은사들을 사용해야 한다는 것이다. 특히 교회가 다함께 모일 때 그래야 한다(19, 23, 26절).

290 같은 책, 27-49

291 같은 책, 33-40.

292 같은 책, 43.

- "덕을 세우며 권면하며 위로하는 것"(3절)
- "자기의 덕을 세우[는]"것 대 "교회의 덕을 세우[는]"것(4절)
- "교회의 덕을 세우기 위하여"(5절)
- "[방언이] 너희에게 무엇이 유익하리요"(6절)
- "교회의 덕을 세우기 위하여 그것이 풍성하기를 구하라"(12절)
- "그러나 다른 사람은 덕 세움을 받지 못하리라"(17절)
- "남을 가르치기 위하여"(19절)

바울은 교회의 덕을 세우는 것뿐만 아니라(1-19절) 교회가 모일 때 거기에 있을 수 있는 불신자들을 전도하는 일에도 관심이 있다(20-25절).

바울은 거듭해서 이해할 수 없는 것(통역되지 않은 방언)과 이해할 수 있는 것(예언과 통역된 방언)을 비교한다. 그렇다고 예언을 맨 위에 놓고 방언을 밑바닥에 놓는 등 영적 은사들에 등급을 매기는 것은 아니다. 그는 교회 모임의 맥락에서 2개의 영적 은사를 비교하며 왜 예언이 통역되지 않은 방언보다 더 덕을 세우는지를 보여준다. 표15는 바울이 주장하는 바를 풀어서 정리한 것이다.

이해할 수 없는 것: 통역되지 않은 방언	이해할 수 있는 것: 예언(및 통역된 방언)
	예언을 열심히 사모함으로써 사랑을 추구하라(1절).
너희는 방언을 말하는 사람을 이해할 수 없다(2절).	너희는 예언하는 사람을 이해할 수 있고, 예언은 교회의 덕을 세우며 우리를 격려하고 위로한다(3절).
방언을 말하는 사람은 자기의 덕을 세운다(4a절).	예언하는 사람은 교회의 덕을 세운다(4b절).
오해하지 말라. 방언은 귀중한 은사다. 나는 너희가 모두 방언을 경험할 수 있길 바란다(5a절).	그러나 그보다도 나는 너희가 모두 예언할 수 있길 바란다. 예언(과 통역된 방언)은 교회의 덕을 세우기에 더욱 유익하다(5b절).
내가 만일 너희 가운데서 방언을 말하면, 그것은 너희에게 유익하지 않을 것이다(6a절).	너희에게 유익한 것은 예언이나 가르침이다(6b절).

만일 누군가 피리나 거문고 같은 악기로 아무렇게나 소리를 내면, 다른 이들은 곡조를 분별할 수 없다(7절). 만일 무장하라는 군대용 나팔이 불분명하다면, 군인들이 전투 준비를 해야 하는지 분별할 수 없다(8절). 이와 비슷하게 만일 너희가 이해할 수 없는 방언을 말하면, 다른 이들은 너희가 무슨 말을 하고 있는지 알지 못할 것이다(9절). 그것은 마치 너희가 단 한 마디도 이해할 수 없는 사람들 가운데서 외국어로 말하는 것과 같다(10-11절).	그래서 너희는 이해할 수 있는 말로 교회의 덕을 세우기 위해 애써야 한다(12절).
교회가 다함께 모일 때 너희가 만일 방언으로 기도하면, 오직 하나님께서만 너희가 무슨 기도를 하는지 아실 것이다(14절, 참고. 2절).	교회가 다함께 모일 때 너희가 만일 방언을 말한다면, 너희는 하나님께서 너희에게 방언을 통역하는 은사도 주시도록 간구해야 한다(13절).
만일 하나님께서 너희에게 방언으로 기도하는 은사를 주시면 방언으로 기도하라(15a절).	그러나 너희 마음으로 기도하고 또 너희가 말한 것을 통역하라(15b절).
만일 하나님께서 너희에게 방언으로 찬송하는 은사를 주시면 방언으로 찬송하라(15c절).	그러나 너희 마음으로 찬송하고 또 너희가 찬송한 것을 통역하라(15d절).
그렇지 않고, 만일 너희가 방언으로 하나님께 감사하면, 아무도 너희의 말을 이해할 수 없어서 너희와 함께 하나님께 감사할 수 없다(16절). 너희가 진심으로 하나님께 감사할 수 있으나, 통역되지 않은 방언을 말하는 것은 다른 이들의 덕을 세우지 못한다(17절).	
오해하지 말라. 방언은 귀중한 은사다. 나는 하나님께서 나로 하여금 너희 모두보다 더 많이 방언을 말할 수 있게 하셔서 감사하다(18절)	그러나 교회가 다함께 모일 때, 이해할 수 있는 말 다섯 마디로 너희를 가르치는 것이 이해할 수 없는 말 만 마디로 방언을 하는 것보다 더 유익하다(19절).
통역되지 않은 방언은 신자들이 아니라 불신자들을 위한 표징이다. 하나님께서 불신자들을 심판하고 계시다는 부정적 표징이다(21-22a절).	예언은 불신자들이 아니라 신자들을 위한 것이다(22b절)
만일 (1) 교회가 다함께 모여서 (2) 모두가 통역되지 않은 방언을 말하고 (3) 불신자들이 그 자리에 있다면, 그 불신자들이 너희가 미쳤다고 말할 것이다(23절).	그러나 만일 (1) 교회가 다함께 모여서 (2) 모두가 예언을 하고 (3) 한 불신자가 그 자리에 있다면, 하나님께서 예언을 이용해 불신자에게 죄를 깨닫게 하고 그분을 경배하게 하며 그분이 참으로 너희 가운데 계심을 알게 하실 수 있다(24-25절).

표15. 고린도전서 14:1-25에 나오는 이해할 수 없는 것 대 이해할 수 있는 것

14:1 "사랑을 추구하[라]"는 12:31-13:13과 연결된다. 사랑의 길은 "가장 좋은 길"(12:31)이다. "그중의 제일은 사랑이라"(13:13b). 그 추론은 명백하다. 사랑을 추구하라! 고린도 교인들은 이제껏 사랑의 길을 따르지 않았다. 그들은 육신적인 방언의 은사를 열심히 사모하고(참고. 12절) 영적 은사에 관한 생각이 유치했다(참고. 20절). 그러나 사랑은 그런 열성적인 소원의 동기가 아니다. 교회가 다함께 모일 때 영적 은사를 사용하는 맥락에서 사랑의 길을 추구하는 방법은 열심히 예언을 사모하는 것이다(참고. 39절).

14:2 그리스도인이 방언을 말할 때는 동료들에게 말하는 것이 아니라 인간들이 이해할 수 없는 방식으로 하나님께 직접 말하는 것이다. 성령은 그런 사람에게 "비밀"[뮈스테리아(*mystēria*), 신비]을 말할 능력을 주시는데, 이는 바울이 여기서 '비전문적인 의미로' 쓰는 단어일 것이다.[293]

14:3 방언과는 달리(2절) 인간은 예언을 이해할 수 있다. 방언을 말하는 사람은 오직 하나님만 이해하실 수 있는 언어로 직접 하나님께 말하지만, 예언하는 사람은 직접 동료들에게 말한다(참고. 표16).

	방언	예언
말하는 것	오직 하나님께만(동료가 아니라)	동료에게
이해할 수 있는 것	오직 하나님만(동료가 아니라)	동료들이
세우는 것	오직 화자의 덕	교회의 덕

표16. 고린도전서 14:2-4에 나오는 방언 대 예언

바울은 예언의 역할을 이렇게 묘사한다.

293 Carson, *Showing the Spirit*, 101-102.

(1) "덕을 세우[기]"는 '세우는 과정, 세우기, 건설'[294]을 가리키는 단어를 번역한 것이다. 이 단어는 동료 그리스도인을 영적으로 강하게 하는 것을 비유적으로 일컫는 데 사용된다.

(2) "권면[격려]"은 '믿음이나 행동 방침에서 다른 사람에게 용기를 주는 행위, 격려, 권면' 또는 '다른 사람의 정신을 고양시키는 것, 위로, 위안'[295]이라는 뜻의 단어를 번역한 것이다.

(3) "위로"는 '우울함이나 슬픔에 빠진 사람에게 격려의 역할을 하는 것'[296]이라는 뜻의 단어를 번역한 것이다.

그러므로 예언은 (1) 덕을 세우고, (2) 다른 사람을 격려하거나 권면하고, (3) 위로한다. 예언은 다른 사람을 헐뜯거나 낙담시키거나 두렵게 만들지 않는다.

14:4 방언은 예언만큼 덕을 세우지 않는다. 방언은 그것을 말하는 사람의 덕만 세우지만, 예언은 온 교회의 덕을 세운다(표 16).

14:5 방언의 은사가 나쁜 것은 아니다! 그것은 하나님께서 주신 은혜로운 은사고, 바울은 모든 신자가 방언을 경험할 수 있기를 바란다(모두 방언을 한 것이 아니었다. 참고. 12:30). 그보다도 바울은 모든 고린도 교인이 예언할 수 있기를 바란다. 예언(및 통역된 방언)은 교회의 덕을 세우므로 더욱 유익하기 때문이다.

바울은 "방언으로 말하는 사람보다, 예언하는 사람이 더 훌륭[하다]"(새번역)라고 말하는데, 이는 후자가 전자보다 '본질적으로 더 낫다'는 뜻이 아니라 더 유익하다는 뜻이다.

294 BDAG, s.v. οἰκοδομή.

295 BDAG, s.v. παράκλησις.

296 BDAG, s.v. παραμυθία.

"[누군가] 통역하여 교회의 덕을 세우지 아니하면"이라는 단서는 예언과 통역된 방언이 동일하다는 뜻이 아니다(참고. 1-40절의 보충 설명). 바울의 요점은 둘 다 똑같이 이해될 수 있고 따라서 덕을 세운다는 것이다.

14:6 바울은 앞의 문장을 예시한다. 만일 바울이 고린도 교회와 만나서 방언을 말한다면, 그는 그들의 덕을 세우지 못할 것이다. 그들의 덕을 세우는 것은 이해 가능한 말이다.

바울이 이해 가능한 말의 네 가지 유형을 열거한다. 이는 A-B-A′-B′ 패턴임이 분명하다.[297]

(A) 계시- 한 사람이 받는 정보
  (B) 지식- 한 사람이 소유하는 정보
(A′) 예언- 계시를 전달하는 수단
  (B′) 가르침- 지식을 전달하는 수단

14:7-8 이제 바울은 악기(소리를 만드는 생명 없는 물체)의 개념을 이용해서 6절의 예를 든다. 만일 한 사람이 피리나 거문고 같은 악기로 아무렇게나 소리를 내면, 듣는 사람은 곡조를 분별할 수 없다. 그리고 만일 무장하라는 군대용 나팔의 소리가 불분명하다면, 군인들이 전투 준비를 해야 하는지를 분별할 수 없다.

14:9-11 악기에 적용되는 원리(7-8절)가 우리 신체의 혀에도 적용된다. 만일 누군가 자기 혀를 이용해 방언을 말한다면, 다른 이들이 그를 이해할 수 없다. 이는 마치 누군가가 어느 방에서 거기에 있는 다른 누구도 모르는 외국어를 말하는 상황과 같다.

297 Wayne Grudem, *The Gift of Prophecy in 1 Corinthians* (Washington, DC: University Press of America, 1982), 138-139.

14:12 바울은 고린도 교인들에게 "교회의 덕을 세우기 위해 최선을 다하[라]"(현대인의성경)고 명령한다. 그들이 영적 은사를 열심히 사모하지만,[298] 문제는 그들이 더욱 덕을 세우는 은사(예언)보다 덜 덕을 세우는 은사(방언)를 사모한다는 것이다.

14:13 이 구절은 14장에 나온 앞의 내용 전체로부터 끌어낸 추론이다. 고린도 교인들은 교회의 덕을 세우기 위해 애써야 하므로, 교회가 모일 때 방언을 말하는 사람은 하나님께 그 말을 통역하는 능력도 달라고 간구해야 한다. 그런 경우에는 그 사람이 방언을 말하고 또한 자기가 말한 것을 통역하기도 한다. 이해할 수 없는 말은 교회의 덕을 세우지 못한다. 단지 이해할 수 있는 말만 덕을 세울 수 있다.

14:14 한 사람이 방언으로 기도할 때(13절)는 진심으로 기도하는 것이지만(하나님은 이해하신다), 기도하는 본인은 정작 자기가 무엇을 말하고 있는지를 이해하지 못한다.

이 대목에서는 방언을 말하는 것과 방언으로 기도하는 것이 동일하다. 방언을 말하는 것은 하나님께 기도하는 한 방식이다(참고. 2절).

14:15 자신의 영으로 기도하거나 찬송한다는 것은 방언 말하는 것을 가리킨다. 반면, 자신의 마음으로 기도하거나 찬송한다는 것은 자기가 방금 방언으로 기도한 것을 통역하는 능력을 하나님께서 주실 때, 그 말을 이해하는 것을 일컫는다(참고. 13절). 이를 풀어서 쓰면 다음과 같다. "교회 모임에서 만일 하나님께서 나에게 방언의 은사를 주신다면 나는 어떻게 해야 할까? 나는 방언을 말해야 하지만 또한 나의 말을 '통역해야' 한다."

298 "너희가 성령의 나타남을 사모한다"(ESV)는 어구는 좀 더 형식에 기초한 번역("너희가 영들을 사모한다")을 유려하게 다듬은 것이다.

14:16 이제 바울은 자기 방금 말한 내용(15절)에 대한 이유를 제시한다. 누군가가 방언으로 하나님께 감사한다면, 아무도 그의 말을 이해할 수 없어서 그 사람과 함께 하나님께 감사할 수 없다.

'외부인'(개역개정은 "알지 못하는 처지에 있는 자")은 이디오테스(*idiōtēs*)를 번역한 것으로 다음 둘 중 하나를 의미한다. (1) 어떤 활동이나 지식 분야에서 비교적 서툴거나 미숙한 사람, 어떤 종류든 전문가나 숙련가와 대조되는 '문외한, 아마추어' 또는 (2) 특정한 집단의 경험에 관한 지식이 없는 사람, '알지 못하는 사람, 외부인'이다.[299] 여기서는 두 번째 정의가 더 적합한 듯하다. 바울이 23-24절에서는 불신자를 지칭하는 데 동일한 단어를 사용하지만 여기서는 신자를 가리킨다. 바울의 논리에 따르면, 그런 사람이 그 말을 이해한다면 그 감사에 "아멘"으로 화답할 수 있다고 하는데, 이는 신자만 할 수 있는 일이다.[300](참고. 23절 주석.)

14:17 바울은 16절을 설명하면서 자기 영으로 하나님께 감사하는 사람은 진심으로 하나님께 감사할 수 있지만, 통역되지 않은 방언을 말하는 것은 다른 이들의 덕을 세우지 못한다고 지적한다. 그것이 다른 이들에게 유익하려면 그들이 이해할 수 있어야 한다.

14:18 16-17절이 사람들을 오도하여 방언은 귀중한 은사가 아니라고 결론짓게 할지 모른다. 그래서 바울은 방언이 하나님께서 주시는 은사임을 분명히 밝히고, 그분이 그 은사를 주신다면 우리가 그분께 감사해야 마땅하다고 말한다.

교린도 교인들은 바울이 개인적으로 그들보다 더 많이 방언을 말한다는

299 BDAG, s.v. ἰδιώτης.

300 참고. Carson, *Showing the Spirit, 105. Fee, First Epistle to the Corinthians*, 745-746. "아멘"은 "진술된 내용에 대한 강한 긍정"이다. 그것이 "믿음의 표현"일 때는 "진실로 그렇게 되기를"로 번역할 수 있다(BDAG, s.v. ἀμήν).

사실을 알고 아마 놀랐을 것이다. 바울이 이 말을 했기 때문에, 교회 모임에서는 예언이 방언보다 유익하다는 그의 주장이 더 신빙성을 얻는다.

14:19 이는 16-17절에서 나온 추론이자 18절과 대조되는 것으로서, 방언을 말하는 것이 좋지만(18절) 이해할 수 있는 말을 하는 것이 더 유익하다고 한다. 이해할 수 있는 말 다섯 마디와 방언 일만 마디를 비교한다 할지라도 그렇다!

14:20 이제 바울은 고린도 교인들에게 호소하는 동시에 그들을 책망하는 이제까지의 내용(1-19절)으로부터 추론을 끌어낸다. 그들이 이해할 수 있는 말을 하길 사모하기보다 오히려 유치하게 교회 모임에서 이해할 수 없는 말을 하길 사모하고 있다는 것이다. 그리스도인은 경험적으로 악과 친숙하면 안 된다. 오히려 영적 은사에 대해 성숙하게 생각해야 한다.

14장

14:21 바울은 "율법", 구약, 구체적으로 이사야 28:11-12(참고. 신 28:49)을 인용해서 20절을 뒷받침한다. 이사야 28장의 맥락에서 하나님은 앗수르 군대, 즉 "알아듣지 못할 말씨와 다른 나라 말[을] 하는 민족"(사 28:11, 새번역)으로 믿지 않는 이스라엘 백성을 심판하실 것이다. 믿지 않는 이스라엘 백성은 앗수르인의 말을 이해할 수 없을 테지만, 그것이 하나님께서 그들을 심판하고 계신다는 의미임을 알게 될 것이다.

14:22 바울은 21절로부터 하나의 원리를 추론한다. 통역되지 않은 방언은 신자들이 아니라 불신자들을 위한 표징이라는 것, 다시 말해 하나님께서 불신자들을 심판하고 계시다는 부정적 표징이다. 이와 반대로 예언은 불신자들이 아니라 신자들을 위한 것이다(일차적으로, 참고. 24-25절).

ESV는 '예언은 불신자들을 위해서가 아니라 신자들을 위한 표징이다'로 번역하고 ESV 각주는 '헬라인은 표징이 없다'고 단서를 붙이는데, 이는 '예언이 불신자들이 아니라 신자들을 위한 것'이라는 진술이다. 이를 볼때 첫 번째 표징과 두 번째 표징은 다르다. 전자는 하나님께서 불신자들을 심판하고 계신다는 '부정적' 표징인 데 비해, 후자는 하나님께서 신자들에게 복을 베풀고 계신다는 '긍정적' 표징이다.[301]

14:23 이는 22절에서 나온다. 만일 (1) 교회가 다함께 모이고, (2) 모든 사람이 통역되지 않는 방언을 말하고,[302] (3) 불신자들이 그 자리에 있다면, 그 불신자들이 '너희가 미쳤다'라고 생각할 것이다.

"알지 못하는 자들이나 믿지 아니하는 자"는 동일한 집단, 즉 불신자들을 가리킨다. 이는 이디오타이(*idiōtai*)를 번역한 것이다(참고. 16절 주석). 문맥이 그런 외부인의 성격을 결정한다. 16절에서(바울이 방언을 말하는 신자와 그런 방언을 듣는 신자를 대조하는) "알지 못하는 처지에 있는 자"는 방언하는 사람이 무슨 말을 하는지 이해하지 못하는 신자다. 23-24절에서(바울이 신자와 불신자를 대조하는) "알지 못하는 자들이나 믿지 아니하는 자"는 방언하는 사람이 무슨 말을 하는지 이해하지 못하는 불신자다.

14:24-25 23절과는 반대로, 만일 (1) 교회가 다함께 모여서 (2) 모두가 예언을 하고 (3) 한 불신자가 그 자리에 있다면, 하나님께서 예언을 이용해 (1) 불신자에게 죄를 깨닫게 하시고(참고. 요 16:8-11), (2) 불신자들에게 책임을 추궁해서 그들로 하나님의 진노 아래 있음을 느끼게 하시고, (3) 불신자 속의 숨은 것을 드러나게 하실 수 있다. 따라서 그런 믿지 않는 외부인들이 하나님에 대한 반역을 멈추고 하나님께서 정말로 신자들 가운데 계시다고 외치면서(사 45:14과 슥 8:23을 암시한다) 그분을 경배하게 될 수 있다(즉, 하나님께서 그들로 회개하고 믿게 하실 수 있다).

301 Grudem, *Gift of Prophecy*, 145-154.

302 14:23-24에 나오는 "모든"이라는 단어("다 방언으로 말하면…다 예언을 하면…모든 사람에게 책망을 들으며 모든 사람에게 판단을 받고")는 과장법이다(이는 바울이 13:1-3에서 주장하는 방식과 비슷하다). 적어도 두 개의 이유가 이 결론을 지지한다. (1) 모든 그리스도인이 예언이나 방언의 은사를 갖고 있지는 않다(12:29-30). (2) 교회 모임에서 단지 두세 사람만 방언이나 예언을 말해도 좋다(14:27, 29).

14:26-40 개요

교회가 다함께 모여서 영적 은사를 사용할 때는 질서정연하게 사용해서 서로 덕을 세워야 한다. "열정의 영(the Spirit)은 또한 질서의 영이다."[303] ESV에 따르면 이 대목에 '…하게 하라'(Let)는 어구가 여덟 번 나온다. 표 17을 보라.

	ESV	다른 번역본들
26절	모든 것을 덕을 세우기 위하여 하라.	교회(함축된)는 모든 것을 덕을 세우기 위해 행해야 한다(필자의 번역).
27a절	단지 둘 또는 많아도 셋이 있게 하라.	두 사람(또는 많아도 세 사람)이 말해야 한다(NIV, 바울은 3인칭 명령법을 암시한다).
27b절	누군가로 통역하게 하라.	누군가가 통역해야 한다(NIV, NET).
28절	그들 각자가 교회에서 침묵하고 그 자신과 하나님께 말하게 하라.	화자는 교회에서 침묵을 지키고 그 자신과 하나님께 말해야 한다(NIV, 참고. CSB).
29a절	둘 또는 세 명의 선지자들이 말하게 하라.	둘 또는 세 명의 선지자들이 말해야 한다(NIV, CSB, NET).
29b절	다른 이들로 하여금 말한 것을 분별하게 하라.	다른 이들은 말한 것을 신중하게 분별해야 한다(NIV, 참고. CSB, NET).
30절	첫째 사람을 침묵하게 하라.	첫째 사람은 침묵을 지켜야 한다(NASB, 참고. CSB). 첫째 화자는 멈춰야 한다(NIV, 참고. NLT).
35절	그들로 하여금 집에서 남편에게 묻게 하라.	그들은 집에서 그들의 남편에게 물어야 한다(NIV, 참고. NET, NLT).

표17. 고린도전서 14:26-30, 35에 나오는 3인칭 명령법 번역하기

303 Garland, *1 Corinthians*, 674.

표17에 나오는 ESV 번역문을 읽으면 마치 바울이 고린도 교인들에게 어떤 행동들을 '허용하도록' 명령하는 것처럼 들린다. 그러나 이는 바울의 의도가 아니다. 바울의 헬라어를 다른 언어로 번역하기 어려운 이유는, 그가 다른 언어에는 없는 구문을 사용하기 때문이다. 바로 3인칭 명령법이다(3인칭으로 하는 명령: 그로, 그녀로, 그것으로, 한 사람으로, 또는 그들로…하게 하라). 예컨대 영어의 명령은 2인칭이다. "조용해라!"("너는 조용해라!") 또는 "여기에 오라!"("너는 여기로 오라!"). 영어에는 3인칭으로 명령하는 방식이 없다. 헬라어에는 "그들이 조용해야 한다!" 또는 "그녀가 여기에 와야 한다!"는 개념이 있다.[304] '…하게 하라'는 '허용하라'는 뜻이 아니라 창세기 1장에 나오는 히브리어 명령을(명령법으로 하는) 번역하는 것에 더 가깝다. 예컨대 "빛이 있으라"("Let there be Light", 창 1:3)를 들 수 있다. 표17에 나온 것들을 비교해 보라.

14:26 고린도 교회가 다함께 모일 때는 혼란한 모임이 될 위험이 있다. 다양한 개개인이 예배에 어떻게 참여할지에 대해 그 나름의 계획을 갖고 나타나면 결국 무질서해져서 서로의 덕을 세우기 어려워질 수 있다. 바울은 교회를 향해 영적 은사를 질서정연하게 사용해서 그 은사들이 다른 이들의 덕을 세우게 하라고 권면한다.

바울은 한 개인이 교회 모임에 기여할 수 있는 다섯 가지 예를 열거한다.

(1) "찬송"은 하나님을 찬양하는 것을 말한다.

(2) "가르치는 말씀"은 성경을 가르치는 것을 말한다(참고. 행 2:42).

(3) "계시"는 아마 예언을 가리킬 것이다.

(4) "방언"은 방언으로 말하는 것을 가리킨다.

(5) "통역"은 방언하는 사람이 말한 내용을 설명하는 것을 가리킨다.

이 단원의 나머지 부분은 방언과 예언에 초점을 맞춘다.

304 참고. Wallace, *Greek Grammar Beyond the Basics*, 486.

14:27-28 앞 구절(26절)에 나온 5개의 항목 중에서 "방언"을 제외한 모든 활동은 본질적으로 교회의 덕을 세운다. 그래서 바울이 교회 모임을 위한 전반적인 원리인 "모든 것을 덕을 세우기 위하여 하라"(26절)는 원리를 방언 말하기에 적용하는 것이다.

바울은 질서정연하게 방언을 말하는 데 필요한 세 가지 기준을 열거한다.

(1) 교회 모임이 진행되는 동안 "두 사람이나 많아야 세 사람"이 방언을 말해도 좋다.

(2) 방언을 말하는 각 사람은 "차례를 따라" 말해야 한다.

(3) 참석한 누군가가 통역해야 한다. 방언을 말하는 사람(13절)이나 방언 통역의 은사가 있는 사람이 통역하면 된다. 만일 그런 은사를 가진 사람이 없다면, 아무도 교회 모임이 진행되는 동안 방언을 말해서는 안 된다.[305] 그 대신 각 사람은 "잠잠하고 자기와 하나님께 말[해야]" 한다. 말하자면 그들은 교회 모임에서는 침묵을 지키고 사적으로 방언을 말해야 한다는 것이다.

14:29-36 개요

바울은 교회 모임을 위한 그의 전반적인 원리, 즉 "모든 것을 덕을 세우기 위하여 하라"(26절)는 원리를 예언에 적용한다. 그는 A-B-A′-B′ 패턴을 따른다.

(A) 둘 또는 세 명의 선지자만 말해야 한다(29a절).

(B) 다른 이들은 예언을 신중하게 분별해야 한다(29b절).

(A′) 29a절에 대한 조건: 만일 누군가가 예언하는 동안 하나님께서 다른

305 교회가 바울의 지시에 순종하고 싶으나 최근에 교회 모임에서 방언을 말한 경험이 없는 경우에는 이를 따르기 어려울 수 있다. 교회 모임에 방언 통역의 은사를 가진 사람이 참석하고 있는지 여부를 우리가 어떻게 알 수 있을까? 바울은 그런 교회가 사전에 그것을 어떻게 알 수 있는지 설명하지 않는다. 그래서 교회는 시행착오를 통해 이것을 배울 수 있도록 하나님께서 도우실 것으로 신뢰해야 한다고 결론짓는 것이 합리적인 듯하다.

사람에게 무언가를 계시하시면, 말하던 사람이 멈춰야 한다(30절).

30절의 두 가지 이유: (1) 너희는 모두 하나씩 예언할 수 있고 (31절), (2) 예언하는 자들의 영은 예언하는 자들에게 제재를 받는다(32절).

31-32절의 이유: 하나님은 무질서의 하나님께서 아니고 오직 화평의 하나님께서시다(33a절).

(B′) 29b절에 대한 조건: 여자는 교회 모임이 진행되는 동안 남에게 들리도록 예언을 평가하면 안 된다(33b-34a절).

33b-34a절의 이유: 그들은 복종해야 한다(34b절).

34b절에 대한 설명: 그들은 집에서 자기 남편에게 물어야 한다(35a절).

35a절의 이유: 여자가 교회 모임이 진행되는 동안 남에게 들리도록 예언을 평가하는 것은 부끄러운 것이다(35b절).

33b-35절의 두 가지 이유: (1) 하나님의 말씀이 너희로부터 난 것이 아니고, (2) 너희가 하나님의 말씀이 임한 유일한 사람들이 아니다(36절).

14:29 단지 둘 내지는 세 명의 선지자만 말해야 하고,[306] 교회는 이 선지자들이 말하는 내용을 "분별"하거나 평가해야 한다[307](참고. 살전 5:20-21; 요일 4:1-3, 고전 14:1-40의 보충 설명)

306 Fee, *First Epistle to the Corinthians*, 768은 이렇게 주장한다. "이것은 어느 모임에서든 둘 내지는 세 번의 예언들로 제한해야 한다는 뜻이 아니다…이는 '다른 이들이 예언된 내용을 신중하게 분별하기' 전에는 한 번에 세 명을 넘으면 안 된다는 뜻이다." 그러나 "둘이나 셋이 말하게 하고"(14:29)는 14:27에 나오는 더욱 명시적인 어구("두 사람이나 많아야 세 사람이 차례를 따라 하고")를 반복하는 것일 가능성이 많다.

307 슬픈 현상은 은사주의 운동의 일부 지도자들이 교회에게 예언을 신중하게 평가하라는 바울의 명령을 회피한다는 것이다. 그 대신 그들은 이기적인 '예언들'로 다른 이들을 조종한다. 예. 하나님은 그들이 자가용 비행기를 위해 엄청난 돈을 모금하기를 원하신다고 한다.

14:30 바울은 앞의 명령(29a절)에 제한을 둔다. 만일 누군가가 예언하는 동안 하나님께서 다른 사람에게 무언가를 계시하신다면, 말하던 사람이 멈춰야 한다. 둘 또는 그 이상의 사람이 동시에 예언하는 것은 헷갈리고 무질서한 상황을 초래할 것이다.

14:31-32 이제 바울은 동시에 예언하는 것을 피해야 하는 두 가지 이유를 제공한다.

(1) 고린도 교인들은 "하나씩 하나씩 예언할 수 있[다]"(31절). 다수의 사람이 동시에 예언할 타당한 이유는 없지만 질서정연하게 예언하는 것은 두 가지 목적이 있다. 모든 사람이 "배우게" 하고 "권면을 받게" 하는 것이다.

(2) "예언하는 자들의 영은 예언하는 자들에게 제재를 받[는다]" (32절).[308]

14장

14:33a 왜 선지자들이 한 번에 한 명씩 교대로 예언해야 하고, 그들의 영을 통제하여 교대로 예언해야 하는가(31-32절)? 왜냐하면 예언의 은사를 주시는 하나님은 혼란스러운 분이 아니기 때문이다. 하나님을 특징짓는 것은 화평이다. 따라서 그분이 주시는 영적 은사들은 무질서가 아니라 화평을 낳을 것이다.

14:33b-34a 바울은 예언의 평가(29b절)와 관련하여 앞의 명령에 조건을 덧붙인다. 여자는 교회 모임이 진행되는 동안 남에게 들리도록 예언을 평가하면 안 된다.[309] 이는 여자가 교회 모임이 진행되는 동안 일체 말을 하면

308 NIV는 "선지자들의 '통제'를 받게 한다"고 덧붙인다. 달리 말하면, "예언하는 사람들은 그들의 영을 통제하고 교대로 할 수 있다"(NLT). 더욱 구체적으로 말하면, 12절에 나오는 "영들"이 성령이 나눠주시는 은사들의 약칭이듯이(참고. 각주 297), 여기에 나온 "영들"은 아마 성령이 선지자들 속에서 하시는 일의 약칭일 것이다. Grudem, *Gift of Prophecy*, 97-99.

안 된다는 뜻이 아니다. 이 편지에서 바울이 여자들에게 교회 모임이 진행되는 동안에 머리를 가린 채 기도하고 예언하도록 격려하기 때문이다(11:5, 13, 참고. 행 2:17; 21:8-9). 문맥(특히 고전14:29-36에 나오는 A-B-A′-B′ 패턴, 참고. 29-36절 주석)에 따르면, 이 침묵의 성격은 교회 모임이 진행되는 동안 남에게 들리도록 예언을 평가하는 것과 관련이 있다.

바울이 명령하는 바는 고린도 교회에만 국한된 것이 아니다. 그것은 "성도들의 모든 교회"(33b절, 새번역)의 행습이다.[310] 바울은 그의 가르침이 그가 다른 교회들을 가르치는 바와 일치한다는 점을 거듭 강조한다(4:17; 7:17; 14:33, 36, 참고. 1:2).

14:34-35 개요

일부 학자들은 바울이 이런 글을 쓰지 않았고 필사가들이 나중에 바울의 편지에 삽입했다고 주장한다. 그러므로 이 글은 성경에 속하지 않는다는 결론을 내린다. (이들 중 다수는 교회와 가정에서 남자와 여자의 평등주의적 역할을 옹호하기도 한다.)[311] 이 견해를 지지하는 주된 증거는 일부 헬라어 사본들이 34-35절을 40절 '뒤에' 포함시킨다는 사실이다. 이 학자들은 다음과 같이 추측한다. (1) 바울 편지의 원본은 34-35절을 포함하지 않았다. (2) 필사가들이 나중에 34-35절을 33절 뒤의 여백에 하나의 주석으로 기록했다. (3) 이후에 그들이 33절이나 40절 다음에 이 주석을 포함시켰다.

그러나 바울이 애초에 이 세 문장을 현재의 위치(즉, 40절 뒤가 아니라 33절 뒤에)에 썼던 것이 거의 확실하다. 가장 설득력 있는 증거는 헬라어 사본 중

309 D. A. Carson, "'Silent in the Churches': On the Role of Women in 1 Corinthians 14:33b-36," in Piper and Grudem, *Recovering Biblical Manhood and Womanhood*, 151-153.

310 일부 번역본은 14:33b을 14:33a과 묶는다. "하나님은 무질서의 하나님이 아니고 화평의 하나님이시기 때문이다-주님의 백성의 모든 회중에서 그렇듯이"(NIV, 참고. NASB, NLT). 하지만 14:33b를 14:33a에 나오는 하나님의 성품과 연결하기보다 14:34a에 나오는 고린도 교회가 취할 행동 방식과 연결하면 의미가 더 잘 통한다.

311 Fee, *First Epistle to the Corinthians*, 780-792. Philip B. Payne, *Man and Woman, One in Christ: An Exegetical and Theological Study of Paul's Letters* (Grand Rapids, MI: Zondervan, 2009), 217-267.

에 34-35절을 생략하는 사본이 단 하나도 없다는 사실이다. 우리는 왜 일부 사본이 34-35절을 40절 뒤에 두는지 그 이유를 추측만 할 수 있다. 그럴듯한 가설은 이렇다. 바울이 이 문장들을 원본의 여백에 덧붙였는데, 훗날 이 글이 진정한 것임을 알아차린 필사가들이 그것을 어디에 둘지 확신할 수 없어서 이 문학적 단원의 마지막으로 옮겼다는 것이다.[312]

14:34b 바울은 여자에 관한 그의 명령(33b-34a절)에 대해 이유를 제공한다. 그 이유는 여자는 복종해야 하기 때문이라는 것이다(참고. 엡 5:22; 딤전 2:11-12; 벧전 3:1). 교회 모임이 진행되는 동안 남에게 들리도록 예언을 평가하는 일은 부적절하다.

바울은 그의 주장을 "율법에 이른 것 같이"라는 말로 뒷받침한다. "율법"은 구약(고전 14:21에서와 같이)을 지칭하고 아마 구체적으로 창세기 2:20b-24(바울이 고전 11:8-9에서 인용하는 본문)을 가리킬 것이다.[313]

14장

14:35a 이 구절은 34b절을 설명한다. 아내는 교회 모임이 진행되는 동안 '공개적으로' 예언을 평가하는 대신 그것에 대해 '개인적으로' 자기 남편에게 물어야 한다.

14:35b 이제 바울은 이 진술(35a절)에 대한 이유를 제공한다. 여자가 교회 모임이 진행되는 동안 남에게 들리도록 예언을 평가하는 일은 "부끄러운

312 14:35에 관한 NET 주석을 보라. 참고. Carson, "Silent in the Churches," 141-145; Jennifer Shack, "A Text without 1 Corinthians 14:34-35? Not according to the Manuscript Evidence," *JGRChJ* 10 (2014): 90-112.

313 참고. Carson, "Silent in the Churches," 152. "창세기 2장에서 나온 구절이 물론 침묵을 요구하지는 않지만 남자가 먼저 창조되고 여자는 남자를 위해 창조되었기 때문에 둘이 담당하는 역할과 관련하여 어떠한 패턴이 있음을 분명히 시사한다. 바울은 이 창조 질서에 근거해 여자가 남자에게 순종해야 한다고, 또는 적어도 아내가 남편에게 순종해야 한다고 이해한다. 고린도 교인들이 예언을 분별하는 맥락에서, 만일 아내들이 참여했다면 그런 순종이 보존될 수 없었다. 예언을 말한 첫 번째 남편이 그런 문제를 불러일으켰을 것이다. 더 폭넓게 말하자면, 바울은 어떤 여자라도 교회의 공인을 받은 가르침으로 남자 위에 권위를 행사하는 것을 허용하지 않았다(딤전 2:11ff)는 견해를 지지하는 논리를 강하게 펼 수 있다. 그리고 예언을 신중하게 분별하는 일은 그런 권위가 있는 역할에 속한다."

것"이기 때문이다.

14:36 이 수사적 질문들은 33b-35절을 강화한다. 바울은 일부 고린도 교인들이 자신의 지시에 의문을 제기할 것을 예상해서 다음 명제들을 전달하는 두 가지 수사적 질문을 던진다.

(1) 하나님의 말씀이 처음에 '너희'로부터 온 것이 아니다. 그 말씀은 고린도 교인들과 함께 시작되지 않았다. (바울이 맨 처음 그 말씀을 그들에게 전했다!)

(2) '너희'가 하나님의 말씀이 임한 유일한 사람들이 아니다. 하나님께서 단지 고린도 교인들에게만 그분의 말씀을 계시하신 것이 아니다.

14:37-38 다음 내용은 36절의 추론에 해당하는 두 가지 경고다.

(1) 만일 누구든지 자기가 선지자(즉, 예언의 은사를 가진) 또는 영적인(즉, 특히 방언의 은사를 비롯한 영적 은사들을 가진) 사람이라 생각한다면, 그는 바울이 영적 은사에 관해 지시하는 바를 묵살해서는 안 된다(참고. 3:18; 8:2). 바울이 쓰는 내용은 "주의 명령"이다.

(2) 만일 누구든지 바울이 쓰는 내용의 신적 권위를 인정하지 않는다면, 하나님도 그 사람을 인정하지 않으실 것이다. 만일 누구든지 바울이 쓰는 내용을 무시한다면, 하나님도 그 사람을 무시하실 것이다. 다시 말해 바울은, 그런 사람이 자기가 하나님의 이름으로 예언했다고 주장할지라도 하나님은 심판의 날에 "내가 너희를 도무지 알지 못한다"(마 7:21-23, 참고. 시 1:6; 고전 8:3)고 답하시리라고 경고한다.

14:39-40 다음으로 사도 바울은 1-38절(과 12:1-14:38)로부터 3중적인 추론을 끌어낸다.

(1) 고린도 교인은 예언하기를 열심히 사모해야 한다. 바울은 고린도 교인들이 예언을 방언보다 더 귀중히 여기기를 바란다.

(2) 고린도 교인은 다른 이들이 방언으로 말하는 것을 금하면 안 된다. 방언을 말하는 것은 나쁘지 않다. 교회가 모일 때 단지 방언은 예언만큼 덕을 세우지 못할 뿐이다. 그러나 교회가 바울의 지시를(특히 27-28절) 따르면 방언도 덕을 세울 수 있다.

(3) 고린도 교인들은 교회가 모일 때 "품위 있게 하고 질서 있게" 영적 은사를 사용해야 한다. 문맥상 이런 식으로 "모든 것"을 한다는 것은, 교회가 다함께 모일 때 영적 은사를 질서정연하게 사용한다는 뜻이다.

응답

1. 성령이 당신과 동료 교인들에게 나누어주시는 영적 은사를 귀하게 여겨라(12:1-31).

바울은 12장에서 여러 코믹한 장면을 포함하는 물리적 몸의 비유를 든 후에 27절에서 가장 중요한 선언을 한다. "너희는 그리스도의 몸이요 지체의 각 부분이라." 이 구절이 함축하는 바는 표18을 보라.

거짓된 겸손	교만
교인은 성령이 교인 개개인에게 주권적으로 나눠주신 영적 은사로 인해 자기가 동료 교인들보다 '덜' 중요하다고 생각하면 안 된다.	교인은 성령이 교인 개개인에게 주권적으로 나눠주신 영적 은사로 인해 자기가 동료 교인들보다 '더' 중요하다고 생각하면 안 된다.
교인은 한 동료 교인을 가장 중요한 사람으로 우러러보면 안 된다.	교회는 한 동료 교인을 보잘 것 없는 사람으로 깔보면 안 된다.

표18. 고린도전서 12:27에 함축된 의미

성령이 주권적으로 개개인에게 영적 은사를 나누어주시기 때문에(12:11,

18) 그리스도인은 자기가 획득하지 않고 그저 받은 것에 대해 교만해질 수 있는 근거가 없다! "네게 있는 것 중에 받지 아니한 것이 무엇이냐 네가 받았은즉 어찌하여 받지 아니한 것 같이 자랑하느냐"(4:7) 또한 그리스도인은 동료 교인이 가진 영적 은사들을 탐내는 죄도 짓지 않아야 한다. 그들은 동료 교인들을 둘러보면서 성령이 그리스도의 몸에 분배하신 다양한 은사들을 기뻐해야 마땅하다. 우리는 모두 운동선수처럼 동료 교인들과 경쟁하는 것이 아니라 다함께 일해야 하는 한 팀이다. 교인 개개인은 오케스트라의 각 악기와 비슷하다. 한 악기만으로는 장엄한 교향곡을 만들어 낼 수 없는 법이다.

바울의 비유를 사용하자면, 우리는 유기적인 몸의 부분들이다. 만일 우리의 손가락이 말할 수 있다면, 그것들은 다리와 발 덕분에 손으로 걸을 필요가 없어서 얼마나 감사한지 모른다고 말할 것이다! 만일 우리의 발가락이 말할 수 있다면, 그것들은 손가락 덕분에 발가락으로 먹거나 쓰거나 물체를 나를 필요가 없어서 얼마나 감사한지 모른다고 말할 것이다! 우리는 몸의 부분들이 다른 부분들과 경쟁한다고 생각하지 않는다. 온 몸이 잘 기능하기를 원할 뿐이다. 이가 아플 때는 온 몸이 고통을 받는다. 귀는 '나는 저 이를 좋아했던 적이 없어. 저 이가 썩어서 고통당하면 좋겠어'라고 생각하지 않는다. 몸은 전체를 위해 몸의 각 부위가 건강하기를 원한다. 그리스도의 몸도 이와 같아야 한다.

2. 성령이 당신과 동료 교인들에게 나눠주시는 영적 은사에 만족하라. 성령은 "그의 뜻대로 각 사람에게 나누어 주[신다]"(12:11). "'하나님'이 그 원하시는 대로 지체를 각각 몸에 두셨다"(12:18). '하나님'이 "몸을 골고루 짜 맞추[셨다]"(12:24, 새번역). "하나님이 교회 중에" 다양한 영적 은사들을 임명하셨다(12:28). 그래서 만일 그분이 우리 자신이나 교인들에게 방언 말하는 것을 명하지 않으셨다면[그리고 교회가 "방언 말하기를 금하지 말라"(14:39)는 명령을 순종하고 있다고 가정하면], 그것은 괜찮다. 그 때문에 우리가 슬퍼하면 안 된다. 마치 하나님께서 우리 또는 우리 교회에게 복 베풀기를 거부하시

는 것처럼 생각하면 안 된다는 뜻이다. 우리는 더 많은 은사를 사모해야 한다(참고. 12:1-14:40의 '응답 4'). 하나님께서 우리와 우리 교회에 더 많은 은사를 주시길 간구하는 것은 괜찮지만, 동시에 우리는 그분이 주권적으로 또 은혜롭게 우리에게 주시는 것에 만족해야 한다. 하나님은 지혜롭게 각 교회에 꼭 필요한 은사들을 주시기 때문에 그들을 향해 "너희가 모든 은사[카리스마]에 부족함이 없[다]"(1:7)고 말씀하실 수 있다. 바울의 주된 관심사는 하나님께서 교회에 '무슨' 은사를 주시는지가 아니라 교회가 은사를 '어떻게' 사용하는가이다(참고. 12:1-14:40의 '응답 3').

3. 당신의 영적 은사를 사랑과 함께 사용하라(13:1-13).
그리스도인은 성령이 은혜롭게 나누어주시는 모든 은사의 선한 청지기가 되어야 한다. 그렇기 때문에 유기적인 몸인 교회에서 서로를 섬김으로써 그런 은사들을 사용해야 한다.[314] 가장 중요한 점은 그런 은사들을 '사랑과 함께' 사용해야 한다는 것이다(참고. 13:1-13 주석). 그러지 않으면 그 은사들은 무가치하다. 우리가 은사들을 사랑과 함께 사용할 때에만 하나님의 이름을 드높이기 위해 서로를 진정으로 섬길 수 있다.

14장

> 각각 은사를 받은 대로 하나님의 여러 가지 은혜를 맡은 선한 청지기 같이 서로 봉사하라 만일 누가 말하려면 하나님의 말씀을 하는 것같이 하고 누가 봉사하려면 하나님이 공급하시는 힘으로 하는 것같이 하라 이는 범사에 예수 그리스도로 말미암아 하나님이 영광을 받으시게 하려 함이니 그에게 영광과 권능이 세세에 무궁하도록 있느니라 아멘(벧전 4:10-11)

314 교회가 어떻게 예언을 격려하고 규제할 수 있는지에 관한 실질적인 충고를 보려면 Grudem, *Gift of Prophecy*, 217-226을 참고하라.

4. 교회의 덕을 가장 많이 세우는 영적 은사들을 열심히 사모함으로써 사랑을 추구하라(14:1-25).

우리는 고린도 교인들의 잘못을 반복해서는 안 된다. 그들 중 일부는 예언보다 방언을 더 귀하게 여겼지만, 교회가 다함께 모일 때는 이해할 수 있는 말이 교회의 덕을 세우는 데 더 귀하다. 우리가 갖고 싶은 영적 은사에 관해 생각할 때는 가장 유익한 것을 열심히 사모해야 마땅하다. 그것이 바로 사랑의 길이다.

5. 질서정연하게 영적 은사를 사용해서 교회의 덕을 세우라(14:26-40).

바울은 고린도 교인들이 기적적인 영적 은사들을 오용하는 현상에 대해 그런 은사들을 금하지 않고 규제하는 것으로 반응한다. 이와 비슷하게, 우리도 오늘날 사람들이 기적적인 영적 은사들을 오용하는 모습에 대해 그런 은사들을 금하지 말고 바울의 명령에 따라 사용하게 해야 한다(만일 하나님께서 주권적으로 그런 은사들을 허락하신다면, 12:1-14:40의 '응답 2'를 참고하라). "하나님은 무질서의 하나님이 아니시요 오직 화평의 하나님이시니라"(14:33). 그러므로 "모든 것"(구체적으로 교회 모임)을 "품위 있게 하고 질서 있게" 해야 한다(40절). 우리는 방언을 말할 때와 예언할 때 바울의 지침을 따라야 한다(참고. 27-36절 주석).

6. 당신의 교회에서 연합을 도모하라.

지역 교회는 그리스도의 몸이므로(12:27), 그리스도의 몸이 연합되지 않고 분열되는 것은 부끄러운 일이다. 우리가 영적 은사라는 쟁점을 다루는 방식으로 인해 지역 교회를 분열시키는 죄를 지어서는 안 된다.[315] 가장 탄탄한 은사 지속론자들과 은사 중지론자들은 너무도 많은 공통분모를 갖고

315 방언과 같은 쟁점이 분열을 조장할 때 지역 교회를 인도하는 법에 관한 실질적인 목회적 충고를 보려면 Grudem, *Showing the Spirit*, 185-188을 참고하라.

있다.[316] 예컨대 그들은 신앙의 본질에 해당하는 정통 교리를 인정한다. 그들은 그리스도인이 되려면, 또는 더 성숙한 그리스도인이 되려면 방언을 말해야 한다는 견해를 배격한다. 또한 번영신학을 거부한다.[317] 그들은 오늘날 하나님께서 여전히 치유와 같은 기적을 행하신다는 것을 긍정하고 성경의 충분성도 인정한다.[318]

14장

316 참고. Wayne Grudem, "Preface," in Grudem, *Are Miraculous Gift for Today?*, 18-19.

317 David W. Jones and Russell S. Woodbridge, *Health, Wealth & Happiness: Has the Prosperity Gospel Overshadowed the Gospel of Christ?* (Grand Rapids, MI: Kregal, 2011).

318 Grudem, *Gift of Prophecy*, 257-269; Sam Storms, "Revelatory Gifts of the Spirit and the Sufficiency of Scripture: Are They Compatible?" in *Scripture and the People of God: Essays in Honor of Wayne Grudem*, ed. John DelHousaye, John J. Hughes and Jeff T. Purswell (Wheaton, IL: Crossway, 2018), 79-97. 그러므로 은사 중지론자들이, 카슨과 그루뎀과 같은 은사 지속론자들이 '오직 성경'을 부인하며 "이단의 문턱"까지 간다고 비난하는 것은 도움이 되지 않는다. "보수적 복음주의 진영에서 이 쟁점에 관한 차이점을 그 성격상 비본질적인 문제로 묵살하는 중요한 흐름이 있지만…이 쟁점은 제1급 교리적 함의를 지닌 것이다. 하나님께서 우리에게 은사 중지론을 '단번에 주신 믿음의 도'(유 1:3-4)를 위한 중요한 함의를 지닌 것으로 변호하는 은혜를 주시길 빈다"(Snoeberger, "Tongues," 13, 21). 그런 수사는 과장된 것이다. 거의 모든 가르침은, 우리가 그것이 어떤 식으로든 복음과 연결되는 것을 추적하기만 하면, "제1급 교리적 함의"를 지닐 수 있다. 그러면 모든 쟁점이 예외 없이 복음의 쟁점이 될 것이다. D. A. Carson, "What Are Gospel Issues?," *Themelios* 39 (2014):215-219. 어느 은사 중지론자가 이 쟁점에 대해 좀 더 평화적인 접근을 취하는 것을 보려면 다음 글을 참고하라. Iain M. Duguid, "What Kind of Prophecy Continues? Defining the Differences between Continuationism and Cessationism," in *Redeeming the Life of the Mind: Essays in Honor of Vern Pythress*, ed. John M. Frame, Wayne Grudem, and John J. Hughes (Wheaton, IL: Crossway, 2017), 112-128.

[1] 형제들아 내가 너희에게 전한 복음을 너희에게 알게 하노니 이는 너
희가 받은 것이요 또 그 가운데 선 것이라 [2] 너희가 만일 내가 전한 그
말을 굳게 지키고 헛되이 믿지 아니하였으면 그로 말미암아 구원을
받으리라

[1] Now I would remind you, brothers,[1] of the gospel I preached to you,
which you received, in which you stand, [2] and by which you are being
saved, if you hold fast to the word I preached to you—unless you
believed in vain.

[3] 내가 받은 것을 먼저 너희에게 전하였노니 이는 성경대로 그리스도
께서 우리 죄를 위하여 죽으시고 [4] 장사 지낸 바 되셨다가 성경대로
사흘 만에 다시 살아나사 [5] 게바에게 보이시고 후에 열두 제자에게와
[6] 그 후에 오백여 형제에게 일시에 보이셨나니 그중에 지금까지 대다
수는 살아 있고 어떤 사람은 잠들었으며 [7] 그 후에 야고보에게 보이
셨으며 그 후에 모든 사도에게와 [8] 맨 나중에 만삭되지 못하여 난 자
같은 내게도 보이셨느니라 [9] 나는 사도 중에 가장 작은 자라 나는 하

나님의 교회를 박해하였으므로 사도라 칭함 받기를 감당하지 못할
자니라 10 그러나 내가 나 된 것은 하나님의 은혜로 된 것이니 내게
주신 그의 은혜가 헛되지 아니하여 내가 모든 사도보다 더 많이 수고
하였으나 내가 한 것이 아니요 오직 나와 함께 하신 하나님의 은혜로
라 11 그러므로 나나 그들이나 이같이 전파하매 너희도 이같이 믿었
느니라

3 For I delivered to you as of first importance what I also received:
that Christ died for our sins in accordance with the Scriptures, 4 that
he was buried, that he was raised on the third day in accordance with
the Scriptures, 5 and that he appeared to Cephas, then to the twelve.
6 Then he appeared to more than five hundred brothers at one time,
most of whom are still alive, though some have fallen asleep. 7 Then
he appeared to James, then to all the apostles. 8 Last of all, as to one
untimely born, he appeared also to me. 9 For I am the least of the
apostles, unworthy to be called an apostle, because I persecuted the
church of God. 10 But by the grace of God I am what I am, and his
grace toward me was not in vain. On the contrary, I worked harder than
any of them, though it was not I, but the grace of God that is with me.
11 Whether then it was I or they, so we preach and so you believed.

12 그리스도께서 죽은 자 가운데서 다시 살아나셨다 전파되었거늘 너
희 중에서 어떤 사람들은 어찌하여 죽은 자 가운데서 부활이 없다 하
느냐 13 만일 죽은 자의 부활이 없으면 그리스도도 다시 살아나지 못
하셨으리라 14 그리스도께서 만일 다시 살아나지 못하셨으면 우리가
전파하는 것도 헛것이요 또 너희 믿음도 헛것이며 15 또 우리가 하나
님의 거짓 증인으로 발견되리니 우리가 하나님이 그리스도를 다시 살
리셨다고 증언하였음이라 만일 죽은 자가 다시 살아나는 일이 없으면

하나님이 그리스도를 다시 살리지 아니하셨으리라 16 만일 죽은 자가
다시 살아나는 일이 없으면 그리스도도 다시 살아나신 일이 없었을
터이요 17 그리스도께서 다시 살아나신 일이 없으면 너희의 믿음도 헛
되고 너희가 여전히 죄 가운데 있을 것이요 18 또한 그리스도 안에서
잠자는 자도 망하였으리니 19 만일 그리스도 안에서 우리가 바라는 것
이 다만 이 세상의 삶뿐이면 모든 사람 가운데 우리가 더욱 불쌍한 자
이리라

12 Now if Christ is proclaimed as raised from the dead, how can some
of you say that there is no resurrection of the dead? 13 But if there is no
resurrection of the dead, then not even Christ has been raised. 14 And if
Christ has not been raised, then our preaching is in vain and your faith
is in vain. 15 We are even found to be misrepresenting God, because
we testified about God that he raised Christ, whom he did not raise if it
is true that the dead are not raised. 16 For if the dead are not raised, not
even Christ has been raised. 17 And if Christ has not been raised, your
faith is futile and you are still in your sins. 18 Then those also who have
fallen asleep in Christ have perished. 19 If in Christ we have hope[2] in
this life only, we are of all people most to be pitied.

20 그러나 이제 그리스도께서 죽은 자 가운데서 다시 살아나사 잠자
는 자들의 첫 열매가 되셨도다 21 사망이 한 사람으로 말미암았으니
죽은 자의 부활도 한 사람으로 말미암는도다 22 아담 안에서 모든 사
람이 죽은 것같이 그리스도 안에서 모든 사람이 삶을 얻으리라 23 그
러나 각각 자기 차례대로 되리니 먼저는 첫 열매인 그리스도요 다음
에는 그가 강림하실 때에 그리스도에게 속한 자요 24 그 후에는 마지
막이니 그가 모든 통치와 모든 권세와 능력을 멸하시고 나라를 아버
지 하나님께 바칠 때라 25 그가 모든 원수를 그 발 아래에 둘 때까지

반드시 왕 노릇 하시리니 26 맨 나중에 멸망 받을 원수는 사망이니라
27 만물을 그의 발 아래에 두셨다 하셨으니 만물을 아래에 둔다 말씀
하실 때에 만물을 그의 아래에 두신 이가 그중에 들지 아니한 것이 분
명하도다 28 만물을 그에게 복종하게 하실 때에는 [1]아들 자신도 그 때
에 만물을 자기에게 복종하게 하신 이에게 복종하게 되리니 이는 하
나님이 만유의 주로서 만유 안에 계시려 하심이라
20 But in fact Christ has been raised from the dead, the firstfruits of
those who have fallen asleep. 21 For as by a man came death, by a
man has come also the resurrection of the dead. 22 For as in Adam all
die, so also in Christ shall all be made alive. 23 But each in his own
order: Christ the firstfruits, then at his coming those who belong to
Christ. 24 Then comes the end, when he delivers the kingdom to God
the Father after destroying every rule and every authority and power.
25 For he must reign until he has put all his enemies under his feet.
26 The last enemy to be destroyed is death. 27 For "God[3] has put all
things in subjection under his feet." But when it says, "all things are
put in subjection," it is plain that he is excepted who put all things in
subjection under him. 28 When all things are subjected to him, then
the Son himself will also be subjected to him who put all things in
subjection under him, that God may be all in all.

29 만일 죽은 자들이 도무지 다시 살아나지 못하면 죽은 자들을 위하
여 [2]세례를 받는 자들이 무엇을 하겠느냐 어찌하여 그들을 위하여
[2]세례를 받느냐 30 또 어찌하여 우리가 언제나 위험을 무릅쓰리요
31 형제들아 내가 그리스도 예수 우리 주 안에서 가진 바 너희에 대한
나의 자랑을 두고 단언하노니 나는 날마다 죽노라 32 내가 사람의 방
법으로 에베소에서 맹수와 더불어 싸웠다면 내게 무슨 유익이 있으리

요 죽은 자가 다시 살아나지 못한다면 내일 죽을 터이니 먹고 마시자
하리라 33 속지 말라 악한 동무들은 선한 행실을 더럽히나니 34 깨어
의를 행하고 죄를 짓지 말라 하나님을 알지 못하는 자가 있기로 내가
너희를 부끄럽게 하기 위하여 말하노라

29 Otherwise, what do people mean by being baptized on behalf of the
dead? If the dead are not raised at all, why are people baptized on their
behalf? 30 Why are we in danger every hour? 31 I protest, brothers, by
my pride in you, which I have in Christ Jesus our Lord, I die every
day! 32 What do I gain if, humanly speaking, I fought with beasts at
Ephesus? If the dead are not raised, "Let us eat and drink, for tomorrow
we die." 33 Do not be deceived: "Bad company ruins good morals."[4]
34 Wake up from your drunken stupor, as is right, and do not go on
sinning. For some have no knowledge of God. I say this to your shame.

35 누가 묻기를 죽은 자들이 어떻게 다시 살아나며 어떠한 몸으로 오
느냐 하리니 36 어리석은 자여 네가 뿌리는 씨가 죽지 않으면 살아나
지 못하겠고 37 또 네가 뿌리는 것은 장래의 형체를 뿌리는 것이 아니
요 다만 밀이나 다른 것의 알맹이 뿐이로되 38 하나님이 그 뜻대로 그
에게 형체를 주시되 각 종자에게 그 형체를 주시느니라 39 육체는 다
같은 육체가 아니니 하나는 사람의 육체요 하나는 짐승의 육체요 하
나는 새의 육체요 하나는 물고기의 육체라 40 하늘에 속한 형체도 있
고 땅에 속한 형체도 있으나 하늘에 속한 것의 영광이 따로 있고 땅에
속한 것의 영광이 따로 있으니 41 해의 영광이 다르고 달의 영광이 다
르며 별의 영광도 다른데 별과 별의 영광이 다르도다

35 But someone will ask, "How are the dead raised? With what kind of
body do they come?" 36 You foolish person! What you sow does not
come to life unless it dies. 37 And what you sow is not the body that is

to be, but a bare kernel, perhaps of wheat or of some other grain. 38 But
God gives it a body as he has chosen, and to each kind of seed its own
body. 39 For not all flesh is the same, but there is one kind for humans,
another for animals, another for birds, and another for fish. 40 There are
heavenly bodies and earthly bodies, but the glory of the heavenly is of
one kind, and the glory of the earthly is of another. 41 There is one glory
of the sun, and another glory of the moon, and another glory of the
stars; for star differs from star in glory.

42 죽은 자의 부활도 그와 같으니 썩을 것으로 심고 썩지 아니할 것으
로 다시 살아나며 43 욕된 것으로 심고 영광스러운 것으로 다시 살아
나며 약한 것으로 심고 강한 것으로 다시 살아나며 44 육의 몸으로 심
고 신령한 몸으로 다시 살아나나니 육의 몸이 있은즉 또 영의 몸도 있
느니라 45 기록된 바 첫 사람 아담은 생령이 되었다 함과 같이 마지막
아담은 살려 주는 영이 되었나니 46 그러나 먼저는 신령한 사람이 아
니요 육의 사람이요 그 다음에 신령한 사람이니라 47 첫 사람은 땅에
서 났으니 흙에 속한 자이거니와 둘째 사람은 하늘에서 나셨느니라
48 무릇 흙에 속한 자들은 저 흙에 속한 자와 같고 무릇 하늘에 속한
자들은 저 하늘에 속한 이와 같으니 49 우리가 흙에 속한 자의 형상을
입은 것같이 또한 하늘에 속한 이의 형상을 입으리라

42 So is it with the resurrection of the dead. What is sown is perishable;
what is raised is imperishable. 43 It is sown in dishonor; it is raised
in glory. It is sown in weakness; it is raised in power. 44 It is sown a
natural body; it is raised a spiritual body. If there is a natural body,
there is also a spiritual body. 45 Thus it is written, "The first man Adam
became a living being";[5] the last Adam became a life-giving spirit.
46 But it is not the spiritual that is first but the natural, and then the

spiritual. 47 The first man was from the earth, a man of dust; the second
man is from heaven. 48 As was the man of dust, so also are those who
are of the dust, and as is the man of heaven, so also are those who are
of heaven. 49 Just as we have borne the image of the man of dust, we
shall[6] also bear the image of the man of heaven.

50 형제들아 내가 이것을 말하노니 혈과 육은 하나님 나라를 이어 받
을 수 없고 또한 썩는 것은 썩지 아니하는 것을 유업으로 받지 못하
느니라 51 보라 내가 너희에게 비밀을 말하노니 우리가 다 잠 잘 것이
아니요 마지막 나팔에 순식간에 홀연히 다 변화되리니 52 나팔 소리
가 나매 죽은 자들이 썩지 아니할 것으로 다시 살아나고 우리도 변화
되리라 53 이 썩을 것이 반드시 썩지 아니할 것을 입겠고 이 죽을 것이
죽지 아니함을 입으리로다 54 이 썩을 것이 썩지 아니함을 입고 이 죽
을 것이 죽지 아니함을 입을 때에는 사망을 삼키고 이기리라고 기록
된 말씀이 이루어지리라 55 사망아 너의 승리가 어디 있느냐 사망아
네가 쏘는 것이 어디 있느냐 56 사망이 쏘는 것은 죄요 죄의 권능은 율
법이라 57 우리 주 예수 그리스도로 말미암아 우리에게 승리를 주시는
하나님께 감사하노니 58 그러므로 내 사랑하는 형제들아 견실하며 흔
들리지 말고 항상 주의 일에 더욱 힘쓰는 자들이 되라 이는 너희 수고
가 주 안에서 헛되지 않은 줄 앎이라

50 I tell you this, brothers: flesh and blood cannot inherit the kingdom of
God, nor does the perishable inherit the imperishable. 51 Behold! I tell
you a mystery. We shall not all sleep, but we shall all be changed, 52 in a
moment, in the twinkling of an eye, at the last trumpet. For the trumpet
will sound, and the dead will be raised imperishable, and we shall be
changed. 53 For this perishable body must put on the imperishable, and
this mortal body must put on immortality. 54 When the perishable puts

on the imperishable, and the mortal puts on immortality, then shall
come to pass the saying that is written:
"Death is swallowed up in victory."
55 "O death, where is your victory?
O death, where is your sting?"
56 The sting of death is sin, and the power of sin is the law. 57 But
thanks be to God, who gives us the victory through our Lord Jesus
Christ.
58 Therefore, my beloved brothers, be steadfast, immovable, always
abounding in the work of the Lord, knowing that in the Lord your labor
is not in vain.

15장

1) 또는 아들도 그때에 스스로 만물을 자기에게 복종하게 하신 이에게 복종하리라 2) 헬, 또는 침례

1 Or *brothers and sisters*; also verses 6, 31, 50, 58 *2* Or *we have hoped* *3* Greek *he* *4* Probably from Menander's comedy *Thais* *5* Greek *a living soul* *6* Some manuscripts *let us*

단락 개관

이 단락은 열 가지 쟁점 중 열 번째 것을 다룬다. 하나님께서 신자들의 죽은 몸을 부활시키실 것을 부인하는 문제다. 바울의 목적은 일차적으로 하나님께서 '예수'의 죽은 몸을 일으키셨음을 증명하는 것이 아니라 장차 '신자들'의 죽은 몸을 일으키실 것임을 증명하는 것이다.[319] 그는 "너희 중에서 어떤 사람들은 어찌하여 죽은 자 가운데서 부활이 없다 하느냐"(12절)고 고린도 교인들에게 묻는다. 고린도 교인들은 하나님께서 그리스도를 죽은 자 가운데서 다시 살리셨음을 믿지만(1-2절, 11절), 그들 중 일부는 그분이 장차 신자들의 죽은 몸을 부활시키실 것임을 부인한다.[320]

- "부활"(12, 13, 21, 42절)은 아나스타시스(*anastasis*)를 번역한 것으로, "죽음 이후의 삶"이 몸이 없는 존재일 수 있다는 식으로 모호하게 가리키는 말이 아니다. 이 단어는 구체적으로 한 사람이 죽은 이후에 누릴 '몸을 가진' 삶을 가리킨다.[321]
- "죽은"[12(2번), 13, 15, 16, 20, 21, 29(2번), 32, 35, 42, 52]은 네크로스(*nekros*)를 번역한 것으로, '더 이상 신체적으로 살아 있지 않은 자, 죽은 사람, 죽은 몸, 시체'[322]라는 뜻이다.

319 그렇다고 해서 이 단락을 근거로 삼아 하나님께서 예수를 죽은 상태에서 일으키셨음을 논증하는 것이 틀리다는 뜻이 아니다! 이것이 이 문맥에서 바울의 주된 논점이 아니라는 뜻이다. 바울의 주된 논점은 하나님께서 예수를 죽은 상태에서 일으키셨음을 전제로 한다. 예수의 부활이 역사적 사실임을 논증하는 데 초점을 두는 자료는 다음과 같다. Gary R. Habermas and Michael R. Licona, *The Case for the Resurrection of Jesus* (Grand Rapids, MI: Kregel, 2004); Michael R. Licona, *The Resurrection of Jesus: A New Historiographical Approach* (Downers Grove, IL: IVP Academic, 2010); Lee Strobel, *The Case for Christ: A Journalist's Personal Investigation of the Evidence for Jesus*, 2nd ed. (Grand Rapids, MI: Zondervan, 2016).

320 바울은 하나님께서 장차 신자와 불신자를 포함한 모든 인간을 어떻게 일으키실지에 대해 다루고 있지 않다. 그는 구체적으로 그분이 "그리스도 안에서 잠자는 자들"(15:18), "그리스도에게 속한 자들"(15:23)을 일으키실지 여부에 대해 다룬다.

321 N. T. Wright, *The Resurrection of the Son of God*, COQG 3 (London: SPCK, 2003). 라이트의 740쪽 짜리 대작에 대한 서평들도 참고하라. Grant R. Osborne, *JETS* 47 (2004): 514-517; Simon Gathercole, *Themelios* 29 (2004): 81-82; James M. Hamilton Jr., *TJ* 26 (2005): 140-143.

하나님께서 인간의 죽은 몸을 부활시키실 것이라는 관념은 그리스-로마의 이방인들에게 반감을 불러일으켰다(참고. 행 17:32). 그들은 물질적인 몸은 무덤 너머의 장래가 없고 오직 비물질적인 영혼만 불멸한다고 믿었다. 그들은 물리적 몸보다 영혼을 중시했다. 따라서 어떤 이들은 그 철학을 윤리에 적용해서 우리가 현재 몸으로 행하는 것은 중요하지 않다고 주장했다(참고. 15:32-34, 6:13-14 주석). 이것은 일부 고린도 교인들이 이방 문화의 세상적인 가치관을 도입한 또 하나의 영역이다.[323]

단락 개요

II. 고린도 교인들에 관한 소식과 그들의 편지에 기초해 바울이 응답하는 쟁점들(1:10-15:58)

J. 하나님께서 신자들의 죽은 몸을 부활시키시리라는 것을 부인하는 문제(15:1-58)

1. 토대: 그리스도의 부활은 복음에 필수적이다(15:1-11)
2. 사실: 하나님은 확실히 신자들의 죽은 몸을 부활시키실 것이다(15:12-34)

a. 만일 하나님께서 죽은 자를 일으키지 않으신다면 그리스도가 일으킴을 받지 못했을 것이고, 만일 그리스도가 일으킴을 받지 못했다면 끔찍한 결과가 뒤따른다(15:12-19)

322 BDAG, s.v. νεκρός.

323 무엇보다도 영혼의 불멸성이(지나친 '실현된 종말론'이나 내세의 허무주의가 아니라) 일부 고린도 교인이 하나님께서 장차 신자들의 죽은 몸을 부활시키실 것임을 부인한 이유를 이해하는 데 필요한 역사-문화적 맥락인 듯하다. 참고. Garland, *1 Corinthians*, 698-701. 다음으로 가장 그럴듯한 견해는 호메로스의 종말론이다. Paul J. Brown, *Bodily Resurrection and Ethics in 1 Cor 15: Connecting Faith and Morailty in the Context of Greco-Roman Mythology*, WUNT 2, 360 (Tübingen: Mohr Siebeck, 2014).

b. 그러나 그리스도가 일으킴을 받았으므로, 하나님은 그리스도께 속한 이들을 일으키실 것이고 그로써 사망을 멸하실 것이다(15:20-28)

c. 만일 하나님께서 죽은 자를 일으키지 않으신다면 어떤 사람들이 행하는 일은 터무니없는 것이겠지만, 그분이 죽은 자를 분명히 일으키시므로 일부 고린도 교인들의 주장이 터무니없는 것이다(15:29-34)

3. 자연: 하늘에 속한 몸은 이치에 맞고 확실하며 필연적이다(15:35-58)

a. 자연에서 끌어온 두 가지 비유(씨와 서로 다른 종류의 몸)는 신자들의 죽은 몸을 부활시키는 것이 이치에 맞음을 입증한다(15:35-44)

b. 아담과 그리스도의 유비는 신자들의 죽은 몸을 부활시키는 것이 확실함을 입증한다(15:45-49)

c. 사망을 무찌르고 승리하기 위해 하나님은 죽은 신자와 살아 있는 신자들의 썩는 죽을 몸을 썩지 않고 죽지 않는 몸으로 변화시켜야 한다(15:50-58)

주석

15:1-11 개요

바울은 새로운 쟁점으로 전환하지만 12절에 가서야 그 문제를 명시한다. 그는 특히 하나님께서 그리스도를 죽은 자 가운데서 다시 살리셨음을 확증하기 위해 고린도 교인들에게 복음의 내용을 상기시킴으로써 공통분모 위에서 시작한다. 이것이 바울과 다른 사도들이 전하는 것이고, 또한 고린도 교인들이 믿고 있는 것이다(1-2, 11절). 그리스도의 부활은 복음에 필수적이고, 바울이 15장의 나머지 부분에서 쌓는 것의 토대가 된다.

15:1-2 바울은 복음을 네 마디로 묘사한다.

(1) "내가 너희에게 전한 복음": 복음은 바울이 "전한"[유앙겔리조, 1, 2절] 것, '전달한'[파라디도미(*paradidōmi*), 3절] 것, "전파"한 또는 '선포한'[케뤼소(*kēryssō*), 11, 12절] 것, 그리고 "증언[한]"[마르튀레오(*martyreō*), 15절] 것이다. 복음은 그가 "전파[한]" 것[케뤼그마(*kērygma*), 14절]의 내용이다.

(2) "너희가 받은 것": 복음은 고린도 교인들이 진실로 받아들이는 것이다. "받은"은 '받아들이다'[324]라는 뜻을 지닌 단어를 번역한 것이다.

(3) "그 가운데 선 것": 복음은 고린도 교인들이 계속 취하는 확고한 입장의 토대다(참고. 58절 주석; 16:13-14 주석).

15장

(4) "그로 말미암아 [너희가] 구원을 받으리라": 복음은 고린도 교인들을 구원하는 수단이다. 바울은 이 절에 조건을 더한다. '만일 고린도 교인들이 바울이 그들에게 전한 것을 계속 굳게 지킨다면', 복음은 그들을 구원하는 수단이라고 한다. 그들이 만일 끝까지 인내하지 않는다면(참고. 마 13:20-22; 골 1:23) "헛되이" 믿은 것이다. "헛되이"는 에이케(*eikē*)를 번역한 것으로 여기서는 '목적이 없이, 아무런 목적도 없이'와 '신중한 생각이 없이, 합당한 고려가 없이, 아무렇게나'[325] 등을 모두 가리킬 것이다. 2절에 나오는 이 마지막 절을 해석하는 방법은 적어도 다음 두 가지다. (a) 그들이 믿은 것은 거짓이라서 헛되다. (b) 그들의 믿음은 진정한 믿음이 아니라서 헛되다. 첫 번째 해석은 문맥에 들어맞지 않아서 가능성이 별로 없다. 바울이 12-19절에 이르기까지는 이처럼 가설적으로 논증하지 않기 때문이다. 두 번째 해석은 직접적인 문맥과 더 넓은 문맥에 잘 들어맞기 때문에 가능성

324 "강조점이 받은 사실 또는 인수한 사실에 있기보다는 그 단어가 동의 내지는 승인을 의미한다는 사실에 있다, '수용하다'"(BDAG, s.v. παραλαμβάνω).

325 BDAG, s.v. εἰκῆ.

더 높다. 이것은 고린도 교인들을 납득시키는 동시에 경고하는 또 하나의 본보기다(참고. 3:17 주석; 6:9-10 주석; 10:1-5, 13 주석; 11:32 주석, 8:1-11:1의 '응답 5').[326]

15:3-8 개요

이 구절들은 첫 진술(1a절)에 대한 이유를 제공한다. 바울이 고린도 교인들에게 복음에 관해 상기시키는 이유는 그 자신이 그들에게 전달한 것이 "가장 중요한 것"(3절, 현대인의성경)이기 때문이다.

바울은 A-B-A'-B' 패턴을 통해 복음의 내용을 설명한다.

(A) 성경대로 그리스도께서 우리 죄를 위하여 죽으셨다(3b절).
(B) 3b절의 증거: 그분이 장사되셨다(4a절).
(A') 성경대로 (그리스도께서) 사흘 만에 다시 살아나셨다(4b절).
(B') 4b절의 증거: 그분이 여섯 명 또는 여러 무리에게 보이셨다.

핵심 메시지는 "예수께서 죽으셨다가 다시 살아나[셨다]"(살전 4:14)는 것이다.

15:3 '가장 중요한 것'(개역개정은 "먼저")은 성경에 담긴 모든 것이 중요하지만 모든 것이 '똑같이' 중요한 것은 아님을 의미한다. 어떤 교리들은 다른 교리들보다 '더' 중요하다. 복음이 '가장' 중요하다.[327] 예수님은 메시아로서 "우리 죄를 위하여", 즉 우리를 대신하여 우리의 자리에서 죽으셨다. 그분은 형벌적 대속물로서 죄를 속량하셨다(참고. 롬 4:25; 5:6; 8:32; 고후 5:14, 21; 벧전 3:18).[328] 예수님의 희생적이고 대속적인 죽음이 "성경대로"('성경'이

326 참고. Wilson, *Warning-Assurance*, 132-138.

327 신학적 중요도 분류와 복음의 정의에 관해서는 Naselli, *How to Understand and Apply the New Testament*, 295-300을 보라.

복수형임) 일어났다고 할 수 있는 것은 그 사건이 어느 한 구절이 아니라 구약 전체를 성취하기 때문이다. (바울은 고전 15:4에서 그리스도의 부활과 관련하여 이 어구를 반복한다.) 바울이 특정한 구절들(예. 사 52:13-53:12; 슥 13:7)을 생각하고 있을지 몰라도 "모종의 유형론을 인정하지 않는 한 그런 주장은 이해하기가 어렵다. 옛 언약의 제사들, 속죄의 개념들, 고난과 의로움의 변호에 대한 설명과 같은 것들이 앞날을 가리키는 패턴을 구성하기 때문이다."[329] (유형론에 관해서는 10:1-22 주석을 참고하라.)

15:4 예수님이 무덤에 묻히셨다는 것은 그분이 죽으셨다는 증거였다(3b절). 인간은 죽은 몸을 묻지 살아 있는 사람을 묻지 않는다(누군가 상대방을 살해하려고 의도하지 않는 한). "[그리스도께서] 장사 지낸 바 되셨다가…다시 살아나사"는 하나님께서 예수님의 '죽은 몸'을 일으키셨음을 강조한다(참고. 1-58절 단락 개관). 바울은 12-58절에서 이를 토대로 삼아 논의를 쌓는다.

15장

메시아이신 예수님이 "사흘 만에 다시 살아나[셨다]." 그분이 미리 말씀하신 그대로다(마 16:21).[330] 예수님의 부활이 "성경대로" 일어났다고 말할

328 참고. Thomas R. Schreiner, "Penal Substitution View," in *The Nature of the Atonement: Four Views*, ed. James K. Beilby and Paul R. Eddy, Spectrum Multiview (Downers Grove, IL: IVP Academic, 2006), 67-98 (50-53, 148-151, 192-195도 보라); Steve Jeffrey, Michael Ovey, and Andrew Sach, *Pierced for Our Transgressions: Rediscovering the Glory of Penal Substitution* (Wheaton, IL: Crossway, 2007); J. I. Packer and Mark Dever, *In My Place Condemned He Stood: Celebrating the Glory of the Atonement* (Wheaton, IL: Crossway, 2008); Mark Dever and Michael Lawrence, *It Is Well: Expositions on Substitutionary Atonement*, 9Marks (Wheaton, IL: Crossway, 2010); Simon Gathercole, *Defending Substitution: An Essay on Atonement in Paul*, ASBT (Grand Rapids, MI: Baker Academic, 2015); Stephen J. Wellum, *Christ Alone- The Uniqueness of Jesus as Savior: What the Reformer Taught…and Why It Still Matters*, the Five Solas (Grand Rapids, MI: Zondervan, 2017), 193-245.

329 Carson, "Mystery and Fulfillment," 409. 바울은 앞에서 "우리의 유월절 양 곧 그리스도께서 희생되셨느니라"(5:7)고 쓰고 있다. "그래서 아마도 그는 히브리서 저자의 추론을 반복했을 수도 있는데, 후자는 구약성경이 구원-역사적 격자로 펼쳐내고, 옛 언약의 폐기와 새 언약의 출현을 선언하고, 더 나은 장막과 더 나은 제사장 직분과 더 나은 제사로 완성되는 방식들을 우아하게 추적하고 있다" [D. A. Carson, *Prophetic from the Center: The Gospel of Jesus Christ in 1 Corinthians 15:1-19* (Deerfield, IL: Gospel Coalition, 2016), 15].

330 예수님의 마지막 주간 연대기에 관해서는 다음 책을 보라. Andreas J. Kostenberger and Justin Taylor, *The Final Days of Jesus: The Most Important Week of the Most Important Person Who Ever Lived* (Wheaton,

수 있는 것은 그 사건이 구약[331]을 성취했기 때문이다(참고. 요 20:9; 행 17:2-3; 26:22-23). 더욱 구체적으로 말하면, 예수님이 사흘 만에 부활하신 것은 구약을 성취한 사건이다(참고. 눅 24:45-46). 예수님이 성경대로 사흘 만에 다시 살아나셨다고 할 때 그 성경구절 중에는 창세기 1:9-13,[332] 레위기 23:10-11,[333] 특히 호세아 6:1-3[334](참고. 창 22:4-5과 히 11:19; 욘 1:15-2:10과 마 12:40)이 포함될 수 있다.

15:5-8 예수님이 죽은 자 가운데서 다시 살아나셨다는 증거로 바울은 (시간순으로) 예수님이 나타나셨던 대상인 여섯 명 또는 여러 무리를 실례로 든다(신약은 다른 출현들도 언급하며, 출현 3, 4, 5는 다른 곳에서는 언급되지 않는다).

(1) "게바", 즉 베드로(눅 24:34).

(2) "열두 제자"(눅 24:36-43; 요 20:19-23): 이는 가룟 유다를 제외하며 맛디아가 그들 가운데 있었을 수 있다(참고. 행 1:21-23, 26).

(3) "오백여 형제"(마 28:16-20에 나온 경우일 수 있다): 바울은 "그중에 지금까지 대다수는 살아 있[다]"고 덧붙이는데, 이는 '조사해봐라. 너희가 가서 그들에게 물어보라'는 뜻이다. "잠들었으며"는 신자들이 죽고 나서 하나님께서 그들을 부활시키실 때 그들의 몸이 '깨어날' 것을 기다리고 있음을 가

IL: Crossway, 2014).

331 예. 신 32:39; 삼상 2:6; 욥 19:25-27; 시 2:7; 16:9-11; 사 25:7-9; 26:19; 53:10-11; 55:3; 겔 37:1-14; 단 12:2. 종말을 열기 시작한 부활이 어떻게 성경신학의 틀이 되는지에 관해서는 다음 책을 보라. G. K. Beale, *A New Testament Biblical Theology: The Unfolding of the Old Testament in the New* (Grand Rapids, MI: Baker Academic, 2011), 225-354.

332 참고. Nicholas P. Lunn, "'Raised on the Third Day according to the Scriptures': Resurrection Typology in the Genesis Creation Narrative," *JETS* 57 (2014): 523-535.

333 참고. Joel R. White, "'He was Raised on the Third Day according to the Scriptures'(1 Corinthians 15:4): A Typological Interpretation Based on the Cultic Calendar in Leviticus 23," *TynBul* 66 (2015): 103-119.

334 참고. Lee Tankersley, "'Thus It Is Written': Redemptive History and Christ's Resurrection on the Third Day," *SBJT* 16/3 (2012): 50-61. Stephen G Dempster, "From Slight Peg to Cornertone to Capstone: The Resurrection of Christ on 'the Third Day' according to the Scriptures," *WTJ* 76 (2014): 371-409.

리키는 은유다(참고. 행 7:60; 13:36; 고전 15:18, 20, 51; 살전 4:13-15).

(4) "야고보": 예루살렘 교회에서 목회했던 예수님의 형제로 추정된다(참고. 행 12:17; 15:13; 21:18).

(5) "모든 사도": 이는 요한복음 20:24-29, 21:14 또는 사도행전 1:3-11을 언급하는 듯하다. 또는 이 집단이 열두 제자(고전 15:5)보다 더 크고 적어도 야고보(갈 1:19)를 포함할 수도 있다.

(6) 다메섹을 향해 길을 가던 바울(행 9:3-8; 22:6-11; 26:12-18; 고전 9:1): 바울은 자신을 "만삭되지 못하여 난 자"로 비유하는데, 이는 조산된 자 또는 낙태된 태아를 말한다.[335] 바울의 요점은 그가 사도로 부름 받은 것이 뜻밖의 예외적인 일이고, 결국 "사도라고 불릴 만한 자격도 없[다]"(시 5:9, 새번역)는 고백이다.[336]

15장

15:9 이는 8절을 설명한다. 바울은 하나님께서 그를 구원하여 사도로 부르시기 전까지 하나님의 교회를 박해했기 때문에 스스로를 가장 덜 중요한 사도고 사도로 불릴 자격도 없는 자로 여긴다(행 7:58; 8:1-3; 9:1-5, 13, 21; 22:4, 19; 26:9-11; 갈 1:13; 빌 3:6; 딤전 1:13). 바울은 자신을 높이 평가하지 않는다(참고. 롬 12:3; 엡 3:8; 딤전 1:15).

15:10 9절에 나오는 그의 진술과 대조적으로, 바울은 하나님의 은혜로 오늘의 바울이 되었고(참고. 롬 15:15-16; 고후 3:5; 갈 1:15; 엡 3:7-8; 빌 2:13; 딤전 1:14), 이로 인해 그는 "모든 사도보다 더 많이 수고할" 수 있었다(참고. 고후 11:23; 골 1:29).

찬송가 "나 같은 죄인 살리신"을 작사한 노예 상인 출신 존 뉴턴(John Newton)이 이 문장에 대해 설교하면서 그 자신을 평가한 방식은 그리스도

335 바울이 사용하는 헬라어 단어는 "정상적인 임신 기간에 위배되는 출산(낙태로 유도되거나 자연적인 조산 또는 유산 등의 경우), 시기상조의 출산"(BDAG, s.v. ἔκτρωμα)을 뜻한다.

336 BDAG, s.v. ἔκτρωμα.

인의 삶을 요약하는 가장 가련한 방식일 것이다. "현재의 나는 내가 마땅히 되어야 할 존재가 아니고…내가 되었을 법한 존재가 아니고…내가 되고 싶은 존재가 아니고…현재의 나는 내가 되길 바라는 존재가 아니고…(그러나) 현재의 나는 내가 한때 존재했던 모습, 죄의 자식 그리고 마귀의 노예가 아니고…나는 그 사도와 함께 진정으로 '내가 나 된 것은 하나님의 은혜로 된 것'이라 말할 수 있다고 생각한다."[337]

15:11 이어지는 내용은 10절로부터 나온 추론이다. 복음을 전하는 사람이 바울인지 아니면 다른 사도들인지는 중요하지 않다(참고. 3:6-7). 정작 중요한 것은 그들이 복음을 전파하고 있다는 것과 그 결과 고린도 교인들이 믿고 있다는 사실이다.

15:12-34 개요

이제 바울이 그 쟁점을 직접 다룬다. "너희 중에서 어떤 사람들은 어찌하여 죽은 자 가운데서 부활이 없다 하느냐"(12b절). 일부 고린도 교인들은 하나님께서 장차 신자들의 죽은 몸을 부활시키실 것을 부인했으나, 바울은 논리적으로 또 교리적으로 하나님께서 진정 그들을 부활시키실 것임을 단언한다(1-58절 단락 개요를 보라).

15:12-19 개요

만일 하나님께서 죽은 자를 다시 살리지 않으신다면, 그리스도가 살아나지 못했을 테고, 만일 그리스도가 살아나지 못했다면 끔찍한 결과가 따라온다. 바울은 귀류법을 사용한다.

337 John Newton, *Letters by the Rev. John Newton of Olney and St. Mary Woolnoth: Including Several Never Before Published, with Biographical Sketches and Illustrative Notes by the Rev. Josiah Bull* (London: Religious Tract Society, 1869), 400. 뉴턴의 진술에 대한 배경을 알려면 다음 책을 참고하라. Tony Reinke, *Newton on the Christian Life: To Live Is Christ*, Theologians on the Christian Life (Wheaton, IL: Crossway, 2015), 267-269.

- 만일 P이면(즉, 전제: 하나님께서 신자들의 죽은 몸을 부활시키시지 않는다면), Q이다(즉, 어떤 결과들이 따라온다).
- Q가 아니다(즉, 그런 결과들은 오류다).
- 그러므로 P가 아니다(즉, 전제가 부조리하고 모순된다.)

15:12 '이제'("Now", 개역개정에는 없음)는 1-11절과 대조하는 '그러나'(NIV, NLT)로도 읽을 수 있다.'만일'("if")의 절은 바울이 방금 1-11절에서 확증한 것을 진술한다. "그리스도께서 죽은 자 가운데서 다시 살아나셨다고 전파되었[다]"는 것. 그리고 이것은 고린도 교인들이 믿고 있는 바다(1-2, 11절). 그런데 이것이 만일 사실이라면, 일부 고린도 교인들이 하나님께서 장차 신자들의 죽은 몸을 부활시키실 것임을 부인하는 것은 완전히 비논리적이다. 바울이 그들의 말을 직접 인용하는 듯하다.

15장

15:13 이 진술은 12절을 뒷받침한다. 만일 하나님께서 죽은 사람들의 몸을 부활시키지 않으신다면, "그리스도도 다시 살아나지 못하셨으리라."

15:14-19 이제 바울은 12절을 한층 더 뒷받침한다. 만일 그리스도께서 살아나지 못했다면(13b, 14a절), 일곱 가지 끔찍한 결과가 뒤따른다.

(1) 사도들이 헛되이 전파했다(14a절). "헛것"(14절에 나오는 두 번 모두)은 케노스(*kenos*)를 번역한 것으로 '지적인, 도덕적 또는 영적인 가치가 결여된, 텅 빈'[338] 상태를 가리킨다.

(2) 고린도 교인들이 헛되이 믿는다(14b절). ("헛되이"에 관해서는 참고, 1-2절 주석)

(3) 사도들이 "하나님의 거짓 증인"이다(15-16절). 사도들은 하나님께서 그리스도를 살리셨다고 증언했다(예. 행 2:24). 그런데 만일 그분이 죽

338 BDAG, s.v. κενός.

은 사람의 몸을 부활시키지 않으신다면(16절은 기본적으로 13절을 반복한다), 그들의 증언은 거짓말이다.

(4) 고린도 교인들이 무익하게 믿고 있다(17a절). '무익한'(개역개정은 "헛되고")은 '쓸모없는, 무익한, 텅 빈, 열매 없는, 소용없는, 무력한, 진실이 결여된'[339]을 뜻하는 단어를 번역한 것이다.

(5) 고린도 교인들이 "여전히 [그들의] 죄 가운데" 있다(17b절, 참고. 롬 4:25).

(6) 죽은 신자들이 이미 멸망했다(18절). 멸망은 "구원"받는 것(1:18; 고후 2:15-16, 참고. 살후 2:10)의 정반대다. "잠자는"에 관해서는 5-8절 주석을 참고하라.

(7) 만일 신자들이 그리스도 안에서 품은 희망이 이생에만 국한된다면, 그들은 모든 사람들 중에 가장 불쌍한 자들로 여겨질 것이다(19절). 그들이 믿는 것과 그들의 생활 방식이 거짓말에 기반을 두고 있는 셈이기 때문이다. "불쌍한"은 '누군가의 애처로운 상태 때문에 동정을 받을 만한, 비참한, 가련한'[340]을 뜻하는 단어를 번역한 것이다.

15:20-28 개요

그러나 그리스도께서 일으킴을 받았으므로, 신자들은 하나님께서 장차 그리스도께 속한 자들을 일으키고 사망을 멸망시키실 것임을 알 수 있다. 하나님의 주권적 계획에 따르면, 그분은 "만유의 주로서 만유 안에 계시[기]"(28절) 위해 사망을 멸망시켜야 한다. 그리고 사망을 멸망시킨다는 것은 신자들의 죽은 몸을 일으키시는 것을 의미한다.

15:20 이제 바울이 12-19절과 대조적인 내용을 끌어낸다. 그리스도께서

339 BDAG, s.v. μάταιος.

340 BDAG, s.v. ἐλεεινός.

정말로 죽은 자 가운데서 살아나셨다는 것이다.

다음 어구는 그리스도를 "잠자는(즉, 그리스도 안에서 잠든, 18절) 자들의 첫 열매"로 묘사한다. 첫 열매는 추수기 최초의 농업 생산물이며 완전한 추수가 다가오고 있음을 가리킨다. 예를 들어보자.

(1) 만일 누군가가 정원에 토마토 나무를 가득 심었다면, 최초로 익은 토마토가 첫 열매일 테고 이는 장차 익은 토마토가 더 많이 수확될 것을 가리킨다.

(2) 옛 언약 아래에 있던 하나님의 백성이 보리(레 23:9-14)나 밀(레 23:15-17)의 첫 열매를 하나님께 바쳤을 때는 하나님께서 수확의 나머지 부분을 공급하실 것으로 신뢰했다.

(3) 바울이 그리스의 남부 지방에서 전도하고 있을 때 그의 "첫 열매"(CSB)는 스데바나의 집안이었다(고전 16:15). 그들이 '최초의 회심자들'(ESV)이었던 것이다.

(4) 하나님의 자녀들에게는 "성령의 처음 익은 열매"(롬 8:23)가 있다. 말하자면 성령은 하나님의 자녀들이 다른 많은 복을 받을 것임을 보장하는 일종의 보증금이다(참고. 롬 8:17; 고후 1:22; 5:5; 엡 1:14). 그 복들은 장래에 받을 변화된 몸을 포함한다(롬 8:11).

이와 비슷하게, 그리스도는 죽은 신자들의 첫 열매로서 이미 죽었으나 장차 부활할 이들의 긴 행렬의 첫 번째 인물이다(참고. 6:14; 행 26:23; 롬 8:29; 골 1:18; 계 1:5). 하나님께서 맨 처음 그리스도를 부활시키셨고 훗날 죽은 신자들을 부활시키실 것이다. 바로 "잠자는" 자들이다(참고. 5-8절 주석).[340]

바울은 20-23절에서 죽은 자들과 그리스도를 대조한다(참고. 표19).

341 하나님은 그리스도 이전에도 인간들을 죽은 상태에서 일으키신 적이 있다(왕상 17:17-23; 왕하 4:32-36; 13:21; 마 9:23-25; 27:52-53; 눅 7:12-17; 요 11:1-44). 그러나 그런 부활들은 한시적이라서 그들은 결국 다시 죽었다. 그리스도는 죽은 상태에서 살아나서 다시는 죽지 않는 최초의 인물이다.

15장

	죽은 자들	그리스도
20절	잠자는 자들(즉, 신자들)	그리스도…첫 열매
21절	[모든 인간의] 사망이 한 사람으로 말미암았으니	죽은 자의 부활도 한 사람으로 말미암는다.
22절	아담 안에서 모든 사람이 죽은 것 같이	그리스도 안에서 모든 사람이 삶을 얻으리라.
23절	그리스도에게 속한 자들(즉, 신자들)	첫 열매인 그리스도

표19. 고린도전서 15:20-23에 나오는 죽은 자들 대 그리스도

15:21 이 구절은 20b절을 뒷받침한다. 그리스도가 죽은 신자들의 첫 열매인 것은 사망이 한 사람(즉, 아담)을 통해서 왔고 죽은 자의 부활도 한 사람(즉, 그리스도)을 통해서 오기 때문이다.[342]

15:22 이 구절은 21절을 설명한다. 아담 안에 있는 모든 사람이 죽는 것처럼, 그리스도 안에 있는 모든 사람이 살아날 것이다. 이 문장의 문법적 알맹이는 '모두 죽는 것처럼, 모두 살아날 것이다'이다. 문법적으로 "아담 안에서"와 "그리스도 안에서"라는 전치사구를 해석하는 방법은 다음 두 가지다.

(1) "아담 안에서"는 "죽는다"를 수식하고, "그리스도 안에서"는 "살아나게 [된다]"(새번역)를 수식한다. 즉 모든 사람이 '아담 안에서 죽고', 모든 사람이 '그리스도 안에서 살아나게 될 것이다'. 그럼 "모든 사람"은 각 절에 나오는 동일한 집단을 가리키는가?

(a) 만일 그렇다면, 모든 인간은 예외 없이 아담 안에서 죽고, 또한 예외 없이 그리스도 안에서 살아나게 될 것이다. 이 독법은 만인구원론을

342 "왜냐하면…같이"는 에페이데 가르(*epeidē gar*)를 번역한 것으로, 이 단어는 "왜냐하면…인즉"(BDAG, s.v. ἐπειδή)이라는 뜻이다.

지지할 수 있고, 따라서 하나님께서 궁극적으로 모든 인간을 예외 없이 구원하실 것이기에 아무도 지옥에서 영원한 의식적 고통을 겪지 않을 것임을 시사한다.[343]

(b) 그렇지 않다면, 모든 인간은 예외 없이 아담 안에서 죽고, '그리스도 안에 있는' 모든 인간은 그리스도 안에서 살아나게 될 것이다.[344]

(2) "아담 안에서"는 첫 번째 "모든 사람"을 수식하는 반면, "그리스도 안에서"는 두 번째 "모든 사람"을 수식한다. 말하자면 아담 안에 있는 모든 사람은 죽고, 그리스도 안에 있는 모든 사람은 살아나게 될 것이다.

견해 1b와 견해 2는 모두 가능한 해석이고, 둘은 기본적으로 동일한 주장을 펴기 때문에 어느 하나를 선택할 필요가 없다. 모든 사람이 아담에 속해 있기 때문에 죽는 것처럼, 그리스도에게 속한 모든 사람이 다시 살아나리라는 것이다. 아담은 옛 인류의 언약적 우두머리고, 그리스도는 새로운 인류의 언약적 우두머리다. 모든 인간은 예외 없이 아담 아래서 시작하고, 복음을 믿는 사람들(1-4, 12절)은 "그리스도에게 속[한다]"(23절). 아담이 하나님께 불순종한 결과 아담 안에 있는 자들은 죽는다. 그리스도가 하나님께 순종하신 결과 그분 안에 있는 자들은 살게 된다.

견해 1a가 가능한 해석이 아닌 것은 다음 세 가지 이유 때문이다.

(1) 이는 이 문맥, 즉 하나님께서 죽은 '신자들'을 일으키시는 것에 관한 대목과 들어맞지 않는다. 이 문학적 단위 전체는 하나님께서 장차 '신자들'의 죽은 몸을 부활시키실 것인지 여부에 관해 다룬다. 성경은 다른 곳에서 하나님께서 불신자들을 심판하기 전에 그들의 죽은 몸 역시 부활시키실 것이라고 가르치지만(요 5:29; 행 24:15), 바울이 여기서는 그 주제를 논의하지 않는다. 그는 "그리스도 안에서 잠자는"(고전 15:18) 자들에 관해 논의하는 중이다. 그리스도께서 "잠자는 자들의 첫 열매"(20절)라고 주장한 다음,

343 참고. Michael J. McClymond, *The Devil's Redemption: A New History and Interpretation of Christian Universalism*, 2 vols. (Grand Rapids, MI: Baker Academic, 2018).

344 참고. Fee, *First Epistle to the Corinthians*, 830-831; Wilson, *Warning-Assurance*, 145-146.

이후의 대조사항은 이 주장을 지지하고 설명하고 있으며(21-22절), 이어서 나오는 진술은 22b절에 조건을 붙이고 명시적으로 부활한 사람들을 "그리스도에게 속한 자"(23절)라고 밝힌다.

(2) 이는 바울이 이 편지에서 쓰는 내용(예. 1:18; 6:9-11) 및 하나님의 영감을 받은 다른 편지들에서 기록한 내용(예. 롬 2:5; 8-9; 갈 5:19-21; 엡 5:3-6; 살후 1:5-10)과 상충된다.

(3) 이는 성경의 나머지 부분과 상충된다.[345]

15:23 바울은 22b절에 조건을 붙인다. 두 부활 사이에 간격이 있다는 것이다. "첫 열매인 그리스도"께서 먼저 살아나셨고, "그리스도에게 속한 자"들이 훗날 그리스도께서 재림하실 때 살아날 것이다(참고. 20절 주석).

15:24 이 진술은 23절에 나온 순서를 계속 이어간다. "마지막"(참고. 마 24:6)이 그리스도의 재림(23절) 이후에 온다는 것이다.[346] 그분이 모든 통치와 권세와 능력을 멸망시키고 그 "나라를 아버지 하나님께" 넘겨드릴 것이다(참고. 단 7:14, 27; 롬 8:35-39).

15:25 여기서 바울은 24절을 설명한다. 그리스도는 특정한 시점이 될

345 Robert A. Peterson, *Hell on Trial: The Case for Eternal Punishment* (Phillipsburg, NJ: P&R, 1995), esp. 135-159; J. I. Packer, "Universalism: Will Everyone Ultimately Be Saved?" in *Hell Under Fire: Modern Scholarship Reinvents Eternal Punishment*, ed. Christopher W. Morgan and Rovert A. Peterson (Grand Rapids, MI: Zondervan, 2004), 169-194.

346 복음주의 내에서 벌어지는 천년왕국 논쟁은 여기서 바울이 주장하는 바의 요점은 아니지만 주목할 만하다. 전(前)천년왕국설이 옳다면(즉, 예수님이 천년왕국 이전에 재림하신다), 천년왕국은 15:23과 15:24 사이에 일어난다. 그런 견해를 취하는 전천년왕국론자들은 바울이 여기서 주장하는 것 때문이 아니라 주로 요한계시록 20장 때문에 그런 주장을 편다. 이 구절은 단도직입적으로 무(無)천년왕국설과 잘 들어맞는다(즉, 천년왕국은 예수님의 승천과 재림 사이에 일어난다). 이 구절은 전천년왕국설을 가르치지 않지만 그렇다고 그 견해를 반드시 논박하는 것도 아니다. 무천년왕국설에 관해서는 Sam Storms, *Kingdom Come: The Amillennial Alternative* (Fearn, Scotland: Mentor, 2013), 143-152를 보라. 전천년왕국의 관점에 대해서는 다음 책을 보라. Matt Waymeyer, *Amillennialism and the Age to Come: A Premillennial Critique of the Two-Age Model* (The Woodlands, TX: Kress Biblical Resources, 2016), 147-171.

"때까지", 즉 "그[그리스도인가, 아버지 하나님인가?]가 모든 원수를 그의 발 아래에 둘 때까지" 그 나라를 다스리셔야 한다.

(1) "그"는 두 가지 이유 때문에 그리스도를 지칭할 수 있다.

(a) 문법: 23-24절에 나오는 선례가 그리스도인 듯하다.

(b) 바로 앞의 맥락: 25절이 24절을 설명하는데 후자는 그리스도가 할 일에 관해 말한다.

(2) "그"는 두 가지 이유 때문에 아버지 하나님을 가리킬 가능성이 더 많다.

(a) 정경의 맥락: 바울은 시편 110:1을 풀어 쓰는데, 이 본문은 아버지가 그리스도에게 "내가 네 원수들로 네 발판이 되게 하기까지 너는 내 오른쪽에 앉아 있으라"고 말씀하시는 장면이다. 시편 110:1은 물론 신약이 그 구절을 인용하는 모든 경우(마 22:44과 병행 구절들; 엡 1:22; 히 1:13; 10:13, 참고. 시 8:6)[347]에 "그"는 아버지 하나님을 지칭한다.

(b) 바로 뒤의 맥락: 직후에 나오는 27-28절의 주어가 하나님이다.

15장

15:26 이 구절은 25절의 "원수"를 수식한다. 바로 사망이 하나님께서 멸망시키거나 제거하실 최후의 원수다(54-55절, 참고. 고후 5:4; 딤후 1:10; 계 20:14; 21:4). 하나님은 신자들을 일으킴으로써 사망을 멸망시키실 것이다.[348]

15:27a 이제 바울은 그리스도께서 "모든 원수를 그 발 아래에 둘 때까지 반드시 왕 노릇 하[셔야]"(25절) 하는 이유를 제시한다. 그 왕 노릇이 아버지 하나님의 주권적인 계획을 성취하기 때문이다.[349] 바울은 정경의 맥

347 신약은 시편 110편을 다른 어느 시편보다 더 많이 인용하는데(특히 마 22:41-46; 행 2:34-35; 히 1:13을 보라), 가장 중요한 인용문은 히브리서에 나온다. Jared Compton, *Psalm 110 and the Logic of Hebrews*, LNTS 537 (London: T&T Clark, 2015).

348 사망을 멸망시키는 것이 만인구원론을 지지하는 것은 아니다. Andrew Wilson, "The Strongest Argument for Universalism in 1 Corinthian 15:20-28," *JETS* 59 (2016): 805-812.

349 15:27이 헬라어 성경에는 "그가 두셨다"로 되어 있는데, ESV는 "그"가 아버지 하나님을 가리키는 것으로 (옳게) 해석해서 "하나님께서 두셨다"로 번역한다(참고. 15:27b).

락에 기초하여 시편 8:6b("그의 발 아래 두셨[다]")를 예수님께 적용한다.[350] 시편 8:4-6의 문맥은 하나님께서 인간들을 창조 세계를 다스리는 대리인(vicegerent)으로 임명하셨다는 것이다(참고. 창 1:26-30). "첫 사람 아담"(고전 15:45)은 그 자신과 모든 인간에게 주신 그 뛰어난 신분을 망가뜨렸으나 "마지막 아담"(45절) 곧 "둘째 사람"(47절)은 그에게 속한 모든 사람을 위해 그 신분을 회복시켰다(참고. 히 2:5-9).

15:27b 바울은 "만물"(27a절)에 제한을 붙인다. 아버지 하나님은 만물 중에서 제외되신다. "모든 것을 그[즉, 그리스도]에게 굴복시키신 분[즉, 아버지 하나님]은 그 가운데 들어 있지 않은 것이 명백[하다]"(새번역).[351]

15:28 이제 바울은 24절과 27b절을 설명한다. "만물을 그[그리스도]에게 복종하게 하실 때에는 아들 자신도 그때에 만물을 자기에게 복종하게 하신 이[아버지 하나님]에게 복종하게 되리니 이는 하나님께서 만유의 주로서 만유 안에 계시려 하심이라." 달리 말하면, 아들이 아버지를 만유 위의 최고로 모시기 위해 아버지에게 복종할 것이다(각주 36을 보라. 참고. 빌 2:9-11).

15:29-34 개요

만일 하나님께서 죽은 자들을 일으키지 않으신다면 어떤 사람들이 행하는 일은 터무니없지만, 그분이 분명히 죽은 자들을 일으키시기 때문에 일부 고린도 교인들이 주장하는 것이야말로 터무니없다. 바울은 3개의 논증에서 "그들"이라는 표현(29절)과 "우리/나"라는 표현(30-32절)과 "너희"라는

350 Douglas J. Moo and Andrew David Naselli, "The Problem of the New Testament's Use of the Old Testament," in *The Enduring Authority of the Christian Scriptures*, ed. D. A. Carson (Grand Rapids, MI: Eerdmans, 2016), 737-739.

351 ESV는 "만물을 아래에 둔다"는 절에 인용부호를 붙인다. 이 절이 직접적인 인용이 아닌데다, 바울이 시편 8:6b로부터 "만물"을 강조하기 때문에, 아마 "만물"에 인용부호를 붙이는 편이 더 적절할 것이다.

표현(33-34절)을 사용한다.[352]

(1) 만일 하나님께서 죽은 자들을 일으키지 않으신다면, 사람들이 죽은 자들을 위하여 세례를 받는 것은 터무니없다(29절).

(2) 만일 하나님께서 죽은 자들을 일으키지 않으신다면, 바울과 그의 동역자들이 끊임없이 위험에 처하는 것은 터무니없다(30-32절).

(3) 그러나 하나님께서 분명히 죽은 자를 일으키시기 때문에, 고린도 교인들이 그와 다르게 말하는 것이 터무니없다(33-34절). 그래서 바울은 속지 말라, 깨어나라, 죄를 짓지 말라는 세 가지 명령으로 그들을 권면한다.

15:29 만일 하나님께서 죽은 자들을 부활시키지 않으신다면, 사람들이 죽은 자들을 "위하여 세례를 받는" 것이 무슨 의미가 있는가? 바울이 무엇을 논증하는지를 살펴보고 그 흐름에서 이 논리를 추적하는 것은 쉽지만, "죽은 자들을 위하여 세례를 받는" 것이 무엇을 가리키는지 확실히 아는 것은 불가능하다. 이 어구를 해석하는 방식이 무려 이백 가지도 넘는다! 필자는 죽은 자를 위한 세례가 무슨 뜻인지는 확신할 수 없지만 무슨 뜻이 아닌지는 확실히 안다. 바울의 다른 글과 신약의 나머지 부분에 따르면, 이는 살아 있는 그리스도인이 죽은 비그리스도인을 위해 세례를 받을 수 있고 어떻게든 죽은 사람의 신분을 비그리스도인에서 그리스도인으로 바꿀 수 있다는 뜻은 분명히 아니다.[353]

우리는 그 어구가 무슨 뜻인지를 추측만 할 수 있다. 그 가운데 두 가지 그럴듯한 해석이 주목할 만하다.

15장

352 참고. Fee, *First Epistle to the Corinthians*, 844.

353 참고. Morgan and Peterson, *Hell Under Fire*, Thomas R. Schreiner, *Faith Alone-The Doctrine of Justification: What the Reformers Taught…and Why It Still Matters*, The Five Solas (Grand Rapids, MI: Zondervan, 2015).

(1) 이 세례는 대리적인 것으로 간주된다. 아마 소수의 그리스도인[354]이 신자들, 즉 세례를 받지 않고 이미 죽은 친구나 가족을 대신해서 세례를 받았을 것이다. 바울은 그 행습을 권하거나 정죄하지 않는데, 이는 그 행습이 오도되었으나 복음을 부인하는 것은 아님을 암시한다.[355] 그의 요점은, 만일 하나님께서 신자들의 죽은 몸을 부활시키지 않으신다면 그런 행위가 무의미하다는 것이다.

(2) 그 세례는 기독교의 물 세례다. 이 견해를 지지하는 방식은 다음 두 가지다.

(a) 헬라어 단어 휘페르(*hyper*)는 '때문에'라는 뜻일 수 있다. 어떤 사람들은 하나님께서 신자들의 죽은 몸을 다시 살리실 것이라는 말을 듣고 그 무리에 합류하고 싶기 '때문에' 세례를 받는다.[355]

(b) 헬라어 단어 네크로스(*nekros*, '죽은 자')는 신자의 실제 죽은 몸을 지칭하지 않고, 신자의 회심 이전 영적 상태 또는 장래의 죽은 몸(시체) 중 하나를 가리킬 수 있다.[356]

15:30-32 만일 하나님께서 신자들을 부활시키지 않으신다면, 끊임없이 신체적인 위험을 겪는 것이 도대체 무슨 의미가 있는가? 우리가 곧 존재하기를 그칠 것이므로 마음껏 즐기면서 살 수도 있다. 바울은 복음을 위해

354 신약의 다른 곳이나 초기 교부들의 글에는 이 행습의 증거가 없다.

355 참고. D. A. Carson, "Did Paul Baptize for the Dead?," *Christianity Today, August* 10, 1998, 63. "어떤 프로테스탄트가 '만일 죽은 자가 전혀 일어나지 못한다면, 그들이 왜 죽은 자를 위해 기도하는가?'라고 쓴다고 상상해보라. 아무도 이 글이 죽은 자를 위해 기도하는 행습을 지지한다고 생각하지 않을 것이다. 그것은 죽은 자가 일어나지 못한다고 주장하는 한편 죽은 자를 위해 기도하는 것이 일관성이 없다는 비판이다. 이 수사적 질문을 죽은 자를 위해 기도하는 행습을 지지하는 것으로 만들려면 '그러면 우리가 왜 죽은 자를 위해 기도하는가?'로 바꿔야 될 것이다." 참고. *2 Maccabees* 12:38-45.

356 참고. John D. Reaume, "Another Look at 1 Corinthians 15:29, 'Baptized for the Dead,'" *BSac* 152 (1995): 457-475; Michael F. Full, *Baptism on Account of Dead (1 Cor 15:29): An Act of Faith in the Resurrection*, AcBib 22 (Atlanta: SBL, 2005); Ciampa and Rosner, *First Letter to the Corinthians*, 780-944.

357 참고. Garland, *1 Corinthians*, 716-719; Schnabel, *Erster Korintherbrief*, 941-944.

극한의 신체적 고난을 감내해왔다(참고. 4:11-13; 고후 1:8-10; 4:8-12; 6:4-10; 11:23-27; 12:10). 바울이 "나는 날마다 죽노라"(고전 15:31)고 말하는 것은 은유적으로 '자아에 대해 죽는다'는 뜻이 아니라 그의 삶이 늘 위험에 처해 있다는 뜻이다(참고. 롬 8:36).

"에베소에서 맹수"는 아마 은유적으로 바울을 대적하고 그의 신체적 역경에 기여했던 에베소 사람들을 가리킬 것이다(앞의 대목을 보라). 적어도 네 가지 이유가 이 결론을 지지한다. (1) "맹수"가 문자적인 뜻을 지닐 수 없는 이유는 바울이 로마 시민이기에 (그런 맹수가 그를 죽이기는커녕) 투기장에서 맹수를 직면하는 것에서 면제되어 있었기 때문이다. (2) 바울이 이 편지를 에베소에서 쓰고 있으며 거기에 "대적하는 자가 많음이라"고 언급한다(고전 16:8-9, 참고. 행 19:23-41). (3) 당시에는 흔히 대적을 야생 맹수로 언급했다(예. 로마인에게 보낸 이그나티우스의 편지 5:1). (4) 바울이 디모데후서 4:17에서 이와 비슷한 표현을 은유적으로 사용한다. "내가 사자의 입에서 건짐을 받았느니라."

하나님께서 만일 신자들을 부활시키지 않으신다면, 그분은 그리스도를 부활시키지 않으셨다(참고. 고전 15:12-19). 그리고 만일 이것이 사실이라면, 바울은 아무런 이유 없이 극한의 신체적 고난을 겪는 등 어리석게 인생을 낭비한 셈이다. 그렇다면 (믿지 않는) 쾌락주의자와 같은 사람들의 인생철학이 더 설득력이 있을 것이다(참고. 사 22:13; 56:12; 눅 12:19).

15:33-34 여기서 바울은 세 가지 명령과 마지막 책망을 내놓는다. (1) 부활을 부인하는 자들에게 속지 말라. (2) 정신을 차리고 부활에 관해 분별력을 되찾아라. (3) 하나님께서 신자들의 죽은 몸을 부활시키실 것을 부인하는 죄를 짓지 말라. 너희는 마땅히 스스로 부끄러워해야 한다.

첫째 명령: "부활을 부인하는 자들에게 속지 말라." 바울은 그리스 시인 메난드로스(Menandros)가 지은 실종된 희극에 나오는 한 줄을 인용한다. "나쁜 동무가 좋은 습성을 망칩니다"(새번역, 참고. 5:6; 잠 13:20; 22:24-25). 죽은 자의 부활이 없다고 말하는 사람들은 자신의 성품을 더럽히는 나쁜 동

무이므로 고린도 교인들은 그들로부터 부정적인 영향을 받아서는 안 된다.

둘째 명령: "인사불성에서 깨어나라." 이는 '취흥에서 회복되다'는 의미에서 '정신을 차리게 된다'는 뜻을 지닌 단일한 헬라어 단어[358]를 번역한 것이다. 이는 비유적으로 '분별력을 되찾는 것'을 의미한다. 바울이 이 명령을 발하는 대상은 죽은 자의 부활이 없다고 말하는 사람들(12절)과 그들의 말을 듣고 이 주장이 타당할 수도 있다고 생각하는 사람들이다.

셋째 명령: "부활에 관한 거짓 가르침을 전파하거나 관용하는 죄 또는 그와 연관된 부도덕한 행실을 추구하는 죄(참고. 6:13-14 주석)를 짓지 말라." 바울은 한 이유를 들어 이 명령을 뒷받침한다. "여러분 가운데서 더러는 하나님을 아는 지식이 없습니다"(새번역). "더러"는 12절에 나오는 "어떤 사람들"을 가리키는 듯하다. "너희 중에서 '어떤 사람들'은 어찌하여 죽은 자 가운데서 부활이 없다 하느냐?" 고린도 교인들은 자신들의 지식을 높이 평가하지만(예. 8장), 부활을 부인하는 자들은 신자들의 죽은 몸을 일으키시는 하나님의 능력에 관한 기본 지식도 없다.

15:35-58 개요

하늘의 몸은 이치에 맞고(35-44절), 확실하며(45-49절), 필연적이다(50-58절).[359] 바울은 부활을 부인하는 자들(12절)의 철학적 뿌리를 다루는데, 그들은 부활이 하나님께서 죽은 몸을 소생시키시는 것을 일컫는다고 생각한다. 그러나 바울은 그분이 부활한 신자들에게 '더 나은' 몸을 주실 것이라고 설명한다. 하나님께서 죽은 몸들을 부활시키되, 그 결과 각자 땅의 몸과 각자 하늘의 몸 사이에 완전한 연속성이 있게 만드시는 것은 아니다. 그분은 죽은 몸들을 부활시키고 변화시키되, 그 결과 각자 땅의 몸과 하늘의 몸 사이에 연속성과 불연속성이 모두 있게 만드실 것이다.

358 BDAG, s.v. ἐκνήφω.

359 참고. Stephen J. Wllum, "Christ's Resurrection and Ours (1 Corinthins 15)," *SBJT* 6/3 (2002): 84-89.

15:35-44 개요

자연에서 끌어온 두 가지 비유(씨앗과 다른 종류의 몸)가 신자들의 죽은 몸을 부활시키는 것이 이치가 맞음을 증명한다.

15:35 바울은 주제를 하나님께서 장차 신자들에게 주실 부활한 몸의 성격으로 전환한다. 죽은 자의 부활이 없다고 주장하는 사람(12절)이 이렇게 조롱할 법하다. "시체가 정확히 어떻게 다시 살아나는가? 시체들이 도대체 어떤 종류의 몸을 갖게 되는가?"

15:36a 바울이 "어리석은 자여!"로 번역된 헬라어 단어로 응답하기 시작한다. 35절에 나오는 두 개의 수사적 질문은 어리석다. 이와 다른 질문에 대한 예수님의 응답이 여기에 잘 들어맞는다. "너희가 성경도, 하나님의 능력도 알지 못하는 고로 오해하였도다"(마 22:29).

15:36b-37 바울은 35-36a절을 하나의 비유로 설명한다.

씨앗 : 몸 :: 땅의 몸 : 하늘의 몸.

이 두 진술은 변형이 자연에 흔하다는 것을 보여준다.

(1) "네가 뿌리는 것"(즉, 씨앗)은 살아나기 전에 죽어야만 한다.[360] 그렇다고 모든 신자들이 변화된 몸을 경험하기 전에 다 죽어야 한다는 뜻은 아니다(참고. 51-52절). 바울은 단지 하나님께서 죽은 것(씨앗이든 몸이든)을 살려내실 수 있다는 사실을 예증할 뿐이다. '죽음을 통한 생명'이라는 원리는 자연 속의 씨앗에 흔하듯이(요 12:24) 신자들의 죽은 몸에도 해당된다.

360 엄밀히 따지자면, 씨앗은 식물을 생산하기 전에 죽지 않고 죽은 듯이 보일 뿐이다. 바울은 자기 주장을 관철하기 위해 일반적인 현상학적 언어를 사용하고 있다. 우리가 해가 뜨거나 지는 것을 거론할 때 과학적 정확성이 없이 일상적으로 소통하는 것과 비슷하다.

(2) 당신이 땅에 뿌리는 것이 최종 생산물이 아니다. 당신은 사과 '나무'를 뿌리지 않고, 하나님께서 나중에 사과나무로 변형시키실 사과 '씨앗'을 뿌린다. 그런 변화가 신자들의 죽은 몸에도 해당되는 것이다. 신자는 하늘의 몸과 함께 시작하지 않고, 하나님께서 나중에 하늘의 몸으로 변화시키실 땅의 몸과 함께 시작한다.[361]

15:38-41 개요

바울이 또 하나의 비유로 37절을 진전시킨다. 하나님은 땅에 있는 형체들(예. 사람, 동물)과 하늘에 있는 형체들(예. 해, 달, 별)을 막론하고 형체들이 다양한 장소에서 다양한 방식으로 번창하도록 그것들을 만드셨다. 그렇다면 신자들의 부활한 몸이 훗날 그분의 "나라"에서 번창하도록 만드시는 것(50절)은 이치에 맞다.

15:38 하나님은 "네가 뿌리는 것"(36-37절), 즉 '각 종자'에게 그분의 계획에 따라 그 고유한 유형의 형체를 주신다.

15:39 이제 바울이 앞의 진술(38절)을 설명한다. 사람, 가축,[362] 새, 물고기 등은 각각 다른 종류의 몸을 갖고 있다.

15:40a 이 진술은 39절의 위에 쌓임으로써 38절을 한층 더 설명한다. 우

361 예. 《메시지》(복있는사람) 성경 번역본이 15:35-38을 의역하면서 그런 변화를 잘 강조하고 있다. "어떤 회의론자는 꼭 이런 질문을 던집니다. '부활이 어떻게 일어나는지 보여주시오. 도표로 보여주고, 그림으로 보여주시오. 도대체 부활한 몸은 어떻게 생겼습니까? 자세히 살펴보면, 이 질문이 얼마나 어리석은 것인지 알 수 있습니다. 이런 일은 도표로 나타낼 수 없습니다. 우리는 이와 유사한 경험을 정원 일에서 찾아볼 수 있습니다. '죽은 것 같은' 씨를 심었는데, 이내 식물이 무성하게 자랍니다. 눈으로 볼 때 씨앗과 식물은 비슷한 점이 없습니다. 여러분은 토마토 씨를 보고 토마토가 어떻게 생겼을지 헤아릴 수 없습니다. 우리가 흙 속에 심은 것과 거기서 움튼 것은 똑같아 보이지 않습니다. 우리가 땅에 묻는 죽은 몸과 그 몸에서 비롯되는 부활한 몸도 전혀 다른 모습일 것입니다."

362 "가축"은 "짐을 나를 수 있는 가축, 길들인 동물, 애완용 동물, 짐을 나르는 짐승, 타기 위한 짐승"을 가리키는 단어를 번역한 것이다(BDAG, s.v. κτῆνος).

리는 다양한 종류의 형체들에 익숙하다(39절). 이와 비슷하게, 장차 우리가 받을 하늘의 몸은 현재 땅의 몸과 다를 것이라고 말한다.

15:40b 하늘의 몸과 땅의 몸이 똑같지 않을 뿐 아니라 각각의 "영광"도 똑같지 않다. 무언가의 "영광"은 그것의 독특한 탁월성, 장엄함이나 훌륭함을 가리킨다.

15:41 이 구절의 처음 세 어구는 40b절을 설명한다. 해와 달과 별의 영광 또는 광채는 서로 다르다. 좀 더 구체적으로 말하면, 별들의 광채도 하나만 있지 않다. 별들 역시 제각기 다르기 때문에 광채도 다양한 종류가 있다.

15:42-44 이 구절들은 36b-41절이 "죽은 자의 부활"을 예증한다고 말하면서 그것을 네 가지 대조 사항으로 설명한다(참고. 표20).

	심은 것	다시 살아나는 것
42절	썩을 것	썩지 아니할 것
43a절	욕된 것	영광스러운 것
43b절	약한 것	강한 것
44절	자연적인 몸	영적인 몸

표20. 고린도전서 15:42-44에 나오는 심은 것 대 다시 살아나는 것

'심은' 몸은 땅의 몸인 데 비해 '다시 살아나는' 몸은 하늘의 몸이다(참고. 40절). 땅의 몸과 하늘의 몸은 네 가지 면에서 대조된다.

(1) 썩을 것 대 썩지 않을 것: 땅의 몸은 결국 죽을 테고 영원히 지속되지 않을 것이다. 하늘의 몸은 결코 죽지 않을 테고 영원히 지속될 것이다. 바울은 이 대조 사항을 50-54절에서 반복한다.

(2) 욕된 것 대 영광스러운 것: 땅의 몸은 '비천하다'(빌 3:21). 하늘의 몸

은 영광스러울 만큼 매력적이다.

(3) 약한 것 대 강한 것: 땅의 몸은 약해서 상처, 질병, 피로에 시달리고 결국 죽음에 이른다. 하늘의 몸은 강하다.

(4) 자연적인 몸 대 영적인 몸: 땅의 몸은 자연스러운 것이다[프쉬키코스(*psychikos*)]. 하늘의 몸은 영적인 것이다(프뉴마티코스). 우리는 흔히 '영적인'이라는 단어를 신체적인 또는 물질적인 것과 대조하지만, 이것은 바울이 사용하는 프뉴마티코스의 뜻이 아니다. 여기서 '영적인'은 '비(非)신체적인'이라는 뜻이 아니라 '초자연적인' 또는 '성령의 능력을 받은'이라는 뜻이다. 말하자면 성령이 초자연적으로 하늘의 몸에 능력을 주신다는 뜻이다.[362] 둘 다 물리적인 몸이다. 바울은 이전에 성령이 없는 불신자들과 성령이 있는 신자들을 대조하는데 사용한 바로 그 형용사들을 사용하고 있다(참고. 고전 2:13 주석). 여기서는 자연적인 땅의 몸과 초자연적인 하늘의 몸을 대조한다. 성령이 하늘의 몸을 크게 고양시키시기 때문에 그 몸이 땅의 몸보다 우월하게 된다.

마지막 절(44b절)은 논리적으로 36b-44a절에서 따라 나온다. 만일 (씨앗처럼) 뿌려진 자연적인 몸이 존재한다면, 그 몸에 상응하는 더 나은 몸이 틀림없이 존재할 것이다.

15:45-49 개요

첫 사람과 마지막 사람의 유비는 신자들의 부활이 확실하다는 것을 입증한다.

아담 : 그리스도 :: 땅의 몸 : 하늘의 몸(표21를 보라. 참고. 21-22절)

그리스도는 "우리의 낮은 몸을 자기 영광의 몸의 형체와 같이 변하게 하

363 참고. BDAG, s.v. πνευματικός. "(신적인) 영과 관계가 있는…초월적인 존재 질서에 속하는 것."

[실]"(빌 3:21) 것이다. 아담은 모든 인간의 언약적 우두머리고, 그리스도는 새로운 창조의 언약적 우두머리다.[364] 바울이 21-22절과 45-49절에서 논증하는 것을 살펴보면, 아담이 실제로 최초의 인간으로 존재했던 것이 틀림없다.[365]

	이슈	아담	그리스도
45절	차후의 몸에 대한 원형	첫 사람 아담은 생령이 되었다	마지막 사람은 살려주는 영이 되었다.
46절	타이밍	먼저…자연적인	그 다음에 영적인 (즉, 초자연적인)
47절	몸의 성격	첫 사람은 땅에서 났으니 흙에 속한 자이고	둘째 사람은 하늘에서 나셨다.
48절	다른 인간들과의 비교	흙에 속한 자들은 흙에 속한 자와 같고	하늘에 속한 자들은 하늘에 속한 자와 같다.
49절	과거 대 미래에 비추어 사는 것	우리가 흙에 속한 자의 형상을 입은 것 같이	우리가 또한 하늘에 속한 이의 형성을 입으리라.

표21. 고린도전서 15:45-49에 나오는 아담 대 그리스도

15:45 이 구절은 앞 구절(44절)의 추론이다. 44-46절의 맥락에서 바울이 즐기는 언어유희는 헬라어에 더 뚜렷이 나타난다(참고. 표22와 42-44절 주석). 자연적인 몸(개역개정은 "육의 몸")은 땅의 몸인 반면, 영적인(즉, 초자연적인) 몸

364 참고. Joshua M. Philpot, "SBJT Forum: How Does Scripture Teach the Adam-Christ Typological Connection," *SBJT* 21/1 (2017): 145-152.

365 참고. Hans Maduema and Michael Reeves, eds., *Adam, the Fall, and Original Sin: Theological, Biblical, and Scientific Perspectives* (Grand Rapids, MI: Baker Academic, 2014); Guy Prentiss Waters, "Theistic Evolution Is Imcompatible with the Teachings fo the New Testament," in *Theistic Evolution: A Scientific, Philosophical, and Theological Critique*, ed. J. P. Moreland et al. (Wheaton, IL: Crossway, 2017), 902-907.

은 하늘의 몸이다(참고. 40절).

바울은 창세기 2:7("사람이 생령이 되니라")을 인용한다. 그는 70인역(즉, 구약의 헬라어 번역본)을 사용하는데, 거기에 사용된 프쉬케(*psychē*)가 고린도전서 15:44-46절에서 프쉬키코스와 나란히 나온다(참고. 표22). 하나님께서 그리스도("마지막 아담")를 일으키셨을 때 그리스도는 "생명을 주시는 영[프뉴마]이 되셨고"(새번역, 참고. 22절), 이는 프뉴마티코스와 함께 나란히 나와 에스겔 37장을 암시한다. 아담은 살아 있는 존재에 불과했으나 그리스도는 "생명을 주시는" 영이다. 그리스도께서 그에게 속한 모든 사람을 일으키실 것이기 때문이다(고전 15:21-23). 아담은 그의 형상을 그의 아들 셋에게 넘겨주었고(창 5:3), 그리스도는 그의 형상을 그에게 속한 자들에게 넘겨주신다(고전 15:49).[366] 그런즉 아담은 최초의 자연적인(프쉬키코스) 몸을 가진 살아 있는 존재(프쉬케)였고 이후 모든 땅의 몸들을 위한 원형인 반면, 그리스도는 최초의 영적인(프뉴마티코스) 몸을 가진, 생명을 주는 영(프뉴마)이고 이후 모든 하늘의 몸들을 위한 원형이다.

	자연적인 몸	영적인(즉, 초자연적인) 몸
44a절	자연적인(프쉬키코스) 몸으로 심다.	영적인(프뉴마티코스) 몸으로 살아나다.
44b절	자연적인(프쉬키코스) 몸이 있다면	영적인(프뉴마티코스) 몸도 있다.
45절	"첫 사람 아담이 살아있는 존재(프쉬케)가 되었다."	마지막 아담이 생명을 주는 영(프뉴마)이 되었다.
46절	그러나 자연적인(프쉬키코스) 사람이 먼저이고,	그러나 영적인(프뉴마티코스) 사람이 먼저가 아니고 나중이다.

표22. 고린도전서 15:44-46에 나오는 언어유희: 자연적인 대 영적인

366 Benjamin L. Gladd, "The Last Adam as the 'Life-Giving Spirit' Revisited: A Possible Old Testament Background of One of Paul's Most Perplexing Phrases," *WTJ* 71 (2009): 297-309.

15:46 이 진술은 45절의 순서를 분명히 정리한다(이는 36-44절에 나온 씨앗의 비유에 상응한다). 아담의 자연적인 몸이 먼저 왔고, 부활하신 그리스도의 초자연적인 몸은 나중에 왔다. (그리고 그리스도에게 속하는 사람들의 초자연적인 몸은 더 나중에 올 것이다.)

15:47 바울은 이런 몸들의 기원이 아니라 본질을 명시함으로써 45-46절을 묘사한다.[367] 아담의 자연적인 몸은 "땅에서" 나서 그것을 "흙"의 몸으로 만든다. 즉 "흙에 속한 자"다.[368] 그리스도의 영적인 몸은 "하늘에서" 나서 그것을 "하늘"의 몸으로 만든다.

15:48 이제 바울은 45-47절에 나온 진술을 다른 인간들에 비유한다. 땅의 사람들은 "흙에 속한 자"인 아담과 같고, 하늘의 사람들은 "하늘에 속한 이"인 그리스도와 같다.

15장

15:49 이 문장의 후반부는 '우리가…지닐 것이다'[ESV, 미래시제형인 포레소멘(*phoresomen*)을 번역한 것] 또는 '우리가…지니자'[ESV 각주, 권면을 뜻하는 포레소멘(*phoresōmen*)을 번역한 것]로 읽을 수 있다. 차이점은 헬라어 철자 하나에 있다. 오미크론(ο = *o*)인가 오메가(ω = *ō*)인가? 둘 다 바울의 논증에서 의미가 통한다. 하지만 후자가 더 많은 사본들과 더 나은 사본들에 나오기 때문에 우월하다고 할 수 있다.[369] 그래서 이 문장을 해석하는 방법은 다음 두 가지다.

(1) 만일 바울이 '우리가 지닐 것이다'라고 썼다면, 그는 48절에 나온 신자들의 부활하지 않은 몸과 부활한 몸을 비교하는 중이다. 아직 죽지 않은

367 Fee, *First Epistle to the Corinthians*, 876-878.

368 "흙에 속한 사람"은 "흙으로 만들어진…흙의"라는 뜻을 지닌 형용사를 번역한 것이다(BDAG, s.v. Χοϊκός).

369 NET 각주와 Fee, *First Epistle to the Corinthians*, 871n324, 879-880을 보라. 다음 책도 이 독법을 따른다. Dirk Jongkind, ed., *The Greek New Testament: Produced at Tyndale House, Cambridge* (Wheaton, IL: Crossway; Cambridge: Cambridge University Press, 2017), 378.

우리 신자들은 아담의 땅의 몸과 같은 몸을 갖고 있다. 그러나 그리스도가 재림하신 후(23절)에는 우리의 몸이 그리스도의 하늘의 몸과 같이 될 것이다(롬 8:29).

(2) 만일 바울이 '우리가 지니자'라고 썼다면, 그는 아직 땅의 몸 안에서 살고 있는 신자들에게 '하늘의 사람의 형상을 지니도록' 권면하는 중이다. 그렇다고 신자들이 현재 하늘의 몸을 얻기 위해 애써야 한다는 뜻은 아니다. 그런 몸은 오직 장래에만 받을 것이기 때문이다(고전 15:23-28, 50-57). 오히려 신자들이 장래에 비추어 현재를 살아야 한다는 뜻이다. 장래가 신자들이 현재 살아가는 방식을 좌우해야 한다. 구체적으로 말하면, 우리가 장래에 하늘의 몸을 받을 것임을 알기 때문에 땅의 몸을 지니고 있는 동안인 현재에 예수님처럼 되고 또 행동해야 하는 것이다(참고. 고후 4:16-5:9). ('이미' 그리고 '아직'에 관해서는 고전 4:8 주석을 참고하라.)

15:50-58 개요

하나님은 사망을 멸망시키기 위해 죽은 신자들과 살아 있는 신자들의 썩을(죽을) 몸을 썩지 않는(죽지 않을) 몸으로 반드시 변화시키신다.

15:50 이 구절은 이 문단의 절정(50-58절)으로 가는 전환점이다. 두 진술은 비슷한 뜻을 지닌 채 병행한다.

- 혈과 육은 하나님 나라를 이어 받을 수 없고
- 썩는 것은 썩지 아니하는 것을 유업으로 받지 못하느니라

우리가 지닌 땅의 몸은 죽었든지 살아 있든지 간에 퇴화한다. 마치 "불의한 자"가 "하나님의 나라를 유업으로" 받기에 적합하지 않은 것처럼(6:9-10, 참고. 갈 5:19-21; 엡 5:5-6), 우리의 땅의 몸도 "하나님의 나라를 유업으로" 받기에 적합하지 않다. 그래서 하나님은 신자의 땅의 몸을 하늘의 몸으로 변화시키실 것이다.

15:51a 바울이 한 비밀을 말한다. 이는 하나님께서 예전에 숨겼다가 이제야 드러내신 것이다(참고. 2:6-7 주석). 바울은 51b-52절에서 이 비밀의 내용을 자세히 말한다.

15:51b 모든 신자가 다 신체적으로 죽지는 않을 것이다. 이것은 그 비밀이 아니다(51a절). 바울이 이미 쓴 다른 편지에서 이 사실을 드러냈기 때문이다(살전 4:15-17). 그러나 그리스도가 재림하실 때 하나님께서 별안간 각 신자(죽은 자와 살아 있는 자)가 지닌 땅의 몸을 하늘의 몸으로 변화시키실 것이다. 바로 '이것'이 그 비밀이다.

15:52a 바울은 변화되는 타이밍(51b절)을 이렇게 선언한다.

(1) '한 순간에'("in a moment"): 하나님은 "순식간에"[370] 우리 몸을 하늘의 몸으로 변화시키실 것이다.

(2) '눈 깜짝할 사이에'("in the twinkling of an eye"): '반짝임'(twinkling)은 '재빠른 동작(예, 눈의 움직임)'[371]을 뜻하는 단어를 번역한 것이다. 흔히 영어에서 눈을 반짝인다는 것은 흥미로운 것에 대해 눈을 번득이는 것을 가리킨다. 번득인다는 것은 불빛으로 밝게 비춘다는 뜻이다. 하지만 헬라어에서 이 단어는 영어에서 '눈을 깜빡이다'와 같이 속력을 강조한다.

(3) "마지막 나팔에": 나팔을 부는 것은 "마지막"(24절)이 왔다는 신호다(참고. 슥 9:14; 마 24:31; 살전 4:16).

15:52b 바울이 이 변화(51b-52a절)를 설명한다. 마지막 나팔소리가 날 때 하나님께서 두 집단의 몸을 변화시키실 것이다.

370 Fee, *First Epistle to the Corinthians*, 886n383.

371 BDAG, s.v. ῥιπή.

15장

(1) 죽은 신자들: 하나님께서 죽은 신자들을 부활시켜서 그들의 땅의 몸을 하늘의 몸으로 변화시키실 것이다.

(2) 살아 있는 신자들: 하나님께서 죽지 않은 신자들의 땅의 몸을 하늘의 몸으로 변화시키실 것이다.

15:53 이제 바울은 이 두 가지 변화(52b절)를 설명한다. 두 개의 진술은 비슷한 뜻을 지닌 채 병행한다.

- 이 썩을 몸이 썩지 않을 것을 입어야 한다
- 이 죽을 몸이 죽지 않음을 입어야 한다

하나님은 우리의 썩을 죽을 몸(죽었든지 살아 있든지)을 썩지 않고 죽지 않을 몸으로 변화시키기로 계획하셨다. '입어야 한다'("must put on", 그리고 54절에 나오는 '입다')는 엔뒤오(*endyō*)를 번역한 것으로 '종류를 막론하고 어떤 것을 자신에게 입히다, 자신에게 옷을 입히다, 입다, 신다'를 의미하고, 여기서는 은유적으로 '특징, 미덕, 의도 등을 취하는 것'[372]을 가리킨다. 우리의 썩을 죽을 몸이 그리스도의 부활한 몸의 특징을 취해야 한다(참고. 20-23, 45-49절).

15:54-55 이제 사도는 그 다음에(53절에 묘사된 변화 이후에) 일어나는 일을 묘사한다. 그리스도께서 십자가에서 결정적으로 사망을 무찌르고(히 2:14) 하나님께서 신자들의 몸을 변화시킨 후, 그리스도께서 마침내 완전히 영구적으로 사망을 이기실 것이다(참고. 57절). 마침내 사망 자체가 죽을 것이다! "다시는 사망이 없고"(계 21:4). 이는 결정적으로 구약의 다음 두 구절을 성취할 것이다.[373]

372 BDAG, s.v. ἐνδύω.

(1) 이사야 25:8: "사망을 영원히 멸하실 것이라 주 여호와께서 모든 얼굴에서 눈물을 씻기시며[참고. 계 7:17; 21:4] 자기 백성의 수치를 온 천하에서 제하시리라 여호와께서 이같이 말씀하셨느니라." "사망을 삼키고 이기리라"는 이사야 25:8을 느슨하게 인용한다. '이기다'는 헬라어 어구를 번역한 것이며, 이는 이사야 25:8에 "영원히"로 나오는 히브리어 용어를 가리키는 관용어구다.

(2) 호세아 13:14: "내가 그들을 스올의 권세[죽은 자들의 영역]에서 속량하며 사망에서 구속하리니 사망아 네 재앙이 어디 있느냐 스올아 네 멸망이 어디 있느냐." 바울은 하나님의 이스라엘 심판에 관한 구절인 호세아 13:14을 그리스도의 멸망(ESV는 "sting")을 받아들이시는 죽음에 비추어 읽고, 사망을 의인화하여 조롱하기 위해 각색한다. 그리스도가 죽었다가 다시 살아나셨기 때문에 사망이 죽게 될 것이다.[374]

15장

15:56a 이 절은 "사망아 네가 쏘는 것이 어디 있느냐"(55b절)를 설명한다. 바울은 다른 곳에서 이렇게 쓴다. "한 사람으로 말미암아 죄가 세상에 들어오고 죄로 말미암아 사망이 들어왔나니 이와 같이 모든 사람이 죄를 지었으므로 사망이 모든 사람에게 이르렀느니라"(롬 5:12). 그리스도는 영구적으로 사망을 무찌름으로써 또한 영구적으로 죄를 무찌르신 셈이다.

15:56b 이제 바울은 "사망이 쏘는 것은 죄"(56a절)라는 말을 설명한다. 하나님께서 아담과 하와에게 첫 번째 법을 발하시기까지는 죄가 그들을 유혹할 수 없었다. "선악을 알게 하는 나무의 열매는 먹지 말라"(창 2:17). 그 법이 죄에게 죽음을 다루는 권능을 줌으로써 죄에게 활력을 더해주었다(창

373 Richard James Lucas Jr., "Was Paul Prooftexting? Paul's Use of the Old Testament as Illustrated through Three Debated Texts" (PhD diss., The Southern Baptist Theological Seminary, 2014), 151-197.

374 참고. John Own, *The Death of Death in the Death of Christ*, vol. 10, *The Works of John Owen*, ed. William H. Goold (Edinburgh: T&T Clark, 1862), 139-428.

3:1-6). 율법-죄-죽음 트리오는 에덴동산에서 시작되었다.[375]

바울이 고린도전서 이후에 쓴 글이 이 말의 뜻을 더욱 분명히 밝혀준다. "율법으로는 죄를 깨달음이니라"(롬 3:20). "율법이 없었을 때에는 죄를 죄로 여기지 아니하였느니라"(롬 5:13). 율법은 죄를 아주 많게 만든다(롬 5:20; 7:5, 13). 더구나 "율법은 진노를 불러[오고]"(롬 4:15, 새번역), "율법 조문은 죽이는 것이[고]"(고후 3:6), 율법은 '죽음의 직분'이자 "정죄의 직분"이다(고후 3:7, 9). 그리고 "율법이 없으면 죄가 죽은 것임[이다]"(롬 7:8). 그러므로 그리스도는 영구적으로 죄를 무찌름으로써 하나님의 법이 죄에게 힘을 실어주는 것이 아니라, 그분의 백성을 위해 생명을 주는 것이라는 사실 또한 영구적으로 보증하신다.

15:57 사망의 쏘는 것과 죄의 권능(56절)과 대조적으로 우리가 하나님께 감사하는 것은, 그리스도께서 우리의 죄를 위해 죽었다가 죽음에서 일어나심으로써 우리를 위해 마침내 완전히 영구적으로 사망을 이기셨기 때문이다(1-4절, 참고. 롬 8:35-39).

15:58 이는 50-57절(과 1-57절)에서 추론한 것이다. 신자들이 참고 견딜 수 있는 것은 주님 안에서 그들의 일이 귀중하다는 것을 알기 때문이다. 바울은 애정을 담아 고린도 교인들을 사랑하는 형제와 자매로 부른다.

세 개의 명령은 신자들에게 견인하도록 권면하는 다양한 방식이다.

(1) "견실하[라]": 이는 '제자리에 굳게 또는 견고하게'[376]라는 뜻의 단어를 번역한 것이다. 고린도 교인들은 복음 안에 '서 있는'(1절) 만큼 더욱 굳게 서 있어야 한다. 바울은 이후에 "믿음에 굳게 서[라]"(16:13)고 명령한다. 굳게 선다는 것은 하나님께서 장차 죽은 신자들의 몸을 부활시키실 것

375 Chris A. Vlachos, *The Law and the Knowledge of Good and Evil: The Edenic Background of the Catalytic Operation of the Law in Paul* (Eugene, OR: Pickwick, 2009).

376 BDAG, s.v. ἑδραῖος.

임을 전제로 한다.

(2) "흔들리지 말[라]": 고린도 교인들은 "죽은 자 가운데서 부활이 없다 하[는]"(12절) 사람들을 포함해 그 어떤 것에도 흔들려서는 안 된다.

(3) "더욱 힘쓰[라]": 이는 '뛰어나라, 탁월하라, 출중하라'[377]는 뜻의 단어를 번역한 것이다. 신자들은 언제나 그들의 '노동'에서 뛰어나야 하는데, 이는 '한 사람이 정규적 활동으로 수행하는 것, 일, 직업, 과업'[378]을 의미하는 단어를 번역한 것이다. 하나님께서 신자에게 행하도록 부르시는 모든 과업은 "주 안에" 있는 것이 틀림없다. 물론 이것은 불신자를 전도하는 일과 교회의 덕을 세우는 일을 포함한다(참고. 16:10에 나오는 "주의 일"). 또한 배우자, 부모, 자녀, 형제와 자매, 교인, 피고용인, 자원봉사자, 시민, 이웃으로서 책임을 이행하는 것을 포함한다.[379]

하나님은 은혜롭게도 신자들에게 세 가지 명령에 대한 이유를 제공하신다. "너희 수고가 주 안에서 헛되지 않[기]" 때문이다. '헛된'은 케노스(*kenos*, 참고. 15:14-19 주석)를 번역한 것으로 어떤 가치도 없게, 쓸모없게 되는 것을 지칭한다. 바울은 거듭해서 헛된 활동을 언급한(2, 10, 14, 17절) 뒤에 고린도 교인들을 향해, 하나님께서 그리스도를 일으키셨고 또 장차 신자들을 일으키실 것이기 때문에 그들의 일이 결코 무가치하지 않다고 격려한다.

377 BDAG, s.v. περισσεύω.

378 BDAG, s.v. ἔργον.

379 반론은 다음 글을 보라. Peter Orr, "Abounding in the Work of the Lord (1 Cor 15:58): Everything We Do as Christians or Specific Gospel Work?," *Themelios* 38 (2013): 205-214. 일에 관해서는 다음 자료를 보라. Timothy Keller, *Every Good Endeavor: Connectiong Your Work to God's Work* (New York: Dutton, 2012); Sebastian Traeger and Greg D. Gilbert, *The Gospel at Work: How the Gospel Gives New Purpose and Meaning on Our Jobs* (Grand Rapids, MI: Zondervan, 2018); James M. Hamilton, *Work and Our Labor in the Lord*, SSBT (Wheaton, IL: Crossway, 2017).

응답

1. 복음을 긍정하고 기뻐하라(15:1-11).

복음을 단 한 문장으로 묘사하면 이렇다. '예수님이 죄인들을 위해 살고, 죽고, 다시 살아나셨고, 하나님은 자기 죄에서 돌이켜 예수님을 믿는 사람은 누구나 구원하실 것이다.' 이는 불신자들을 위한 좋은 소식이고 신자들을 위한 영원한 좋은 소식이기도 하다.[380]

2. 하나님께서 장차 신자들의 죽은 몸을 부활시키고 변화시키실 것임을 긍정하고 기뻐하라(15:12-58).

만일 우리가 이 진리를 부인한다면 복음이 필연적으로 수반하는 진리, 곧 하나님께서 물질적인 우주를 창조하셨다는 진리를 부인하는 셈이다. 하나님께서 물리적 몸을 지닌 인간을 창조하셨다. 예수님이 부활한 (물리적) 몸을 영원히 보존하실 것이다. 하나님은 현재의 물리적인 땅을 새롭고 더 나은 땅으로 변형시키실 것이다. 그리고 우리의 자연적인 땅의 몸을 초자연적인 하늘의 몸으로 변화시키실 것이다.

이것이 땅의 몸을 지닌 신자들에게 놀라운 소식인 이유는, 우리 몸이 날마다 퇴화되고 신음하고 있기 때문이다(참고. 42-44절; 롬 8:18-25).[381] 우리는 장차 그리스도의 부활한 몸과 비슷한 초자연적인 몸을 누리게 될 것을 고대할 수 있다.[382] 이것은 또한 죽은 신자들의 가족과 친구들에게도 놀라운 소식이다. "초상집에 가는 것이 잔칫집에 가는 것보다 나으니 모든 사람의

380 다음을 보라. Jerry Bridges, *The Gospel for Real Life: Turn to the Liberating Power of the Cross…Every Day* (Colorado Springs: NavPress, 2003); Mahaney, *Living the Cross Centered Life, Milton Vincent, A Gospel Primer for Christians: Learning to See the Glories of God's Love* (Bemidji: MN: Focus, 2008); Barrett, *Complete in Him*.

381 15:42-44에 나오는 네 가지 대조 사항은 그리스도인으로 하여금 자기 몸을 하찮게 여기게 하려는 것이 아니다. 하나님께서 우리가 지닌 땅의 몸을 창조하셨으므로 우리가 그것을 선물로 감사히 받고 그로 인해 하나님께 감사하고, 책임 있게 몸을 잘 보살펴야 한다. 그 네 가지 대조 사항의 취지는, 우리가 받을 하늘의 몸이 훨씬 더 나을 것임을 부각시키는 것이다.

끝이 이와 같이 됨이라 산 자는 이것을 그의 마음에 둘지어다"(전 7:2). 장례식은 인생을 올바른 관점에서 보게 해주는 진지한 의식이다. 그래서 기독교 장례식에서 종종 고린도전서 15:50-58을 낭독하곤 하는 것이다. 신자는 주 안에서 형제와 자매인 동료 신자가 죽으면 슬픔과 기쁨, 절망과 희망, 두려움과 용기, 의심과 믿음 등 복합적인 감정을 느낄 수 있다. 하지만 이 대목은 우리에게 기운을 북돋아준다. 신자들이 "소망 없는 다른 이와 같이 슬퍼하지 않게"(살전 4:13) 도와준다. 또한 "슬퍼하는 사람 같지만 항상 기뻐하[게]"(고후 6:10, 현대인의성경) 해준다. 지친 신자들로 하여금 주님을 섬기는 것이 헛되지 않은 줄 알게 하여 끝까지 참고 견디도록 힘을 준다(고전 15:58).

땅의 몸을 입고 사는 인생은 짧다. 무덤, 자연재해, 치명적인 사고와 비극, 죽음을 초래하는 폭력, 질병, 자연적인 죽음 등이 머리에 떠올릴 수 있다. 그러나 우리가 입을 하늘의 몸은 결코 "썩지 아니할" 것이다(42, 50, 52, 53, 54절). 그리스도의 부활은 사망의 죽음을 보장한다.

15장

3. 장래에 비추어 현재를 살라.[383]

우리가 장래에 관해 무엇을 믿느냐는 현재 우리가 하는 일에 영향을 준다. 우리의 몸으로 행하는 일은 중요하다(참고. 6:12-20 및 주석). 우리가 그리스도의 부활 그리고 그분이 우리에게 주실 변화된 하늘의 몸을 생각할 때, 현재 우리의 몸으로 행하는 일이 의미가 있음을 알아야 한다. 하나님께서 우리에게 주신 일을 행하는 것은 결코 무의미하지 않다. 그것은 매우 귀중하다. 그래서 우리가 "견실하며 흔들리지 말고 항상 주의 일에 더욱 힘쓰는 자들이 되[어야]" 하는 것이다(58절). "우리가 선을 행하되 낙심하지 말지니 포기하지 아니하면 때가 이르매 거두리라"(갈 6:9).

382 본인이 입을 하늘의 몸을 고대하고 그 몸이 어떤 모습일지 상상하는 것은 매우 덕을 세우는 일일 수 있다. Randy Alcorn, *Heaven* (Wheaton, IL: Tyndale, 2004).

383 참고. 15:33-34, 49, 58 주석.

1 성도를 위하는 연보에 관하여는 내가 갈라디아 교회들에게 명한 것
같이 너희도 그렇게 하라 2 매주 첫날에 너희 각 사람이 수입에 따라
모아 두어서 내가 갈 때에 연보를 하지 않게 하라 3 내가 이를 때에 너
희가 인정한 사람에게 편지를 주어 너희의 은혜를 예루살렘으로 가지
고 가게 하리니 4 만일 나도 가는 것이 합당하면 그들이 나와 함께 가
리라

1 Now concerning[1] the collection for the saints: as I directed the
churches of Galatia, so you also are to do. 2 On the first day of every
week, each of you is to put something aside and store it up, as he may
prosper, so that there will be no collecting when I come. 3 And when
I arrive, I will send those whom you accredit by letter to carry your
gift to Jerusalem. 4 If it seems advisable that I should go also, they will
accompany me.

5 내가 마게도냐를 지날 터이니 마게도냐를 지난 후에 너희에게 가서
6 혹 너희와 함께 머물며 겨울을 지낼 듯도 하니 이는 너희가 나를 내

가 갈 곳으로 보내어 주게 하려 함이라 7 이제는 지나는 길에 너희 보
기를 원하지 아니하노니 이는 만일 주께서 허락하시면 얼마 동안 너
희와 함께 머물기를 바람이라 8 내가 오순절까지 에베소에 머물려 함
은 9 내게 광대하고 유효한 문이 열렸으나 대적하는 자가 많음이라
10 디모데가 이르거든 너희는 조심하여 그로 두려움이 없이 너희 가
운데 있게 하라 이는 그도 나와 같이 주의 일을 힘쓰는 자임이라 11 그
러므로 누구든지 그를 멸시하지 말고 평안히 보내어 내게로 오게 하
라 나는 그가 형제들과 함께 오기를 기다리노라 12 형제 아볼로에 대
하여는 그에게 형제들과 함께 너희에게 가라고 내가 많이 권하였으되
지금은 갈 뜻이 전혀 없으나 기회가 있으면 가리라

5 I will visit you after passing through Macedonia, for I intend to pass
through Macedonia, 6 and perhaps I will stay with you or even spend
the winter, so that you may help me on my journey, wherever I go.
7 For I do not want to see you now just in passing. I hope to spend
some time with you, if the Lord permits. 8 But I will stay in Ephesus
until Pentecost, 9 for a wide door for effective work has opened to me,
and there are many adversaries. 10 When Timothy comes, see that you
put him at ease among you, for he is doing the work of the Lord, as I
am. 11 So let no one despise him. Help him on his way in peace, that
he may return to me, for I am expecting him with the brothers. 12 Now
concerning our brother Apollos, I strongly urged him to visit you with
the other brothers, but it was not at all his will[2] to come now. He will
come when he has opportunity.

13 깨어 믿음에 굳게 서서 남자답게 강건하라 14 너희 모든 일을 사랑
으로 행하라 15 형제들아 스데바나의 집은 곧 아가야의 첫 열매요 또
성도 섬기기로 작정한 줄을 너희가 아는지라 내가 너희를 권하노니

16 이같은 사람들과 또 함께 일하며 수고하는 모든 사람에게 순종하라
17 내가 스데바나와 브드나도와 아가이고가 온 것을 기뻐하노니 그들
이 너희의 부족한 것을 채웠음이라 18 그들이 나와 너희 마음을 시원
하게 하였으니 그러므로 너희는 이런 사람들을 알아주라
13 Be watchful, stand firm in the faith, act like men, be strong. 14 Let all
that you do be done in love. 15 Now I urge you, brothers[3]—you know
that the household[4] of Stephanas were the first converts in Achaia,
and that they have devoted themselves to the service of the saints—
16 be subject to such as these, and to every fellow worker and laborer.
17 I rejoice at the coming of Stephanas and Fortunatus and Achaicus,
because they have made up for your absence, 18 for they refreshed my
spirit as well as yours. Give recognition to such people.

19 아시아의 교회들이 너희에게 문안하고 아굴라와 브리스가와 그 집
에 있는 교회가 주 안에서 너희에게 간절히 문안하고 20 모든 형제도
너희에게 문안하니 너희는 거룩하게 입맞춤으로 서로 문안하라 21 나
바울은 친필로 너희에게 문안하노니 22 만일 누구든지 주를 사랑하지
아니하면 저주를 받을지어다 1)우리 주여 오시옵소서 23 주 예수 그리
스도의 은혜가 너희와 함께 하고 24 나의 사랑이 그리스도 예수 안에
서 너희 무리와 함께 2)할지어다
19 The churches of Asia send you greetings. Aquila and Prisca, together
with the church in their house, send you hearty greetings in the Lord.
20 All the brothers send you greetings. Greet one another with a holy
kiss. 21 I, Paul, write this greeting with my own hand. 22 If anyone has
no love for the Lord, let him be accursed. Our Lord, come![5] 23 The
grace of the Lord Jesus be with you. 24 My love be with you all in
Christ Jesus. Amen.

1) 또는 우리 주께서 임하셨도다 아람어, 마라나타 2) 어떤 사본에, 할지어다 아멘

1 The expression *Now concerning* introduces a reply to a question in the Corinthians' letter; see 7:1; also verse 12 *2* Or *God's will for him* *3* Or *brothers and sisters*; also verse 20 *4* Greek *house* *5* Greek *Maranatha* (a transliteration of Aramaic)

단락 개관

바울은 긴 편지를 집안 문제로 마무리한다. 그의 결론은 네 부분으로 되어 있다.

단락 개요

III. 결론(16:1-24)
- A. 예루살렘의 신자들을 위해 돈을 모으는 일에 관한 지시(16:1-4)
- B. 바울, 디모데, 아볼로의 여행 계획(16:5-12)
- C. 마지막 권면(16:13-18)
- D. 마지막 인사(16:19-24)

주석

16:1-4 개요

바울은 고린도 교인들에게 예루살렘의 신자들을 위해 돈을 모으는 일

에 관해 지시한다. 아마 그곳의 신자들이 가난하기 때문일 것이다(참고. 롬 15:25-32; 고후 8-9장; 갈 2:10).

16:1 "…에 관하여는"은 바울이 이 편지에서 다루는 열 가지 쟁점 중 셋(7:1; 8:1; 12:1)을 도입할 때 사용된 말이지만, 이곳과 12절에서 도입하는 문제는 중대성에서 약간의 차이가 있다(여기서 바울은 예컨대 성적 불결이나 교회의 분열 문제에 대해 그들을 바로잡고 있지 않는다). 바울은 다시 한 번 그들의 편지에 응답하고 있을 뿐이다.

16:2 바울은 그 교회에 돈을 따로 떼어두라고 지시하고, 이 명령에 네 가지 조건을 붙인다.

(1) 언제? 매주 첫날, 이는 매주 교회가 예수님이 부활하신 날에 예배하러 모이는 때(참고. 행 20:7)로 추정된다.
(2) 어떤 결과를 얻으려고? 그들이 돈을 저축하기 위해.[384]
(3) 얼마만큼? "수입에 따라"는 한 신자가 자신의 수입에 따라 헌금해야 할 금액을 묘사한다(참고. 고후 8:3, 11).[385]
(4) 무슨 목적으로? 바울이 고린도에 도착할 때 예루살렘 교회를 위해 굳이 돈을 모을 필요가 없게 하려고(참고. 고후 9:4-5).

16:3-4 고린도 교회는 자신들의 선물을 예루살렘 교회에 전달할 사람들을 선택해야 하고, 바울은 그들이 예루살렘에 도착한 뒤에 전달할 소개 편

384 "무언가를 따로 떼어두라"(ESV)는 한 명령을 번역한 것이고, "모아 두다"는 그 명령을 수식하는 분사를 번역한 것이다.

385 만일 헌금의 토대가 우리와 하나님의 관계, 그분이 우리에게 주시는 은혜와 사랑이라면, 그리고 만일 우리가 헌금하는 액수가 (1) 하나님께서 우리에게 복을 주신 것 (2) 우리의 마음속으로 결정한 것 (3) 우리를 섬기는 사역자들의 필요 (4) 동료 그리스도인의 필요 (5) 관대함 등에 기반을 두고 있다면, 우리가 단지 10퍼센트(십일조)만 헌금할 이유가 있겠는가? 다음 책을 보라. David A. Croteau, *Tithing after the Cross: A Refutation ofn the Top Arguments for Tithing and New Paradigm for Giving*, ACCI 7 (Gonzalez, FL: Energion, 2013).

지를 쓸 계획이다(참고. 고후 3:1; 8:19). 또는 바울이 친히 그들과 동행할 수도 있다(결국 그렇게 한다. 참고. 행 24:17; 롬 15:25-29).

고린도 교회가 많은 분량의 동전을 예루살렘으로 운송하기 위해 한 무리를 보내는 것은 적어도 세 가지 이점이 있다. (1) 이는 분실에 대한 예방책이다. (2) 이는 예루살렘 교회가 모든 선물을 받고 있음을 확인하는 책임을 부여한다(참고. 고후 8:20-21). (3) 가장 중요한 점은, 그것이 다수의 교회들 간에 얼굴을 마주하는 교제를 가능케 하고, 이방 문화와 유대 문화를 막론하고 문화와 장소를 초월하는 연합과 연결망을 촉진한다는 것이다(참고. 롬 15:27).

16:5-12 개요

바울이 그 자신(5-9절)과 디모데(10-11절)와 아볼로(12절)의 여행 계획을 나눈다.

16장

16:5-6 바울은 마게도냐(즉, 그리스 북부)를 거쳐서 여행할 생각이고, 이후 다음 여행을 위한 후원을 받기 위해 고린도 교인들과 함께 지낼지도 모른다(참고. 롬 15:24). 예전과는 달리 이번에는 그들에게 그를 재정적으로 지원할 기회를 준다(참고. 고전 9:3-18; 9:12 주석).

16:7 바울은 부랴부랴 고린도 교인들을 방문하길 원치 않는다. 그는 그들을 사랑하기 때문에 더 많은 시간을 함께 보내길 원한다(참고. 24절; 고후 1:16). 하지만 그의 계획은 어디까지나 주님의 허락에 달려 있다는 조건을 붙인다(참고. 고전 4:19; 행 18:21; 약 4:15).[386]

16:8-9 그동안 바울이 에베소에 머물 계획을 짜는 것은 하나님께서 그에

386 바울은 훗날 그의 계획을 바꿔야 한다(참고. 고후 1:15-18; 2:13; 7:5-7).

게 효과적으로 섬길 기회를 주고 계시기 때문이다(행 19:10). “내게 광대하고 효과적인 문이 열렸[다]”(고전 16:9a)는 좀 더 형식에 기초한 번역이다. 이 열린 문이 ‘효과적’이라는 말은 ‘풍부한 노동 분야를 약속한다’[387]는 뜻이다(참고. 행 14:27; 골 4:3). 하지만 바울은 많은 사람이 그를 반대하고 있다는 사실을 덧붙인다(참고. 고전 15:32; 행 19:9, 21-41).

16:10 바울은 이미 이렇게 쓴 바 있다. “그러므로 내가 너희에게 권하노니 너희는 나를 본받는 자가 되라 이로 말미암아 내가 주 안에서 내 사랑하고 신실한 아들 디모데를 너희에게 보내었으니 그가 너희로 하여금 그리스도 예수 안에서 나의 행사 곧 내가 각처 각 교회에서 가르치는 것을 생각나게 하리라”(4:16-17). 그런데 일부 고린도 교인들이 바울을 존경하지 않는다면, 그들은 바울의 젊은 대변인을 얼마나 더 어렵게 하겠는가? 그러하기에 여기서 바울이 고린도 교인들에게 디모데를 잘 대접하도록 권면하는 것이다. 디모데 역시 바울과 같은 목회 사역을 하고 있기 때문이다. 바울이 “두려움이 없이”라고 쓰는 것은 아마 디모데가 겁이 많기 때문일 것이다(참고. 딤후 1:7).

16:11 이 구절은 10절의 추론이다. 고린도 교인들이 디모데를 존경하고(참고. 딤전 4:12; 딛 2:15) 그를 “평안히” 보내서 그가 적절한 때에 바울에게 되돌아오게 해야 한다는 것이다.

16:12 고린도 교인들이 바울에게 쓴 편지에는 아볼로가 그들을 방문하게 해달라는 부탁이 있었던 것이 분명하다. 여기에서 바울은 왜 아볼로가 그렇게 하지 못했는지 설명한다. 바울은 아볼로에게 그들을 방문하도록 격려했다. 이는 바울과 아볼로가 서로 경쟁하기보다는 연합된 동역자임

387 BDAG, s.v. ἐνεργής.

을 보여준다(참고. 3:5-9, 21-22). 그러나 아볼로는 이때에 가기를 원치 않는다.[388] 그는 적절한 때가 되면 갈 것이다.

16:13-18 개요

바울은 이 편지에서 마지막으로 고린도 교인들을 권면한다.

16:13-14 사도가 여러 명령을 속사포로 쏟아낸다.

(1) '깨어 있으라.' 이는 '늘 준비된 상태가 되다, 빈틈없이 경계하다'[389]라는 뜻을 지닌 단어를 번역한 것이다. 무엇에 대해서인가? 신자를 복음에서 멀어지게 할 수 있는 모든 것이다. 즉, 다시 말해 복음 메시지 자체로부터, 복음이 전제하는 것으로부터, 복음이 함축하는 것으로부터, 또는 복음이 요구하는 것으로부터 멀어지게 하는 것(참고. 서론의 '신학')에 대해 깨어 있어야 한다.

16장

(2) '믿음에 굳게 서라.' 이는 '신념이나 믿음에 굳게 헌신하다'[390]라는 뜻의 어구를 번역한 것이다. 바울은 이미 고린도 교인들이 복음 위에 서 있다고(15:1) 칭찬했고 그들에게 인내하도록 권면했다. "견실하며 흔들리지 말고"(15:58). 여기서 그는 다시금 그들에게 포기하지 말라고 권면한다. "믿음"은 그리스도인이 긍정하는 핵심 진리다(예. 예수님이 죄인을 위해 죽었다가 다시 살아나셨다. 하나님은 믿음을 통해 은혜로 구원하신다. 예수님이 다시 오고 계신다).

(3-4) '남자답게 행하라, 강건하라.' 이 두 명령은 함께 간다. '남자답게 행하다'는 '스스로 용기 있게 행하다'[391]를 뜻하는 단어를 번역한 것이다. 그래서 '용기를 내라'(예. NIV)로 번역된다. '강건하라'는 '강하게 되다…심리

388 "그는 상당히 꺼리고 있었다"(BDAG, s.v. πάντως 5a). "그는 기꺼이 가려 하지 않았다"(BDAG, s.v. θέλημα 1b).

389 BDAG, s.v. γρηγορέω.

390 BDAG, s.v. στήκω.

391 BDAG, s.v. ἀνδρίζομαι.

적인 의미에서 굳게 머물라고 격려하다'[392]를 뜻하는 단어를 번역한 것이다. 70인역은 이와 똑같은 두 단어를 세 구절에서 나란히 놓는다.[393] 바울이 고린도전서에서 다룬 열 가지 쟁점은 하나같이 로마 사회의 세상적인 가치관을 수용한 죄에서 나온다. 따라서 믿음 위에서 세상에 휩쓸리지 않고 살아가려면 용기가 필요하다.

(5) "너희 모든 일을 사랑으로 행하라." 이것은 고린도전서의 신학적 메시지를 또 다른 방식으로 진술한다. (서론의 '신학' 마지막 대목을 보라.) 바울이 영적 은사에 관해 쓴 내용(참고. 12:31-14:40에 대한 주석)은 이 편지 전체에 적용된다.

16:15-16 바울이 여기서 권면하는 내용은 앞 문장(14절)의 실례에 해당한다. 즉, 모든 일을 사랑으로 행하는 법이다. 바울은 모든 동료 교인들에게 "[서로] 순종하라"고 말하는 것이 아니다.[394] 그는 고린도 교인들에게 주님을 섬기는 일에 전념하는 스데바나[395]와 같은 '교회 지도자들'에게 순종하라고 권면한다(참고. 살전 5:12-13; 히 13:17).

16:17-18 이 구절들은 15-16절을 진전시킨다. 그 연결점은 "스데바나"이다(15절). 바울은 고린도 교회에서 온 세 사람이 그를 방문하여 마음을

392 BDAG, s.v. κραταιόω.

393 (1) 다윗 왕의 군사령관인 요압이 전투를 위해 그의 부하들을 결집시킨다. "너는 담대하라 우리가 우리 백성과 우리 하나님의 성읍들을 위하여 담대히 하자 여호와께서 선히 여기시는 대로 행하시기를 원하노라"(삼하 10:12). (2) 다윗이 스스로에게 설파한다. "너는 여호와를 기다릴지어다 강하고 담대하며 여호와를 기다릴지어다"(시 27:14). (3) 다윗이 이렇게 설파한다. "여호와를 바라는 너희들아 강하고 담대하라"(시 31:24 = 70인역 30:24).

394 "순종하다"는 다른 누군가의 권위에 순종하는 것을 지칭하는 단어를 번역한 것이다. 순종은 일방적이지 쌍방적인 것이 아니다. Grudem, *Evangelical Feminism and Biblical Truth*, 191-198.

395 16절은 "(스데바나)가 교회의 지도자 중 하나임을 확실히 하고" 아울러 "그들의(즉, 스데바나와 추정컨대 브드나도와 아가이고의) 사역이 아마 신자들 가운데 선행을 하는 것에 국한되지 않고 말씀 사역에 대한 어떤 책임을 포함했을 것임을 암시한다." (Fee, *First Epistle to the Corinthians*, 916-917). 참고. *1 Clement* 42:4. 스데바나에 관해서는 고전 1:16; 15:20 주석, 롬 16:5을 보라.

상쾌하게 한 것에 대해 경의를 표한다. 바울은 자기가 고린도 교인들을 사랑하기 때문에 "여러분을 만나지 못해서 생긴 아쉬움을, 이 사람들이 채워 주었[다]"(새번역)고 말한다(참고. 7, 24절). 그는 고린도 교인들에게 "이런 사람들"을 알아주라고 부탁한다(참고. 빌 2:29-30; 살전 5:12-13).

16:19-24 개요

바울이 마지막 인사를 보낸다.

16:19-21 이 대목은 다섯 번에 걸친 인사다.

(1) 로마 지방에 있는 아시아의(아시아 대륙이 아니라) 교회들이 고린도 교인들에게 문안한다.

(2) 아굴라와 브리스가(브리스길라, 참고. 행 18:2, 18, 26; 롬 16:3-4; 딤후 4:19)가 그들의 교회(참고. 롬 16:5)와 더불어 그들에게 문안한다.

(3) 모든 형제들이 고린도 교인들에게 문안한다. 바울은 아마 소스데네와 같은, 그와 함께 여행하는 동역자들을 지칭할 것이다(고전 1:1).

(4) 고린도 교인들은 거룩한 입맞춤으로 서로 문안해야 한다(참고. 롬 16:16; 고후 13:12; 살전 5:26). 베드로는 이것을 "사랑의 입맞춤"(벧전 5:14)이라고 부른다. 그리스-로마의 문화에서는 가족들이 흔히 입맞춤으로 서로 문안했다.[396] 주님의 거룩한 백성이 서로 문안할 때, 그 문안은 거룩하다. 보편적 원리는 그리스도 안에서 형제와 자매가 된 사람들이 문화적으로 적절한 방식으로(예. 눈 맞춤과 따스한 미소, 악수, 주먹 맞대기, 포옹, 입맞춤, 절) 애정을 담아 서로 문안해야 한다는 것이다.

(5) 바울은 그의 대필자로부터 필기도구를 받아서 친필로 고린도 교인들에게 인사한다(참고. 갈 6:11; 골 4:18; 살후 3:17; 몬 1:19).

396 Lee M. Fields and Marvin R. Wilson, "Kisses and Embraces," in *Dictionary of Daily Life in Biblical and Post-Biblical Antiquity*, ed. Edwin M. Yamauchi and Marvin R. Wilson, 4 vols. (Peabody, MA: Hendrickson, 2014-2016), 3:101-114.

16:22-24 바울은 네 가지 요청을 담은 기도로 끝낸다.

(1) 주님을 사랑하지 않는 자들은 "저주를 받[게]"[아나테마(*anathema*), 참고. 12:3; 롬 9:3; 특히 갈 1:8-9] 되기를 기원한다. 이 요청은 고린도 교인들에게 바울이 이 편지에 쓴 내용에 대해 반대하지 않아야 함을 엄숙히 경고한다.

(2) 주님이 돌아오시기를 기원한다(참고. 15:23; 51-57; 계 22:20). 이 헬라어는 "주여, 오시옵소서!"[397]라는 아람어 마라나타(*marana tha*)를 그대로 음역한 것이다.

(3) 주 예수님의 은혜가 그들과 함께하길 기원한다. 하나님의 영감을 받아 바울이 쓴 편지 열세 편은 모두 비슷한 축복으로 시작해서 끝나지만, 처음과 끝에 나오는 전치사는 다르다. 이 편지는 "하나님 우리 아버지와 주 예수 그리스도로부터 은혜와 평강이 [너희'에게'(to)] 있기를 원하노라"(1:3)로 시작해서 "주 예수 그리스도의 은혜가 너희와 '함께'[with] 하[기를]"(16:23)로 끝난다. 바울은 신자들이 그의 편지를 읽는 동안 은혜가 그들'에게' 흘러가길 기도하고, 그들이 그의 편지를 읽지 않고 각자의 길을 갈 때는 은혜가 그들과 '함께' 머물러 있기를 기도한다.[398]

(4) 바울은 그 사랑이 그리스도 예수 안에서 고린도 교인들과 함께하기를 기원한다(참고. 7, 17절).

397 BDAG, s.v. μαράνα θά. 이 어구는 *maran atha*로 읽을 수도 있다. 이는 "우리 주님이 오셨다"라는 뜻이다. 그러나 문맥상 이런 뜻일 가능성은 적다. 이 편지는 일련의 명령들(16:13-14)과 문안(16:19-21)과 요청들(16:22-24)로 마무리된다. "우리 주님이 오셨다"는 요청이 아니라 하나의 진술이다.

398 John Piper, *Future Grace: The Purifying Power of the Promises of God*, in *The Collected Works of John Piper*, ed. David Mathis and Justin Taylor (Wheaton, IL: Crossway, 2017), 4:87-89.

응답

모든 일을 "사랑으로 행[해야]" 한다(14절). 이것이 16장뿐만 아니라 이 편지 전체에 반응하는 법이다(참고. 13-14절 주석). 구체적으로 '당신의 영적 가족'을 사랑하라. 이것이 집안 문제를 다루는 이 대목을 다함께 묶어준다. 그렇다면 메시아 예수 안에서 형제와 자매들이 어떻게 그들의 영적 가족을 사랑해야 하겠는가?

- 물질적인 필요가 있는 이들에게 관대하게 돈을 줌으로써(1-4절).
- 지나가는 사람들에게 정성스러운 대접을 베풂으로써(5-12절).
- 순결함과 연합의 측면에서 성숙함으로써, 즉 사랑하는 면에서 성숙함으로써(13-14절).
- 교회 지도자들에게 순종함으로써(15-18절).
- 다른 곳에 몸담은 형제와 자매들이 문안하며 관심을 표할 때 그들에게 애정을 느낌으로써(19-21절).
- 애정을 담아 서로 문안함으로써(20b절).
- 주님을 사랑하고, 그분의 재림을 열심히 기다리며, 그분의 은혜로 성숙하며, 영적 목자들이 베푸는 사랑을 흔쾌히 받음으로써(22-24절).[399]

16장

399 필자는 언젠가 (바울을 싫어한다고 시인한) 한 교수가 바울이 그의 편지에서 사람들을 문안하는 것은 정치적 권력 게임이라고 주장하는 말을 들은 적이 있다. 달리 말하면, 바울이 문안하는 동기는 사랑이 아니라 자신의 권력과 영향력을 키우려는 이기적 욕망이었다는 것이다. 이보다 더 냉소적으로 바울의 글을 읽는 것은 상상하기가 어렵다. 바울의 편지에 담긴 모든 내용은 자기가 돌보는 사람들에 대한 이타적인 사랑을 뿜어낸다. 심지어 부모가 자녀들을 징계하듯 바울이 그들을 책망할 때도 그렇다.

참고문헌

주석의 가치는 그 결론에 있지 않고 논증하는 방식에 있다. 필자는 다음 자료들 중 어느 하나에도 '전적으로' 동의하지는 않지만 모두 다 유익하다.

Ciampa, Roy E., and Brian S. Rosner. *The First Letter to the Corinthians*. PNTC. Grand Rapid, MI: Eerdmans, 2010.

이 주석서는 엄밀한 연구에 기초한 사려 깊은 저서로, 특히 바울이 구약을 사용하는 방식을 세심하게 다룬다.

Fee, Gordon D. *The First Epistle to the Corinthians*. 2nd edition. NICNT. Grand Rapids, MI: Eerdmans, 2014.

이는 전반적으로 고린도전서에 관한 최고의 주석이다. 피는 명료하고도 철저하게 논증한다. (주의: 피는 고린도전서 11:2-16에 대해 평등주의적 견해를 변호하고, 바울이 14:34-35을 쓰지 않았다고 주장한다.)

Garland, David E. *1 Corinthians*. BECNT. Grand Rapid, MI: Baker Academic, 2003.

이 주석서는 생각을 자극하고 때로는 독자적인 해석을 통해 독자가 성경에서 눈을 뗄 수 없게 한다.

Hays, Richard B. *First Corinthians*. IBC. Louisville: John Knox, 1997.

이 주석서는 명쾌한 산문, 유익한 성경신학적 연관성, 그리고 몇몇 통찰력 있는 적용을 명백히 보여준다. 듀크 신학교에서 오랫동안 가르쳐온 헤이즈는 무오성에 관한 복음주의적 견해에 동의하지 않는(이는 14:34-35에 관한 그의 보충 설명에 뚜렷이 나타난다) 신학적 보수주의 감리교도로서 이 주석서를 쓴다.

Schreiner, Thomas R. *1 Corinthians*. TNTC 7. Downers Grove, IL: IVP Academic, 2018.

이 저서는 바울의 논증을 명료하게 추적한다. 슈라이너는 사려 깊고도 훌륭하게 자신의 견해를 주장한다.

Smith, Jay E. "1 Corinthians." In *The Bible Knowledge Word Study: Acts-Ephesians*, edited by Darrell L. Bock, 205-326. BKnS. Colorado Springs: Victor, 2006.

이 자료는 중요한 단어들이 그 문학적 및 역사-문화적 맥락에서 무슨 뜻인지를 간결하게 주석한다.

Winter, Bruce W. *After Paul Left Corinth*: The Influence of Secular Ethics and Social Change. Grand Rapids, MI: Eerdmans, 2001.

이 저서는 고린도전서의 역사-문화적 맥락에 관한 가장 유익한 자료다.

성경구절 찾아보기

창세기
1장 312
1-2장 141
1-3장 141
1:3 312
1:9-13 338
1:26-30 348
1:27 228
1:28 171, 172
2장 317주
2:7 358
2:17 363
2:18 171, 172
2:18-23 228
2:20b-24 317
2:24 138주, 161
3:1-6 363-364
3:24 142
5:3 358
9:6 228
22:4-5 338
39:12 139

출애굽기
12:6 111
12:14 244
12:14-15 111
12:15 111
12:21-27 210
12:23 208주
13:17-14:30 206
14-17장 206
17:1-7 206
21:10 162주, 174주
22:31 47
24:5-8 244
26:31 142
32:6 207
34:14 212
36:35 142

레위기
11:44-45 47
18:7-8 105
18:22 127
20:11 105
20:13a 127
23:9-14 343
23:10-11 338
23:15-17 343

민수기
6:5 232주
12:6-8 293
14:1-38 207
14:24-35 205
20:2-13 206
21:4-6 207
25:1-9 207
25:9 207

신명기
7:6 47
7:6-8 70
9:4-6 70
13:5 114
17:7 114
17:12 114
18:1-5 198
19:19 114
21:21 114
22:21 114
22:22 114
22:24 114
22:30 105
24:7 114
25:4 196, 197
27:20 105
28:49 309
29:18-20 212
32:4 206
32:15 206
32:17 212
32:30-31 206
32:39 338주
34:10 293

여호수아
24:19-20 212

사사기
13:5 232주
16:17-30 232주

사무엘상
2:6 338주

사무엘하
10:12 376주
14:26 232주

열왕기상
6:20 143
17:17-23 343주

열왕기하
4:32-36 343주
13:21 343주

욥
5:13 88
19:25-27 338주
38-41장 68주

시편
1:6 318
2:7 338주
5:9 339
8:4-6 348
8:6 347
8:6b 348, 348주
16:9-11 338주
24:1 213
27:14 376주
31:24 376주
78편 206
78:14-20 206
78:35 206
78:58-59 212
94:11 88
95편 206
110편 347주
110:1 347
127:1 82

잠언
5:15-20 174
10-31장 32
12:4 229
13:20 351
22:24-25 351

전도서
7:2 367

아가
6:3 156

이사야
22:13 351
25:7-9 338주
25:8 363
26:19 338주
28장 309
28:11 309

28:11-12 309
29:13 68
29:14 68, 68주
40:12-14 68주
40:13 79
45:14 310
52:12 206
52:13-53:12 337
53:10-11 338주
55:3 338주
56:12 351
58:8 206
64:4 76

예레미야
9:23-24 72
31:31-34 244

에스겔
37장 358
37:1-14 338주
40-48장 142

다니엘
7:14 346
7:22 123
7:27 346
12:2 338주

호세아
6:1-3 338
13:14 363

요엘
2:28-29 301

요나
1:15-2:10 338

하박국
2:18-19 271

스가랴
4:6 98
8:23 310
9:14 361
13:7 337

마태복음
1:18-19 165
3:11 277, 278주
5:8 293
5:13 115
5:32 159
7:1 90
7:21-23 318
9:23-25 343주
10:1-15 281
10:10 198
12:40 338
13:20-22 335
16:21 337
16:23 116
17:20 285주
18장 107
18:10 229
18:15-17 106
18:15-20 33, 129
18:17 116
19:9 159
19:28 123
21:21 285주
22:1-14 252
22:14 69
22:29 353
22:41-46 347주
22:44 347
24:6 346
24:31 361
25:10 252
25:21 86주
25:23 86주
25:34 76
25:41 124
26:26-29 243주
26:29 252
27:51 143
27:52-53 343주
28:16-20 338
28:19-20 67

마가복음
1:8 277, 277주
7:18-19 194
10:45 234
11:23 285주
14:22-25 243주

누가복음
3:16 277, 277주
4:5-6 109
7:12-17 343주
8:24 291
9:54-55 116
10:7 198
11:13 277
12:19 351
13:29 252
22:17-20 243주
24:34 338
24:36-43 338
24:45-46 338
24:49 277

요한복음
1:3 193
1:14 142
1:29 73, 111
1:33 111, 277, 277주
2:18-19 141주
2:18-22 142
3:16 289
5:29 345
7:37-39 277
8:31 201
9장 247
11:1-44 343주
12:24 353
12:31 109
13:35 289
14:1-17:26 277
16:8-11 310
19:31 111
19:42 111
20:9 338
20:19-23 338
20:24-29 339
21:14 339

사도행전
1:3-11 339
1:5 277, 278주
1:21-23 338
1:22 281
1:24-26 281
1:26 281, 338
2장 297
2:16-18 301
2:17 316
2:22-23 76
2:24 341
2:33 278주
2:34-35 347주
2:42 239주, 312
4:27-28 76
7:58 339
7:60 247주, 339
8:1-3 339
9장 198
9:1-5 339
9:3-8 339
9:4 195, 276
9:4-5 195
9:13 339
9:17 195
9:21 339
10:9-16 194
10:46 295
11:16 277, 278주
12:17 339
13:27 76
13:36 247주, 339
14:27 374
15:13 339
15:29 188
16:3 199
17:2-3 338
17:22-31 73
17:32 333
18:1-2 163
18:2 377
18:3 93
18:18 232주, 377
18:21 373
18:26 116, 377
19:9 374
19:10 374
19:21-22 21
19:21-41 374
19:23-41 351
20:7 249주, 372
21:8-9 316
21:11 299주, 301
21:18 339
21:20-26 199
21:25 188
22장 198
22:4 339
22:6-11 339
22:19 339
24:15 345
24:17 373
24:26-27 122

26장 198
26:9-11 339
26:12-18 339
26:22-23 338
26:23 343

로마서
1:1 281
1:26 232주
1:26-27 126주
1:26-31 113
1:28 203주
1:29 65
2:5 346
2:8-9 346
3:20 364
4:15 364
4:23-24 208
4:25 336, 342
5:5 289
5:6 336
5:8 289
5:12 363
5:13 364
5:20 364
6:1-4 277
6:3 206
6:12 141주
7:5 364
7:8 364
7:13 364
8:11 343
8:17 76, 343
8:18-25 366
8:23 141주, 343
8:24-25 294
8:29 343, 360
8:32 88, 336
8:35-39 346, 364
8:36 351
8:38 88
9:3 378
11:17-24 205
11:33 77
11:34-35 68주
11:36 193
12:3 339
12:4-5 276
12:6-8 273
12:9 288
12:10 175, 287
12:14 287
12:15 287
12:16 287, 288
12:17-19 287
12:18 249, 288
12:20-21 287
13:1-5 122
13:13 65
14장 136
14:13 194주
14:13-15 194주
14:17 194
14:20-21 194주
15:1-8 216
15:3 288
15:4 207, 208
15:15-16 339
15:17-20 198
15:24 373
15:25-29 373
15:25-32 372
15:27 197, 373
16:3-4 377
16:5 376주, 377
16:16 377

고린도전서
1-4장 33, 67, 95, 100, 242
1:1 21, 45, 377
1:1-2 69
1:1-9 43-44, 110
1:2 21, 29, 31, 45, 64, 71, 83, 110, 128, 144, 233, 242, 316
1:3 47, 48, 64, 378
1:4 48, 49
1:4-8 48
1:4-9 48
1:5-8 48
1:6 44
1:7 64, 274, 292, 321
1:8 48, 49, 64, 85, 87주
1:8-9 209
1:9 48, 49, 64, 69, 95
1:10 61, 64, 65, 66, 95
1:10-17 62, 64, 196
1:10-3:20 88
1:10-4:5 91
1:10-4:21 23, 25, 29, 50-61, 61, 64, 67, 96, 125
1:10-6:20 35
1:10-15:58 61
1:11 21, 65, 100, 133, 154
1:11-12 64
1:11-15 65
1:12 65, 66, 66주, 88, 89
1:12-13 64
1:13 64, 65, 66
1:14-15 67, 100
1:14-16 64, 66
1:15 64
1:16 376주
1:17 24, 62, 64, 67, 73, 94
1:17b 67
1:17-18 74
1:17-2:5 73, 75
1:18 62, 67, 68, 342, 346
1:18-25 62, 67, 97
1:18-31 73
1:18-2:5 62, 75, 197
1:18-2:16 62, 88, 125
1:19 31, 68, 91
1:20 68
1:21 68, 69
1:22-24 69
1:23 25, 69
1:24 69
1:24c 69
1:24d 69
1:25 69, 70
1:25a 69
1:25b 69
1:26 70
1:26-31 62, 70, 97
1:27 200
1:27-28 70, 71
1:29 70
1:30 71, 72
1:31 31, 72, 91
2:1 73, 74
2:1-5 62, 67, 72, 74, 75, 98
2:2 85
2:2-4 74
2:3 200
2:4 74
2:5 74
2:6 76
2:6-7 75, 77, 89, 361
2:6-16 62, 74, 78, 98
2:7 75, 76
2:8 76
2:9 31, 76, 91
2:9-10a 76
2:10 77
2:10-11 77
2:10a 77
2:10b 77
2:10b-16 77
2:11 77
2:12 77, 78
2:12-3:4 33
2:13 77, 78, 80, 356
2:13-16 269
2:13a 78
2:13b 78
2:14 78, 79
2:14-15 78, 79
2:15 78, 79
2:16 31, 79, 91
3:1 78, 79, 109
3:1-4 29, 79, 81, 96
3:1-4:21 62
3:2 80
3:3 65, 81, 287

3:4 81
3:4–7 88
3:5 81, 82, 89, 89주
3:5–6a 82
3:5–9 81, 83, 90, 96, 375
3:5–17 83
3:6 81, 82
3:6–7 340
3:6–8 29
3:6b 82
3:6c–7 82
3:7 82
3:8 82, 90
3:8a 82
3:8b 82
3:9 82, 83, 100
3:9–15 83, 84
3:9a 82
3:9b 82
3:9c 84
3:10 83
3:10–15 83, 85, 99
3:10–17 83
3:10a 84
3:10b 84
3:10c 84
3:11 83, 84, 85
3:12–13 85
3:12–15 83, 85
3:12a 84
3:12b 84
3:13 84
3:14 84, 86
3:14–15 33
3:15 84, 86, 87
3:16 86
3:16–17 83, 86, 100, 109, 128, 140주, 143
3:17 86, 87주, 336
3:18 88, 125, 318
3:18–20 88
3:18–23 87, 96, 97, 125
3:19 31
3:19–20 91
3:19a 88
3:19b–20 88
3:20 31
3:21 87
3:21–22 375
3:21a 88
3:21b 88
3:21b–23 88
3:22 88
3:23 89
4:1 81, 89
4:1–5 89, 90
4:1–13 93
4:1–21 100
4:2 89, 90
4:3–4 90
4:5 85, 86, 90
4:6 88, 91, 174주, 287
4:6–13 91, 125
4:7 91, 233, 320
4:7–9 93
4:8 92, 93, 360
4:9 92, 93, 229
4:10 93
4:11–13 74, 93, 197, 351
4:14 93, 116, 124
4:14–17 93
4:14–21 93
4:15 93, 94
4:15b 24
4:16 94, 216
4:16–17 374
4:17 94, 316
4:18 287
4:18–19 94
4:18–21 93
4:19 94, 287, 373
4:20 92주, 94
4:21 95
5장 33, 93, 106, 107, 108, 112, 115, 120, 129, 133, 134
5–6장 35, 203
5–7장 35, 164
5:1 65, 106주, 110, 115
5:1–2a 103, 104, 155
5:1–8 103
5:1–13 26, 29, 101-103, 115, 130, 161주
5:2 106주, 287
5:2b 110
5:2b–8 103, 106, 112
5:2bc 106
5:2c 108, 113, 114
5:3 108, 109
5:3–5 108, 109
5:5 33, 109, 115, 116
5:6 110, 351
5:6–8 112, 115
5:6a 104
5:7 29, 106주, 111, 114, 117, 144, 244, 337주
5:7–8 128
5:7a 110
5:7b 111, 210
5:8 106주, 111
5:9 20
5:9–10 114
5:9–11 112, 113, 126
5:9–13 103, 112, 123
5:10 112
5:10–11 112, 120
5:11 106주, 112, 113, 114, 115
5:12 90, 106주, 120
5:12–13 113
5:12b 108
5:13 31, 106주, 115
6장 140
6:1 120, 121, 122, 123, 124, 125, 129
6:1–8 33, 125
6:1–10 128
6:1–11 26, 29, 112, 118, 119, 120, 121
6:2 114, 121, 122, 123, 124
6:2–3 124
6:3 34, 122, 123, 229
6:4 120, 121, 124, 125
6:5 90, 121, 122, 129
6:5–6 124
6:5a 124
6:5b–6 125
6:6 121
6:7 122, 125
6:7–8 125
6:8 121, 122
6:9 34, 121, 125, 126주, 130
6:9–10 113, 121, 123, 125, 128, 130, 336, 360
6:9–11 133, 346
6:11 29, 121, 125, 128, 130, 144
6:12 134, 135, 212, 215
6:12–20 26, 29, 34, 105, 132, 133, 134, 134주, 136주, 140, 140주, 144, 154, 155, 367
6:12–20a 141

6:12a 144
6:12b 144
6:13 134, 136, 144
6:13–14 136, 333, 352
6:13–18 136
6:13–18a 140
6:13–20 140
6:13a 137
6:13b 140주
6:13b–14 137
6:13b–17 138
6:14 144, 343
6:15 140주, 141주, 144
6:15–16 135
6:15–17 137, 212
6:15–20 29
6:16 31, 139, 140주, 144
6:16b 138주
6:17 144
6:18 134, 139 140주, 209
6:18a 138, 144
6:18b 139
6:18b–20 140
6:18bc 139, 141주, 144
6:18c 140
6:18c–20 141
6:19 140주, 141주
6:19–20 31, 86, 140, 140주, 141, 143, 144, 160
6:19a 144
6:19b–20a 145
6:20 134, 215
6:20b 141주, 145
7장 23, 25, 33, 34, 153, 162, 162주, 164, 170, 171, 174
7–10장 35
7:1 21, 41주, 372
7:1–6 153
7:1–40 27, 30, 31, 146-152, 153, 157, 158주
7:1–15:58 35
7:1a 153, 192, 269
7:1b 154, 155
7:2 155, 156
7:2–4 156
7:2–5 152, 154, 173
7:3 156
7:3–4 156
7:4 156
7:5 156, 157
7:6 157
7:7 157
7:7–9 31, 155, 157
7:8 158
7:8–9 152, 158, 170
7:8–11 160
7:10 34
7:10–11 152, 158, 159, 160, 161, 166
7:10–16 130주, 158
7:12 34, 159, 166
7:12–14 160
7:12–16 152, 158, 159, 170
7:13–14 160
7:14 34
7:15 160, 161
7:15–16 160
7:16 160
7:17 162, 163, 164, 165, 166, 233, 316
7:17–24 162
7:18–19 31, 152, 163, 200
7:18a 162
7:18b 162
7:19 164
7:20 162, 164, 165, 166
7:21–22a 162
7:21–23 152, 164
7:21a 165
7:22 165
7:22b 165
7:22b–23 162
7:23 170
7:23a 165
7:23b 165
7:24 162, 165, 166
7:25 41주, 154주, 166, 170
7:25–26 34
7:25–40 165, 166, 170, 175
7:26 34, 154, 165, 166, 167, 168, 169, 175, 240
7:26–27 169
7:26–28 167, 168
7:26–38 153, 167
7:26b 170
7:27 167, 169
7:28 158주, 165, 167
7:28a 169
7:29–31 166, 167
7:29–35 169
7:29a 167, 168
7:29b–31a 167, 168
7:31b 168, 171
7:32 168
7:32–34 168
7:34 169
7:35 168
7:36 165, 169
7:36–38 169
7:37 169
7:38 170
7:38a 169
7:38b 169
7:39 27, 160, 161
7:39–40 153, 170
7:40 34, 158주
8장 187, 188, 189, 190, 195, 200, 208, 209, 218, 352
8–10장 34, 189주, 191, 217
8–14장 35
8:1 154주, 188, 189, 193, 195주, 212, 372
8:1–13 186, 192
8:1–10:30 215
8:1–11:1 23, 25, 27, 176-186, 192, 194주, 199, 209, 213, 217, 336
8:1a 192
8:1b 193
8:1b–3 192
8:2 192, 193, 318
8:3 193, 318
8:4 188, 189, 192, 193
8:4–6 193, 194
8:4a 193
8:4b 193
8:5 189
8:5–6 193
8:6 89주
8:7 34, 188, 189, 193
8:7–8 194
8:7–13 193
8:9 34, 189
8:9–10 191, 194주
8:9–12 189주, 194, 216
8:10 34, 188, 189, 191, 193, 195, 195주
8:10–12 195
8:10–13 216
8:11 193
8:11–12a 195
8:12 34
8:12b 195
8:13 34, 195
9장 201, 218

9:1 281, 339
9:1–2 195
9:1–13 186
9:1–23 195
9:3–7 196
9:3–18 373
9:4 189, 196
9:4–18 93
9:5 65, 189
9:6 189, 198
9:6–7 196
9:7 198
9:8–10 196
9:9 31
9:9b 196
9:10 207
9:10a 196
9:10b 197
9:11 197
9:12 189, 197, 289, 373
9:12b 24
9:13 198
9:13–14 198
9:14 24, 198
9:15 198
9:16 24
9:16–18 198
9:18 25, 189, 198, 199, 216
9:18–23 218
9:19 198, 199, 216
9:19–23 198, 199, 216
9:20–21 34
9:20–22a 198, 199
9:20b–21 200
9:21 164
9:22 200
9:22b 198, 199, 216
9:23 25, 198, 199, 201, 216
9:24 202
9:24–27 207
9:24–10:13 209
9:24–10:22 186, 202, 219
9:25a 202
9:25b 202
9:26 203
9:26–27 203, 205
9:27 203
10장 189
10:1 206
10:1–2 205
10:1–4 204, 205
10:1–5 205, 336
10:1–11 202, 208
10:1–22 31, 204, 207, 244, 337
10:2–4 205
10:3–4 207
10:3–4a 206
10:3–5 206, 208
10:4 34, 206
10:4a 206
10:6 204주, 207
10:6–11 207
10:7 31, 207
10:7–10 204, 207
10:8 207
10:8–10 207
10:9 206, 208
10:10 208
10:11 204주, 207, 208
10:12 208
10:13 208, 209주, 336
10:14 209
10:14–20 189
10:14–20a 212
10:14–22 187, 189, 190, 191, 209, 210
10:15 210
10:16 141주, 210, 211, 239주, 244, 251
10:16–17 211, 240, 246
10:16–18 212
10:16–21 207
10:17 211, 247, 252
10:18 210, 210주, 211
10:18–22 190
10:19 188, 189
10:19–20 189
10:19–20a 212
10:19–21 187
10:20 210
10:20b–21 212
10:21 212, 239주
10:22 212
10:23 212, 215
10:23–30 215
10:23–11:1 186, 209, 212, 218
10:24 212, 213, 215
10:25 34
10:25–26 213
10:25–27 191, 214, 215
10:25–29a 214, 216
10:25–30 213, 214
10:26 31
10:27 213
10:27–29 34
10:28–29 215
10:28–29a 201, 213, 214
10:28–30 191
10:29b–30 214
10:29b–31 214
10:31 215, 216
10:31–11:1 214, 217
10:32 200, 216
10:33 216, 288
11장 35, 233
11–14장 35
11:1 216
11:2 225, 241, 243
11:2–16 22, 25, 27, 30, 33, 220-222, 222, 225, 226, 227, 229
11:3 34, 223, 225, 226, 227주
11:3–10 230
11:3–16 225
11:4–5a 224, 225, 226, 227, 228, 230, 233
11:4–10 230, 233
11:4–16 34
11:4a 229
11:5 223, 316
11:5a 227, 228
11:5b 227, 228
11:5b–6 227, 229
11:6 231
11:6a 227, 228
11:6b 227, 228
11:7 228
11:7–9 228, 229
11:8–9 228, 317
11:8–10 234주
11:10 34, 223, 229
11:11 230
11:11–12 230
11:12 230
11:13 223, 230, 232주, 316
11:13–15 230, 233
11:14–15 230, 232주
11:14–15a 230, 232주
11:15b 230
11:16 233
11:17 225, 241, 242, 248, 249, 249주
11:17–22 225, 240, 241, 245, 248, 252
11:17–34 27, 30, 34, 113, 122, 236-238, 245, 246, 249주, 252
11:18 65, 241, 242, 249주
11:18b 242
11:19 242
11:20 249주
11:20–21 242
11:21 239, 242
11:22 242, 247
11:22b 243
11:23–25 243
11:23–26 240, 243,

245, 251
11:24 239주
11:24–25 210, 243, 251
11:25 31, 249주
11:26 245, 252, 276주
11:27 245, 246, 247, 250
11:27–32 240, 245, 249
11:27–34 250
11:28 34, 246, 247
11:29 246, 247
11:29–32 248
11:30 247
11:31 247
11:32 246, 247, 247주, 336
11:33 239, 249주
11:33–34 240, 248, 252
11:33–34a 248
11:34 249주
11:34b 248
12장 270, 281, 282, 284, 319
12–14장 23, 25, 33, 34, 266, 269, 271, 274, 283, 284, 297
12:1 41주, 116, 154주, 269, 271, 272, 372
12:1–31 264, 269, 319
12:1–14:38 318
12:1–14:40 25, 28, 30, 48, 253-264, 268, 280, 321, 322
12:2 271, 272
12:3 271, 272, 378
12:4 271, 271주
12:4–6 270, 272, 273
12:5 271주
12:6 271주
12:7 270, 271, 271주, 272, 273
12:7–9 271
12:8–10 270, 271주, 273, 280, 281
12:10 280, 295
12:11 268, 270, 271, 272, 276, 319
12:12 276, 277, 278
12:12–26 280
12:12a 270
12:12b 270
12:13 270, 271, 277, 278, 278주, 297
12:14 270, 278
12:15–17 270, 278, 279
12:18 270, 276, 279, 320
12:19 270
12:19–20 279
12:20 133, 270, 279
12:21 279
12:21–25 270
12:22–23 279
12:22–24a 279
12:24 276, 320
12:24b–25 279
12:25b 280
12:26 276, 280
12:26a 270
12:26b 270
12:27 141주, 246, 276, 278, 280, 282, 319, 322
12:27–28 270
12:28 273, 276, 280, 285주, 295, 299, 300, 320
12:29–30 273, 282, 310주
12:30 285주, 297, 305
12:31 268, 271주, 282, 283주, 294, 294주, 304
12:31–13:13 304
12:31–14:40 376
12:31a 283주
12:31b 283, 283주
12:31b–13:1a 284
13장 193주, 282, 283, 284, 290주, 294
13–14장 282
13:1 229, 285, 296
13:1–3 273, 283, 284, 286, 310주
13:1–13 264, 283, 321
13:2 275, 285
13:3 285, 286
13:4–7 283
13:4–8a 283, 286
13:4a 287
13:4b–5 287
13:6 288
13:7 288
13:8 273, 285주, 291, 294
13:8–12 294, 294주
13:8–13 289, 290, 292
13:8a 289, 290
13:8b 290
13:8b–13 283, 289
13:9 290
13:9–10 291, 291주, 292주, 293
13:9–11 293
13:10 34, 290, 294
13:11 29, 293
13:11–13 293
13:11a 290
13:11b 290
13:12 292, 293
13:12a 290
13:12b 290, 291주
13:12c 290
13:12d 290
13:13 294
13:13a 290
13:13b 290, 304
13:13b–14:1 284
14장 282, 284, 285주, 297, 307
14:1 268, 271, 283주, 302, 304
14:1–19 302, 309
14:1–25 264, 301, 303, 322
14:1–38 318
14:1–40 227주, 235, 274-275, 275, 276, 295, 298, 306, 314
14:2 295, 297, 302, 303, 304, 307
14:2–4 304
14:3 298, 301, 302, 304
14:4 296, 302, 305
14:4a 302
14:4b 302
14:5 157, 291주, 302, 305
14:5–19 297
14:5a 302
14:5b 302
14:6 273, 302, 306
14:6a 302
14:6b 302
14:7 303
14:7–8 306
14:8 303
14:9 303
14:9–11 306
14:10–11 303
14:12 302, 303, 304, 307, 315주
14:13 303, 307,

313
14:14 295, 303, 307
14:14–17 295
14:14–19 296
14:15 307, 308
14:15a 303, 307
14:15b 303
14:15c 303
14:15d 303
14:16 303, 308, 310
14:16–17 308, 309
14:17 302, 303, 308
14:18 157, 296, 303, 308, 309
14:19 296, 301, 302, 303, 309
14:20 304, 309
14:20–25 302
14:21 31, 309, 317
14:21–22a 303
14:22 309, 310
14:22b 303
14:23 301, 303, 308, 310
14:23–24 308, 310, 310주
14:24–25 298, 303, 309, 310
14:26 273, 301, 311, 312, 313
14:26–30 311
14:26–40 264, 267, 311, 322
14:27 310주, 314주
14:27–28 297, 313, 319
14:27–36 322
14:27a 311
14:27b 311
14:28 296, 296주, 311
14:29 268, 276, 299, 300, 310주, 314, 314주
14:29–33a 299
14:29–36 313, 316
14:29a 311, 313, 315
14:29b 311, 313, 314, 315
14:30 298, 300, 311, 314, 315
14:31 298, 314, 315
14:31–32 314, 315
14:32 314, 315
14:33 233, 300, 316, 322
14:33a 314, 315, 316주
14:33b 316, 316주
14:33b–34a 314, 315, 317
14:33b–35 314, 318
14:34 34
14:34–35 316, 317
14:34a 316주
14:34b 314, 317
14:35 311, 317주
14:35a 314, 317
14:35b 314, 317
14:36 233, 300, 314, 316, 318
14:37 269
14:37–38 300, 301, 318
14:39 268, 283주, 304, 320
14:39–40 318
14:40 316, 317, 322
15장 23, 25, 35, 137, 140, 335
15:1 335, 364, 375
15:1–2 25, 332, 335, 341
15:1–4 345, 364
15:1–11 334, 341, 366
15:1–57 364
15:1–58 25, 28, 30, 105, 154, 324-331, 337, 340
15:1a 336
15:2 335, 365
15:3 80주, 243, 244, 335, 336
15:3–4 31
15:3–8 336
15:3b 336, 337
15:4 337
15:4a 336
15:4b 336
15:5 339
15:5–8 338, 342, 343
15:6 247주
15:7–9 281
15:8 339
15:9 339
15:10 339, 340, 365
15:11 332, 335, 340, 341
15:12 35, 332, 334, 335, 341, 345, 352, 353, 365
15:12–19 335, 340, 342, 351
15:12–34 340
15:12–58 337, 366
15:12b 340
15:13 332, 341, 342
15:13b 341
15:14 335, 341, 365
15:14–19 341, 365
15:14a 341
15:14b 341
15:15 332, 335
15:15–16 341
15:16 332, 342
15:17 365
15:17a 342
15:17b 342
15:18 247주, 332주, 339, 343, 345
15:19 342
15:20 247주, 332, 339, 342, 344, 345, 346, 376주
15:20–23 343, 344, 362
15:20–28 342
15:20b 344
15:21 332, 344
15:21–22 346, 356, 357
15:21–23 358
15:22 344, 358
15:22b 346
15:23 332주, 344, 345, 346, 346주, 360, 378
15:23–24 347
15:23–28 88, 89주, 360
15:24 292, 346, 346주, 347, 348, 361
15:25 346, 347
15:25–27 31
15:26 347
15:27 31, 347주
15:27–28 89주, 347
15:27a 347, 348
15:27b 348
15:28 342, 348
15:29 35, 332, 348, 349
15:29–34 348
15:30–32 348, 349, 350
15:31 351
15:32 31, 332, 374
15:32–34 333
15:33–34 349, 351, 367주
15:35 332, 353
15:35–36a 353
15:35–38 354주
15:35–44 352, 353

15:35-58 352
15:36-37 354
15:36-44 359
15:36a 353
15:36b-37 353
15:36b-41 355
15:36b-44a 356
15:37 354
15:38 354
15:38-41 354
15:39 354, 355
15:40 355, 358
15:40a 354
15:40b 355
15:41 355
15:42 332, 355, 367
15:42-44 355, 357, 366, 366주
15:43a 355
15:43b 355
15:44 355, 357
15:44-46 357, 358
15:44a 358
15:44b 356, 358
15:45 31, 348, 357, 358, 359
15:45-46 359
15:45-47 359
15:45-49 352, 356, 357, 362
15:46 357, 358, 359
15:47 348, 357, 359
15:48 357, 359
15:49 357, 358, 359, 367주
15:50 354, 360, 367
15:50-54 355
15:50-57 360, 364
15:50-58 352, 360, 367
15:51 247주, 339
15:51-52 353
15:51-57 378
15:51a 361
15:51b 361
15:51b-52 361
15:51b-52a 361
15:52 332, 367
15:52a 361
15:52b 361, 362
15:53 362, 367
15:54 31, 362, 367
15:54-55 31, 347, 362
15:55 31
15:55b 363
15:56 364
15:56a 363
15:56b 363
15:57 362, 364
15:58 335, 364, 367, 367주, 375
16장 41주, 379
16:1 41주, 154주, 372
16:1-4 197주, 371, 379
16:1-24 368-371
16:2 372
16:3-4 372
16:5-6 373
16:5-9 21, 373
16:5-12 373, 379
16:7 373, 377, 378
16:8 21
16:8-9 351, 373
16:9a 374
16:10 94, 365, 374
16:10-11 373
16:11 374
16:12 41주, 65, 154주, 372, 373, 374
16:13 364
16:13-14 30, 335, 375, 378주, 379
16:13-18 375
16:14 376, 379
16:15 343, 376
16:15-16 376
16:15-18 379
16:16 376주
16:17 378
16:17-18 376
16:19-21 377, 378주, 379
16:19-24 377
16:20 22
16:20b 379
16:22-24 378, 378주, 379
16:23 378
16:24 373, 377

고린도후서

1:4 116
1:7 289
1:8-10 351
1:14 198
1:15-18 373주
1:16 373
1:22 343
2:1 20
2:4 20
2:9 242
2:13 373주
2:15-16 342
3:1 373
3:5 82, 339
3:6 364
3:7 364
3:9 364
4:2 273주
4:3 76
4:4 109
4:8-12 168, 351
4:10 74, 141주
4:16-5:9 360
4:18 294
5:4 347
5:5 343
5:7 294
5:10 85
5:14 336
5:21 336
6:4-10 168, 351
6:10 168주, 367
6:14-7:1 140주, 143
7:1 46
7:5-7 373주
7:6 116
7:8 20
8-9장 197주, 372
8:3 372
8:11 372
8:19 373
8:20-21 373
9:4-5 116, 372
10:10 74
10:15 289
10:18 90
11:9 93
11:23 339
11:23-27 351
11:23-28 168
12:7 74
12:9 95
12:10 351
12:13-17 93
12:20 65
13:5 90
13:5-7 203주
13:12 377

갈라디아서

1:1 281
1:8-9 378
1:11-17 198
1:13 339
1:15 339
1:19 339
2:10 372
2:11 116
2:11-14 113
3:16 172
3:27 206, 277
4:13-14 74
5:6 164
5:9 110주
5:19-21 113, 346, 360
5:20 65
5:24 109
6:9 367
6:11 377
6:15 164

에베소서

1:14 343
1:22 226, 347
1:23 141주
2:2 109
2:21-22 140주, 143
2:22 109

3:7-8 339
3:8 339
3:10 229
4:5 277, 278
4:11 273, 281
4:11-16 276
4:12 141주
4:26-27 250
5:3-6 346
5:5-6 360
5:22 317
5:22-24 235
5:23 226
5:25-33 234
5:30 141주
5:33 235

빌립보서
1:15 65
2:4 288
2:9-11 348
2:13 339
2:16 198
2:20-21 288
2:29 116
2:29-30 377
3:6 339
3:12-14 202
3:14 203
3:21 141주, 355, 357
4:10-18 197주

골로새서
1:4-5 294
1:16 193
1:18 226, 343
1:21-23 201
1:23 335
1:24 141주
1:29 339
2:10 226
2:12 277
3:17 215
3:18 235
3:19 234
4:3 374
4:18 377

데살로니가전서
1:3 294
2:3-9 197주
3:13 47
4:1 116
4:13 116, 367
4:13-15 247주, 339
4:14 336
4:15-17 361
4:16 361
5:8 294
5:12-13 376, 377
5:19-21 300
5:20-21 268, 314
5:23-24 209
5:26 377

데살로니가후서
1:5-10 346
2:10 342
2:15 225
3:3 209
3:6 225
3:17 377

디모데전서
1:4 206
1:13 339
1:14 339
1:15 339
1:20 109
2:11 317주
2:11-12 317
2:13-14 234주
3:1-7 96
4:12 374
4:16 94
5:17-18 196, 198
5:18 197
5:19-20 90
5:21 229
6:4 65

디모데후서
1:7 374
1:10 347
2:22 139
3:8 203주
4:7-8 202
4:17 351
4:19 377

디도서
1:5-9 96
1:12-13 116
1:16 203주
2:3-5 235
2:15 374
3:9 65
3:10 116

빌레몬서
1:19 377

히브리서
1:2 193, 208, 219
1:13 347, 347주
2:5-9 348
2:11 46
2:14 362
3:14 201
5:11-12 116
6:8 203주
6:12 116
6:19-20 143
7:27 244
8장 244
8-10장 143
9:12 244
9:26 244
10:10 244
10:13 347
10:19-22 143
10:24 116
10:29 160주
11:19 338
11:28 208주
12:5-11 248
12:15 250
13:17 100, 376

야고보서
2:6 122
3:9 228
4:15 94, 373

베드로전서
1:12 229
2:4-10 140주, 143
2:13-14 122
3:1 235, 317
3:1-2 160
3:5-6 235
3:7 234
3:18 336
4:10-11 321
4:11 273
5:14 377

베드로후서
2:4 124
3:2 281

요한일서
1:6-2:2 117
3:2 293
4:1-3 268, 314
4:1-6 276
4:8-10 289
4:19 289
5:19 109

요한이서
1:9 201

유다서
1:3-4 323주
1:6 124
1:19 78
1:24-25 209

요한계시록
1:5 343
2:14 188
2:20 188
3:18-19 116
4-20장 143
7:17 363
9:8 231
19:6-10 252
20장 346주
20:4 123
20:14 347
21장 143
21-22장 141
21:1-2a 143
21:4 347, 362, 363
21:16 143
21:18 143
21:22 143
22:4 293
22:20 252, 378

국제제자훈련원은 건강한 교회를 꿈꾸는 목회의 동반자로서 제자 삼는 사역을 중심으로 성경적 목회 모델을 제시함으로 세계 교회를 섬기는 전문 사역 기관입니다.

ESV 성경 해설 주석

고린도전서

초판 1쇄 인쇄 2022년 8월 18일
초판 1쇄 발행 2022년 8월 25일

지은이 앤드루 나셀리
옮긴이 홍병룡

펴낸이 오정현
펴낸곳 국제제자훈련원
등록번호 제2013-000170호(2013년 9월 25일)
주소 서울시 서초구 효령로68길 98(서초동)
전화 02) 3489-4300 **팩스** 02) 3489-4329
이메일 dmipress@sarang.org

ISBN 978-89-5731-856-0 94230
978-89-5731-825-6 94230(세트)

※ 책값은 뒤표지에 있습니다. 잘못된 책은 구입하신 곳에서 교환해드립니다.